本书为教育部人文社会科学重点研究基地重大项目
"丝绸之路经济带战略背景下西部地区金融资源配置效率提升研究"
（项目号：16JJD790048）阶段性成果。

中国西部经济发展研究文库

Research Collection on the Economic Development in Western China

丝绸之路经济带与西部大开发新格局

THE SILK ROAD ECONOMIC BELT AND THE NEW PATTERN OF WESTERN DEVELOPMENT IN CHINA

丝绸之路经济带

建设背景下西部地区金融资源配置效率提升研究

The Improvement of Financial Resources Allocation in Western China in the Context of Building the Silk Road Belt

徐璋勇　等｜著

社会科学文献出版社

SOCIAL SCIENCES ACADEMIC PRESS (CHINA)

总　序

　　2013 年 9 月，习近平主席在哈萨克斯坦纳扎尔巴耶夫大学发表演讲时，倡议亚欧国家共同建设丝绸之路经济带，这一提议得到国际社会的高度关注。2015 年 3 月 28 日，国家发展改革委、外交部、商务部经国务院授权联合发布了《推动共建丝绸之路经济带和 21 世纪海上丝绸之路的愿景与行动》，提出"发挥陕西、甘肃综合经济文化和宁夏、青海民族人文优势，打造西安内陆型改革开放新高地，加快兰州、西宁开发开放，推进宁夏内陆开放型经济试验区建设，形成面向中亚、南亚、西亚国家的通道、商贸物流枢纽、重要产业和人文交流基地"。不言而喻，继西部大开发之后，丝绸之路经济带建设将为西部地区经济社会实现新一轮的跨越式发展提供难得的契机。因此，借助经济增长、发展经济学、区域经济学、国际贸易和产业组织等理论，对丝绸之路经济带建设背景下西部地区开发开放问题进行研究，无疑具有深远的意义。

　　"十三五"期间，教育部人文社会科学重点研究基地——西北大学中国西部经济发展研究院围绕丝绸之路经济带建设中的重大理论与实践问题，凝聚全国对此问题研究的专家学者，以设立重大招标项目的形式，开展跨学科、跨地域联合攻关研究，做出高质量的研究报告与智库产品，为国家及各级政府推进丝绸之路经济带建设提供决策参考。本丛书是中国西部经济发展研究院"十三五"期间的标志性成果，整体研究成果形成系列丛书"中国西部经济发展研究文库"之"丝绸之路经济带与西部大开发新格局（2020）"五部专著。

　　（1）丝绸之路经济带建设背景下西部省区及主要城市的经济发展绩效评价研究。对丝绸之路经济带西部沿线地区的省区及主要城市的发展绩效进行客观评价，评价的结果能够为西部地区未来经济发展绩效的提升提供客观依据和实践参考；有利于我们发现丝绸之路经济带建设背景下西部地区经济发展的"短板",在此基础上研究相应的提升对策,从而充分发挥我国西部地区的地缘优势、资源优势和文化优势,更大程度上在丝绸之路经济带建设背景下发挥区域经济合作的影响力。同时,西部地区经济发展本身存在结构性差异,而本课题针对主要省区和主要城市的发展绩效进行评价,也能够针对不同的地区提出差异化的改善路径,从而为西部地区全面提升经济发展绩效提供实践基础。

(2) 丝绸之路经济带建设背景下西部地区经济增长潜力开发推进全面建成小康社会研究。全面建成小康社会是"十三五"末期我国经济发展的目标,西部地区要完成这一目标,就要推进西部地区经济增长潜力开发和新动能培育。西部地区虽然近年来发展势头强劲,抓住丝绸之路经济带建设和第二次西部大开发机遇,以"创新、协调、绿色、开放、共享"的发展理念为指导,继续加大基础设施投资,积极开展经济对外开放,经济增速保持全国领先水平;但是西部地区仍然存在一系列历史遗留的结构性矛盾,又面临新的发展机遇,所以研究丝绸之路经济带建设背景下西部地区经济增长潜力开发和新动能开发具有现实意义。

(3) 丝绸之路经济带建设背景下西部地区金融资源配置效率提升研究。西部地区是我国的经济欠发达地区,区域内金融资源整体规模较小,在开发利用中封闭性较强,且开放合作及彼此的包容性不够,金融资源的配置效率还处于较低层次,对区域经济增长的推动作用还十分有限。因此,本课题研究对于做大做强西部地区金融业,提升其对西部地区经济增长的引擎功能,依据优势互补、适当分工、风险共担的原则,对西部地区金融资源进行有效整合,提升西部地区金融资源的综合效率,具有重要的决策参考价值。本研究基于西部地区及其他国家金融资源的现状,出于提升西部地区金融资源配置效率目标而提出的西部地区与共建丝绸之路经济带国家之间金融合作的框架与模式,将为推进共建丝绸之路经济带国家之间的金融合作提供决策参考。

(4) 丝绸之路经济带建设背景下西部地区产业升级研究。产业结构调整与升级困境是西部地区长期以来亟须破解的重大实践课题。在已有理论研究未能形成突破性认识从而无法为实践提供有效指导的情况下,虽然经过长期的政策实践探索,但西部地区仍然未能克服资源与低端要素依赖,产业结构失衡,从而陷入产业升级的困境。本课题在形成重大理论认识的基础上,关于政府产业政策创新及全面的对策建议的研究,对于丝绸之路经济带建设背景下西部地区突破产业结构调整与升级困境具有十分重要的实践意义。

（5）丝绸之路经济带建设背景下西部内陆开放新体制研究。利用开放环境拉动西部内陆地区转型升级，不仅是西部而且是国家发展方式转变过程中的重大实践课题。改革开放前三十年，西部在体制转轨、开放格局建设等方面，都相对滞后，这使本就不具有优势的西部更处于不利地位。面对新的发展机遇，西部要从自身具体情况出发，利用新科技革命浪潮下产业演进原理，创新开发开放格局与体制，为分工深化和产业升级提供外部驱动力，由此为西部内陆地区转型与发展积累经验、开辟路径，这对于国家的繁荣稳定与可持续发展意义重大。本课题通过跟踪比较不同区域的开发开放实践，结合理论推导和逻辑演绎，总结出具有可操作性的政策措施和方案，这对于西部地区制定和选择适应性体制与政策具有显著的实践价值与意义。

本丛书是教育部人文社会科学重点研究基地——西北大学中国西部经济发展研究院在"十三五"期间的标志性成果，本丛书的出版得益于西北大学学科办、社科处、经济管理学院的大力支持。感谢社会科学文献出版社丁凡老师认真细致的编辑。感谢五个课题组负责人做出的努力，同时也感谢西部经济发展研究院副院长李文斌在联络、协调方面付出的辛苦。

中国西部经济发展研究院院长　任保平

2019 年 8 月

目 录

C O N T E N T S

第一篇 理论分析框架

第二篇　现状诊断分析

第三篇　效率测度评价

第四篇　效率提升路径

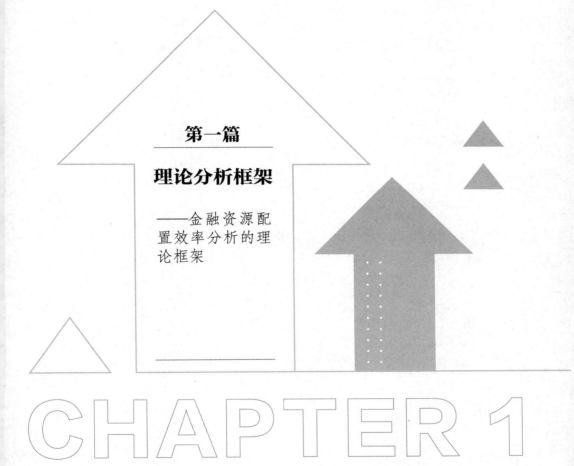

第一篇

理论分析框架

——金融资源配置效率分析的理论框架

CHAPTER 1

　　本篇包括三章内容。首先，界定金融资源的内涵及外延，并对其特征进行分析；在此基础上，明确金融资源配置效率分析的理论基础与研究视角。其次，对金融资源配置效率的内涵进行界定，并对其影响因素进行分析，明确各个因素对金融资源配置效率产生影响的机制与条件。最后，构建金融资源配置效率评价的指标体系与评价模型，为整个研究提供理论与实证支撑。

第一章
金融资源配置效率的理论基础与逻辑框架

◇

确定理论基础并构建理论分析框架是对金融资源配置效率问题进行研究的基本前提。本章从金融功能视角出发，对金融资源的内涵予以界定，对金融发展理论进行梳理，并提出金融资源配置效率分析的基本逻辑框架，为整个研究奠定基础。

一 金融资源配置效率问题研究的背景与意义

（一）研究背景

首先，金融是现代经济运行的核心，其发展的速度及稳健性对于整个社会经济的高质量发展起着决定性作用。但同时，金融也是一种稀缺资源，是经济增长的关键性约束条件。无论是 1997 年的东南亚金融危机，还是 2008 年全球金融动荡，都以铁的事实证明了实现金融资源的持续性开发利用以及保持金融的稳健发展对于经济稳定增长的重要性。目前，在我国经济增长转向新常态的背景下，谋求经济的高质量增长与全面协调发展就成为我国未来相当长时期经济社会发展的核心目标。因此，优化金融资源配置，提升金融资源配置效率，实现金融业的高质量发展，就成为我国现代金融发展的主题。

其次，西部地区是我国经济的欠发达地区，其经济发展的长期滞后性已成为我国全面建成小康社会的严重制约。为此，20 世纪 90 年代末，为加快西部地区发展，西部大开发战略随之提出并付诸实施。近 20 年来，在西部大开发战略全方位支持下，西部地区社会经济发展取得了令世人瞩目的成就。2006 ~ 2018 年，西部地区名义 GDP 实现了年均 13.48 % 的增长，超出全国年均增长率 0.82 个百分点；GDP 总量占全国总量的比例达到了 20.45 %，比

2006 年提高了 1.8 个百分点；2018 年西部地区人均 GDP 达到了 48557 元，比 2006 年增长了 3.33 倍，年均增长率达到了 13.0%，比全国年均增长率高出 1.08 个百分点；城乡居民人均可支配收入达到了 21991 元，比 2006 年增长了 3.30 倍，年均增长率为 12.93%，比全国年均增长率高出 0.91 个百分点。与此同时，西部地区金融业也获得了快速发展，突出表现如下：一是金融业由以银行为主的传统金融逐步发展为包括银行、保险、证券、信托等在内的现代金融，形成了较完善的金融机构体系、金融市场体系及金融监管体系。二是金融规模快速扩张。2006～2018 年银行业金融机构总资产由 6.15 万亿元增加到 43.54 万亿元，净增加了 6.08 倍；全部金融机构本外币存款余额从 5.35 万亿元增加到 32.32 万亿元，净增加了 5.04 倍；各项贷款余额从 3.76 万亿元增加到 27.65 万亿元，净增加了 6.35 倍；保险机构保费收入从 918.9 亿元增加到 7416.66 亿元，净增加了 7.07 倍；股票市场年末市值由 7922.38 亿元增加到 47346.17 亿元，净增加了 4.98 倍。但金融的本源在于服务实体经济，对实体经济发展的支持状况是衡量金融资源配置效率高低的核心标准。为此，对西部地区金融资源配置效率进行分析与评价，是科学认识西部地区金融发展态势，并优化金融发展政策的重要前提。

最后，"丝绸之路经济带"倡议的提出为西部地区金融资源配置效率的提升打开了空间。"丝绸之路经济带"建设是进入 21 世纪后中国谋求经济稳健发展与结构转型提出的重大发展倡议，也是在新的世界经济格局下中国对外开放战略的重大转变。在这一倡议实施中，无论是从整个经济带共建国家之间的合作层面，还是从中国西部地区经济发展的区域层面，如何实现西部地区金融资源的有效开发利用，并以此提升配置效率都是绕不过的重大理论与实践问题之一。

从西部地区金融业发展来讲，"丝绸之路经济带"倡议的提出与实施，也为西部地区金融业发展及金融资源配置提出了新的要求。这就是西部地区金融资源的配置不仅要着重于西部地区内资源的充分利用，还要充分考虑与"丝绸之路经济带"共建国家之间的金融合作，从更为广阔的国际视野，以全新的思路、全新的机制、全新的模式来提高西部地区金融资源的配置效率。同时，在"丝绸之路经济带"建设背景下，西部地区金融业只有融入丝绸之路经济带发展的总体格局之中，才能实现对内的资源优化利用，对外获得巨大的发展空间。

（二）研究意义

1. 本研究的学术价值

本研究的学术价值主要体现在两个方面：一是依据金融资源理论与金融功能理论，构建包含金融资源配置中介效率和产出效率，以及从经济增长、产业升级、社会进步、科技创新、环境友好五个维度对产出效率进行衡量的金融资源配置效率评价指标体系，并据此对西部地区金融资源配置效率进行评价分析，期望对金融发展理论的中国化推进及丰富金融资源理论有所贡献。二是借鉴区域分工与经济金融一体化发展理论的基本思想，尝试构建基于经济欠发达区域之间的金融合作分析框架，探讨经济欠发达区域之间金融合作及其对外开放发展的模式与路径，弥补以往对金融合作仅限于国家层面的不足，推进区域金融合作理论的研究。

2. 本研究的实践意义

一是为推进西部地区金融业发展及提升金融资源配置效率提供决策参考。西部地区是我国的经济欠发达地区，区域内金融资源不仅在整体规模上较小，而且在开发利用中封闭性较强而开放合作及彼此的包容性不够，金融资源的配置效率还处于较低层次，对区域经济增长的推动作用还十分有限。因此，本课题研究对于做大做强西部地区金融业，提升其对西部地区经济增长的引擎功能，依据优势互补、适当分工、风险共担的原则，对西部地区金融资源进行有效整合，提升西部地区金融资源配置的综合效率，具有重要的决策参考价值。

二是为推进西部地区与共建"丝绸之路经济带"国家的金融合作提供决策参考。"丝绸之路经济带"属于跨国经济带，远景目标是构建区域合作新模式，这种合作模式与传统区域合作的最大区别在于不设立超国家机构，而以共建"丝绸之路经济带"国家间的能源开发与建设、贸易合作与发展、文化交流与旅游业发展、物流通道建设、投资等领域的合作为主。本研究基于西部地区及其他国家金融资源的现状，提出西部地区与共建"丝绸之路经济带"国家之间金融合作的框架与模式，为推进共建"丝绸之路经济带"国家之间的金融合作，提升西部地区金融资源配置效率提供决策参考。

二 金融资源的内涵与特征

（一）金融资源概念的提出

从现有的文献来看，"金融资源"概念的最早提出者是西方学者戈德史密斯（R. W. Goldsmith, 1955），他在其《资本形成与经济增长》一书中写道："本书应该探讨金融资源和传递渠道对经济增长的速度和性质的影响，……具体地说，本书应该考察金融结构的差异是如何并且在多大范围导致经济增长速度和特征的差异。"① 但金融资源在其著作中只是一个顺便提及的辅助概念，并没有给出严格的理论含义，因此也就没有引起西方金融学界的重视。即使在其 1969 年出版的《金融结构与经济发展》一书中论述金融结构变迁与经济增长关系时，也没有对"金融资源"给出明确的界定与分析，使得这一概念在其后的几十年中没有引起理论界的重视。

20 世纪 70 年代，在麦金农与肖"金融深化论"的影响下，金融自由化浪潮席卷全球，加之现代电子技术的飞速发展及其在金融领域的广泛应用，以金融市场创新、金融产品创新、金融技术创新及金融制度创新为代表的金融创新不断凸显，金融业获得了前所未有的高速发展，经济运行对金融业的依赖性快速增强。特别是随着社会财富由物质财富向虚拟财富转化进程的加快，金融逐步改变了对经济的单纯从属地位和简单的中介性功能，而成为经济运行的枢纽；金融业不再是一个为经济发展筹划资金、解决资本短缺瓶颈的微观部门，而是成为影响甚至主导整个经济运行的全局性、宏观性和战略性的核心，金融业能否稳健运行直接关系整个经济社会发展的可持续性。1997 年东南亚金融危机的出现，在实践层面上证明了金融业稳健可持续发展的重要性。在此背景下，著名金融学家白钦先教授于 1998 年提出了"金融资源"概念，此概念一经提出，就获得了理论界的广泛认可，并将金融发展理论推到了一个新的阶段。

白钦先教授等认为，金融资源不仅包括资本或资金，而且还包括与资本或资金紧密相关的其他金融要素，以及资本或资金与其他相关金融要素相互作用、相互影响的功能。② 他将金融资源概括和抽象为三个紧密相关的层次。一是基础性核心金融资源。这是金融资源的最基本层次，主要包括广义的货币资本或资金。二是实体性中间金融资源。这是金融资源的中间层次，主要包括金融组织体系和金融工具体系。其中，金融组织体系包括各种银行机构、非银行金融机构、各种金融市场以及各种规范金融活动的法律、法规等；金融工具体系包括所有传统和创新金融工具。三是整体功能性高层次金融资源。这是金融资源的最高层次，是货币资金流动与金融体系、金融体系

---

① R. W. 戈德史密斯：《资本形成与经济增长》，国家经济研究局，1955，第 113 页。
② 白钦先等：《金融可持续发展研究导论》，中国金融出版社，2001，第 71 页。

各组成部分之间相互作用、相互影响的结果。[1]

在白钦先教授"金融资源论"的启发下，多位学者从不同角度对"金融资源"概念进行了补充。如崔满红从金融资源的层次属性，把金融资源划分为货币资源、资本资源、体制资源和商品资源四个层次。[2] 陆家骝则在前人研究的基础上，将金融资源系统划分为货币资产和货币制度、金融产业、金融管理组织和管理体制、金融意识等四个方面。[3] 何凤隽认为，金融资源是金融交易过程中所结成的一系列权利的集合，并将金融资源界定为三类：金融资源 I（金融资金）、金融资源 II（金融机构）、金融资源 III（金融制度）。[4] 田艳芬和邵志高认为，资本是一种最广泛意义上的金融资源，社会融资量是狭义的金融资源，金融系统的发展是一种金融资源，金融结构的发展等同于金融资源。[5] 蔡则祥和武学强将金融资源定义为以货币和货币资本为核心，为实现资金融通、引导资源配置直接服务的各种资源，具体包括四个部分：资金资源、工具资源、组织资源和保障资源。[6]

（二）金融资源的内涵界定及层次划分

综合现有的研究，对于金融资源尚未有统一的界定。客观地讲，白钦先教授"金融资源论"的提出，开创了金融资源问题研究的先河，为金融可持续发展理论奠定了基础；把金融作为主导因素，从金融资源配置效率的视角考察金融与经济的关系，将金融发展理论推向了一个新的阶段。但笔者认为，白钦先教授对于"金融资源"的界定还存在值得商榷之处，这就是将"资本或资金与其他相关金融要素相互作用、相互影响的功能"纳入金融资源范围，使得"金融资源"的外延被扩大了。

首先，从资源的特性来看，金融资源首先是一种资源，它必须具备客观性、稀缺性等一般资源应该具备的基本属性，但它同时是一种同自然资源相对应的社会资源，具有强烈的社会属性，对它的开发利用直接影响整个经济系统运行的稳健性，这是金融资源不同于自然资源的显著特点。而"资本或

---

[1] 白钦先等：《金融可持续发展研究导论》，中国金融出版社，2001，第 72～74 页。

[2] 白钦先等：《金融可持续发展研究导论》，中国金融出版社，2001，第 227～228 页。

[3] 陆家骝：《金融资源积累与金融可持续发展》，《华南金融研究》2000 年第 4 期，第 3～5 页。

[4] 何凤隽：《中国转型经济中的金融资源配置研究》，西北大学博士学位论文，2005，第 15～16 页。

[5] 田艳芬、邵志高：《金融资源的内涵与配置效率》，《长春大学学报》2013 年第 7 期。

[6] 蔡则祥、武学强：《金融资源与实体经济优化配置研究》，《经济问题》2016 年第 5 期，第 16～25 页。

资金与其他相关金融要素相互作用、相互影响的功能"是金融资源开发利用后产生的客观结果,将其纳入金融资源的范畴似有不妥。

其次,从投入产出的逻辑看,"金融资源"是投入要素,处在生产体系的前端;而"金融功能"是产出结果,处在生产体系的后端。对金融资源的开发利用,既可能对经济社会产生积极的推动作用,也可能出现破坏性后果。将这种"结果"纳入金融资源范畴,有将投入与产出混淆之嫌。

最后,白钦先教授对金融资源二重属性①的分析,对于全面认识金融资源、重视金融资源的合理开发与利用具有重大的战略意义。但无论什么资源,首先是一种客观存在,至于将其投入生产过程之后会产生什么样的后果,与人们对资源的开发利用方式有关,而与资源本身并无关系。而"资本或资金与其他相关金融要素相互作用、相互影响的功能"带有不确定性,从此意义上讲,将"货币资金流动与金融体系、金融体系各组成部分之间的相互作用、相互影响的结果"作为金融资源的第三个层次(最高层次)也有不妥。

基于此,我们将"金融资源"界定为狭义和广义两个方面:从狭义上说,金融资源是指能以货币计价的、具有生产要素特征的并对经济社会发展有重要影响的金融资产及金融工具,即广义的货币资产(资金),具体体现为金融机构存款、金融机构贷款、保费收入、证券市场筹资、信托资产、基金、实际利用的外资等,类似于现有学者提出的"基础性核心金融资源"或"商品资源";从广义上说,金融资源是指一切金融资产及金融体系,具体包括上述所讲的狭义金融资源,以及服务于货币和货币资本交易的金融机构、金融市场、金融制度等。

广义金融资源可以划分为三个层次。第一层次是金融资本及金融工具,包括金融机构存款、金融机构贷款、保费收入、证券市场筹资、信托资产、基金、实际利用的外资等,这是金融资源的基础层。第二层次是金融组织与市场,包括各类金融机构、金融市场,这是金融资源的中间层,主要负责金融资产的管理、运用及配置。第三层次是金融制度,包括各种法律法规、政策章程等正式制度,以及风俗习惯、道德伦理、文化传统和意识形态等自发形成并得到社会认可的非正式制度,这是金融资源的最高层次,对金融资源

---

① 金融资源同时具有自然属性与社会属性。从自然属性来看,它是一种稀缺的社会资源,这种一般属性使得金融资源自动进入到可持续发展函数之中;从社会属性来看,它又是一种可以对其他资源(包括自然资源和社会资源)具有配置功能的资源,这一特殊属性使金融资源构成了经济发展的生态环境——金融生态环境。

的开发利用起着指挥与引导作用。

（三）金融资源的特征

金融资源是一种同自然资源相对应的社会资源，它既具有与自然资源的某些相同或相近的属性，又有诸多独特性。因此，对金融资源特性的了解是科学开发与高效利用金融资源的前提基础。

1. 金融资源的稀缺性

稀缺性是所有资源的首要特征，经济学意义上的稀缺性，并不是指该资源绝对量少，而是指该资源数量对于人类的需求欲望来讲相对不足。资源稀缺性使得在一定的技术水平下，经济增长会受到资源约束；同时也要求人们对资源的开发利用，必须遵循可持续原则。金融资源也不例外。金融资源稀缺是所有发展中国家及不发达地区普遍遇到的现实问题；而金融资源的不合理开发利用则是发达国家经常出现的普遍现象，多次金融危机的爆发正是金融资源破坏性利用的客观结果。因此，如何解决不发达地区金融资源的供给不足及经济富裕国家金融资源的滥用，是当今世界面临的共同问题。

2. 金融资源供给的垄断性

金融资源供给的垄断性是金融资源区别于自然资源的显著特征之一。自然资源的供给与特定的区位条件、资源禀赋、气候条件等相关，对于一个特定区域来讲，其资源供给带有天然性特征。如部分地区具有丰富的煤炭、石油等资源。但金融资源的供给与此不同，它取决于社会条件，其供给主体是国家，具有垄断性特征。如货币量由国家所指定的机构发行（如中央银行），除此之外的任何机构都不具备货币的发行权，无权向市场提供基础货币；金融机构的设立需要履行一定的审核程序，构建什么样的金融体系，也需要国家金融主管部门的批准；金融制度的建立与演变，更是国家行为，是国家意志的体现。正因为如此，国家意志与国家行为往往成为解释金融行为、金融制度变迁的逻辑起点。

3. 金融资源的自我增值性

金融资源，特别是货币资本这一基本金融资源，从本质上讲，表示的是一定时期的价值积累和凝结，但它与一般商品的价值体现不同。一般商品作为物质财富，其价值可以独立存在；而货币作为金融财富，其价值在于交易，必须进入现实的生产过程或资本流动过程才可以体现出来；这一流动过程就是资本的价值增值过程。因此，金融资源的生命在于流动，流动的期望目标是实现价值增值。金融机构、金融体系则是实现金融资源价值增值的主体，而金融制度则是实现价值增值的保障。

4. 金融资源的高度流动性

与自然资源和其他资源相比，金融资源具有跨越时间与空间的高度流动性。金融资源的跨时间流动性是指金融资源基于效用最大化原则的跨期配置，该问题是现代金融理论研究的三大核心问题之一。金融资源的跨空间流动性是指金融资源在利润原则主导下的跨区域、跨行业流动。随着经济一体化进程的加快、金融自由化的发展以及现代交易技术的飞速发展，金融资源的这种跨空间流动空前加剧。但现实表明，金融资源的这种跨空间流动性是一把双刃剑，适度的合理流动对经济增长及社会总财富的增加具有积极的推动作用；而过度的流动则会导致金融市场的剧烈动荡，甚至诱发金融危机。因此，如何通过监管使金融资源的流动性保持在合理范围是目前世界各国面临的共同难题。

5. 金融资源的中介性

所谓金融资源的中介性是指金融资源是一种具有中介功能的社会资源。这在金融资源的第二层次表现得十分突出。金融机构与金融体系的基本功能之一就是其中介功能，即充当资金盈余方和资金短缺方之间融资沟通的桥梁，通过中介作用，实现资金的转移，既为资金短缺方解决资金瓶颈，又为资金盈余方找到资金出路。

6. 金融资源的先导性

金融资源的先导性是由金融资源的可流动性、信号传递性及其支配作用共同决定的。金融资源的先导性是指金融资源对经济利益的追逐要优先于任何实体经济；同时金融资源对社会生产要素的流动起着引导作用，决定着生产要素的结合方式。如基本金融资源之一的货币资本，其市场价格表现为利率，它的高低变化，不仅引导着资金的流动方向与流动规模，而且对其他生产要素（如劳动力等）的流动产生引导作用；资本市场价格的变化对资源流动与配置的引导作用就更为明显。另外，金融资源价格的变化还引导着公众市场预期的变化及消费者、生产者的行为变化，从而对整个经济社会运行产生影响。

7. 金融资源不当利用与开发的破坏性

金融资源与其他资源的另外一个巨大不同在于，金融资源在引入经济系统之后具有的自我衍生、自我膨胀性，这种特性会对经济系统与运行产生巨大的影响。如果利用合理，则有利于经济运行；若利用不当或滥用，将会给经济系统带来灾难性的后果。比如，基础性金融资源——货币资本，供给量的多少由中央银行根据经济运行的实际需求决定，一旦供给量与实际需求发生脱节，就会带来经济系统的虚假繁荣（发行过多引起）或经济萧条（发行过少引起）；另外，基础货币一旦进入市场，由于其具有的派生功能，会产生出远大于其原始供给量的货币供给，若引导利用不当（如大量进入股票市场、房地产市场等），则会对经济系统运行产生剧烈破坏，甚至引发金融危机。现实中因货币供给失调、金融市场虚假繁荣引起金融危机、经济危机的现象不胜枚举。作为金融资源第二层次的金融机构，其数量及其类型结构也必须与经济发展需求相适应，无论数量上太多或太少，还是类型结构不合理，都会对经济运行产生不利影响。数量太少，会形成市场垄断，增大实体经济的融资成本；数量太多，又会产生恶性竞争，增大其破产的概率，产生风险隐患；不同性质金融机构之间、大中小银行之间的结构比例不协调，也会对经济系统的正常运行产生消极作用。

三　金融资源配置效率的理论基础

（一）金融发展理论

金融发展理论萌芽于 20 世纪 50 年代中期到 70 年代初，以格利和 E. S. 肖、雷蒙德·W. 戈德史密斯、罗纳德·麦金农等为代表的一批经济学家，关注到一批新独立的发展中国家在追求经济发展过程中，普遍遇到了储蓄不足和资金短缺的问题。为此，他们将其研究的焦点聚焦于发展中国家金融发展与经济增长的关系，并先后出版了一系列论著，从而创立了金融发展理论。

1. 金融发展理论的核心问题及发展脉络

金融发展理论从其诞生起，始终围绕着三个问题展开：一是研究金融体系（包括金融中介和金融市场）在经济发展中所发挥的作用；二是研究如何建立有效的金融体系和金融政策组合以最大限度地促进经济增长；三是如何合理利用金融资源以实现金融的可持续发展并最终实现经济的可持续发展。[①]围绕着这三个命题，经济学家从不同的角度对其进行了解释。

1955 年格利和 E. S. 肖发表了《经济发展中的金融方面》和《金融中介

---

① 徐璋勇：《金融发展质量及其评价指标体系构建研究》，《武汉科技大学学报》（社会科学版）2018 年第 5 期，第 545～551 页。

机构与储蓄—投资》两篇论文，通过建立一种由初始向高级、从简单到复杂逐步演进的金融发展模型，来证明经济发展阶段越高时金融的作用就越强的命题。他们认为，实际产出的增长能力来自两个方面：一是资本存量的增加；二是资本存量的分配。而这两个方面都与初始落后的金融制度有关。要克服初始经济下金融制度对产出的抑制，就必须进行金融创新，包括金融资产的增多（包括种类、数量）以及金融技术的进步。这样既可以扩大可贷资金的市场广度，又同时提高了资金分配的效率。随着经济增长过程中人均收入的提高，金融资产的增长率将超过产出增长率或实际收入增长率，从而形成金融发展与经济增长的良性循环。其后，他们在1967年发表的《金融结构与经济发展》一文中，通过对传统金融理论及金融机构理论的扩展，进一步论证了金融发展是推动经济发展的动力和手段的命题。

1969年，雷蒙德·W. 戈德史密斯出版了《金融结构与金融发展》一书，开创了从金融结构方面探讨金融发展与经济发展之间关系的先河。他指出：金融理论的职责在于找出决定一国金融结构、金融工具存量和金融交易流量的主要经济因素，并创造性地提出金融发展就是金融结构变化的思想。他采用定性和定量分析相结合，国际横向比较和历史纵向比较相结合的方法，确立了衡量一国金融结构和金融发展水平的基本指标体系；通过对35个国家近100年资料的统计分析，归纳出了金融结构演变的12条规律，并得出了金融相关率与经济发展水平正相关的基本结论。这为此后的金融研究提供了重要的方法论和分析基础，也成为20世纪70年代以后产生和发展起来的各种金融发展理论的重要渊源。[1]

1973年，罗纳德·麦金农的《经济发展中的货币与资本》和E. S. 肖的《经济发展中的金融深化》两本著作，认为发展中国家普遍存在着金融抑制，对经济增长形成了制约。如现代金融机构与传统金融机构并存的二元金融结构，影响了货币政策的传导；不平衡的金融体制等，产生金融运行效率低下；金融市场发展落后，金融工具种类匮乏，社会资金的融通渠道不畅，导致资本形成不足；政府对经济和金融业的过分管制和干预，导致利率和汇率扭曲，使利率和汇率丧失了反映资金和外汇供求的作用。为此，要发挥金融对经济的促进作用，就应该放弃"金融抑制"政策，实行"金融自由化"或"金融深化"。即放弃国家对金融体系和金融市场过分的行政干预，放弃对利

---

① 王玉、陈柳钦：《现代金融发展理论的发展及计量检证》，《兰州学刊》2006年第2期，第136~141页。

率和汇率的控制，让其充分地反映资金和外汇供求的实际状况，充分发挥市场的作用，有效控制通货膨胀。

20 世纪 70 年代中期到 80 年代中期，经济学家从不同的角度对金融深化论进行了发展。如卡普以劳动力过剩、固定资本闲置的欠发达封闭经济为研究对象，通过分析固定资本与流动资本的比例关系等研究分析金融发展与经济增长的关系；唐纳德·马西森则以所有的固定资本都被充分利用，企业需要同时向银行借入部分固定资本与流动资本为假设，认为经济增长会受到银行贷款供给的制约，而银行贷款供给又在很大程度上受存款实际利率的影响。要实现经济的稳定增长，就必须使实际利率达到均衡水平。因此，必须取消利率管制，实行金融自由化。维森特·加尔比斯以发展中国家经济普遍存在着分割性为假定，认为在发展中国家，经济具有的某种特性使得资源无法由低效部门向高效部门转移，导致不同部门投资收益率长期不一致，从而导致资源配置的低效率。由此得出，金融资产实际利率过低是金融压制的主要表现，是阻碍经济发展的重要因素。要克服金融压制就必须充分发挥金融中介对经济增长的促进作用，把金融资产的实际利率提高到均衡水平。韦尔·J. 弗赖伊认为，经济增长的决定因素是投资规模与投资效率，但在发展中国家，投资规模与投资效率又都在很大程度上受到货币金融因素的影响。因此，在静态均衡的条件下，实际增长率必等于正常增长率。[1] 但是在动态经济中，二者却未必相等。因为实际增长率是由正常增长率和周期性增长率两部分构成的。

在金融深化理论影响下，一些国家推行了以金融自由化为核心的金融改革。从实践的结果来看，虽然取得了一定的成效，但并未达到预期目标，特别是在一些国家还诱发了金融危机。在此背景下，许多经济学家开始对以往经济发展理论的结论和缺点进行反思和检讨。Stiglitz 在新凯恩斯主义学派分析的基础上，对金融市场失败的原因进行了分析。他认为，政府不应该放弃对金融市场的监管，而是应该在监管方式上采取间接控制，并依据一定的原则确立监管的范围和标准。随后，Hellman、Murdock 和 Stiglitz（1997）在《金融约束：一个新的分析框架》一文中提出了金融约束的理论分析框架。所谓金融约束是指政府通过一系列金融政策在民间部门创造租金机会，以达到既能防止金融压抑的危害又能促使银行主动规避风险的目的。这里的金融

---

① 黄志刚：《市场建设对金融发展的作用研究——以江西为例》，南昌大学博士学位论文，2010，第 12～13 页。

政策包括对存贷款利率的控制、市场准入的限制，甚至对直接竞争加以管制，以影响租金在生产部门和金融部门之间的分配，并通过租金机会的创造，调动金融企业、生产企业和居民等各个部门生产、投资和储蓄的积极性。[①] 在金融约束环境下，银行只要能吸收到存款，就可以获得租金，促使银行寻求新的存款来源。如果此时政府再对市场准入给予一定的限制，就更能促使银行增加投资，以便吸收更多的存款，其结果将是资金供给的增加。因此，建立合理数量的储蓄机构，吸引更多的储户和银行存款是发展中国家金融深化的一个重要组成部分。金融约束不是对金融深化的抑制，而是对金融深化的促进。

20 世纪 90 年代末，随着资源约束问题的日益严重及经济可持续发展理论的广泛被接受，我国著名金融学家白钦先教授提出了"金融资源论"，并以此为基础，提出了"金融可持续发展理论"。他从金融资源的战略性、脆弱性、中介性、社会性和层次性特点，从金融功能及其扩展出发，将金融发展界定为质与量的统一，强调金融发展水平的衡量标准在于金融发展与经济发展的适应与协调程度，论证了金融可持续发展与经济可持续发展的辩证关系，实现了金融发展理论的研究范式转换、理论创新以及研究方法变革，将金融发展理论三大核心命题的研究推到了一个新的阶段。

2. 对金融发展理论的验证性研究

对金融发展理论的验证性研究，其核心在于通过选取样本（包括国家、产业、企业等）、采用计量经济学方法，对金融发展与经济增长关系的相关理论进行计量检验。

20 世纪 80 年代的计量检验，主要是对金融抑制理论、金融深化理论研究结论的佐证，其中大多数实证研究结论都肯定了"金融抑制论""金融深化论"的科学性。比如 Lanyi 和 Saracoglu 通过对 21 个发展中国家在 1971 年至 1980 年间实际利率与金融资产增长率及国内生产总值增长率之间的关系进行了计量验证，发现实际利率为正值的国家，其平均的金融资产增长率与国内生产总值增长率都较高；实际利率为负值的国家，其平均的金融资产增长率与国内生产总值增长率都较低，甚至为负值。[②] Fry（1980）采用计量方法，通过对所选择的 61 个发展中国家在 20 世纪 60 年代中期至 70 年代中期

---

① 王玉、陈柳钦：《现代金融发展理论的发展及计量检验》，《兰州学刊》2006 年第 2 期，第 136～141 页。
② 王玉、陈柳钦：《现代金融发展理论的发展及计量检验》，《兰州学刊》2006 年第 2 期，第 136～141 页。

的资料进行分析，发现金融压制的代价是实际存款利率每低于其市场均衡利率1个百分点，经济增长率将损失大约0.5个百分点。

进入20世纪90年代以后，对金融发展与经济增长关系的实证研究不仅验证了金融发展确实具有促进经济增长的功能，而且揭示了金融中介与金融市场对经济增长的作用机理，以及影响和决定金融发展和金融结构的制度因素。在研究的具体对象上，分别从三个层面进行。一是从宏观层面，以国家（包括发展中国家与发达国家）为研究对象，研究金融发展对经济增长的影响，尤其是对全要素生产率的影响。如King和Levine（1993）从金融功能的角度入手对金融发展与经济增长关系的研究、Levine和Zervos（1998）对股票市场发展对经济增长影响的研究、Rousseau和Wacthte（1998）对金融中介体对实际经济活动作用的研究、Rousseau和Wacthte（2004）对银行及股票市场发展与经济增长关系的研究等。二是从中观层面，即产业层面进行的研究，重点分析一国金融发展水平与产业成长之间的关系，并由此解释金融发展影响经济增长的机制。如Rajan和Zingales（1998）对金融发展与产业规模及产业集中度关系的研究、Neusser和Kugler（1998）对经合组织中13个国家制造业与金融发展之间关系的研究、Fisman和Love（2003）对金融市场发展对产业成长性关系的研究等。三是从微观层面，即从企业层面进行的研究，重点通过企业数据的分析，研究国家法制体系、商业环境等对金融市场的影响，及由此对企业成长的影响。

（二）金融功能理论

金融功能问题的本质是金融与经济发展的关系问题，即金融相对于经济发展而言的作用如何。随着货币作为交换媒介的出现，货币以及与货币有关工具与经济发展的关系问题就进入经济学家研究的视野之中，如约翰·穆勒、马克思、熊彼特等对信用及其功能的分析，[①] 古典经济学家遵循萨伊定律提出的"货币中性论"，凯恩斯对古典经济学"货币中性"进行否定后提出的"货币非中性"等。但总体上讲，在金融发展理论形成之前，人们对金

---

① 约翰·穆勒在其《政治经济学原理》一书中指出，信用可以使"使用的资本数量增加，从而使社会总产量增加"，信用的急剧扩大和收缩将导致商业危机；马克思在《资本论》第三卷中，将信用的作用归结为四点，即使利润平均化、减少流通费用、为股份公司产生提供条件、充分利用资本；熊彼特在《经济发展理论》一书中指出，"没有信用，现代工业的结构就不可能创立；信用使个人能够在某种程度上不依赖于继承的财产而独立行事；经济生活中的才智之士能够背上负债而取得成功"。

融功能的认识仅限于探讨货币、信用等对经济增长的作用。相对于现代金融来讲，这些研究与认识就显得比较零碎，并没有形成完整的系统理论。对金融功能的系统认识是在金融发展理论形成之后，并成为金融发展理论的核心内容之一。源于金融业及其运行的特殊性，对于金融功能的认识，截至目前理论界的研究还在不断深入。在此，我们仅以美国著名学者莫顿和博迪以及我国著名学者白钦先教授为代表，分别对国外、国内学界对金融功能的认识做一阐述。

1. 莫顿和博迪的金融功能理论

在当代经济学家中，美国著名学者莫顿和博迪的金融功能理论具有十分重要的影响。他们对于金融功能的分析，为金融监管制度框架的构建以及金融制度改革提供了重要的理论基础。

莫顿与博迪在其1995年出版的《全球金融体系：功能观点》一书中提出，任何金融体系的主要功能都是为了在一个不确定的环境中帮助在不同地区或国家间在不同的时间配置和使用经济资源。他们将金融体系的功能分为以下六种：①清算和支付结算的功能。即金融体系提供了在商品、服务和资产交易中进行清算和支付结算的方法。无论是传统的支付体系，还是各种金融创新，包括一些衍生的金融工具，都可以实现这些功能。②聚集和分配资源的功能。即金融体系可以为企业或家庭聚集或筹集资金，对资源进行重新有效的分配。③在不同的时间、空间及行业间转移资源的功能。在这一过程中还可以有效解决信息不对称问题。④风险管理的功能。金融体系既可以提供管理和配置风险的方法，又是管理和配置风险的核心；风险管理和配置使金融交易过程中的融资和风险得以分离，从而使企业或家庭可以根据他们的意愿来选择风险承担的方式。⑤提供信息的功能。获得完善的信息是资源配置高效的前提条件，而金融体系是一个重要的信息来源，企业家或家庭可以根据金融市场的价格变化（包括利率、资产价格等）进行资产配置与消费决策。金融市场上的交易工具越多，信息越丰富，越有利于资源配置决策。⑥解决激励问题的功能。激励问题是企业内生的，它的存在不仅会影响企业的所有决策，同时会增加社会成本，而金融体系，尤其是金融工具可以帮助企业更为有效地利用金融资源，解决激励问题。

需要指出的是，莫顿和博迪对于金融功能的分析，是基于两个假设之上：一是金融的功能比金融机构更具有稳定性，即随着时间与空间的变化，金融功能的变化比金融机构的变化要小得多；二是金融功能优于金融组织结构，即金融机构的功能比其组织结构更为重要，金融机构只有在不断创新和竞争中才能使金融体系的功能更为强大，并具有更高的效率。① 因此，金融体系的构建，首先应该确定它们具有的经济功能，然后建立可以使这些功能得到很好实现的金融机构与组织。

莫顿和博迪的金融功能理论，对金融体系改革和金融监管制度改革产生了重要影响。如在金融体系改革方面，他们指出：①金融中介的功能比金融机构本身更重要。随着金融交易技术的变化，金融市场竞争的加剧，金融产品或服务就不再是某种金融机构的专利，因此，金融中介的未来发展，重要的不是哪种金融机构，而是金融机构具有什么功能。②金融机构的主要问题是信用。金融机构的功能是通过向客户发行某种类型的债务、管理客户的各种资产来实现的，而在金融产品日益同质化的市场环境中，金融机构的生存与发展就深受客户对其信用状况看法的变化和影响。因此，金融机构是否成功的关键在于它是否能够为客户有效地控制住各种债务实际和可能的风险。③基于功能观点的金融体系更便于政府监管。由于金融功能的相对稳定性，因此，从功能角度从事监管，更有利于促进金融机构组织体系的变革。在金融监管制度改革方面，该理论为金融混业经营提供了有力的理论依据，实践中"功能性监管"概念随即被提出。1999 年美国国会通过的《金融服务现代化法案》（*Financial Services Modernization Act of* 1999），亦称《格雷姆－里奇－比利雷法案》（*Gramm － Leach － Bliley Act*），就是该理论在实践中产生巨大影响的直接体现。《金融服务现代化法案》废除了 1933 年制定的《格拉斯－斯蒂格尔法案》有关条款，从法律上消除了银行、证券、保险机构在业务范围上的边界，结束了美国长达 66 年之久的金融分业经营的历史，推动了美国金融业混业经营的大发展。

2. 白钦先教授的金融功能理论

白钦先教授是系统提出金融功能理论的国内学者，其在 1989 年出版的《比较银行学》中，在论述银行体制构成要素时，就从功能视角提出了"银行体系总体效应"的概念。其后，于 1998 年在其创立的以金融资源论为基础的金融可持续发展理论中，对金融功能进行了系统阐述。

白钦先教授认为，根据金融功能所处的不同层次，可以将金融功能划分为四个具有递进关系的层次——基础功能、核心功能、扩展功能、衍生功能，其中核心功能与扩展功能是金融的主导功能。

---

① 于庆军、王海东：《金融产业组织结构与管制模式》，《生产力研究》2005 年第 6 期，第 61～62 页。

第一层次，基础功能：服务功能、中介功能。金融的服务功能是指金融为整个经济运行所提供的便利，包括为现实经济活动甚至社会活动提供一个统一的度量标准、为拥有剩余物质财富的人提供跨时消费的可能途径、解决物质交换的需求双重巧合困境从而便利交易、为大宗跨地交易提供汇兑结算服务、为富有者提供财富保管服务等。中介功能是指金融作为中介实现的简单的资金融通，即在资金赤字者和盈余者之间进行调剂。金融的服务功能与中介功能之所以是金融的基础性功能，是因为金融自产生以来，长时期内都是提供服务和发挥中介作用；另外，这两个功能也是金融其他功能产生的基础。

第二层次，核心功能：资源配置。通过金融体系的运行，进行储蓄动员和项目选择，从而实现资源的高效配置。储蓄动员和项目选择既可以通过传统的银行等金融机构进行，也可以通过金融市场进行。通过资源配置功能的发挥，可以建立起资金盈余者与短缺者之间的联系，调剂余缺，对经济资源进行更为有效的配置利用，进而提高整个社会的福利水平。

第三层次，扩展功能：经济调节、风险规避。金融的经济调节功能主要是指货币政策、财政政策、汇率政策、产业政策等通过金融体系的传导实现对经济的调节。风险规避功能主要是指利用大数定理把风险分散化、社会化。

第四层次，衍生功能：风险交易、信息传递、公司治理、引导消费、区域协调、财富再分配。这是金融体系为了进一步提高资源配置效率在微观与宏观两个层面衍生出来的功能。这些功能可以归结为风险管理与宏观调节两个方面，风险管理包括风险交易、信息传递、公司治理等；宏观调节主要包括财富再分配、引导消费、区域协调等。

白钦先教授对金融功能的演化过程也进行了分析。他认为，金融最早呈现出其基本功能，随着经济发展水平的提高和金融本身的发展，金融的资源配置功能逐步显现出来；此后为了解决资源配置过程中的伴随问题，金融功能进行了横向扩展，即经济调节功能和风险规避功能；为了进一步提高资源配置效率，金融的衍生功能开始显现出来。金融功能的这一演化进程如图 1-1 所示。

白钦先教授基于金融资源论提出的金融功能理论，将金融发展的内涵界定由麦金农、肖的"金融深化观"、戈德史密斯的"金融结构观"推进到了"金融功能观"，即金融发展的过程就是金融功能不断演进的过程，并为其后提出金融可持续发展理论奠定了基础。

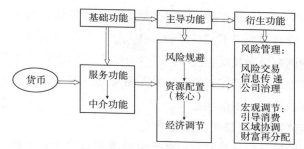

图 1 – 1　金融功能演化路线

资料来源：引自白钦先、谭庆华《论金融功能演进与金融发展》，《金融研究》2006 年第 7 期。

（三）金融可持续发展理论

金融可持续发展理论是白钦先教授在金融资源学说及金融功能理论基础上，将可持续发展的思想理念创造性地扩展运用到金融领域后提出的金融发展理论。

1. 金融可持续发展理论的理论基础：金融资源学说

白钦先教授认为，金融是一国最基本的战略性稀缺资源，他将金融资源划分为三个层次：第一层次是基础性核心金融资源，主要是广义的货币资产（资金）；第二层次是实体中间性资源，主要是金融组织体系和金融资产（工具）；第三层次为整体功能性高层金融资源。这种观点突破了传统金融学将资本或资金简单地视为一种生产要素的认识局限，是对金融重新认识后的新发展。金融资源从其自然属性上看，是一种稀缺的社会性战略资源，这种一般属性使得金融资源自动进入可持续发展函数之中；从社会属性来看，它又是一种可以对其他所有资源（包括自然资源和社会资源）具有配置功能的资源，这一特殊属性体现了金融在现代经济中的枢纽地位。要实现经济和社会的可持续发展，必须首先实现金融本身的可持续发展。由此，金融资源的合理、科学、永续利用就是金融可持续发展的根本问题。

2. 金融可持续发展理论的研究视角：金融功能观

白钦先教授对戈德史密斯的金融结构理论进行了修正、补充与发展，认为金融结构变迁并不是金融发展的全部，而是金融功能的扩展与提升，即金融功能的演进。金融功能扩展体现为量性金融发展，金融功能提升则更多体现为质性金融发展，金融功能的扩展与提升体现了金融发展从量变到质变的统一。[1]

---

[1] 孙伟祖：《功能观视角下的金融发展理论及其延伸》，《广东金融学院学报》2005 年第 5 期，第 8～13 页。

这一独特的研究视角，不仅使人们对金融发展本质的认识深化，而且也解释了以往的金融发展理论所不能解释的一些问题，如为什么具有相似金融相关率指标的不同国家金融发展程度不同；为什么有些国家发生了严重的金融危机，而有些国家却能保持相对的稳定和正常运转。对于发展中国家的金融发展及政策选择具有更强的指导意义。

3. 金融可持续发展理论的政策含义

任何金融发展理论都要回归于对金融发展实践的指导，确定什么样的金融发展政策是金融发展实践的核心内容。金融可持续发展理论的政策含义可归结为三个方面：一是保持金融发展与经济发展的协调，即金融资源的开发利用要与经济发展的需求相协调，金融发展既不能超前于经济发展，也不滞后于经济发展。二是保持稳定和谐的金融生态环境，实现金融资源量的累积过程与金融资源开发利用效率提高过程的统一协调；为此，在政策层面就应该选择合理的金融改革与发展模式、相容性的金融制度以及有效的金融稳定机制。三是追求公平竞争的全球金融资源配置和利益共享，这是在金融全球化和金融自由化背景下，实现世界各国金融协同发展的必然要求。

另外，金融是一个充满风险的行业，脆弱性是其内生特征，这就使得金融业作为一个特殊产业，其自身的可持续发展是一切发展可持续的前提基础。为此，金融发展过程必须遵循金融量性扩张与质性提高的统一、金融稳定发展与金融创新诱发的跳跃式发展相并存、金融整体效率提升与微观效率改进并重等基本原则。

四　金融资源配置效率研究视角与本书的逻辑框架

（一）金融资源配置效率研究的视角

金融资源配置效率其实就是对金融资源配置的功效评价。因此，对金融资源配置的功效界定，就成为金融资源配置效率研究与分析的基本出发点。而金融资源配置的目的无非是将金融资源进行合理组合与开发利用，使金融业的功能得以有效发挥。因此，金融业功能发挥的程度，自然是衡量金融资源配置效率的基本标准；从金融功能出发自然是金融资源配置效率研究的理论视角。但对金融功能的界定不同，直接决定了金融发展的目标导向差异，进而使得对金融资源配置效率的研究视角与评价标准也就不同。

随着金融业的快速发展，其在现代经济生活中的地位不断提升，人们更多地把金融业按照一般产业来规划发展，把追求规模扩张、总量增加作为其发展的重要目标，而忽视了金融业发展的根本目的。正因为如此，近年来金融业的"脱实向虚"问题日益严重。

首先，从理论上讲，金融业虽然是一个产业，但其与一般产业具有显著不同，突出体现在它是商品经济发展到一定阶段的产物，并为商品经济的发展而服务；它既可以促进商品经济的发展，同时也可以对商品经济的发展起到巨大的制约与破坏作用；服务于实体经济是金融业的本质与功能所在。因此，从金融本质与功能视角，对金融配置效率进行评价，就是本研究的出发点与研究视角。

其次，从实践上讲，金融是资源配置的核心，其配置效率关系着其他资源的配置效率；同时，金融资源的高效配置对当前我国加快转变经济增长方式和促进经济金融的良性互动发展具有基础性作用。因此，金融资源配置效率的高低不仅体现在"量"的方面，即投入产出关系；还应体现在"质"的方面，即金融资源是否配置到了经济发展所需要的各个子系统中去，是否体现了对重点领域和薄弱环节的支持，是否体现了国家经济结构调整和社会发展的方向。基于此，本书认为金融资源配置效率不仅应包括投入产出效率，即"经济效率"，还应包括能够体现社会、经济和生态可持续发展的"功能效率"。

（二）本研究的逻辑框架

本研究基于金融功能视角对西部地区金融资源配置效率问题进行研究，在逻辑框架上分为四篇。

第一篇，理论分析框架（包括第一章至第三章）。首先，在对现有金融资源相关研究进行回顾与梳理的基础上，对金融资源的内涵及外延进行了界定，分析了金融资源具有的基本特征；明确了金融资源配置效率分析的理论基础与研究视角。其次，依据金融功能理论，对金融资源配置效率的内涵进行界定，分析金融资源配置效率的实现机制，梳理影响金融资源配置效率的因素及其影响机理。最后，根据对金融资源配置效率的内涵界定，构建金融资源配置效率评价的指标体系与评价模型，为整个研究提供理论支撑。

第二篇，现状诊断分析（包括第四章至第六章）。本篇在前篇理论分析框架下，依据统计数据，分别从西部地区金融资源的总量与结构、西部地区金融资源的行业分布、西部地区金融资源配置的生态环境等方面对西部地区金融资源配置的基本情况进行分析，理清西部地区金融资源的存量，归纳其演变特征。

第三篇，效率测度评价（包括第七章至第九章）。本篇依据第一篇构建的金融资源配置效率评价指标体系，采用熵权 TOPSIS 模型评价方法，在对西部各省（区、市）金融资源配置效率进行测度评价与分析的基础上，将西部地区作为一个整体，对其金融资源配置效率进行测度评价与分析；归纳出西部地区金融资源配置中存在的主要问题，为寻求西部地区金融资源配置效率提升路径提供依据。

第四篇，效率提升路径（包括第十章至第十二章）。本篇在前篇各章分析研究的基础上，提出西部地区金融资源配置效率提升的三条主要路径，即提升西部地区金融发展质量、加强西部地区金融资源的区域合作、稳步推进西部地区金融对外开放与合作，并分别提出了西部地区金融资源区域合作、对外开放与合作的重点领域、开放路径与实现机制。

第二章
金融资源配置效率的内涵界定及其实现机制

提升金融资源配置效率是金融发展的核心。但基于对金融发展及其功能认识上的差异,对金融资源配置效率的内涵界定存在分歧。本章将在回顾现有对金融资源配置效率问题研究成果的基础上,对金融资源配置效率的内涵给出界定,分析其实现机制,并对影响因素做一分析,为对金融资源配置效率进行测度评价提供理论依据。

一 金融资源配置效率研究回顾

帕累托最优理论是研究资源配置效率的经典理论,它是由意大利经济学家维尔弗雷德·帕累托于 1906 年提出。所谓帕累托最优,就是在不使任何人的境况变坏的情况下,而不再可能使某些人的处境变得更好的状态。在这一理论基础上,卡尔多和希克斯提出了著名的"帕累托最优改进"理论,即在没有使任何人境况变坏的前提下,而使得至少有一个人的境况会变得更好,那么这种改进就是有效率的。[1] 在很长的一段时期内,帕累托效率或帕累托最优一直是经济学中关于效率的标准定义。[2]

关于金融效率的研究,不同学者从不同角度给出了不同看法。如 Koopman(1957)从资源配置方式上把金融资源划分为微观和宏观两个层次,其中微观金融效率是指在某个微观经济单元层面的资源配置方式;而宏观金融效率是指在整个社会层面的资源配置方式。R. L. 罗宾逊(Roland L. Robinson,1974)和 D. 怀特曼(Dwayne Wightmans,1974)将金融体系的

---

[1] 徐圆圆:《陕西省金融资源配置效率研究》,西北大学硕士学位论文,2014,第 2 页。

[2] 常帅:《中国地区金融资源配置效率评价及其影响因素的实证分析》,暨南大学硕士学位论文,2010,第 7 页。

效率分为了操作效率（operational efficieney）和配置效率（allocative efficiency）两种形式，其中操作效率可以用金融活动中发生的成本与效益之比来衡量；配置效率是指金融体系在引导储蓄资金向生产性用途流动的有效性。A. D. 贝恩（A. D. Bain，1980）将金融体系（包括金融机构和金融市场）效率分为宏观层面上的经济效率和微观层面上的经济效率。杰克·雷维尔（Jack Revell，1983）在贝恩观点的基础上，将金融体系的效率归结为配置效率与结构效率：所谓配置效率是指金融体系依赖价格和收益机制，将筹集到的剩余资金能否配置到最有用、最高效的领域；结构效率是指金融体系所能提供的金融机构和金融工具的选择程度以及能为各部门提供资金的种类和规模。

国内学者关于金融效率的研究，始于20世纪90年代后期。随着社会主义市场经济体制的建立与发展，市场在配置社会资源中地位的提升，学者对金融业的效率问题也给予了更多的关注。如王广谦将金融效率分解为三个方面：一是金融机构效率，包括金融机构的经营效率和发展效率；其中金融机构的经营效率包括金融机构的业务能力和盈利能力；金融机构的发展效率是指金融机构作为金融产业主体在市场竞争中开创未来的能力。二是金融市场效率，指金融市场的运作能力和其对经济发展的作用能力。三是金融宏观效率，指金融机构经营发展效率和金融市场效率对整个国民经济的作用效率，它综合体现在货币量（包括通货量、货币总量和货币结构）与经济总量的关系上。[①]

叶望春将金融效率分解为金融市场效率、商业银行效率、非银行金融机构效率、企业融资效率、金融宏观作用效率和中央银行对货币的调控效率等。其中，金融市场效率又主要体现在五个方面：一是金融商品价格对各类信息的反应灵敏程度；二是各类金融商品价格是否具有稳定均衡的内在机制；三是金融市场上金融商品的数量及创新能力；四是金融市场规避风险的能力；五是金融市场上交易成本的大小。商业银行效率包括商业银行资产配置效率和商业银行负债管理效率两个方面，其中商业银行资产配置效率更为重要。非银行金融机构效率体现为投资银行和证券公司对资本及证券市场反应的效率。企业融资效率是指企业筹资成本、筹资风险以及筹资的方便程度。中央银行对货币的调控效率体现为两个方面：一是调控措施的影响力；二是调控效果与预期目标的偏离程度。[②]

---

① 王广谦：《经济发展中金融的贡献与效率》，中国人民大学出版社，1997。

② 叶望春：《金融工程与金融效率相关问题研究综述》，《经济评论》1999年第4期，第76~84页。

　　杨德勇（1998）认为，金融效率是指一国金融整体在国民经济运行中所发挥的效率，即把金融要素（人力、物力、各类金融资产的存量和流量）的投入与国民经济运行的结果进行比较。并把这个层面的金融效率称为整体金融效率，投入的是包括各类金融机构及其人力、物力和各类金融商品，产出的是国民经济的增量和国民经济增长的质量。①

　　自白钦先教授开创性地提出以金融资源学说为核心的金融可持续发展理论以后，金融资源的配置效率问题随之引起国内学者的高度关注，并成为金融学的研究热点之一。白钦先教授认为，金融效率是金融资源在经济系统与金融系统以及金融系统的内部子系统之间配置的协调程度，是金融量性发展与质性发展的统一，静态效率与动态效率的统一，微观效率与宏观效率的统一。在他的思想启发下，国内的许多学者也都从不同的角度给金融资源配置效率做了界定。如王振山（2000）运用一般均衡分析方法，提出了衡量金融资源配置效率的帕累托最优标准，即在金融交易中，如果不以某些交易者的满意程度降低为条件，就不能使另外一些交易者的满意程度提高。② 周升业（2002）将金融效率划分为金融功能效率（即金融在整个国民经济中的一般作用）、金融配置效率（即金融体系中资源的配置状况）和金融管理效率（即具体金融机构内部投入产出的效益）三个层次。③ 汪永奇、程希骏（2002）则将金融效率划分为两个层次：一是金融宏观效率，即金融对整个国民经济的作用能力；二是金融微观效率，即金融机构作为产业主体的运作效率。其中金融宏观效率主要包括货币政策的效率、金融对社会资源的配置效率、储蓄向投资的转化效率等；金融微观效率包括国有商业银行的盈利能力、资本充足率及经营管理水平。④ 持此观点的还有李木祥、钟子明、冯宗茂（2004）。何凤隽（2005）提出金融资源配置效率包括金融资金配置效率（债权资金效率和股权资金效率）、金融机构配置效率（经营效率、储蓄投资转化效率和产权效率）和金融制度配置效率（货币政策效率）以及在三者基础上形成并反映三者效率的金融综合配置效率。⑤ 沈军（2006）把金融效率划分为微观金融效率和宏观金融效率两个层次，其中微观金融效率是指金融机构发挥金融中介作用对金融资源的运用效率；宏观金融效率是指在金融制度一定的条

① 杨德勇：《对金融效率问题的思考》，《甘肃金融》1998 年第 10 期，第 10 ~ 11 页。
② 王振山：《金融效率论》，经济管理出版社，2000。
③ 周升业：《金融资金运行分析：机制、效率、信息》，中国金融出版社，2002。
④ 汪永奇、程希骏：《金融效率与金融管理》，《价值工程》2002 年第 4 期，第 48 ~ 51 页。
⑤ 何凤隽：《中国转型经济中的金融资源配置研究》，西北大学硕士研究生论文，2005，第 26 页。

件下，金融系统内金融资源的配置效率，也称为金融资源的配置效率。①

随着人们对金融的本质在于服务实体经济认识的深化，部分学者从金融对实体经济服务的角度来界定金融资源配置效率。如戴伟、张雪芳（2016）认为，金融资源配置效率不仅应包括投入产出效率，即"经济效率"，还应包括能够体现社会、经济和生态可持续发展的"社会效率"和"生态效率"。其中金融资源配置的经济效率是指是否实现了将稀缺金融资源配置到了效率最高的企业或产业部门，即投入一定的金融资源是否获得了最大产出。社会效率是指除经济效率以外对社会生活有益的效果，即要在效率优先的基础上，兼顾社会公平。生态效率是指金融资源的配置是否促进了社会、经济、生态的可持续发展，是否能够促进经济增长方式转变，优化经济结构等。②崔剑剑、王亚萍（2018）将金融效率界定为两个方面：一是金融服务于实体经济的效率（简称实体金融效率）；二是金融市场效率。前者反映金融与实体经济结合的程度，后者反映金融市场运行情况。③

二　金融资源配置效率的内涵界定与层次划分

（一）金融资源配置效率的内涵界定

综合现有的研究可以看出，虽然大量学者对金融资源配置效率的概念进行了界定，但由于视角不同，直至现在对这个概念的界定仍然存在着较大的分歧，并未形成一个清晰的共识。为此，我们有必要从"效率"一词本身的含义来演绎"金融资源配置效率"的概念。

"效率"（efficiency）一词最早是一个物理学概念，是指有用功率对驱动功率的比值，也就是在一定的驱动力下所产生的有用功率的多少。以此延伸，出现了热能领域中的"热效率"、机械领域中的"机械效率"等概念。将"效率"一词引入到管理学、经济学等学科领域之后，就出现了多种效率概念。如在管理学中，"效率"是指在单位时间里完成的工作量，或者说是某一工作所获的成果与完成这一工作所花时间和人力的比值，该比值越大，表明效率越高；在经济学中，"效率"是指最有效地使用社会资源以满足人类的愿望和需

---

① 沈军：《金融效率的实证方法研究》，《统计与决策》2006 年第 22 期，第 138～139 页。
② 戴伟、张雪芳：《基于新视角的金融资源配置效率测度研究》，《华东经济管理》2016 年第 5 期，第 52～60 页。
③ 崔剑剑、王亚萍：《中国各省市金融效率度量方法及比较研究》，《上海经济》2018 年第 6 期，第 99～113 页。

要，对人类愿望与需要满足的程度越高，表明效率越高。显然，"效率"概念中，有两个必备因素：一是投入；二是产出。不同学科领域对"效率"界定的不同，源于对其"投入"与"产出"的界定不同。具体到金融领域，投入自然为"金融资源"，而"产出"则因不同人的认识而有所不同，正是这种认识上的差异，导致了"金融资源配置效率"界定的巨大分歧。

从金融资源的角度，我们将金融资源配置效率界定为：在金融资源稀缺的限制条件下，通过特定的资源组合利用方式，使金融体系的中介功能得以发挥，并由此实现金融发展满足人类愿望与需要的程度。其中衡量金融中介功能发挥程度的称为金融资源配置的中介效率，这是由金融的中介功能内在决定的；衡量金融发展满足人类愿望与需要程度的称为金融资源配置的产出效率，这是由金融发展的产出功能内在决定。如果说金融资源配置的中介效率是对金融资源配置过程的反映，那么金融资源配置的产出效率则是对金融资源配置产生的客观结果的反映。伴随着人类愿望与需要的不断扩展与升级，人们对金融资源配置产出效率的内涵界定也在不断发生着演化。这一演化过程，既是对经济发展内涵认识的不断深入，也是对金融本源及发展目标认识的不断深化。

（二）金融资源配置效率的层次划分

根据上述对金融资源配置效率的内涵界定，我们可以将金融资源配置效率划分为以下层次。

1. 金融资源配置中介效率

金融中介与服务职能是金融体系的首要职能，也是金融资源配置的首要任务与目标。金融中介职能完成的主体是各类金融机构与金融市场，因此，金融资源配置中介效率具体可体现为金融机构与金融市场的运营效率及对资金的转换效率。根据金融业运营的特点，金融资源配置中介效率又可以划分为三个层次。

第一层次，金融机构中介效率。金融机构是金融活动的微观主体，直接从事金融中介与资金转化功能，其效率高低是整个金融资源配置效率的基础层次。由于其中介职能直接体现在其运营活动过程之中，因此金融机构效率直接体现为其运营效率。根据各金融机构的职能及运营特点，金融机构效率可划分为银行业效率、证券业效率、保险业效率、信托业效率等。

第二层次，金融市场中介效率。金融市场是金融机构活动的主要领域，也是各金融机构发挥中介与服务职能的平台，起着动员资金、调节资金和分配资金的功能。在西方金融理论中,金融市场效率被称为金融市场的"有效性",具体包括三个方面:一是市场活动的有效性,即市场参与者众多,交易成本低廉,市场运行有序;二是市场定价的有效性,即市场供给与需求的价格弹性较大,供给与需求对价格变动能做出灵敏反应,市场价格能及时、准确和全面反映所有公开的信息;三是市场分配的有效性,即市场资金能根据价格信号合理、快速流动,实现资源的优化分配。

第三层次,金融体系中介效率。这是将金融业作为一个系统,衡量其在整个社会金融资源配置中发挥中介与服务职能的效率。根据开放经济条件下的凯恩斯宏观经济模型,经济增长主要取决于三个部分:一是消费(包括居民消费与政府消费);二是投资;三是进出口。其中投资对经济增长起着重要作用。金融系统的中介功能就是将社会金融资源聚集并转化为资本,投资于实体经济,以此强化经济增长的动力。因此,对金融系统中介效率可以用资本形成率来反映。

2. 金融资源配置产出效率

金融业的产出到底是什么?这关系金融业发展的目标定位,同时也是对金融资源配置效率进行衡量时首先需要明确的核心命题。金融业应该服务于经济社会发展,这早已成为人们的共识。但问题在于经济社会发展的内涵到底是什么?经济社会发展的主要标志是什么?显然,对此问题的回答,直接决定了金融业发展的目标导向。

在很长的历史时期,人们对经济增长问题的关注主要聚焦于物质财富的增长,将物质财富的增长等同于经济发展。从早期的古典经济学到新古典增长理论,以及内生增长理论,对社会财富增加源泉以及实现财富增加途径的分析并不相同,但都将社会财富(主要是物质财富)的增加作为经济发展的全部内涵。在此理论背景下,金融服务于经济发展的主要目标就是服务于经济的数量增长,对金融资源配置产出效率进行衡量的直接指标就是金融对GDP增长的贡献率。

进入21世纪以来,人们日益认识到传统经济增长理论的局限性,如只关注财富增长过程而不关注财富增长后果,只关注财富物质形态的数量增长而不关注人类需求的变化以及对环境的破坏等,从而提出了有质量增长理论以及新的发展观,更加重视经济增长、社会发展与环境友好之间的协调,将物质财富数量增长与实现人的全面发展之间的统一作为发展的核心目标,不仅着重于经济短期增长,更加重视经济长期发展,包括经济增长的可持续、社会进步与公平、环境友好等。在此背景下,金融服务于经济增长的内容就需要随之扩展与升华，金融资源配置的产出效率就需要包含更为广泛的内容。具体可以细分为经济增长效率、产业升级效率、科技创新效率、社会发展效率、环境友好效率等五个方面（见图 2 – 1）。

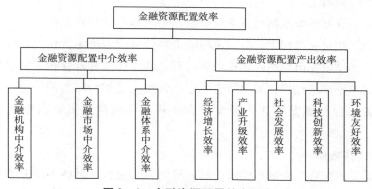

图 2 – 1　金融资源配置效率层次

三　金融资源配置效率的实现机制

（一）金融资源配置中介效率的实现机制

根据前文分析，金融资源配置的中介效率主要体现为通过对金融资源的开发利用，实现了资金从消费领域向生产领域的转换，这一转换包含着三种情形：一是金融资源形式上的转换；二是金融资源在时间空间上的转移；三是金融资源的积累与数量扩张。为此，金融资源配置中介效率的实现通过三项机制实现。

1. 转换机制

金融资源配置效率实现的转换机制就是在一定的制度框架下，将闲散的货币资金转换为生产过程中的资本，为生产的扩大提供基础性条件。根据前文对金融资源的界定与层次划分，第一层次的金融资源是广义货币，但这仅是静态意义上的金融资源，本身并不对经济运行产生影响；只有当货币及金融工具转化为资本投入生产过程时，才会成为现实的资本。金融资源在实现由货币形态向资本形态转换的过程是金融中介与服务功能的具体体现，即将储蓄转化为投资，将闲散的货币资金转换为集中性的金融资本。实现这种转换的主体可以是金融机构，也可以是金融市场，分别构成机构主导型转换机制与市场主导型转换机制。

机构主导型转换机制就是货币资金向生产资本的转换是在金融机构的主

导下完成。在这一过程中，金融机构起着中介桥梁作用。由于金融机构具有网点多的网络优势、信息优势、资产管理优势、风险甄别与控制的专业化优势等，聚集闲散货币资金，通过信贷形式将其转化为生产资金，实现资金在剩余者与短缺者之间的转移。

市场主导型转换机制就是货币资金向生产资本的转换是在金融市场的主导下完成。在这一过程中，金融市场的价格信息起着决定性作用。以股票市场为例，如果股票市场能够让投资者获利，就使得投资者存在着将手持货币转化为股票资产的欲望；如果持有股票的收益高过银行储蓄的收益，就会诱使投资者将银行储蓄转化为股票投资，从而完成货币资金向生产资本的转化。

2. 转移机制

金融资源配置中介效率实现的转移机制就是通过金融体系中介功能的发挥，实现了金融资源跨越空间与时间的优化配置。从跨越空间来讲，金融体系的存在，可以实现金融资源在部门间、行业间、区域间的流动，这种流动的根本驱动力在于投资回报率，即金融资源总是流向回报率较高的部门、行业及地区，直到部门间、行业间、区域间的投资回报率基本相等为止。从跨越时期来看，金融体系的存在，可以实现人们在较长时间范围内计划他们的生活消费开支，以达到在整个生命周期内消费的最佳配置。用公式表达就是：

$$C = \beta_w \times Wr + \beta_{yw} \times Y_w$$

其中，C 为年消费额，β_w 为财富的消费倾向，即每年消费额占其财富的比例，Wr 为实际财富数量；β_{yw} 为工作收入的消费倾向，即每年消费占工作收入的比例，Y_w 为年工作收入。由此计算出的年消费额，正好可以实现在预期生命结束时花完所有财富。虽然这对于绝大多数人来讲都是一个难以实现的理想状态，但金融体系的存在却可以使这一目标实现的可能性大大增加。

3. 积累扩张机制

货币资本是首要的金融资源，其本身具有自我积累与扩张的属性。一方面，货币资本在银行体系中具有乘数扩张效应，体现为一定的货币供给通过商业银行的存款派生功能产生数倍于初始货币供给的货币供给量。比如，假设中央银行规定的存款准备金率是20%，银行会将其余的80%全额放贷。现在某君A往银行里存了100元，银行再将其中的80元放贷给B，如果B把贷来的80元又全部存入银行，银行再将其中的64元贷给了C，C又把64元存入银行，银行再向 D 贷出 51.2 元……依此类推，央行最先向市场投放了 100 元，市场上最后的货币量将会是"100 + 80 + 64 + 51.2 + …"，最终这个值将达到 500 元，可见，经过这一系列的存款 – 贷款过程，货币资本的数量将是原来的 5 倍。另一方面，货币资本一旦进入金融市场，同样存在着积累扩张效应，具体体现为资本市场的价值增值。比如，面值为 1 元的股票，在溢价发行时，其发行价格可以高出其面值的几倍、十几倍甚至几十倍，这样就将价值为 1 元的金融资产转换为几元、十几元甚至几十元的金融资产；如果该股票进入二级市场进行流通交易，其价格也许会更高。显然，无论是金融机构，还是金融市场，都会使金融资源在数量或者价值上实现膨胀，撬动进入生产过程的资金数量。

（二）金融资源配置产出效率的实现机制

依据上文对金融资源配置效率的层次划分，金融资源配置的产出效率主要包括经济增长效率、产业升级效率、科技创新效率、社会发展效率和环境友好效率五个方面，这五个方面效率的实现具有不同的机制路径。

1. 经济增长效率的实现机制

金融发展理论研究的核心任务之一就是揭示以金融资源配置为基础的金融发展对经济增长的作用及其机制。因此，古典经济增长理论、新古典经济增长理论以及内生经济增长理论，都从不同的角度对此进行过分析论述。在此，我们仅以内生经济增长理论，对金融发展影响经济增长的机理做一阐述。

内生经济增长理论认为，资本存量和资本配置效率是经济增长的主要决定因素。资本存量包括固定资本和人力资本等其他资本。资本存量取决于投资率的高低，而投资率又受储蓄率以及储蓄投资转换率的影响。在收入一定的条件下，投资额的高低取决于储蓄率的大小，而资本配置效率则主要取决于技术进步。因此，一个国家经济增长的高低主要受储蓄率、储蓄投资转换率以及资本配置效率大小的影响。金融的出现使得消费—储蓄比例关系更向储蓄一方倾斜，从而提高储蓄率并以此扩大资本的投入量。在储蓄率既定的条件下，投资量的大小取决于储蓄向投资转化的能力。利息率无疑是决定投资者是否进行实际投资的一个最重要因素，因而是决定储蓄转化为投资的最重要因素之一。金融系统在稳定储蓄持续增加的同时，保持存贷款利率在一个较低的水平上，不仅能稳定地增加储蓄，还能促使储蓄转化为最大化投资，从而使总资本投入增加和资本配置效率提高。因此，金融发展是影响储蓄率、储蓄投资转换率以及资本配置效率的最重要因素之一。[①]

我们以帕加诺（Pagano，1993）的金融—经济联结机制模型为基础，构建一个简化的内生增长模型，即以 AK 模型，对金融发展作用于经济增长的机理予以说明。

假设在一个封闭的经济体中，影响经济增长的只有资本，则总产出是资本的线性函数，即：$Yt = AKt$　　　　　　　　　　　　　　　（2-1）

式（2-1）中，Yt 为总产出，A 为边际资本生产率，Kt 为资本禀赋。

假设该经济体中的人口规模不变，产品全部被用来投资（消费），其折旧率为 φ，那么，该经济体的总投资为：

$$It = K_{t-1} - (1 - \phi) Kt \tag{2-2}$$

无论是凯恩斯经济稳定增长理论，还是哈罗德-多玛（Harrod and Domar）模型，均强调在理想的经济增长率条件下，全部的储蓄都能转化为实体经济所需的投资。因此，在自给自足的经济系统中，资本市场的均衡条件为总投资等于总储蓄，即：$It = St$　　　　　　　　　　　　　　（2-3）

然而，在实体经济中，受交易费用和信息不对称的影响，储蓄不可能全部转化为投资。此外，金融系统在资本运行和分配中也吸收了部分资本。因此，金融体系在将储蓄转化为实体经济投资的过程中存在着一定的资金漏损。假设储蓄转化为投资的效率为 δ，则资金漏损率为 1 - δ，则有：

$$I_t = \delta S_t \tag{2-4}$$

那么，$t + 1$ 期的经济增长率为：

$$g_{t+1} = (Y_{t+1}/Y_t) - 1 \tag{2-5}$$

将式（2-1）、式（2-2）、式（2-3）代入式（2-5）中可得到：

$$g_{t+1} = A\delta s - \varphi \tag{2-6}$$

式（2-6）中，s 为总储蓄率（S/Y）。

由式（2-6）可知，经济增长率受边际资本生产率、投资效率和储蓄率三者影响，而金融发展则通过信息揭示、公司治理、风险管理、动员储蓄和便利交换等功能影响边际资本生产率、投资效率和储蓄率，进而影响经济增

[①] 苏建军：《金融发展、分工与经济增长——理论分析及中国的实证研究》，西北大学博士学位论文，2014，第 49~50 页。

长率。①

2. 产业升级效率的实现机制

金融资源优化配置对产业升级的促进作用主要通过三种途径实现，即促进技术创新、优化社会分工以及需求引导（见图2-2）。

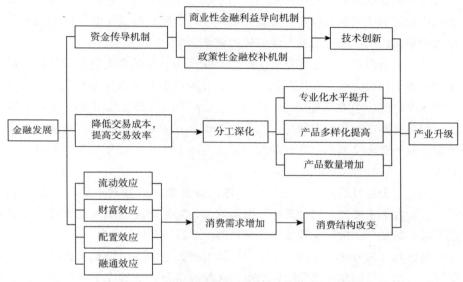

图2-2　金融资源配置的产业升级效率作用机理

首先，金融发展通过技术创新促进产业升级。其主要是通过资金的传导机制来进行的，商业性金融的利益竞争机制和政策性金融的校补机制共同形成了资金的传导机制。

对商业性金融机构而言，其根据营利性、安全性和流动性的原则使得它将筹集的储蓄资源分配到不同收益率的投资之上，使资金能够按照资金原则在各部门高效流动，从而实现资源的合理配置；另外，通过对资金使用企业的有效监督来避免企业资金应用过程中的短期行为，使得企业提高其资金使用效率和收益率，使各种生产要素从萎缩部门向新兴技术产业流动，从而促进产业的优化升级。政策性金融机构主要是通过一般性的政策金融工具来对货币量进行调整，从而为产业发展提供一个良好的货币环境。一方面，政策性金融机构通过利率差别政策以及信贷选择政策来引导资金流向，鼓励不同

---

① 苏建军：《金融发展、分工与经济增长——理论分析及中国的实证研究》，西北大学博士学位论文，2014，第50页。

产业的发展。另一方面，政策性金融机构通过扶持商业性金融机构不愿意投入的重点新兴行业，技术创新行业本身具有高风险性的特点，使得部分商业性金融机构对其提供的资金支持非常有限而难以有较大的突破发展，此时辅之政策性金融机构对高新技术产业的政策性资金支持，则会快速促进高新技术等新兴产业的发展，实现产业的转型升级。在资金的导向机制作用下，金融机构通过对技术创新行业的资金支持，为产业成长提供了必要的金融资源配置和重组机制，从而加速产业结构的调整。

其次，金融发展通过优化分工促进产业升级。金融系统贷款效率以及商品交易效率的提升会对分工深化以及产业升级产生非常重要的影响。当金融市场不发达时，企业只能处于一种专业化水平比较低且技术水平较差的层次，但当金融市场较为发达时，则企业会更加专业化，其技术创新能力也会更强。此外金融发展能够通过降低交易成本的方式，优化分工进而促进产业升级。

最后，金融发展通过引导需求促进产业升级。消费理论的逻辑推理表明，金融发展主要通过流动效应、财富效应、配置效应以及融通效应等促进消费需求的量变，进而实现质变，带动其产业转型升级。

金融具有的最典型功能就是实现资源配置，它能平滑消费者在整个生命周期的消费，帮助其克服流动性约束，从而使得资产能够在不同阶段实现优化配置。流动效应就是通过破解流动性约束来实现消费需求的量变，进而促进消费产业升级。财富效应主要是指居民通过各种金融证券投资而导致财富收入增加的一种效应。随着网络支付、电子商务的不断发展，金融在降低交易成本、提升交易效率方面也发挥着越来越重要的作用。配置效应是指消费者基于自身所掌握的资源对其资产品种、期限等进行的自我调整，通过资产配置的不断优化来实现整个生命周期内消费效用的最大化。融通效应则是指居民之间通过资金借贷的方式，实现资源的高效运用。居民可以在自身资金不足的情况下，通过各种消费贷款来满足自己的消费需求，金融就是给资金供需双方提供一个互利平台，使得资产配置比例发生变化，进而促使消费结构发生转变，带动相关产业实现转型升级。[①]

3. 科技创新效率的实现机制

创新是社会发展和民族进步的灵魂，科技创新是一国经济保持长期增长的核心动力。但是科技创新及后续转化是一个复杂且充满风险的过程，不仅

---

① 王梦：《金融发展对产业转型升级的影响及机理分析》，西北大学硕士学位论文，2019。

需要资金支持，而且需要分散与承担风险。金融作为现代市场经济的核心和
"血液"，其所具有的资本融通功能和转移风险功能恰恰可以为科技创新提供
支持。这种支持主要体现在四个方面。①

首先，金融发展为科技创新提供融资支持。资本融通功能是金融发展作
用于科技创新的基本功能。科技创新的过程中需要大量资本、人才及先进设
备，其中资金投入是核心。金融发展能够通过证券、股票等各种金融工具，
将分散的社会资金引导到科技创新之中。在这一过程中，银行等金融机构可
以将社会分散资金聚合为技术创新所需要的集中性资金，各类基金、风险投
资可以通过签订契约来募集社会资金；银行业、证券业各自发挥融资优势，
相互配合，可以有效解决技术创新过程中的资金问题。

其次，金融发展为科技创新的风险分散提供便利与化解途径。科技创新
是一个充满风险的过程，而金融系统可通过提供跨期风险分散工具以及横向
风险转移渠道来化解与对冲风险。其中，金融中介通过为科技创新主体提供
保险、抵押、担保等服务，可有效分散投资过程中的风险；商业银行提供信
贷资金时，对科技企业的事前考察、事中监督与事后管理，会有助于科技创
新主体更好把控创新风险；通过对创新企业经营过程的财务监督可以有效规
避财务风险；通过提供风险管理工具，可以使创新企业在发生危机时进行风
险的有效化解；金融市场则通过提供资产组合和意见表达机制，促使投资者
投资于具有技术创新的产业，从而通过资本聚合支持技术创新。② 以资本市
场为主导的金融机构通过风险管理帮助投资者分散专业化科技项目的投资风
险，更有利于促进技术创新。③ 此外，金融市场在为科技创新提供代理监督、
管理不确定性服务时，也加强了对科技创新整个过程的风险管理。

再次，金融发展通过信息传递提高科技创新决策的准确性。金融发展对
科技创新的信息传递功能主要表现为金融市场的信息处理机制。高效率的金
融市场能够通过准确的价格真实反映市场交易状态，以便投资者根据自身的
风险偏好和风险承受能力做出正确的决策，使资源得到合理利用和有效配
置。同时，发达的金融市场通常要求参与者执行严格的信息披露制度，使得

---

① 徐璋勇、陈立新：《金融发展对科技创新支持的实证研究——基于我国 2004 – 2015 年省
市面板数据的分析》，《西部金融》2018 年第 5 期，第 14 ~ 10 页。
② 孙伍琴：《论不同金融结构对技术创新的影响》，《经济地理》2004 年第 2 期，第 182 ~
186 页。
③ 湛泳、李珊：《金融发展、科技创新与智慧城市建设——基于信息化发展视角的分析》，
《财经研究》2016 年第 2 期，第 4 ~ 15 页。

技术创新相关信息更容易传播出去，以方便银行、投资公司等技术创新活动的主要资金供给者做出决策。

最后，金融发展为科技创新主体提供有效的激励约束。金融发展有助于解决科技创新过程中的委托—代理、逆向选择与道德风险等问题，从而实现激励、约束技术创新活动及各利益相关者。金融市场能提供多种直接与科技创新公司经营情况挂钩的金融工具，完善企业激励机制，更有利于科技创新企业的发展。市场性金融主体为了控制风险和获得更高的投资收益，选择发展前景好的科技创新企业和项目进行金融服务；保险、担保、抵押机构在进行中介服务工作时，为了控制自身风险也会选择优质企业。而这些选择会帮助甄选创新人才、改进创新技术，使潜力好的企业获得更多支持而迅速发展壮大。同时，股份的持有者可以通过"用手""用脚"投票机制，实现对科技创新企业发展的约束与激励。

4. 社会发展效率的实现机制

"社会发展"与"经济增长"、"环境友好"并称为人类社会发展的三大目标。在过去相当长的时期内，人们将发展的重心放在了追求经济增长，而忽视了对社会发展与环境友好的重视。伴随着发展理念由数量增长向有质量增长的转变，对社会发展与环境友好给予了更多的关注。金融业作为服务于社会经济发展需要的重要部门，自然要对社会发展发挥积极的推动作用。

"社会发展"最早是一个哲学范畴，指社会合乎必然性的前进发展。但随着人们对发展终极目标研究的深入，越发地认识到社会发展的核心是实现人的发展，虽然衡量指标是立体的多维的，但人们之间收入分配是否公平，以及是否实现了社会平等则是社会发展的核心衡量指标。

在传统的金融理论中，金融业作为进行货币资源配置的行业，在风险与收益的综合权衡中追求较高收益，使得金融在资源配置中始终是"嫌贫爱富"，从而拉大收入分配差距，加剧社会不平等。但最近 30 多年来的诸多研究表明，金融发展与收入差距之间呈现出与库兹涅茨假说相似的"倒 U 形"关系的结论。如 Greenwood 和 Jovanovic[1]、Aghion 和 Bolton[2]、Kiminori Matsuyama[3] 等。

---

[1] Jeremy Greenwood and Boyan Jovanovic, 1990. Financial Development, Growth and the Distribution of Income, *Journal of Political Economy*, Vol. 98, No. 5, pp. 1076 – 1107.

[2] Aghion, Philippe and Patrick Bolton, 1997. A Trickle – Down Theory of Growth and Development with Debt Overhang, *Review of Economic Studies* 64, pp. 151 – 172.

[3] Kiminori Matsuyama, 2000. Endogenous In – Equality, *The Review of Economic Studies*, Vol. 67, No. 4, pp. 743 – 759.

即使部分学者的研究不支持金融发展与收入差距之间呈现倒 U 形关系的结论，但也得出金融发展能有效缩小收入差距的观点。如 Golor 和 Zeira[1]、Banerjee 和 Newman[2] 等人的研究论述。

金融发展实现收入差距缩小的机制在于两种效应的存在：一是直接效应，即金融发展通过麦金农导管效应直接减少了贫困；二是间接效应，即金融发展通过促进经济增长，间接地减少贫困。

金融发展实现收入差距缩小的直接效应主要体现为金融机构通过向穷人提供金融服务，从而提高了穷人的福利水平。Banerjee 和 Newman （1993）、Aghion 和 Bolton （1997）认为信贷约束在早期阶段主要限制了穷人，因为借贷经常要求投资于实物资本或者人力资本，然而穷人由于小额贷款高的边际成本而无法获得银行贷款，从而不能从储蓄中获益。他们在财富分配中处于劣势，收入分配差距势必会拉大。随着时间推移，穷人的收入也会随着经济的不断发展而提高，并逐步跨越金融机构提供信贷服务的门槛要求，从银行获得的贷款及福利增加，最终形成金融发展和收入分配的倒 U 形曲线。另外依据 Mosley （1999）的研究，在拉美国家涌现出大量贷款给穷人的微型金融机构，对增加穷人收入起到了积极作用。随着金融的发展，金融服务的群体也不断扩大，中低收入者也可以融入金融系统，从而使中低收入者获得服务和收益，最终导致收入分配状况的改善。[3]

金融发展实现收入差距缩小的间接效应主要通过金融发展促进经济增长从而减缓贫困来实现。金融发展影响收入分配的间接效应可以分解为两个阶段：首先是金融发展影响经济增长，其次是经济增长影响收入分配。关于经济增长与贫困的关系，Dollar 和 Kraay （2001）认为经济增长对穷人没有不利影响；[4]《2001 年世界发展报告》也认为经济增长对收入不平等没有系统影响。总之，大量关于经济增长和贫困关系问题的实证分析和研究都充分表明，经济增长确实有助于缩小收入差距，而金融发展正是通过促进经济增长

① Golar, Oded and Joseph Zeira, 1993. Income Distribution and Macroeconomics, *Review of Economic Studies*, Vol. 60 No. 1, pp. 35 – 52.
② Banerjee, Abhijit and Newman, Andrew, 1993. Occupational Choice and the Process of Development, *Journal of Political Economy* 101, pp. 274 – 298.
③ 江春、杜颖奎：《金融发展与收入分配：一个文献综述》，《金融理论与实践》2008 年第 8 期，第 95～99 页。
④ Dollar, Davind and Kraay, 2001. Growth Is Good for the Poor, World Bank Policy Research Working Paper, p. 2587.

从而能够减缓贫困。①

需要指出的是，金融发展要实现缩小收入差距、促进社会发展的目标，需要有效的金融制度设计。联合国在 2005 年提出"普惠金融"（inclusive finance）这一概念，目的就在于通过建立包容性的金融制度，"立足机会平等要求和商业可持续原则，以可负担的成本为有金融服务需求的社会各阶层和群体提供适当、有效的金融服务"，以此缓解贫困，实现社会公平。

5. 环境友好效率的实现机制

自从 1992 年联合国环境与发展大会把可持续发展作为全球发展的基本战略和行动指南以来，世界各国普遍认识到，环境保护与经济增长同等重要，以牺牲环境为代价的经济增长是不可持续的。金融作为市场经济发展的核心力量与资源配置的重要工具，对经济社会发展的重要作用不言而喻。经济活动会随着金融的发展而快速扩张，在满足整个社会对物质财富增长需求的同时，也带来了能源消耗和污染物排放的增加，导致环境恶化。然而，金融作为资源配置的重要工具，其科学发展也会通过其资源的有效配置而提升能源利用率及资源配置效率，从而实现能源消耗强度甚至污染物排放规模的减少，改善环境质量。因此，如何发挥金融资源配置功能，促进环境质量的改善就越来越受到社会各界的重视。在 20 世纪 90 年代，联合国环境署相继推出《银行界关于环境可持续发展的声明》和《保险业环境举措》，拉开了将环境友好问题引入金融发展研究之中的序幕。

金融作为资源配置的重要工具，其对环境质量影响的作用机制主要通过规模效应、结构效应以及技术创新效应三条途径实现。

首先，金融发展通过规模效应影响环境质量。金融发展对环境质量影响的规模效应体现为金融发展通过推动经济增长并由此带来人均收入的提高而对环境质量产生影响。一方面，金融作为现代经济的核心，通过优化资源配置、提供支付结算、分散风险、促进技术进步、鼓励技术创新等机制对经济增长起推动作用；另一方面，经济增长与环境质量之间存在着环境库兹涅茨曲线（EKC），即在经济增长的初期，人均收入水平的提高会导致环境状况的逐渐恶化；随着经济的持续增长，当人均收入上升到一定程度后，环境质量则会随着人均收入的增加而趋于改善，环境质量与经济增长之间呈现出"倒 U 形"关系。综合这两个方面，金融发展能够通过影响经济增长与人均收入而影响环境

---

① 江春、杜颖奎：《金融发展与收入分配：一个文献综述》，《金融理论与实践》2008 年第 8 期，第 95 ~ 99 页。

质量。但其影响结果存在着不确定性，即金融发展既可能对环境质量的改善起到积极的正向效应，也可能导致环境质量的恶化。究竟会是何种结果，与经济发展的阶段性有关。在经济发展的初级阶段，经济总量的规模扩张是发展的首要目标，金融发展推动经济增长往往呈现出恶化环境质量的态势；而当经济发展进入中高级阶段之后，包含生存环境质量在内的经济高质量发展成为主题，此时金融发展所推动的经济增长将有助于改善环境质量。

其次，金融发展通过结构效应影响环境质量。金融发展对环境质量影响的结构效应体现为金融发展通过影响产业结构的演进方向与演进速度进而对环境质量产生影响。具体体现为两种机制：一是资源配置机制。金融业通过发挥其项目甄别、价值评估及风险辨识等优势，将有限的资金配置于具有较高产出效率的产业部门，为其规模扩张提供更多的资金支持，实现产业结构的优化与升级。二是风险分散机制。金融业通过聚集资源、金融交易及风险转嫁等方式，使那些风险与技术都高的"双高"项目能够获得足够的资本投入，从而推动技术进步和产业结构优化升级。另外，产业结构作为各种经济投入的"资源转换器"，影响着资源的消耗种类和强度，决定着生产过程中的工业污染物排放，直接影响着环境质量。因此，金融发展对环境质量影响的结构效应，需要从产业存量调整与增量变动两个方面来看。从存量调整来看，若金融发展仅仅促进了产业结构调整，其对环境质量的影响具有不确定性，即金融发展如果促进了高耗能、高污染产业的规模扩张，则金融发展对环境质量影响的结构效应表现为负效应；若金融发展促进了低耗能与清洁产业的规模扩张，则金融发展对环境质量影响的结构效应表现为正效应。显然，在此过程中金融信贷政策导向起着重要作用。从增量变动来看，产业升级（包括产业内升级与产业间升级）与技术进步相伴，金融发展对环境质量影响的结构效应表现为正效应。

最后，金融发展通过技术创新效应影响环境质量。金融发展对环境质量影响的技术创新效应体现为两个过程：一是金融发展影响技术创新的过程；二是技术创新影响环境质量的过程。其中，金融发展影响技术创新的过程，在前面"科技创新效率"一部分中已经做了论述，在此仅对技术创新影响环境质量的过程做一分析。

技术创新对于环境质量的提升起着非常重要的作用。一是工业污染治理技术的进步，可以实现以更少的污染物排放获得更好的经济增长，有效降低排放强度；二是生产工艺技术的进步，通过提高能源利用效率，降低能源消耗，获得更好的经济增长，从而实现经济社会的绿色可持续发展。但技术创新还可能存在着能源消耗的回弹效应，即在技术创新的初期，技术创新会提高能源效率，减少能源消耗而改善环境质量；随后技术创新又可能带来能源使用成本的降低，刺激能源使用量的增加，使最初由于能源使用效率提高而对环境质量的正向影响被逆转。因此，技术创新对环境质量的最终影响取决于这两个方面作用的合力。

四　影响金融资源配置效率的因素

金融资源的优化配置是金融资源学说及以此为基础的金融可持续发展理论的核心问题。但金融资源配置不是一个单纯的金融问题，而是金融资源在组合利用过程中与其相关系统及要素相互适应协调的动态过程。因此，金融资源配置效率能否得到充分发挥受制于多种因素，既有金融体系自身因素，也有相关的制度因素，同时还有金融环境因素。对这些影响因素做一归纳分析，才可以为提高金融资源配置效率提供依据。

（一）金融体系自身因素

金融资源配置效率首先受制于金融业自身相关因素的影响。这些因素归纳起来主要有以下几方面。

1. 金融发展规模

金融发展规模是影响金融资源配置效率的首要因素。金融发展规模可以划分为绝对规模与相对规模，其中绝对规模指金融发展相关指标的绝对数量，反映一个国家或一个地区金融发展的实力，具体可表现为金融资源的数量；相对规模指主要金融指标数量占社会经济总量的比值，反映经济的金融化程度，以及金融业与经济发展的匹配度。金融发展规模的扩大不仅是金融业自身发展的体现，也是保障金融资源配置效率发挥作用的基础。

首先，从微观层面来看，适度规模的货币资本投入是企业获得最佳效率产出的基本条件。货币资本是最基本的金融资源，其规模大小又反映着一定的金融发展水平。货币资本对于企业生存与发展的重要性毋庸置疑，但它作为一种投入要素，又不能孤立地发挥效用，而是需要与其他资源（如物质资本、人力资本等）按照一定的组合比例投入之后共同发挥作用。对于一个企业而言，投入的货币资本无论是短缺，还是过剩，都不可能使企业保持在最大的生产可能性边界上。换句话说，不足或者过度的货币资本投入，都不可能实现一切现有资源产出效率的最大化。

其次，从宏观层面来看，适度的金融发展规模是保障社会经济稳健发展与良性运转的重要条件。金融活动是实体经济发展到一定阶段后的产物，其发展受到实体经济发展水平的约束，但由于金融业自身特殊的发展规律，其可以在一定程度、一定范围内脱离实体经济而独立发展，从而形成了金融与实体经济发展关系的三种状态，即"金融压抑"、"金融适度"与"金融过度"。

所谓"金融压抑"是指金融资源供给小于生产可能性曲线边界相对应的金融资源需求的状态，即现有的金融资源供给不能把现有的其他资源最大限度配置出来，[①] 这是金融发展不足与滞后于经济发展的表现。"金融压抑"产生的根源在于政府对金融市场的过分干预以及实行过度的金融管制政策，使利率、汇率等市场价格发生扭曲，不足以反映真实的市场供求，导致金融发展规模严重不足，对经济增长形成阻碍。更为严重的是，金融发展不足与经济增长之间还会形成恶性循环，即金融发展不足与经济低增长之间会形成互为因果的关系。

所谓"金融适度"是指金融资源供给与生产可能性曲线边界相对应的金融资源需求基本一致的状态，也就是说，现有的金融资源供给正好与其他资源供给相匹配，从而实现最大的产出效率。"金融适度"表明金融发展与经济增长相适应，这是保障经济稳健增长的重要条件。

所谓"金融过度"是指金融资源的供给超过了实体经济发展对金融资源需求的状态。这是金融发展超前于经济发展的表现。当一个国家金融发展超前于经济发展时，过多的金融资源不能被实体经济所吸收，在逐利原则下就会大量涌入虚拟经济领域，比如股票市场、期货市场等，助推这些市场资产价格泡沫的形成，增大市场的不稳定性。当市场泡沫达到一定程度，任何一种引发市场资产价格逆转的因素出现，都会引发资产价格的大幅下跌，严重者诱发金融危机，甚至整个经济危机。

可见，一个国家或地区金融发展规模必须与经济发展对金融的需求相适应，既不能过低也不能过高；金融发展规模过小时，出现"金融压抑"，金融发展的经济增长效应无法发挥；而当金融发展超前与规模过大并超越某一临界值时，金融发展对经济增长的促进作用就会出现弱化、消失，甚至效应反转，对经济增长形成阻碍，而这个临界值就是金融发展相对于经济发展水平的最优规模。[②]

---

① 杨涤：《金融资源配置论》，中国金融出版社，2011，第161页。
② 张志元、李东霖、张梁：《经济发展中最优金融规模研究》，《山东大学学报》（哲学社会科学版）2016年第1期，第88~97页。

2. 金融结构

金融结构是指构成金融总体各组成部分的分布、存在状态以及之间的相互关系。出于研究视角与需要的不同，可以进行多角度的划分。如从金融工具角度划分的金融工具结构、从金融资产形式角度划分的金融资产结构、从金融机构组织形式划分的金融组织结构、从融资形式及特点划分的融资结构等。其中，融资结构是金融结构分析的重点。

金融体系的基本功能之一就是实现资金在盈余者与短缺者之间的转移及资金供给与需求的对接，而这种功能的实现可以通过两种形式完成：一是间接融资，即通过以银行等金融机构为中介，在信用的基础上实现资金由盈余者向短缺者的转移；二是直接融资，即资金供给者与资金需求者不通过金融中介机构，而通过股票、债券等金融工具，在金融市场直接形成债权债务关系的融资形式。以间接融资占主体的融资体系称为银行主导型金融体系，以直接融资占主体的融资体系称为市场主导型金融体系。直接融资与间接融资的比例及相互关系就是融资结构。融资结构对金融资源配置效率影响问题的实质就是分析哪种金融体系更有利于经济增长及金融功能的发挥。但直至目前的研究都表明，两种融资模式对于经济增长的影响并无明显区别。如 Levine 先将国家分为银行主导型与市场主导型两类，再在每一类里又分为金融发达国家和金融不发达国家，转型国家单独列为一类。统计发现，在金融不发达国家中，银行主导型的国家有 19 个，市场主导型的国家有 8 个；在金融发达国家中，银行主导型的国家有 16 个，市场主导型的国家有 14 个。由此可以看出，融资体系与国家发达程度之间并无规律性，即不管经济是否发达，都有市场主导型和银行主导型。这一研究发现似乎与我们平时认识到的"市场主导型金融体系具有更高效率"的观点相异。

虽然目前学术界还没有对哪种融资体系更优给出明确结论，但金融体系职能的发挥是在一定的经济与制度环境下进行的。换句话说，在一定的经济基础与制度环境下，不同的融资体系对经济增长的效率影响依然是有差异的。比如，法律制度越完备、监管越严的国家越有利于对投资者的保护，金融市场上的投资者与上市公司数量就会越多，金融市场就越发达，资产市场价格信号传递越强，市场的价值发现功能就越高，融资效率就越高；非银行金融机构（如养老基金、住房协会、保险公司、共同基金等）越发展，股票市场就会越活跃，其对经济增长的贡献就会越大。因此，要有效发挥金融体系的效率，必须构建与制度环境相适应的融资体系与融资模式。

另外，融资模式必须随着经济的发达程度而进行动态调整。在一些金融不发达国家，其证券市场更不发达，银行融资就会扮演重要角色；随着经济的发展，融资结构趋向于向市场主导型过渡；在收入较高的国家，相对于银行，股票市场变得更活跃和更有效率。

3. 金融企业产权结构与所有制结构

产权制度是市场经济中所有制度的基础，明确界定产权是市场交易必不可少的先决条件。由于金融是市场经济中资源配置的核心，金融产权的明确界定是决定金融资源配置有效性的基础和先决条件。所谓有效率的金融产权制度，必须满足两个基本条件：一是产权明晰；二是能够保证市场竞争的足够有效。只有产权明晰才可以保障金融企业具有强烈的自我激励—约束机制，既具有积极开展金融创新、扩展金融活动规模的内在动力，又具有自我控制风险、承担风险后果的外在压力；有效的市场竞争才可以降低市场的负外部性，保障金融资源配置的高效率。

从产权性质来讲，金融企业产权可以划分为两种，即私人产权与公共产权。这两种产权制度下的金融企业行为存在显著不同，从而带来金融资源配置效率的巨大差异。在私人产权制度下，由于存在着强烈的激励—约束机制，金融企业配置金融资源的基本原则是效率原则，业务开展中追求以尽可能少的金融资源投入实现最大可能的产出，在空间拓展中遵循边际成本等于边际收益的古典经济学条件约束。这种产权性质既扩大了金融活动规模，同时也保障了金融机构的自身安全，实现了金融发展的可持续。但在公共产权制度下，由于缺乏明显的激励—约束机制，金融机构的"逆向选择"与"道德风险"尤为严重，提供金融服务活动中的任何一个决策过程或环节，都可能加入了非市场、非效率因素，金融资源配置的低效率就成为必然。这就是以私有产权为基础的非国有银行与以国有产权为基础的国有银行在经营绩效上存在显著差异的重要原因。

需要指出的是，由于金融业是市场经济中资源配置的核心，而"市场失灵"又是一种客观存在，这就决定了从金融体系来讲的所有制结构是一个十分重要的问题。金融企业的所有制结构，实质上就是金融体系中的金融机构以谁为主的问题。如果国有金融机构数量超越民营金融机构数量，我们就称其金融业所有制结构为"以国有为主"，反之称为"以民营为主"。[①] 但无论哪种所有制结构，都要以金融资源配置的高效率和金融体系功能的充分发挥为目标。世界各国经济与金融发展的历史经验表明，在经济发展水平较低的

---

① 杨涤：《金融资源配置论》，中国金融出版社，2011，第 199 页。

阶段，构建"以国有为主"的金融机构体系更利于实现经济的快速增长；而在经济发展水平的较高阶段，构建"以民营为主"的金融机构体系更有利于金融体系功能的发挥。但无论经济发展水平处于哪个阶段，完全的金融机构国有化，或者完全的金融机构私有化，都难以保证金融资源配置的有效性；而金融机构所有制形式的多元化，才是保障金融资源配置高效的最优选择。

4. 金融市场发育程度

金融市场是金融交易及金融活动开展的场所，更是影响其配置效率的重要因素。发达金融市场一般具备四个特征：一是具备完整的金融市场体系，短期融资市场与中长期融资市场、股权市场与债权市场、货币市场与资本市场等均有发展。二是齐全的金融市场工具，能满足各类风险—收益偏好的组合需求。三是金融市场价格能灵敏反映资产供求，并对供求状况起导向调节作用。四是具有健全的金融监管制度。显然，发达的金融市场，为进行金融资源组合多样化、降低市场风险提供了更多的可选择余地；反应灵敏的市场价格信息为金融资源的动态组合创造了条件；完善的监管制度可以规避市场投机，维护市场的稳健性，从而减弱对资源配置效率冲击的强度。金融市场的有效竞争机制催生出各种各样的金融创新产品，不仅提供了诸多的投资途径满足人们的需要，还能改变银行等金融中介机构的经营模式，提高盈利，分散风险，从而保障金融资源配置效率的有效性。总之，发育程度越高的金融市场，越有利于金融资源配置效率的提升。

5. 金融基础设施

金融基础设施是指金融运行的硬件设施和相关的制度安排，包括金融法律法规、会计准则、信用环境以及由金融监管、中央银行最后贷款人职能、反洗钱、投资者保护制度等组成的金融安全网等。金融基础设施的重要功能在于为金融机构快速有效动员资金，并将其转向生产部门提供条件。发达的金融基础设施，一方面能够促进规模更大、效率更高的产业资本的积累，促进经济增长；另一方面能有效提高本国金融体系应对外部冲击的能力。

一般来讲，金融基础设施有四个基本构成要素：金融法律基础设施、会计基础设施、监管基础设施、信息网络基础设施。每一项要素对于金融发展及金融资源配置效率都有着重要影响。

首先，金融法律基础设施是金融基础设施的核心，完善的金融法律法规是一切金融活动有序进行的保证。金融法律基础设施主要是指与金融活动相关的法律法规，以及保障这些法律法规得到有效实施的相关制度。健全金融法律法规的核心在于保护一切金融产权人的权益，特别是保护金融机构的外部投资者、中小债权人、中小股东等的利益，使所有金融活动参与者在信息分享、权益分配等方面具有平等的地位与权利。

其次，会计基础设施是金融市场稳健运行的重要条件，因此是金融基础设施的重要内容。会计基础设施建设的核心在于建立完备的会计信息及披露制度，因为完备且准确的会计信息及严格的披露制度是形成经济判断和做出经济行为决策的重要前提条件，有助于社会公众了解金融机构的运营状况，对其风险状况及运营的稳健性做出较为准确的判断，从而决定是否与其发生业务关系。完备的公司财务会计信息，有助于金融机构对其运营的风险状况做出准确评估，从而决定是否向其贷款；上市公司的完备会计信息及其严格的披露制度，有助于市场对其价值做出准确评估，形成合理股价。因此，完备的会计信息及披露制度对金融发展及其资源的有效配置具有极其重要的作用。

再次，建立完善且高效的金融监管制度是金融基础设施建设的另一重要内容。由于金融风险具有内生性、巨大的破坏性以及传染性，这使得建立旨在防范金融风险发生，降低其危害，保障金融业稳健发展的金融监管制度就非常重要。现代金融监管制度的核心在于提高金融市场信息效率，保护消费者权益，维护市场秩序，在此基础上防范金融风险，保障金融体系稳定。为此，不仅需要建立健全科学的金融风险管理程序，快速有效地识别、计量、监测和控制各项重大的金融风险，还需要建立应对重大金融风险，特别是金融危机的应急处置机制，以保障金融资源的高效配置。

最后，信息网络基础设施是影响金融资源配置效率，特别是互联网金融发展模式下金融资源配置效率的重要因素。随着互联网技术的发展及其在金融领域的应用，以互联网为技术支撑的互联网金融、数字金融获得了快速发展。不仅改变了传统金融的业务流程、运营模式等，提高了金融服务的效率；更是拓展了金融服务的范围、方式与方法，有效提高了获得金融服务人群的覆盖率。比如普惠金融，在互联网技术支撑下，使偏远贫困地区的居民都能获得金融服务的享受权，助力其脱困致富。

6. 金融监管制度与政策

金融监管是一种政府管制行为，其存在的理论依据主要是基于金融市场失灵的社会利益论，基于金融系统脆弱性、信息不对称及公司治理的代理解说，以及基于监管者与被监管者之间动态利益关系的监管俘虏理论等。

首先，金融业存在的市场垄断现象会降低金融资源配置效率。比如证券市场上的超级机构投资者，凭借其自身拥有的巨额资金，可以操纵股票市场价格，损害中小投资者利益，扭曲市场信号，降低市场运行效率。由此，对证券市场进行监管就是必需的。

其次，金融业巨大的负外部性使得金融监管成为必要。金融业具有内在的不稳定性，突出体现在金融机构高负债经营特点引致的内在不稳定性和金融市场价格剧烈波动引致的不稳定性两个方面。这种不稳定性蕴涵的金融风险会通过金融市场迅速传导至广泛的个人、企业部门、金融部门乃至整个宏观经济，构成对社会经济运行的巨大冲击。因此，出于维护金融稳定的目的对金融业进行监管就成为必然。

再次，金融业广泛存在的信息不对称需要进行金融监管。金融业中的信息不对称问题是一种客观存在，既体现在商业银行吸收存款与发放贷款的中介过程中，也广泛出现于证券市场上，由信息不对称衍生出的"逆向选择"与"道德风险"成为金融业的一种常态存在，对金融体系的安全形成威胁。为此，建立基于金融安全的金融监管体系就十分必要。

又次，金融业中存在的非理性行为使得进行适当的金融监管成为必要。"理性人假设"是传统经济学的基本假设前提之一，但现实的经济运行证明这一假设并不完全存在，而"非理性"似乎是一种常态现象。这在金融市场中表现得尤为突出，如证券市场上广泛存在的投资者的追涨杀跌行为等，其结果导致市场波动性的加剧，增大了金融市场的不稳定性。出于稳定市场与引导投资的金融监管政策就成为市场有序运行的保障之一。

最后，金融机构活动的特殊性也需要进行监管。金融机构，特别是商业银行的基本职能就是将合理的流动性负债转变为非流动性资产，这种经营性质客观上就决定了需要对金融业进行监管。比如，在利率发生重大变化时，银行及金融机构负债的名义价值是固定的，但其资产价值却取决于利率的变化，资产负债表中两边价值对利率的非对称性反应，使金融机构面临着其他部门未有的风险。为了消除这种风险，适当的金融监管是必要的。

但是，金融监管是一把"双刃剑"，在防范与化解金融风险、维护金融稳定的同时，又因为其监管成本而对金融创新产生约束，降低金融资源配置效率。由于金融业的信息不对称性及竞争性的结构特征，金融监管的主要方式之一就是规划各类金融机构的市场准入条件，表现形式就是对相关机构颁发业务许可证。其本意是为了防止过度竞争，而客观结果却往往成为对正常竞争的限制，滋生了金融业内部的无效率。另外，过严的金融监管制度会削弱金融市场竞争，导致价格信号扭曲，金融机构与金融市场创新动力不足，降低金融资源配置效率。因此，设计什么样的监管制度，采用什么样的监管政策，对于金融资源配置效率无疑具有重要影响。

（二）金融环境因素

金融环境是指在一定的制度与体制背景下，影响金融主体从事金融活动的各种要素集合，也可以称为金融生态环境。良好的金融环境是金融体系充分发挥其职能，实现金融与实体经济良性互动发展，保障金融资源配置效率的基础条件。从社会经济系统的角度看，影响金融运行的环境因素主要有经济基础、经济结构、经济市场化程度、信用环境、区域经济合作的广度与深度、对外开放水平等。

1. 经济基础

经济基础包括经济规模及其增长，其中，经济规模代表着一个地区的经济实力，通常用经济总量来表示，如 GDP、人均 GDP、社会消费品零售总额等；经济增长则代表着发展态势与潜力，通常用经济规模的增长率来衡量，如 GDP 增长率、人均 GDP 增长率或人均收入增长率、社会消费品零售总额增长率等。一般说来，经济规模越大的地区，往往同时具有较大的企业规模和市场规模，其对金融服务的需求也就越大，特别在市场经济下，其对金融的依赖度就越高。这不仅为金融企业及金融市场的发展提供了现实需求；同时也为金融资源配置提供了更大的市场空间，为金融资源高效配置提供了前提基础。另外，经济的快速增长会带动市场规模的扩张和金融资产总量的膨胀，对风险分散和交易成本控制提出更高要求，进而推动金融发展水平及资源配置效率的提高。因此，较强的经济基础与较高的经济增长，是金融资源配置效率高的首要环境影响因素。

2. 经济结构

经济结构是国民经济各部分在国民经济整体中的比例及其相互关系，它既是经济资源在不同类型经济部门之间分配并不断调整的结果，也决定着整体经济的运行效率和发展态势。经济结构可以从多个方面进行衡量，其中最为常用的是所有制结构和产业结构。

首先，从所有制结构来看，其形成基础是产权结构，而产权结构又是影响资源配置效率的重要因素。按照产权性质可以划分为公有产权与私有产权，以此为基础分别形成公有制和私有制，其中激励—约束机制的不同，使得在两种所有制中对资源的利用效率会存在较大差异。比如，对于同样数量的信贷资金，在公有制企业中，资金运用过程中的风险担保是"公有资产"，信贷资金利用的结果与每个企业员工并无直接的利益关系，导致在对资金进行利用与管理过程中的激励—约束不强，从而降低资源利用的效率。但在私有制企业中，由于企业资产所有权的明晰化及实体化，资金利用过程中的风险损失需要以私有资产为担保，资金借用者对其利用过程会严格监管，从而保障了资金利用的高效。因此，从一个区域来讲，如果公有制经济所占份额较大，其对金融资源利用的效率相对就差；而如果私有制经济所占份额较高，则经济活力较强，资源利用效率就越高。

其次，从产业结构来看，它既是资源（包括金融资源）配置的结果体现，也是影响资源流动及配置效率的重要因素。根据产业经济学理论，产业结构会随着经济发展水平的变化而不断演变，其演变的动因在于经济发展水平变化后引致的市场需求变化，演变的总趋势是产业升级，表现为第一产业份额的下降及第二、第三产业份额的上升。这种变化对金融资源配置效率的影响是明显的：一是产业结构升级为企业带来技术进步与技术创新，对金融部门提出更高质量的服务要求，从而提高金融资源的配置效率；二是产业升级引致的良好预期能够吸引大量的优质投资和金融资源，带动金融交易规模的扩张，间接推动金融资源配置效率的提高；三是产业结构由低级向高级的演化过程中，金融资源被吸引流向更高效的产业之中，使得金融资源配置效率提升。

最后，从经济结构的调节弹性来看，无论是所有制结构，还是产业结构，都不可能是固定不变的，必须随着经济发展水平、发展环境的变化及要素市场的变化而适时进行调节，这样才能保障整个经济运行的活力。经济结构优化调整的过程，就是经济资源从低效率部门（包括企业、行业、产业）向高效率部门流动转移的过程。经济结构调节的弹性越强，流动转移机制越健全，越能实现资源流动转移的高效率，资源配置效率也就越高。

3. 经济市场化程度

经济市场化是指市场在资源配置以及经济运行过程中发挥作用的趋势与程度。市场化程度越高，意味着经济运行更多地遵循市场原则，依赖于市场机制。经济市场化程度与金融资源配置效率有着密切关系。

首先，金融作为一种核心和战略性资源，其配置效率不仅体现为金融业自身的投入产出，更是体现为其对经济社会发展与进步的贡献，包括 GDP 增长、产业结构优化升级、科技创新、社会进步、环境友好等方面，而这一切都需要金融资源与其他生产要素的有效组合，要素市场化程度直接影响着这种组合的广度与深度。

其次，企业行为市场化的直观表现就是企业生产运营的每一个环节都遵循市场原则，而市场原则的核心就是实现投入—产出的最大化。因此，企业对于所有资源（包括金融资源）的利用，都会以产出最大化为目标。

再次，政府与市场间边界清晰化，就是要在资源配置过程中对政府管辖边界与市场边界给予清晰的界定，界定的原则就是兼顾效率与公平，以保障全社会范围内资源的充分利用，实现社会福利的最大化。

最后，国际交易的自由化就是要在国际范围内，遵循国际分工原则，实现国际范围内的贸易、投资等交易行为的最大自由，实现国际范围内资源配置的高效率。因此，从某种程度上讲，经济市场化程度与资源配置效率呈现正相关关系。

4. 信用环境

信用环境是指市场主体（包括企业、个人、政府）及其相互之间的信任关系与信用程度，其核心是各行为主体守约遵规。信用环境的构建包括经济主体基于道德原则的遵守契约，以及保护契约并对违约行为进行处罚的法律制度。良好的信用环境是规范金融交易行为、提高金融资源配置效率的重要保证。

首先，良好的信用环境会减少金融资源配置过程中的交易成本。一是降低交易前的信息收集成本。信息收集是金融机构进行资源配置前的基础性工作，对借款者信息获取的完备程度直接决定着金融机构的贷款决策及风险。在具有良好信用的环境中，信用制度完善，市场主体具有良好的契约精神，借款人会提供更加真实的信息，金融机构为获取借款人真实信息所需要付出的成本低，从而提高了金融机构的决策效率，资金配置效率就越高。二是降低发生纠纷的摩擦成本。在良好的信用环境中，即使交易过程中发生利益纠纷，双方都能遵守契约精神，本着公正与相互信任的原则处理问题，避免额外的时间成本与机会成本的投入，减少不必要的时间浪费与效率损失。正如诺思所言："一个以诚实和正直等特征为支撑的社会将是低交易成本的社会，相应地，在一个人们相互不信任或相互欺诈的社会，必然耗费大量的资源用于界定和实施契约。也就是说，当人们拥有实施契约的一套行为准则时，交易成本是低的。"[1]

其次，完备的法律制度为金融资源所有权人的利益提供了保障。完备的法律制度必须是基于保护契约并维护公平，包括立法完备与司法公正。一是

---

[1] 诺思：《经济学的一场革命》，引自科斯等《制度、契约与组织》，经济科学出版社，2003。

完备的立法可以消除金融交易中的"机会主义行为"。基于最大化自身利益需要，金融交易者会本能地采取某些"机会主义行为"，如借款者隐瞒真实的财务信息、基金公司向投资者隐瞒投资风险等，为其后交易过程中的纠纷与摩擦埋下隐患；而完备的立法通过对故意隐瞒信息需要承担后果的告知条款，对信息隐瞒者责任追究的法律制度，从源头上有效消除金融交易中"机会主义行为"的出现。二是完善的法律制度可以为金融资源所有权人的权益提供法律保障。在一个法律制度完备的环境下，一旦金融资源所有权人的利益受到威胁或侵犯，便可依律维权，确保资源投放的安全性与收益性，消除金融资源所有权人的后顾之忧。三是公正的执法通过加大对金融违法犯罪等行为的惩罚力度，提高对金融案件的执行效率，保障信贷资金的安全使用，为信贷资金配置效率的提高保驾护航。

5. 区域经济合作的广度与深度

区域经济合作是一个市场交易过程，其动力在于通过发挥各自比较优势以促进资源优化配置，从而增进区域合作参与各方的福利水平，直接影响着资源优化配置的状况与效率。在经济全球化、一体化及金融自由化的背景下，区域经济合作的不断增强是一个不可逆的历史性发展趋势。

区域经济合作的首要特征是生产要素的自由流动，要素流动的动力来自对高回报率的追逐。金融资源的重要特征之一就是其具有高度的流动性，因此其作为生产要素中的一种，比其他生产要素具有更高的流动性偏好。显然，区域经济合作的范围越广，使得金融资源配置过程中对高回报率区域、投资项目的选择机会越多，从而提高金融资源的配置效率。另外，金融资源配置过程中的另一个原则就是规避风险，而不同区域因经济基础、市场化程度、开放度、监管制度等不同，产生金融风险的概率以及程度均有差异。在区域经济合作比较紧密的条件下，一旦某个区域产生金融风险或受到市场动荡冲击，区域内经济主体可以相互协作、共同应对，以有效对冲或降低风险，最大限度地降低效率损失。

6. 对外开放水平

对外开放包括产品市场对外开放和资本市场对外开放，其实质是打破原有封闭条件下的市场均衡，依据比较优势原则参与国际分工，共享分工带来的收益。对外开放对一国金融资源配置效率的影响是显著的。一是拓展了本国金融资源的供给与需求，为更大程度地获取配置收益提供了条件。一方面，金融对外开放会吸引大量国外资本流入，增加本国市场的金融资源供给；另一方面，开放的国际市场产生了对本国资本的需求，拓展了本国金融资源配置的空间，为本国资本获得更高收益提供了机会。二是金融开放的重要内容就是引入外资金融机构，这无疑会加剧金融市场竞争，不仅推动本国金融机构积极改善管理、加快金融创新、提高运营效率；同时通过"学习效应"，促使本国金融机构学习外资金融机构比较先进的风险控制理念、手段与技术，提升市场竞争力。三是金融开放也会增加本国金融市场受到外部冲击的可能性，加剧市场动荡，诱发金融风险，损害金融资源配置效率。因此，对外开放对于金融资源配置效率来说是一把"双刃剑"，是正效应还是负效应，取决于开放的制度设计，包括开放的领域、开放的步骤以及相应的监管制度等。

第三章
金融资源配置效率评价指标体系与模型构建

构建合理的评价指标体系是对金融资源配置效率进行科学评价的前提基础。本章依据前述对金融资源配置效率的界定，在回顾现有研究成果的基础上，提出金融资源配置效率评价的指标体系与评价模型，为对西部地区金融资源配置效率进行科学评价奠定基础。

一 金融资源配置效率评价指标体系的构建

金融资源配置效率问题研究的深入，首先必须基于对金融资源配置效率概念的准确把握，科学界定其内涵与外延；在此基础上，采用科学的方法对金融资源配置效率的高低进行测定，将其从定性研究推向定量研究，并给出科学的分析。为此，就需要依据前文关于金融资源配置效率的内涵界定，构建对金融资源配置效率进行评价的指标体系。

（一）金融资源配置效率评价指标体系构建的基本原则

评价指标体系不仅是金融资源配置效率内涵的科学体现，更是测定金融资源配置效率状况的基本依据，是实现金融资源配置效率定量化研究的重要环节。针对金融资源的特殊性、金融系统的复杂性以及金融体系功能的多样性，金融资源配置效率评价指标体系的构建必须遵循以下基本原则。

（1）科学性原则。科学性是指指标体系的设置要有科学的理论依据，指标构成要符合现代经济与金融学的基本原理，并反映学科研究与发展的最新动态。具体指标含义明确，内容简单明了；整个指标体系能准确反映金融资源配置效率的内涵与外延，评价的结果客观真实，能反映事实背后的一般规律。

（2）全面性原则。全面性原则是指构建的评价指标体系能够覆盖金融资源配置效率内涵界定的各个方面及各个层面，不能在内容上有所遗漏。

（3）可操作性原则。可操作性原则包含两方面要求：一是要求选取的指标以定量评判指标为主，即使是定性判定指标，也必须通过科学方法转化为可量化指标，以保证指标计算及其结果的客观性；二是指标设计要考虑到我国现行的统计制度和统计基础，尽量保证所选取的指标有可靠的、连续的且权威的数据来源。

（4）可比性原则。可比性原则是指所选取的指标要便于对金融资源配置效率进行时间维度上的纵向比较，以了解其变化态势；同时便于不同地区之间在空间维度上的比较，以了解区域之间金融资源配置效率的空间差异及其原因。为此，需要构建的指标在指标含义、计算口径、计算方法上保持一致性与连贯性。

（5）相互独立性原则。相互独立性原则是指所构建的指标体系尽可能避免指标之间的相互交叉和重叠，各个指标具有清晰的边界约定，既满足实证过程中指标之间不存在多重共线性的技术要求，同时在内容上各指标之间又相互联系与互补，能够反映金融资源配置效率的全貌。

（二）金融资源配置效率评价指标体系的构成

根据前文对金融资源配置效率的内涵界定，遵循指标体系构建的基本原则，我们构建的金融资源配置效率评价指标体系包括两个方面：一是金融资源配置中介效率评价指标体系；二是金融资源配置产出效率评价指标体系。

1. 金融资源配置中介效率评价指标体系

金融资源配置中介效率具体可体现为金融机构中介效率、金融市场中介效率和金融体系中介效率。

（1）金融机构中介效率。根据金融机构的性质与业务特点，并考虑到我国目前金融业发展的现实状况，可以将金融机构划分为银行业金融机构、证券业金融机构、保险业金融机构以及信托业金融机构，因此金融机构中介效率可划分为银行业机构效率、证券业机构效率、保险业机构效率和信托业机构效率。

①银行业机构效率。商业银行作为金融机构的典型代表，其基本职能在于信用中介，通过负债业务集中社会闲散资金，再通过资产业务，将其投向经济各部门，从而实现资金向生产领域的转化。虽然现代商业银行也衍生出了信用创造、资金结算等职能，但信用中介职能依然是其主体。基于此，银行业机构效率我们可以用以下三个指标予以衡量。

a. 居民储蓄率：城乡居民人均储蓄额与人均可支配收入的比值，用以反映银行的资金动员能力。

b. 贷存比：商业银行贷款余额与其吸收存款余额的比值，用以反映商业银行将储蓄资金转化为投资资金的转化效率。

c. 不良贷款率：金融机构不良贷款总额与贷款总额的比例，用以反映金融机构资产运营的安全性与可持续性。

②证券业机构效率。证券业是为证券投资和融资活动提供服务的专门行业，其基本职能在于三个方面：一是通过直接融资方式，为企业发展筹集资金，实现金融资源转化与分配；二是通过资产重组方式，实现不同企业之间资源的重新组合，助力企业发展壮大与产业转型；三是通过创新不同的融资工具与市场，为广大投资者提供投资渠道。可见，证券业机构的职能效率主要体现在资本市场上。因此，也可以将其归结于金融市场效率。

③保险业机构效率。保险业的基本职能在于三个方面：一是保险保障功能，即通过收取保费的方式分摊灾害事故造成的损失，以实现经济补偿的目的；二是资金融通功能，即将保险资金中闲置的部分重新投入到社会再生产过程中发挥的金融中介作用；三是社会管理职能，即通过保险内在的特性，促进经济社会的协调以及社会各领域的正常运转与有序发展。在这三项职能中，首要的职能是保险保障。为此，保险业机构效率我们用保险赔付率来衡量，即保险赔付额与保费收入的比例，用以反映保险业机构对风险的保障程度。

④信托业机构效率。信托业的基本职能是财产管理，但信托业发展到现在，其作用已经不再仅仅局限于财产管理，而是具有了更多的其他职能，如聚集社会闲散资金，进行社会投资，规避和分散风险等。因此，信托业在某种程度上具有了银行业的某些功能。在此，信托机构效率我们用信托资产风险率来衡量，即信托风险资产与信托总资产的比例，用以反映信托代人理财的安全性。

（2）金融市场中介效率。金融市场是金融机构从事金融交易活动的场所，也是金融机构发挥其职能作用的重要平台，包括货币市场、资本市场、外汇市场、金融衍生品市场等多种形式。金融市场一方面通过其对金融资源的聚集与分散功能，实现资金由剩余者向短缺者的转移；另一方面，通过金融市场上资产价格的波动，引导金融资源由低回报部门或行业向高回报部门或行业的流动，实现金融资源配置效率的最大化。另外，金融市场的风险分散功能可以为高风险行业及企业提供风险规避工具，有效缓解高风险行业及企业市场失败的压力。因此，发达的金融市场无论对于宏观经济增长，还是微观层面上的企业运营都具有重要意义。

由于金融市场范围十分广泛，对其效率进行评价的指标体系也难以做到统一。根据我国现阶段金融发展的实际情况，对金融市场中介效率的评价可以聚焦于资本市场，即用资本市场效率代替。为此，可采用以下三个指标。

①证券化率：股市市值与 GDP 的比值，用以反映经济证券化程度。

②资本市场化率：非国有企业资本市场融资额与资本市场融资总额的比值，反映资本市场的市场化程度。

③居民股市参与率：股民人数与年满 18 周岁居民人数的比例，用以反映资本市场对居民投资的吸引力。

（3）金融体系中介效率。这是将金融业作为一个系统，衡量其在整个社会金融资源配置中发挥中介与服务职能的效率。根据开放经济条件下的凯恩斯宏观经济模型，经济增长主要取决于消费（包括居民消费与政府消费）、投资和进出口。其中投资对经济增长起着重要作用。金融体系的中介功能就是将社会金融资源聚集并转化为资本进行投资，以此强化经济增长的动力。因此，对金融体系中介效率我们用以下两个指标来衡量。

①社会融资转化率：资本形成总额与社会融资额的比值，用以反映金融体系将社会融资转化并形成社会资本的效率。

②信贷投入边际产出率：GDP 增量与信贷投入增量的比值，用以反映单位信贷投入推动的 GDP 增长效率。

金融资源配置中介效率评价指标体系见表 3 - 1。

表 3 - 1　金融资源配置中介效率评价指标体系

一级指标	二级指标	计算公式
金融机构中介效率	储蓄率	人均储蓄/人均收入
	贷存比	贷款余额/存款余额
	不良贷款率	不良贷款总额/贷款余额
	保险赔付率	保险赔付额/保费收入
	信托资产风险率	信托风险资产/信托总资产
金融市场中介效率	证券化率	股市市值/GDP
	资本市场化率	非国有企业资本市场融资额/资本市场融资总额
	居民资本市场参与率	股民人数/年满 18 周岁人口数
金融体系中介效率	社会融资转化率	资本形成总额/社会融资额
	信贷投入边际产出效率	GDP 增量/信贷投入增量

2. 金融资源配置产出效率评价指标体系

根据前文对金融资源配置效率的界定，金融资源配置不仅着重于经济的短期增长，更加重视经济的长期发展，包括经济增长的可持续、社会发展与公平、环境友好等。为此，金融资源配置的产出效率包括经济增长效率、产业升级效率、科技创新效率、社会发展效率、环境友好效率等五个维度。

（1）金融资源配置产出效率中投入的衡量。对金融资源投入的衡量，不仅要反映金融资源投入的数量规模，还要反映金融资源的投入结构；不仅要反映金融资产资金的投入，还要反映金融业人力资源的投入。基于此，我们对金融资源投入的衡量采用两类指标：一是金融资产资金投入；二是金融业人力资源投入。其中金融资产资金投入又包括两个方面的衡量指标：一是金融资产资金的投入规模，分别用金融资产总额占 GDP 的比例、社会融资额占 GDP 的比例来反映；二是金融资产资金投入结构，用直接融资额占社会融资总额的比例、非银行业金融资产总额占金融资产总额的比例来反映。金融业人力资源投入采用金融从业人员数占社会就业人数的比例来反映。具体指标及含义见表 3 - 2。

（2）金融资源配置产出效率中产出的衡量。依据前述分析，金融资源作为投入的产出包括五个方面，即经济增长、产业升级、科技创新、社会发展、环境友好。这五个方面的效率衡量指标分别如下。

①经济增长效率衡量指标。促进经济增长是金融业发展的基本出发点，因此，实现经济的稳定增长就是金融资源配置的首要目标。在此我们选用两个指标衡量经济增长：一是人均 GDP 增长率；二是人均收入增长率。

②产业升级效率衡量指标。金融体系通过对金融资源配置促进产业发展，包括促进产业成长、产业结构合理化以及产业结构高级化。我们用以下四个指标对产业升级效率进行衡量。一是企业成长。企业是产业成长与发展的细胞单元，企业数量的增多及做大做强是产业发展的核心。因此，金融对产业发展的支持首先应该体现为支持企业成长。在此，选择规模以上工业企业资产总额的增长率作为产业主体成长的衡量指标。二是第二、第三产业产值占比。用第二、第三产业产值份额占 GDP 的比例衡量产业结构的状态。三是产业结构合理化系数。用要素投入结构与产出结构的耦合程度来衡量，具体计算公式为 $SR = \sum_{i=1}^{n} (Y_i/Y) \left| \dfrac{Y_i/L_i}{Y/L} - 1 \right|$，其中 Y 为产出，L 为劳动投入。SR 越大，代表产业结构越合理。四是产业高级化系数：用各产业产出占比与劳动生产率的乘积来衡量，具体的计算公式为 $SH = \sum_{i=1}^{n} (Y_{it}/Y_t) * (LP_{it}/LP_{if})$，其中 $LP_{it} = VA_i/L_i$，VA_i 为产业 i 的增加值，L_i 为就业人数。即 LP_{it} 表示当前的劳动生产率，LP_{if} 为工业化进程结束时的劳动生产

率。*SH* 越大，代表产业结构越高级。

③社会发展效率衡量指标。社会进步的内涵非常丰富，可以表现为多个维度，但基本的生存权、社会公平及文明程度是其中的主要方面。因此，我们用以下三个指标来衡量：一是恩格尔系数。一般用于反映生活富裕程度，在此我们借用其反映基本生存权。恩格尔系数越大，生活越倾向于贫困，表明其生存权越差。二是城乡收入差距。用于反映社会公平，用城镇居民人均可支配收入与农村居民人均可支配收入的比值来表示。三是城镇化率。城镇化是经济发展的必然，也是推动社会文明进步的重要途径。一般来讲，城镇化率越高，文明程度越高。此处用城镇化率反映社会文明程度。

④科技创新效率衡量指标。科技创新是经济持续发展的动力，也是金融资源配置的重要职能。金融对科技创新的支持包括两个方面：一是支持科技创新投入；二是支持科技创新成果产出。对此，我们采用如下两个指标来衡量科技创新：研发费用支出，用 R&D 经费支出衡量科技创新的投入；高新技术产业收入，用高新技术产业主营业务收入衡量科技创新效果。

⑤环境友好效率衡量指标。改善环境、实现绿色发展是我国未来相当长时期经济社会发展的基本要求，金融业在此方面应该有所担当。我们用以下三个指标来衡量环境友好：一是单位 GDP 能耗，属于负向指标。二是工业废水排放量，负向指标。三是工业废气排放量，负向指标。

以上金融资源配置产出效率的投入与产出衡量指标见表 3 - 2。

表 3 - 2 金融资源配置产出效率评价指标体系

一级指标	二级指标	三级指标
金融资源配置投入	资产资金投入	金融资产总额/GDP
		社会融资总额/ GDP
		直接融资总额/融资总额
		非银行业金融资产总额/金融资产总额
	人力资源投入	金融业从业人数/总人口
金融资源配置产出	经济增长	人均 GDP 增长率
		人均收入增长率
	产业升级	规模以上工业企业资产总额增长率
		第二、第三产业产值占比
		产业结构合理化系数
		产业结构高级化系数

续表

一级指标	二级指标	三级指标
金融资源配置产出	社会发展	恩格尔系数
		城乡收入差距
		城镇化率
	科技创新	R&D 经费支出
		高新技术产业收入
	环境友好	单位 GDP 能耗
		工业废水排放量
		工业废气排放量

二 金融资源配置效率评价的方法与模型

(一) 现有研究方法回顾

梳理现有关于金融资源配置效率研究的相关文献,学者们所采用的测定与评价方法可以归结为以下几种。

1. 单一指标衡量法

单一指标衡量法即采用一个指标来衡量金融资源配置效率。其中最具代表性的就是用金融相关率指标。

金融相关率是由美国经济学家 Raymond. W. Goldsmith (1969) 提出,其含义是金融资产总额与 GNP 之比,最初用于衡量一国经济金融化的发展水平。Mckinnon (1974) 在《经济发展中的货币与资本》中提到"货币负债与国民生产总值之比是经济中货币体系重要性和实际规模的标尺",随之将扩展后的货币 M2 与 GNP 的比率用于表示金融相关率,用金融相关率的倒数,即 GNP 与 M2 的比值,可用于衡量金融效率。由于金融资产的统计口径不一,以及地区层面 M2 数据的难以获取,许多学者在计算金融相关率时,对指标范围作了适当的调整。如崔建军[①]认为我国银行间接融资占据主体地位,使用 (存款 + 贷款)/GDP 来计算金融相关比率;还有部分学者采用银行贷款余额、股票市场市值、保费收入之和代表金融资产总额,以此与 GDP 的比例即为金融相关率。

---

① 崔建军:《中国区域金融资源配置效率分析——金融视角下的"一个中国,四个世界"》,《当代经济科学》2012 年第 2 期,第 35~42 页。

另外，还有其他一些衡量金融资源配置效率的单一指标。如康蕾①采用货币经济比与投资储蓄率两个单一指标衡量金融效率；Odedokun（2004）使用产出增量/资本增量来衡量资金配置效率；陈晴旎和张宁（2015）用银行贷款与存款的比值（PE）衡量金融效率。

2. 投资弹性系数法

投资弹性系数模型由 Wurgler（2000）提出，他认为投资变动对于产业增加值变动的弹性系数能够反映资源配置效率，即：

$$\ln(It/It1) = \alpha + \eta \ln(Vt/Vt1) + \varepsilon$$

其中，I 为投资额，V 为产业增加值，η 为投资对于产业增加值变化的弹性，表示资本配置效率。当 $\eta > 0$，说明投资与产业增加值增长的方向一致，η 越大，资本配置效率越高；反之，说明在增加值下降的产业中增加了投资，这样的资本配置是无效率的。据此方法，韩立岩和王哲兵②计算了我国 1993 ~ 2002 年间的资本配置效率；李青原等③、郭炜等④对我国区域资本配置效率进行了实证研究。

近几年来，学者们对 Wurgler 模型进行了不断地更新与改进。如 Ramcharran（2017）借鉴生产函数建立新的 Wurgler 模型，使资金在生产函数中充当投入变量，把估计得到的产出弹性看作银行信贷的生产率。

3. 前沿生产函数法

前沿生产函数是由 Farrell 在研究生产有效性问题时于 1957 年提出的一个概念，用于反映在具体的技术条件和给定生产要素的组合下，企业各投入组合与最大产出量之间的函数关系，通过比较各企业实际产出与理想最优产出之间的差距来反映企业的综合效率。前沿生产函数法又分为参数法和非参数法，其中非参数法，即数据包络分析法（DEA 方法），是近年来测算资源配置效率时应用最多的一种方法。该方法是由著名运筹学家查莱斯以相对效率概念为基础发展起来的一种效率评价方法，其基本逻辑是：通过对生产过

① 康蕾：《试论宏观金融效率与经济增长》，《山西财经大学学报》2000 年第 6 期，第 72 ~ 74 页。
② 韩立岩、王哲兵：《我国实体经济资本配置效率与行业差异》，《经济研究》2005 年第 1 期，第 77 ~ 84 页。
③ 李青原等：《金融发展与地区实体经济资本配置效率——来自省级工业行业数据的证据》，《经济学》（季刊）2013 年第 2 期，第 527 ~ 548 页。
④ 郭炜、许可、李双玲：《我国区域资本配置效率的实证研究》，《武汉理工大学学报》（社会科学版）2014 年第 4 期，第 578 ~ 580 页。

程中的投入（INPUT）和基于投入获得产出（OUTPUT）的综合分析，得出每个决策单元（DMU）的综合效率指数，据此将各决策单元进行优劣排序，以描述其效率高低。该方法的优势在于无须量纲转化，也没有权重的非客观赋予。

近年来很多实证研究均使用 DEA 方法来计算金融资源配置效率。例如，刘飞[①]、王晓莉和韩立岩[②]、陆远权和张德刚[③]、李红梅[④]、王鑫[⑤]等采用此方法对我国区域金融资源配置效率进行了研究；矫强力[⑥]对丝绸之路经济带国内九省市金融资源配置效率进行了对比分析等。

4. 主成分分析法

该方法的基本思想是先将原来多个指标变量重新组合成一组新的相互没有关系的几个综合变量，然后根据实际需要，从中取出少数几个综合变量尽可能多地反映原来变量的信息。换句话说，就是找到原始变量的若干个线性组合，每个线性组合代表一个主成分。在此基础上，根据筛选出来的主成分，计算各个维度的效率得分，最后综合成一个总的效率得分，以此作为效率评价的结果。如沈军[⑦]采用此方法对我国金融效率的测算分析；崔剑剑和王亚萍[⑧]采用此方法对我国各省市金融效率的测定分析。

5. TOPSIS 法

该方法的基本原理是根据各被评估对象与理想解和负理想解之间的距离，对被评估对象的优劣次序进行排列。所谓理想解就是设想中的最好被评估对象，它的各属性值均达到所有被评估对象中的最优值；而负理想解就是

---

① 刘飞：《基于 DEA 的区域金融效率评价研究》，《城市发展研究》2007 年第 1 期，第132 ~ 135页。
② 王晓莉、韩立岩：《基于 DEA 的中国各地区金融资源分布有效性评价》，《北京航空航天大学学报》（社会科学版）2008 年第 4 期，第 4 ~ 7 页。
③ 陆远权、张德刚：《我国区域金融效率测度及效率差异研究》，《经济地理》2012 年第 1期，第 96 ~ 101 页。
④ 李红梅：《基于 DEA 方法下的我国金融资源配置效率研究》，《辽宁大学学报》（自然科学版）2012 年第 4 期，第 336 ~ 341 页。
⑤ 王鑫：《我国区域金融资源配置效率比较与评价》，《统计与决策》2014 年第 23 期，第173 ~ 175 页。
⑥ 矫强力：《丝绸之路经济带国内九省市区金融资源配置效率对比评价》，《金融发展评论》2016 年第 11 期，第 48 ~ 62 页。
⑦ 沈军：《金融效率理论框架与我国金融效率实证考察》，《金融论坛》2003 年第 7 期，第2 ~ 7页。
⑧ 崔剑剑、王亚萍：《中国各省市金融效率度量方法及比较研究》，《上海经济》2018 年第 6期，第 99 ~ 113 页。

设想中的最差被评估对象，它的各属性值均是所有被评估对象中的最差值；距离测度采用欧几里得范数，计算各被评估对象到理想解及到负理想解的距离，距理想解愈近且距负理想解愈远的被评估对象就是最优的。目前该方法在对物流业、建筑业、农业等行业绩效进行评价研究时应用较多，而在金融绩效评价研究中才刚刚引入，只有零星文献，如李福祥和刘琪琦[①]将其用于对我国地区金融发展的评价研究。

（二）现有研究方法的评价

由上文可知，目前对金融资源配置效率进行研究的方法非常之多，各种方法的差异主要体现了不同研究者对金融资源配置效率认知的差异，从不同视角对金融资源配置效率进行的研究对于将这一研究推向进一步深入具有重要的借鉴与启迪作用。但客观地讲，现有研究方法依然存在着诸多不足。

首先，单一指标法与投资弹性系数法，通常用来对金融发展对某个领域或方面贡献的评价分析，如银行存贷款规模对 GDP 增长、存贷款规模对某个产业成长的影响等；其优点在于指标单一，计算过程简单明了，计算结果具有很好的时序及空间上的可比性，但缺点是难以对金融资源配置效率给出全面系统的评价。因为随着金融业的发展以及人们对金融功能认识的深化，金融发展不仅要促进经济总量增长，而且要有利于经济增长质量的提升，同时还要助力于实现经济、社会、环境的协调发展。这就使得对金融资源配置效率的评价分析，不能局限于单一指标，而应采取复合指标，通过构建指标体系进行综合评价。单一指标法及投资弹性系数法的不足之处就显而易见。

其次，前沿生产函数法虽然是近年来研究金融效率问题应用最多的一种方法，但其在应用时的局限性也非常明显。一是前沿生产函数法反映的是各投入组合与最大产出量之间的函数关系，通过比较实际产出与理想产出之间的差距来判断综合效率的高低，这就需要在构建函数时将投入与产出予以明确的界定。而在将金融资源看作一个由多层次要素构成的系统，以及金融产出也是一个多元目标时，要明确界定金融资源的投入与产出十分困难。因此，现有采用前沿生产函数法对金融资源效率进行的研究，都选用很少的几个投入指标及很少的几个产出指标进行测定；在投入指标上往往选用银行信

---

① 李福祥、刘琪琦：《我国地区金融发展水平综合评价研究——基于面板数据的因子分析和 topsis 实证研究》，《工业技术经济》2016 年第 3 期，第 152～160 页。

贷规模或金融从业人员数量，产出指标往往选用 GDP 或人均 GDP。这种指标选取方法不仅难以对金融资源的配置状况进行全面度量，而且难以将金融资源配置的多元产出目标纳入测度范围。二是前沿生产函数法中的非参数法（DEA 法）虽然比参数法（SFA 法）做了诸多改进，如可以不用明确投入变量与产出变量之间的函数关系（即无论投入量与产出量之间是线性关系、二次关系、指数关系还是其他函数关系，都能估计出前沿生产面），从而使其具有更大的应用性，但 DEA 分析对于异常值非常敏感，稳定性较差，即使采用同样的数据，运用随机前沿和固定前沿测度效率，其计算结果相差也较大。三是传统 DEA 法虽然保证了数据包络曲线的凸性，却可能造成投入要素的"拥挤"或"松弛"。最后，在 DEA 方法的使用过程中要满足"自由度"的要求，即必须有足够多的决策单元 DMU，一般要求决策单元的个数 K 与投入指标数 M 及产出指标数 N 之间，应满足以下关系：$2(M+N) \leqslant K$，否则评价结果可信度就会降低，在投入或产出变量较多时，DEA 方法显得不太合适。由于本研究的金融资源配置效率的样本总共为 11 个省市与自治区，金融中介效率与金融产出效率的相关指标远多于 11 个，因此 DEA 方法不适用于本项目的研究。

再次，主成分分析法基于降维技术，用少数几个综合变量来代替原始多个变量，通过计算综合主成分函数得分，对客观经济现象进行科学评价，但其在应用上更侧重于对所合成信息的贡献影响力进行综合评价，在生成综合变量的过程中，原始变量的某些信息难免会出现丢失，甚至生成的综合变量并不符合现实背景而失去解释意义；另外，主成分分析法在进行样本和指标设定的时候，样本数量与指标数量的关系必须满足一定条件才可以进行，如要求提取的主成分数量必须小于原始样本数量。因此，由于数据样本的原因，主成分分析法在本研究中是不适用的。

最后，传统 TOPSIS 方法是对现有对象进行相对优劣的评价分析方法，能够充分利用方案所建立的决策矩阵中所含有的信息，确定指标之间相对重要性的权重，适用于对多项指标进行比较分析。但该方法对各评价指标的重要程度分析不足，在确定评价指标权重时过于粗略，由此在实际应用中容易出现偏差。

基于现有各种方法的不足，根据本项目研究的目标任务，我们选择熵权 TOPSIS 方法对金融资源配置效率进行测定。熵权 TOPSIS 方法是对传统 TOPSIS 方法的改进，通过熵值法确定评价指标权重，可以有效消除主观因素的影响，并且结果更为精确。

（三）熵权 TOPSIS 方法与 TOPSIS 效率测度模型

1. 熵权 TOPSIS 方法

熵权 TOPSIS 模型依据信息论中的信息熵原理，根据指标提供的信息量确定指标权重，再结合多目标决策分析法对省域金融资源配置效率进行综合评价，该方法有着坚实的数学基础和精密的推算过程，克服了以往主观赋权由于个人因素造成的偏差。具体步骤如下。

第一，对指标进行标准化处理以消除不同量纲的影响。由于指标体系中有正向指标和逆向指标之分，且各个指标之间的量纲不同，为便于比较，必须对指标进行标准化处理，同时要将逆向指标转化为正向指标。

对于正向指标：

$$x_{ij} = \{x_{ij} - \min(x_{ij})\} / \{\max(x_{ij}) - \min(x_{ij})\}$$

对于负向指标：

$$x_{ij} = \{\max(x_{ij}) - x_{ij}\} / \{\max(x_{ij}) - \min(x_{ij})\}$$

为了保证数据的经济学意义，本文取 $y_{ij} = a \cdot x_{ij} + (1 - a)$，其中 a 一般取 0.9 的值，最终经过标准化处理后，所有的值均在 $[1 - a, 1]$ 的区间范围内。

第二，将每个省（区、市）的数据形成单个的决策矩阵 $Y = (y_{ij})_{n*m}$。

第三，构建加权规范决策矩阵 $Z = (z_{ij})_{n*m}$，其中 $z_{ij} = w_i \times y_{ij}$，$w_i$ 为各指标依据熵值法的测度值。

第四，确定该评价对象的最优解 Z^+ 和最劣解 Z^-。其中最优解由矩阵 Z 中每一列的最大值组成；最劣解由矩阵 Z 中每一列的最小值组成。

第五，计算上述每个省（区、市）与最优解和最劣解的欧式距离 D_i^+ 和 D_i^-，计算公式如下：

$$D_i^+ = \sqrt{\sum_{j=1}^{m} (\max Z_{ij} - Z_{ij})^2}$$

$$D_i^- = \sqrt{\sum_{j=1}^{m} (\min Z_{ij} - Z_{ij})^2}$$

其中，$j = 1, 2, \cdots, m$。

第六，计算相似贴近度。相似贴近度为各省（区、市）历年的评价对象与最优解、最劣解的相对接近程度，用 C 表示，则有：

$$C = \frac{D_i^-}{D_i^+ + D_i^-}$$

其中，C 反映了方案集偏离最劣点的程度，其值越大，偏离越远，评价结果越优。

2. TOPSIS 效率测度模型

金融资源配置效率的指标体系是多投入多产出的，为了测度其投入产出效率，首先采用熵值 TOPSIS 法对投入指标进行测度，得到每个地区的投入指数，然后再用熵值 TOPSIS 法对产出指标进行测度，得到每个地区的产出指数，最后将标准化的产出指数除以标准化的投入指数，由此得到各个地区的金融资源配置产出效率指数。

三 金融资源配置效率的评价标准

根据上述熵值 TOPSIS 法计算出的效率指数（ID），其结果范围在 0 ~ 1 之间，其中 0 代表无效率，1 代表最优效率。因此，为了对金融资源配置效率的高低水平给出客观判断，我们根据其计算出的效率指数，将金融资源配置效率划分为低效率、较低效率、中等效率、较高效率、高效率五个区间。具体的区间划分分值见表 3 – 3。

表 3 – 3　金融资源配置效率评价标准

效率指数（ID）	$ID < 0.20$	$0.20 \leq ID < 0.40$	$0.40 \leq ID < 0.60$	$0.60 \leq ID < 0.80$	$0.80 \leq ID$
效率评价	低效率	较低效率	中等效率	较高效率	高效率

后面各部分将以此标准对西部地区及各省（区、市）金融资源配置效率状况进行评价分析。

第二篇

现状诊断分析

——西部地区金融
资源配置的现状

CHAPTER 2

资源配置是金融业的基本职能，了解金融资源的现状及其运行环境，是有效组织和利用金融资源的前提基础。为此，本部分将依据大量的统计数据，采用统计与比较分析的方法，对西部地区金融资源的规模、结构及金融环境等问题进行较为全面的系统分析，为优化西部地区金融资源配置，提高配置效率提供依据。

第四章
西部地区金融资源的总体分析*

本章主要从西部地区总体与省域层面，对 2006～2018 年间金融资源的规模与结构进行分析，并将其与全国金融资源的动态变化进行比较，以形成对西部地区金融资源的全面认知。

一　西部地区金融资源的规模分析

金融资源规模是衡量金融发展的首要内容，也是金融功能有效发挥的前提基础。金融资源规模可以从不同角度，采用不同的经济指标进行衡量。但从指标性质来讲，无非包括两个方面：一是金融资源的绝对规模；二是金融资源的相对规模。基于此，出于反映内容的直观性考虑，本节分别用西部地区金融资产总额、地区社会融资规模、金融业法人单位数、金融从业人员数来衡量金融资源的绝对规模，用金融相关率衡量金融资源的相对规模，对西部地区金融资源状况进行总体分析。

（一）西部地区金融资产及其增长分析

金融资产（Financial Assets）是指单位或个人所拥有的以价值形态存在的资产，是一切可以在有组织的金融市场上进行交易、具有现实价格和未来估价的金融工具的总称。由于现代金融业包括银行、证券、保险、信托等多个行业，且金融机构种类繁多，缺乏统一的统计口径，本节采用银行贷款余额、债券筹资额、股市市值和保费收入之和来代表区域金融资产总额，计算公式如下。

---

* 由于西藏自治区相关数据缺失，本章及以后各章分析中提及的"西部地区"均不包含西藏自治区，特此说明。

金融资产总额 = 银行贷款余额[①] + 债券筹资额 + 股市市值 + 保费收入　（4.1）

表 4 - 1 列示了 2006 ~ 2018 年西部地区及全国金融资产总额。可以看出，西部地区金融资产规模持续扩大，从 2006 年的 46755.91 亿元增加至 2018 年末 338415.51 亿元，12 年间增加了 6.24 倍，年平均增速达到 17.93%；同期全国金融资产总额从 337995.38 亿元增长到 2058216.62 亿元，增长了 5.09 倍，年均增长率为 16.25%；西部地区金融资产年均增长率高于全国 1.68 个百分点。另外，西部地区金融资产占全国的比重也呈现出在波动中上升的趋势，从 2006 年的 13.83% 上升到 2018 年的 16.44%，上升了 2.61 个百分点。

表 4 - 1　2006 ~ 2018 年西部地区及全国金融资产总额

单位：亿元,%

年份	西部地区	全国	西部地区占全国之比
2006	46755.91	337995.38	13.83
2007	75356.18	632221.47	11.92
2008	68728.83	469478.42	14.64
2009	90209.85	701121.47	12.87
2010	123485.65	804013.60	15.36
2011	133035.06	817840.42	16.27
2012	155752.56	922791.31	16.88
2013	177518.87	1067647.88	16.63
2014	220008.76	1315067.90	16.73
2015	263416.82	1646722.00	16.00
2016	283431.65	1810686.76	15.65
2017	317428.63	1994330.58	15.92
2018	338415.51	2058216.62	16.44
年均增长率	17.93	16.25	—

资料来源：《中国统计年鉴》（2007 ~ 2019 年）和中国人民银行《中国区域金融运行报告（2006 ~ 2019 年)》。

---

① 由于现有金融统计中采用的"银行业机构资产"既包含了银行业金融机构的实物资产，也包括了货币资产。本报告侧重于对金融资源的分析，只有贷款余额更符合本研究对金融资源的含义，因此，此处采用银行业信贷余额来表示银行业金融资产。特此说明。

（二）西部地区社会融资规模及变化分析

社会融资规模，是指实体经济在一定时期内从金融体系获得的资金总额，我国从 2011 年起将其作为金融宏观调控一个新的检测分析指标。近年来，我国金融机构数量不断增加，金融总量高速扩张，金融工具与金融产品不断创新，金融市场多样化与多层次发展，证券保险类金融机构对经济的贡献度加大，社会融资规模作为一个新的分析指标应运而生。特别是 2008 年全球金融危机后对影子银行体系的关注、监测和研究，使得传统的监测指标难以完整反映金融与实体经济的关系。社会融资规模指标正是能够反映我国金融发展现状，满足金融调控需要，与货币供应量指标相互补充，是国际金融危机后我国金融统计的重要创新。在此基础上，2014 年中国人民银行又首次发布了一项新的数据——地区社会融资规模，该指标是对一定时期内某一区域实体经济从金融体系获得资金支持的统计，其统计口径、内涵与全国社会融资规模相同。地区社会融资规模的指标能够更全面地反映和比较区域融资的不平衡状况，增强区域金融透明度，有利于防范局部风险。表 4 - 2 是 2006~2018 年西部地区及全国社会融资规模情况。

表 4 - 2 中的数据显示，2006~2018 年西部地区社会融资额总体上表现出增长态势，地区社会融资规模从 5602.7 亿元增加到 33458.1 亿元，增加了 5 倍，年均增长率为 16.06%；同期全国社会融资额从 42696 亿元增加到 192584 亿元，增加了 3.5 倍，年均增长率为 13.40%。西部地区社会融资额占全国的比重也由 2006 年的 13.12% 提升到了 2018 年的 17.34%，提升了 4.21 个百分点。社会融资规模占 GDP 的比例从 2006 年的 14.28% 提升到了 2018 年的 18.30%，12 年间增加了 4.02 个百分点。社会融资规模的扩大及占 GDP 比例的提高，表明西部地区实体经济从金融体系获得的金融资源也越来越多，金融对实体经济增长的支持力度不断增强。

表 4 - 2 2006~2018 年西部地区社会融资规模及其在全国的占比状况

单位：亿元,%

年份	西部地区		全国范围		西部地区社会融资规模增量占全国的比重
	社会融资规模增量	社会融资规模增量/GDP	社会融资规模增量	社会融资规模增量/GDP	
2006	5602.7	14.28	42696	19.46	13.12

续表

年份	西部地区		全国范围		西部地区社会融资规模增量占全国的比重
	社会融资规模增量	社会融资规模增量/GDP	社会融资规模增量	社会融资规模增量/GDP	
2007	7386.6	15.54	59663	22.08	12.38
2008	10705.5	18.50	69802	21.85	15.34
2009	21205.6	31.87	139104	39.85	15.24
2010	19341.5	23.91	140191	33.94	13.80
2011	20305.8	20.38	128286	26.22	15.83
2012	23984.3	21.19	157631	29.17	15.22
2013	37853.0	30.24	173169	29.09	21.86
2014	38105.0	27.78	164571	25.49	23.15
2015	31743.0	22.04	154086	22.36	20.60
2016	30028.0	19.29	178022	23.96	16.87
2017	37880.1	22.65	223969	23.45	16.91
2018	33458.1	18.30	192584	21.44	17.37
年均增长率	16.06	——	13.40	——	

资料来源：《中国统计年鉴》（2007~2019年）和中国人民银行《中国区域金融运行报告》（2006~2019年）。

从表4-2中可见西部地区社会融资额呈现出波动增加的态势，其中在2014年达到最大规模，融资规模为38105亿元，其后呈下降趋势，2018年为33458.1亿元。如果将西部地区社会融资额占GDP的比例与全国做一比较会发现，在2006~2018年的12年间，有10年该比例低于全国平均水平。这表明，西部地区实体经济从金融体系获得的金融资源支持力度小于全国平均水平，这一方面是西部地区金融发展落后于全国平均水平的直观体现，同时也表明西部地区金融业对实体经济支持的力度还有待加强。

（三）西部地区金融业机构数量及变化分析

金融业机构是承担金融活动、发挥金融功能的主体。如果一个地区金融机构数量较多，说明该地区金融资源丰富，金融活跃度高，金融发展水平较好，并具有较强的金融竞争力。基于数据的可得性，本报告选取银行业机构数量作为代表，同时将2007~2018年西部地区银行业网点数与全国的网点数量做了对比（见表4-3）。整体上，西部地区和全国的银行业法人单位数量

均呈现先下降后回升的过程。其中，西部地区从 2007 年的 3331 家减少到
2012 年的 1209 家，其后又缓慢增加，到 2018 年达到 1425 家，与 2007 年相
比减少了 1906 家；全国从 2007 年的 7485 家下降到 2012 年的 3598 家，其后
开始增加，到 2018 年达到 4724 家，与 2007 年相比减少了 2761 家。这一变
化主要是 2012 年前信用社体制改革中对部分法人进行合并导致金融业机构数
量的减少，其后小额信贷公司设立又使金融机构数量缓慢增加。另外，需要
特别关注的是，在 2007～2018 年金融机构法人数量总体减少的过程中，西部
地区所减少的数量占到全国减少数量的 68.85%；与此同时，西部地区银行
业法人机构数占全国的比重也从 2007 年的 44.5% 下降到 2018 年的 30.17%，
11 年间下降了 14.33 个百分点。

但从银行业机构网点数的变化来看，无论是西部地区，还是全国都呈现
出增加趋势。其中西部地区从 2007 年的 52827 家增加到 2018 年的 60007 家，
增加了 7180 家；全国从 2007 年的 193152 家增加到 2018 年的 226163 家，增
加了 33011 家。西部地区银行业机构网点数占全国的比例从 2007 年的
27.35% 微降到 2018 年的 26.53%。这表明，虽然银行业法人机构数量大幅
减少，但金融服务的覆盖率并没有出现明显下降。

表 4 - 3　2007～2018 年西部地区银行法人机构数、银行网点数及占比

单位：家，%

年　份	银行业法人机构数			机构网点数		
	西部地区	全国	西部地区占比	西部地区	全国	西部地区占比
2007	3331	7485	44.50	52827	193152	27.35
2008	2190	5634	38.87	49054	187650	26.14
2009	2078	3857	53.88	51718	191477	27.01
2010	1576	3807	41.40	51921	195000	26.63
2011	1458	4061	35.90	54802	200740	27.30
2012	1209	3598	33.60	56021	202000	27.73
2013	1266	3872	32.70	56821	209000	27.19
2014	1267	4195	30.20	58234	218000	26.71
2015	1303	4203	31.00	58412	220905	26.44
2016	1353	4311	31.38	61357	220124	27.87
2017	1413	4470	31.61	60400	226537	26.66
2018	1425	4724	30.17	60007	226163	26.53
2018 年比 2007 年变化	-1906	-2761	-14.33	7180	33011	-0.51

资料来源：《中国统计年鉴》（2008～2019 年）和中国人民银行《中国区域金融运行报告》
（2007～2018 年）。

（四）西部地区金融从业人员数及变化分析

金融业从业人员数量也是衡量金融资源及金融发展规模的一个重要指标。表4-4列出了2006~2018年西部地区及全国的金融业从业人数。可以看出，与全国一样，西部地区金融业从业人数以平稳速度缓慢增长，2006年金融业从业人数仅为78.0万人，到2018年从业人数已经达到142.1万人，12年间增长了82.18%，比全国增长率90.34%低8.16个百分点。

表4-4 2006~2018年西部地区金融业从业人数及占比分析

单位：万人，%

年　份	金融业从业人数		西部地区占全国比重
	西部地区	全国	
2006	78.0	367.4	21.23
2007	81.9	389.7	21.02
2008	87.6	417.6	20.98
2009	94.6	449.0	21.07
2010	100.8	470.1	21.44
2011	105.9	505.3	20.96
2012	111.6	527.8	21.14
2013	115.0	537.9	21.38
2014	117.7	566.3	20.78
2015	124.1	606.8	20.45
2016	134.5	665.2	20.22
2017	140.4	688.8	20.38
2018	142.1	699.3	20.32
2018年较2006年增长	82.18	90.34	

资料来源：根据《中国统计年鉴》（2007~2019年）数据整理计算。

西部地区金融业从业人数占全国的比例在波动中呈现下降趋势，从2006年的21.23%下降到2018年的20.32%。其中占比最高点在2010年，比例达21.44%；最低点出现在2016年，占比为20.22%。这表明，虽然2006~2018年西部地区金融业获得了快速发展，人员规模也在快速增加，但人员扩张速度低于全国。

如果进一步分析西部地区金融业从业人员的行业结构，会发现在金融业从业人员规模增速慢于全国的状态下，银行业金融机构从业人员数量的增加速度却高于全国（见表4-5）。2006~2018年全国银行类金融机构从业人员数量增加了57.21%，而同期西部地区增加了60.94%，比全国增加率高出3.73个百分点；西部地区银行类金融机构从业人员数量占全国的比例也有所提高，从2006年的23.99%提高到2018年的24.56%，其间虽然所占比例有所波动，但总体呈现出上升趋势。这说明，一是近年来西部地区金融业的快速发展主要来自于银行类金融机构的快速发展，这主要得益于国家加快了普惠金融在西部地区的发展，使得银行类金融机构在空间覆盖率上有了大幅度的提高；二是西部地区金融业发展的内部结构依然是以银行业务为主导，非银行类金融业务发展缓慢且相对不足。因此，西部地区金融业在未来如何实现银行类业务与非银行金融业务的均衡及协调发展，形成和谐的金融内部结构，是一个需要研究的重要问题。

表4-5　2006~2018年西部地区银行类金融机构从业人员数及占比分析

单位：万人，%

年　份	银行类金融业从业人数		西部地区占比
	西部地区	全国	
2006	59.98	250.00	23.99
2007	60.50	267.80	22.59
2008	60.37	273.00	22.11
2009	64.80	287.00	22.58
2010	73.01	308.00	23.70
2011	76.64	319.10	24.02
2012	81.35	337.80	24.08
2013	85.28	356.70	23.91
2014	88.52	372.20	23.71
2015	89.47	379.00	23.61
2016	93.00	379.60	24.50
2017	92.98	394.78	23.55
2018	96.53	393.03	24.56
2018年较2006年增长	62.57	57.21	—

资料来源：根据中国人民银行《中国区域金融运行报告》（2006~2019年）数据整理。

（五）西部地区金融相关率及变化分析

金融资源总量的相对规模，通常用区域金融资源总量与GDP的比值来反映，以表示金融业在区域经济总量中的比重与地位，而金融相关率（FIR）就是一个首选指标。该指标由 Goldsmith 于 1969 年提出，采用一国金融资产价值占该国经济总量的比重表示。该指标既可用于衡量一个国家的金融发展水平，也可用来衡量一个国家金融发展的相对规模。基于数据的可得性，本文选取金融资产总额占 GDP 的比值来表示，即：

$$FIR = 金融资产总额/GDP \qquad (4.2)$$

表 4 - 6 是依据公式 4.2 计算出的 2006 ~ 2018 年西部地区与全国的金融相关率及变动情况。可见，2006 ~ 2018 年，西部地区金融相关率与全国金融相关率走势基本相同，除了 2008 年受国际金融危机影响有所下降外，总体趋势依然是稳步向上的，表明这 12 年中西部地区的金融发展水平同全国一样在稳步提高。但与全国水平比较，西部地区各年金融相关率（FIR）始终低于全国水平，这表明西部地区金融发展依然滞后于全国水平，与全国平均水平相比依然存在一定差距。

表 4 - 6 2006 ~ 2018 年西部地区与全国金融相关率

年份	2006	2007	2008	2009	2010	2011	2012	2013	2014	2015	2016	2017	2018
西部	1.16	1.53	1.14	1.35	1.52	1.33	1.37	1.41	1.59	1.81	1.81	1.86	1.84
全国	1.56	2.38	1.49	2.06	2.00	1.73	1.78	1.82	2.07	2.43	2.43	2.41	2.29

资料来源：根据前文有关数据表格计算。

二 西部地区金融资源的结构分析

倘若说金融资源规模反映了金融发展的"数量"，那么金融资源结构可以大致反映金融发展的"质量"。在区域金融发展的非均衡研究中，金融资源结构不仅是对一个国家或地区金融总体以及其成长状态的直接反映，也直接影响金融体系的功能发挥及资源配置效率的高低。由于金融结构有多种划分方法，本节主要从金融资源的行业结构、融资结构和主体结构三方面进行分析。

（一）金融资源的行业结构及变化分析

现代金融业可以划分为银行业、证券业、保险业、信托业等子行业。因此，本节对金融资源行业结构的分析，就从此角度进行。首先，从资产结构方面来讲，本节采用银行业、证券业和保险业的代表性指标在金融资产总额中的占比作为分析指标，来考察西部地区的金融资产结构。其次，参考李忠民（2013）在《中国西部金融发展报告》中构建的金融结构指标（FSR），对西部地区金融资产结构的优化程度进行衡量。其计算公式如下：

$$FSR = （保费收入 + 股市市值 + 债券筹资额）/金融资产总额 \qquad (4.3)$$

其中，金融资产总额包括金融机构贷款余额、债券筹资额、股市市值和保费收入。FSR 数值越高，表明金融结构优化程度越高。

表 4 - 7 列出了 2006 ~ 2018 年西部地区金融机构贷款余额、债券筹资额、股市市值和保费收入及各自在金融资产总额中的占比，并根据公式（4.3）计算出金融结构指标 FSR 值。

首先，从金融资产构成来讲，西部地区银行业始终是金融体系的绝对主导。在西部地区金融资产结构中，除 2007 年外，以银行贷款余额表示的银行业资产所占比例始终在 70% 以上，其中 2013 年时最高，达到 81.43%；即使 2007 年占比为最低，也达到 58.27%，占有绝对大的比例。除 2007 年外，证券业资产所占比例一直在 16% ~ 26% 之间。2007 年由于股市大幅上涨，使得 2007 年证券业资产占金融资产的比例达到 12 年中的最高值 40.14%。但在证券业中，债券资产所占比例一直很小，即使是 2018 年占比达到最高，也不到 4%。这说明，在证券业中股票市场又处在绝对地位。另外，保险业资产占比一直很小，不到金融资产总额的 3%。由此可知，西部地区金融资产及金融资源的行业分布存在着严重的不均衡现象。

其次，从衡量金融结构优化程度的 FSR 来看，波动幅度较大。最高值出现在 2007 年，达到 41.73%；最小值出现在 2013 年，为 18.57%。FSR 值的大幅波动表明西部地区金融资产结构处在极不稳定的状态之中，且优化程度较低。

最后，从行业资产结构的变化来看，银行信贷资产占比从 2006 年的 80.53% 微降到 2018 年的 80.33%，总的变化并不显著；股市市值占比从 2006 年的 16.84% 下降到 2018 年的 13.65%，下降了 3.19 个百分点；债券筹资额从 2006 年的占比 0.65% 上升到 2018 年的 3.56%，虽然总体比例依然较低，但其占比提高了 2.91 个百分点；保险业占比从 2006 年的 1.97% 上升到 2018 年的 2.18%，12 年间上升了 0.21 个百分点。可见，西部地区金融资产行业结构的突出变化表现为债券余额的快速增加。这表明西部地区金融资源供给中对债券筹资的依赖度快速提升。

（二）西部地区融资结构及变化分析

融资结构通常用直接融资与间接融资占社会融资的比例来反映。由于直

表4-7 2006~2018年西部地区金融资产结构情况

单位：亿元，%

年 份	银行业 银行贷款		证券业 股市市值		证券业 债券筹资额		证券业 合计		保险业 保费收入		金融资产总额	FSR
	总额	占比	总额	占比	总额	占比	总额	占比	总额	占比		
2006	37391	80.53	7818	16.84	304	0.65	8122	17.49	917	1.97	46429	19.47
2007	43650	58.27	29772	39.74	301	0.40	30072	40.14	1191	1.59	74914	41.73
2008	51644	78.91	11501	17.57	569	0.87	12070	18.44	1730	2.64	65443	21.09
2009	71310	72.48	24179	24.57	892	0.91	25071	25.48	2008	2.04	98388	27.52
2010	88014	71.92	29980	24.50	1793	1.47	31773	25.96	2590	2.12	122377	28.08
2011	104379	79.04	22716	17.20	2290	1.73	25006	18.93	2678	2.03	132062	20.96
2012	123633	80.02	23648	15.31	4312	2.79	27960	18.10	2913	1.89	154506	19.98
2013	144543	81.43	24930	14.04	4725	2.66	29654	16.71	3309	1.86	177507	18.57
2014	168305	76.50	39796	18.09	8080	3.67	47876	21.76	3816	1.73	219997	23.50
2015	192757	73.18	56552	21.47	9484	3.60	66036	25.07	4611	1.75	263405	26.82
2016	217379	76.70	52454	18.51	7801	2.75	60255	21.26	5786	2.04	283420	23.30
2017	243253	76.64	61064	19.24	6276	1.98	67340	21.22	6824	2.15	317417	23.36
2018	271950	80.33	46216	13.65	12039	3.56	59224	17.49	7384	2.18	338558	19.67
年均增长率	17.98	—	15.96	—	36.77	—	18.01	—	18.99	—	18.01	—

资料来源：中国人民银行《中国区域金融运行报告》（2006~2019年）数据整理而得。

接融资必须借助于金融市场完成，而间接融资更多依赖于银行等金融机构，因此直接融资与间接融资的比例关系实质上反映了融资模式是市场主导型还是银行主导型。从表4-8中可以直观地看出以下几方面。

1. 西部地区社会融资规模大幅增加

社会融资规模从2006年的5603亿元增加到了2018年的33458亿元，年均增长率达到了16.06%，其中直接融资从2006年的406亿元增加到2018年的13036亿元，年均增长率37.58%；间接融资额从2006年的5197亿元增加到2018年的20422亿元，年均增长率为14.53%。西部地区社会融资规模的大幅增加表明西部地区经济系统从金融体系获得的资金投入大幅增多，金融体系对社会经济发展的支持力度在持续增强。

2. 融资结构显著优化

从西部地区直接融资与间接融资的比例变化情况可以看出，直接融资与间接融资的比例从2006年的7.24∶92.76演变为2018年的38.96∶61.04，直接融资比例上升了31.72个百分点。直接融资比重偏小与间接融资比例偏大的结构性失衡问题得到显著改善。

2006~2018年西部地区与全国直接融资占比的趋势变化情况。可以看出，西部地区直接融资占比与全国平均水平基本保持着一致的变化趋势；但比较而言，西部地区直接融资占比的上升趋势更快，从2006年比全国平均水平低3.86个百分点到2018年高出全国平均水平2.93个百分点。但需要注意的是，西部地区直接融资占比高于全国平均水平，并不意味着西部地区融资结构优于全国平均水平。因为西部地区直接融资的内部结构存在着较为严重的失衡现象。通过分析西部地区直接融资的内部结构，会发现西部地区直接融资规模的大幅增加及占比的快速上升，主要源于债券发行数量及筹资额的大幅增加，而通过资本市场发行股票方式获得的直接融资规模及比例严重偏小。西部地区债券筹资额从2006年的303.6亿元增加到2018年的12039.2亿元，占直接融资的比例从74.77%增加到92.35%，而股市筹资额所占比例从2006年的25.23%下降到2018年的7.65%；债券筹资中，地方政府专项债券又占有很大比例，如2018年地方政府专项债券发行达到4522亿元，占债券筹资总额的37.56%，占到直接融资总额的34.69%；地方政府专项债占直接融资的比例比全国平均水平（25.8%）高出8.89个百分点。因此，西部地区直接融资结构的这种非均衡状态表明，一方面西部地区融资结构还存在着巨大的优化空间；另一方面，西部地区由于经济不发达使得地方政府的财政压力非常巨大，地方政府的债务风险不容忽视。

表 4 - 8　2006~2018 年西部地区及全国融资结构

单位：亿元，%

年份	西部地区					全国社会融资				
	融资额	直接融资	占比	间接融资	占比	融资额	直接融资	占比	间接融资	占比
2006	5603	406	7.24	5197	92.76	42696	4739	11.10	37957	88.90
2007	7387	871	11.79	6516	88.21	59663	7637	12.80	52026	87.20
2008	10706	1066	9.95	9640	90.05	69802	10331	14.80	59471	85.20
2009	21206	1492	7.03	19714	92.97	139104	18084	13.00	121020	87.00
2010	19342	2698	13.95	16644	86.05	140191	19767	14.10	120424	85.90
2011	20306	3214	15.83	17091	84.17	128286	22578	17.60	105708	82.40
2012	23984	5128	21.38	18856	78.62	157631	30265	19.20	127366	80.80
2013	37853	5840	15.43	32013	84.57	173169	26755	15.45	146414	84.55
2014	38105	9368	24.58	28737	75.42	164571	34247	20.81	130324	79.19
2015	35434	11352	32.04	24082	67.96	154086	42220	27.40	111866	72.60
2016	30028	9851	32.81	20177	67.19	178022	48369	27.17	129653	72.83
2017	37880	8116	21.43	29764	78.57	223969	49833	22.25	174136	77.75
2018	33458	13036	38.96	20422	61.04	192584	69384	36.03	123200	63.97
年均增长率	16.06	37.58		14.53		13.38	25.06		10.31	

资料来源：《中国金融年鉴》（2006~2018 年）、中国人民银行《中国区域金融运行报告》（2006~2019 年）和 WIND 数据库。

（三） 西部地区金融主体结构及变化分析

金融主体就是参与金融市场活动的各类参与者。其中，各类金融机构是构成金融活动主体的最主要部分。鉴于数据的可得性，本节着重从西部地区的银行业主体结构来分析西部金融业的发展情况。银行业金融机构主要指大型商业银行、股份制商业银行、政策性银行、城市商业银行、农村金融机构等吸收公众存款的金融机构，它是直接参与市场经济的主体，对金融发展乃至整个国民经济都起着至关重要的作用。

表4-9列示了西部地区主要银行金融机构的资产总额及其在西部银行主体结构中的占比情况。可以看到：①从各类银行金融机构资产规模及其占比来看，大型商业银行以其资产总额巨大始终排在所有银行机构的首位，这表明西部地区金融主体结构依然是以大型商业银行为主导。②从各类银行金融机构资产的增长态势来看，虽然都表现出稳定增长，但增长速度存在显著差异。其中，增长最快的是新型农村金融机构，从2008年到2018年资产规模增长了84.09倍，年均增长率达到了49.78%；其次是城市商业银行和邮政储蓄银行，2006~2018年年均增长率分别达到26.04%和25.89%；增长最慢的是大型商业银行和股份制商业银行，资产年均增长率分别为13.13%和16.06%。另外，小型农村金融机构资产规模的年均增长率也达到了20.35%。③从各类银行金融机构资产份额的变动态势来看，大型商业银行资产份额出现了持续性的快速下降，股份制商业银行的资产份额以2013年为分界点呈现出先上升后下降趋势；其中，大型商业银行资产份额从2006年的55.78%下降到2018年的35.83%，下降了19.95个百分点；股份制商业银行的资产份额从2006年的10.77%下降到2018年的9.40%，下降了1.37个百分点。除外资银行外的其他金融机构资产份额则快速上升，其中上升幅度最大的为城市商业银行和小型农村金融机构。城市商业银行资产份额由2006年的6.69%上升到2018年的15.72%，上升了8.18个百分点；小型农村金融机构的资产份额由2006年的13.89%上升到2018年的18.75%，上升了4.86个百分点。各类银行金融机构资产份额的这种变化表明，西部地区银行业主体结构正在由以大型商业银行为绝对主导向主体结构多元化演变，且多元化格局已经形成；在这种结构演变中，由城市商业银行、小型农村金融机构和新型农村金融机构构成的地方金融快速突起，已经成为可以与大型商业银行平分秋色的金融主体。

表4-9 2006~2018年西部地区银行业金融主体结构

单位：亿元，%

年份	大型商业银行		国家开发银行和政策性银行		股份制商业银行		城市商业银行		小型农村金融机构		邮政储蓄银行		外资银行		新型农村金融机构	
	资产	占比	资产	占比	资产	占比	资产	占比	资产	占比	资产	占比	资产	占比	资产	占比
2006	33580	55.78	6457	10.73	6482	10.77	4030	6.69	8361	13.89	1183	1.97	107	0.18	0	0.00
2007	38830	53.21	7999	10.96	8123	11.13	5114	7.01	10632	14.57	2037	2.79	234	0.32	0	0.00
2008	48465	50.45	10300	10.72	10897	11.34	6626	6.90	15083	15.70	4304	4.48	323	0.34	68	0.07
2009	61398	49.79	13263	10.76	13671	11.09	9552	7.75	19113	15.50	5624	4.56	318	0.26	363	0.29
2010	72332	47.10	16862	10.98	17809	11.60	14682	9.56	24257	15.79	6878	4.48	478	0.31	281	0.18
2011	81789	43.80	20726	11.10	22530	12.07	20996	11.24	30942	16.57	8508	4.56	575	0.31	652	0.35
2012	93231	41.26	24353	10.78	29817	13.20	26922	11.92	39432	17.45	10441	4.62	696	0.31	1056	0.47
2013	102671	39.30	27642	10.58	35367	13.54	32770	12.54	48503	18.57	11839	4.53	809	0.31	1623	0.62
2014	107705	37.56	32720	11.41	37142	12.95	34444	12.01	58354	20.35	13540	4.72	824	0.29	2035	0.71
2015	115217	35.08	40636	12.37	41620	12.67	47145	14.36	65736	20.02	14513	4.42	850	0.26	2694	0.82
2016	124634	33.89	48880	13.29	41291	11.23	57634	15.67	74161	20.17	16512	4.49	850	0.25	3727	1.01
2017	134180	33.77	55151	13.88	39087	9.83	66369	16.71	80292	20.21	18076	4.55	867	0.22	3259	0.82
2018	147596	35.83	58158	14.11	38732	9.40	64762	15.72	77237	18.75	18739	4.55	943	0.23	5786	1.40
年均增长率	13.13	—	20.10	—	16.06	—	26.04	—	20.35	—	25.89	—	19.88	—	49.78	—

注：大型商业银行包括工、农、中、建、交；小型农村金融机构包括农村商业银行、农村合作银行和农村信用社；新型农村金融机构主要指村镇银行。
资料来源：根据中国人民银行《中国区域金融运行报告》（2006~2019年）数据整理而得。

三　西部地区金融资源的省域比较分析

（一）西部地区金融资产的省域比较

1. 金融资产增长的省域比较

表 4-10 是西部各省（区、市）金融资产及增长情况。可以看出，12 年间西部各省（区、市）中，金融资产年均增长率最快的三个省（市）分别是贵州（20.11%）、甘肃（19.71%）和重庆（18.97%），增长率最慢的三个省（区）是云南（16.10%）、内蒙古（16.68%）和新疆（17.49%）。其中，低于西部地区年均增长率（18%）的地区有 5 个，分别是云南、内蒙古、新疆、宁夏和四川，占到西部所有省（区、市）的 45%。2018 年西部地区金融资产总量最多的省（区、市）是四川（74843 亿元），其次是重庆（39008 亿元），四川是重庆的 1.92 倍。对比金融资产总量最少的是青海（7353 亿元），排名第一的四川是其总量的 10.18 倍。由此可见，西部地区各省域之间的金融发展规模呈现出较大的地区差异和非均衡性。

表 4-10　2006~2018 年西部各省（区、市）金融资产及年均增长情况

单位：亿元,%

年份	内蒙古	广西	云南	重庆	四川	贵州	陕西	甘肃	宁夏	青海	新疆
2006	4276	4148	5672	4853	10612	3816	5052	2562	1119	1009	3308
2007	9218	5852	9352	6794	17213	5977	6554	3418	1640	2831	6063
2008	5607	5764	7991	7125	14716	5038	7271	3294	1611	2502	4525
2009	9019	8826	11606	11136	22469	7424	9827	5327	2363	3223	7169
2010	11943	10789	13954	14131	28024	9057	12088	6137	3018	4003	9232
2011	12986	12300	14448	15072	29521	9989	14377	7123	3541	3423	9283
2012	15091	14194	16400	17527	33785	12013	17215	8837	3793	4091	11558
2013	16862	16097	18671	21821	37564	12934	19908	10969	4365	4566	13751
2014	20125	19327	22386	26579	45639	17149	25822	14538	5230	5532	17671
2015	23618	23379	26367	31640	55347	21500	30995	17250	6167	6403	20738
2016	25537	25763	28243	33997	59426	23436	33028	19304	6592	6524	21571
2017	28326	26919	32417	36495	67588	32186	34631	21467	7145	7812	22431
2018	27232	30306	34023	39008	74843	34405	38377	22186	7773	7353	22898
年均增长率	16.68	18.02	16.10	18.97	17.68	20.11	18.41	19.71	17.53	18.00	17.49

资料来源：中国人民银行《中国区域金融运行报告》（2006~2019 年）。

2. 金融资产占比的省域比较

表 4 – 11 是 2006 ~ 2018 年西部各省（区、市）金融资产在西部总体的占比情况。从 2006 年到 2018 年，西部各省（区、市）的金融资产占比排名基本保持不变。2018 年，四川在西部地区金融资产中的占比最高，达到 22.12%；重庆（11.53%）、陕西（11.34%）、贵州（10.17%）和云南（10.05%）紧随其后，均达到 10% 以上。排名较低的两个省区分别是宁夏（2.3%）和青海（2.17%），均不足 3%。从时间趋势上来看，2018 年内蒙古、云南和新疆金融资产占西部地区的比重均较 2006 年下降约 1 个百分点；贵州、重庆、陕西和甘肃占比上升约 1 个百分点。其中，贵州占比上升最快，为 1.95 个百分点。整体上来看，西部地区各省（区、市）金融发展速度旗鼓相当，与 2006 年比较，各省（区、市）排名并未发生较大变化。西部各省（区、市）金融资产发展可划分为四个阶梯：四川金融资产总额遥遥领先于西部其他省（区、市），云南、重庆、贵州、陕西、广西金融资产总量均在 30 万 ~ 40 万亿元之间，位居第二阶梯，内蒙古、甘肃和新疆属于第三阶梯，而青海和宁夏远远落后于其他西部省（区、市）。

表 4 – 11　2006 ~ 2018 年西部各省（区、市）金融资产占西部的比例情况

单位:%

年份	内蒙古	广西	云南	重庆	四川	贵州	陕西	甘肃	宁夏	青海	新疆
2006	9.21	8.93	12.21	10.45	22.85	8.22	10.88	5.52	2.41	2.17	7.12
2007	12.30	7.81	12.48	9.07	22.97	7.98	8.75	4.56	2.19	3.78	8.09
2008	8.57	8.81	12.21	10.89	22.48	7.70	11.11	5.03	2.46	3.82	6.91
2009	9.17	8.97	11.79	11.32	22.83	7.54	9.99	5.41	2.40	3.28	7.29
2010	9.76	8.82	11.40	11.55	22.90	7.40	9.88	5.01	2.47	3.27	7.54
2011	9.83	9.31	10.94	11.41	22.35	7.56	10.89	5.39	2.68	2.59	7.03
2012	9.77	10.61	11.34	11.86	21.86	7.77	11.14	5.72	2.45	2.65	7.48
2013	9.50	9.07	10.52	12.29	21.16	7.29	11.21	6.18	2.46	2.57	7.75
2014	9.15	8.78	10.18	12.08	20.74	7.79	11.74	6.61	2.38	2.51	8.03
2015	8.97	8.88	10.01	12.01	21.01	8.16	11.77	6.55	2.34	2.43	7.87
2016	9.01	9.09	9.96	11.99	20.97	8.23	11.65	6.81	2.33	2.30	7.61
2017	8.92	8.48	10.21	11.50	21.29	10.14	10.91	6.76	2.25	2.46	7.07
2018	8.05	8.96	10.05	11.53	22.12	10.17	11.34	6.56	2.30	2.17	6.77

注：各省金融资产占比 = 各省金融资产/西部金融资产合计。

资料来源：中国人民银行《中国区域金融运行报告》（2006 ~ 2019 年）。

（二）西部地区社会融资规模的省域比较

表4-12报告了2006~2018年西部各省（区、市）社会融资规模增量及年均增长情况。可以看出，12年间西部各省（区、市）的社会融资规模均有较大规模的增长，但各省（区、市）之间存在较大差异。2018年，社会融资规模增量最大的三个省（区、市）分别是四川（8087亿元）、重庆（5000亿元）和广西（4172亿元），融资规模增量最小的三个省（区）分别是青海（126亿元）、宁夏（529亿元）和新疆（836亿元）。其中，融资规模增量最大的四川省是融资规模增量最小的青海省的64.18倍。从社会融资规模增速上来看，年均增长率最高的省份是贵州，社会融资增量从2006年的398亿元上升到2018年的4169亿元，融资规模增长了10.47倍，年均增长率达到21.62%。年均增长率最低的省份是青海，12年间其社会融资规模只提升了1.31倍，年均增长率只有2.32%。相比于全国的社会融资年均增长率（13.4%），西部有云南（11.94%）、宁夏（10.87%）、内蒙古（7.74%）和青海（2.32%）四个地区低于全国平均水平。因此，如何扩大社会融资规模，使实体经济获得更多的资金支持，不仅是西部地区，更是融资规模较小省份需要考虑的重要问题。

表4-12　2006~2018年西部各省（区、市）社会融资规模增量及年均增长情况

单位：亿元,%

年份	内蒙古	广西	云南	重庆	四川	贵州	陕西	甘肃	宁夏	青海	新疆
2006	665	557	887	679	1217	398	553	240	153	96	159
2007	690	753	1002	905	1605	480	768	332	219	233	401
2008	1026	986	1254	1353	2560	563	1547	516	276	220	405
2009	1936	2301	2383	2844	4947	1120	2500	1230	520	392	1033
2010	1776	1816	2262	2478	4068	1243	2209	903	510	553	1524
2011	2106	1982	1960	2617	3844	1209	2280	1496	558	522	1732
2012	2171	2037	2108	2988	4730	1795	2686	1813	514	823	2320
2013	2730	2801	4268	5031	7137	4268	4254	2617	664	1229	2854
2014	2774	3109	3092	5473	7092	3576	4850	3139	842	1412	2746
2015	1869	2737	2834	2969	5812	4090	4539	3441	503	1112	1837
2016	2138	2617	1824	3411	6651	4327	3516	2720	530	609	1685
2017	2104	3421	3151	3720	7391	4161	5926	2894	865	1208	3039
2018	1627	4172	3433	5000	8087	4169	3599	2347	529	126	836
年均增长率	7.74	18.27	11.94	18.10	17.10	21.62	16.90	20.93	10.87	2.32	14.85

资料来源：中国人民银行《中国区域金融运行报告》（2006~2019年）。

（三）西部地区融资结构的省域比较

表4-13是西部各省（区、市）的直接融资情况。可以发现，2006～2018年西部各省（区、市）直接融资规模均获得了长足发展。2018年，直接融资规模最大的三个省份分别是四川、云南和陕西，其直接融资规模分别为1882亿元、1382亿元和1306亿元；融资规模最小的三个省（区）是青海、宁夏和甘肃，其直接融资规模分别为66亿元、87亿元和206亿元。从年均增长率来看，贵州的年均增长率最快，为38.69%，从2006年的30亿元上升到2018年的304亿元。最慢的是甘肃省，年均增速只有12.33%。由此可见，西部各省（区、市）之间的直接融资发展水平差距较为明显。

表4-13 2006～2018年西部各省（区、市）社会融资规模中直接融资额

单位：亿元，%

年份	内蒙古	广西	云南	重庆	四川	贵州	陕西	甘肃	宁夏	青海	新疆
2006	40	17	67	30	137	6	33	51	0	7	18
2007	126	47	120	46	171	38	102	41	16	81	83
2008	138	38	169	63	165	26	324	54	13	10	66
2009	95	52	121	153	308	32	241	395	5	18	73
2010	169	174	414	323	497	141	464	164	19	62	270
2011	229	319	317	420	623	86	361	337	70	113	340
2012	605	329	293	586	1126	325	655	356	33	202	619
2013	563	465	755	759	894	213	797	573	27	189	605
2014	820	752	1005	1265	1765	560	1557	597	105	216	727
2015	984	950	1324	1801	1985	906	1631	527	103	327	815
2016	669	1038	1184	1377	947	906	2028	401	177	147	1130
2017	475	689	1156	1261	1586	213	1637	322	69	147	827
2018	313	782	1382	1249	1882	304	1306	206	87	66	298
年均增长率	18.70	37.58	28.69	36.44	24.40	38.69	35.87	12.34	15.15*	20.56	26.35

注：*宁夏年均增长率为2007～2018年平均增长率。

资料来源：中国人民银行《中国区域金融运行报告》（2006～2019年）。

表4-14是2006～2018年西部各省（区、市）直接融资在其社会融资中的占比情况。可以发现，西部省（区、市）的直接融资占比均出现较大幅度上升，表明这些省（区、市）融资结构明显改善。但同时也发现，各省

（区、市）直接融资所占比例极不稳定，年份之间波动巨大。其主要原因在于我国股市发展始终处在较大波动之中，企业上市融资在省（区、市）之间、年度之间存在巨大非均衡性，从而导致西部各省（区、市）年度间以股权融资形式获得的直接融资额出现极大不稳定与不均衡状况。

表4-14　2006~2018年西部各省（区、市）直接融资占其社会融资的比例

单位：%

年份	内蒙古	广西	云南	重庆	四川	贵州	陕西	甘肃	宁夏	青海	新疆
2006	6.02	3.05	7.55	4.42	11.26	1.51	5.97	20.25	0	7.29	11.32
2007	18.26	6.24	11.98	5.08	10.65	8.01	13.28	12.35	7.31	34.76	20.70
2008	13.45	3.85	13.48	4.66	6.45	4.57	20.94	10.47	4.71	4.55	16.30
2009	4.91	2.26	5.08	5.38	6.23	2.83	9.64	32.12	0.96	4.59	7.07
2010	9.52	9.58	18.30	13.03	12.22	11.36	21.00	18.16	3.73	11.21	17.72
2011	10.87	16.09	16.17	16.05	16.21	7.09	15.83	22.53	12.54	21.65	19.63
2012	27.86	16.15	13.90	19.61	23.81	18.09	24.39	19.64	6.42	24.54	26.68
2013	20.62	16.60	17.69	15.09	12.53	4.98	18.74	21.90	4.07	15.38	21.20
2014	29.56	24.19	32.50	23.11	24.89	15.66	32.10	19.02	12.47	15.30	26.48
2015	52.65	34.71	46.72	60.66	34.15	22.14	35.93	15.32	20.48	29.41	44.37
2016	31.29	39.66	64.91	40.37	14.24	23.13	57.68	14.74	33.40	0	67.06
2017	22.58	20.14	36.69	33.90	21.46	5.12	27.62	11.12	7.98	12.17	27.21
2018	16.24	18.74	40.26	24.98	23.27	22.38	36.29	10.06	16.45	52.38	35.65

注：各省直接融资占比=各省直接融资额/西部直接融资额。

资料来源：中国人民银行《中国区域金融运行报告（2006~2019年）》。

（四）西部地区 FIR 的省域比较

表4-15是2006~2018年西部各省（区、市）的金融相关率及变动情况。可见，样本其间内，各省（区、市）的金融相关率均呈现出波动上升趋势。受次贷危机影响，各省的金融相关率在2007年达到小高峰后2008年快速回落，之后又逐渐复苏。2018年西部地区金融相关率最高的三个省分别是甘肃（2.69）、青海（2.57）和贵州（2.32）；金融相关率最低的三个省（区）分别是广西（1.49）、陕西（1.57）和内蒙古（1.58）。最高的地区和最低地区之间相差比较悬殊。

表4-15 2006~2018年西部各省（区、市）金融相关率

年份	内蒙古	广西	重庆	四川	贵州	云南	陕西	甘肃	青海	宁夏	新疆
2006	0.89	0.86	1.39	1.23	1.67	1.42	1.12	1.13	1.57	1.57	1.09
2007	1.51	0.98	1.65	1.64	2.18	1.97	1.20	1.26	3.55	1.84	1.72
2008	0.72	0.80	1.40	1.18	1.51	1.40	1.06	1.04	2.46	1.47	1.08
2009	0.93	1.14	1.71	1.59	1.90	1.88	1.20	1.57	2.98	1.75	1.68
2010	1.02	1.13	1.78	1.63	1.97	1.93	1.19	1.49	2.96	1.79	1.70
2011	0.90	1.05	1.51	1.40	1.75	1.62	1.15	1.42	2.05	1.68	1.40
2012	0.95	1.09	1.54	1.42	1.75	1.59	1.19	1.56	2.16	1.62	1.54
2013	1.00	1.12	1.72	1.43	1.62	1.59	1.24	1.75	2.17	1.70	1.64
2014	1.13	1.23	1.86	1.60	1.85	1.75	1.46	2.13	2.40	1.90	1.91
2015	1.32	1.39	2.01	1.84	2.05	1.94	1.72	2.54	2.65	2.12	2.22
2016	1.41	1.41	1.92	1.80	1.99	1.91	1.70	2.68	2.54	2.08	2.24
2017	1.76	1.45	1.88	1.83	2.38	1.98	1.58	2.88	2.98	2.07	2.06
2018	1.58	1.49	1.92	1.84	2.32	1.90	1.57	2.69	2.57	2.10	1.88

资料来源：根据中国人民银行《中国区域金融运行报告》（2006~2019年）数据计算而得。

　　值得注意的是，从理论上讲，金融相关率与经济发展水平之间具有相互协调的对应关系，经济发展水平较高的省份往往同时具有较高的金融相关率。因为较高的经济发展水平不仅提供更多的金融资源供给，同时也会产生较为旺盛的金融服务需求，从而决定了金融业的发展会伴随着经济发展而同步提升。但比较分析西部地区省域间的金融相关率，发现西部地区金融相关率与其经济发展水平之间并不呈现出协调的对应关系，即具有较高金融相关率的省份的经济发展水平却相对落后。出现这种现象的原因在于：我国的金融资源长期由国家高度控制，越是经济落后地区，金融市场越不发达，国家对金融资源的控制力度就越强；而国家出于区域均衡布局原则，对于经济落后地区往往给予了相对于其经济规模需求更多的一些金融资源，从而导致其金融相关率高于其他省域。

四　本章小结

　　本章从金融资源规模、金融资源结构的角度，描述了2006~2018年西部地区及其各省域金融资源的发展现状。可以看出，随着经济的快速发展和国家政策的大力支持，西部地区的金融发展不论是规模还是结构方面，都取得了令人瞩目的成就。但西部金融的发展也存在低度化与非合理化的结构问题，加快提升金融资源空间整合水平，扩大金融规模总量，优化金

融结构，提高金融运行效率，仍是未来西部地区金融发展的重中之重。

（1）西部地区金融资源总量始终处于快速的增长之中。金融资产总额从 2006 年的 46755.91 亿元增加到 2018 年的 338415.51 亿元，年均增长率达到 17.93%，高于全国平均水平 1.68 个百分点。地区社会融资规模增量也从 2006 年的 5602.7 亿元增长至 2018 年的 33458.1 亿元，增长了 4.97 倍，年均增速 16.06%，高于全国平均水平 2.66 个百分点。这说明，随着 1999 年西部大开发战略的提出及有序推进，西部地区的经济和金融发展得到了快速的提升，西部地区与东、中部的经济、金融发展差距也在不断缩小，西部地区的金融发展在全国的金融发展中起到了越来越重要的作用。

（2）从西部地区金融资源的结构特征来看，融资结构与主体结构持续优化。西部地区金融资产结构不断优化，但与全国数据相比，西部地区的金融资产结构仍然有很大的提升空间；西部地区融资规模在不断扩大，但间接融资占比始终远远高于直接融资占比，金融体系以银行为主导的特征依然十分明显；随着我国金融改革的不断推进，西部地区金融主体多元化的格局正在形成。其中，国有金融机构（尤其是大型国有金融机构）在整个金融体系中的数量与市场份额逐渐缩小，而城市商业银行、新型农村金融机构、小型农村金融机构等地方金融机构快速发展。到 2018 年，大型商业银行、小型农村金融机构以及城市商业银行的金融资产占比分别达到 35.83%、18.75% 和 15.72%，多元化的金融竞争格局正在逐渐形成。

（3）从金融资源的省域分布特征来看，西部地区各省（区、市）呈现出金融资源区域发展不平衡的鲜明特征，且伴随着"集聚效应"和"规模效应"。从总量上来看，四川、重庆和陕西是金融资产规模最大的三个省（区、市），青海、宁夏、甘肃和新疆是金融资产规模最小的省（区）。其中，四川省金融的资产规模是排名第二的重庆市的 1.92 倍，是宁夏和青海的 10 倍左右。而且，不论是增长速度还是金融资产总额，四川省均远远超过其他省（区、市）。因此，通过深化改革，增强西部地区，特别是金融发展落后地区金融业的可持续发展能力，对于促进西部地区金融业的整体发展以及均衡发展，发挥金融体系功能与提高金融效率都具有重要意义。

（4）从融资结构的省域比较来看，西部各省（区、市）以直接融资占社会融资总额比例表示的融资结构均呈现明显改善趋势，但年份之间存在较大的波动性。另外，省域之间融资结构的差异非常明显，融资结构的省域不均衡性比较严重。因此，西部各省（区、市）融资结构的持续优化依然是西部地区金融发展中需要特别关注的重要问题。

第五章
西部地区金融资源的行业分布分析

现代金融业包括银行业、保险业、证券业、信托业等多个细分行业，各行业发展特点不同，对经济社会发展的支持功能存在一定差别，只有金融资源在各行业间均衡配置并实现其协调发展，才能使金融业的整体功能得到有效发挥。因此，本章着重于从行业层面，对西部地区金融资源的行业配置与发展进行分析，为促进西部地区金融资源配置效率提升与行业协调发展提供依据。

一　西部地区银行业发展分析

银行业是金融业的主体，在我国经济发展现阶段，银行业发展水平决定了金融业发展的水平。基于此，本节将从银行业金融机构概况、银行业资产、银行业主体结构、存贷款情况、资产质量以及互联网金融发展等方面对西部地区及其各省（区、市）的银行业发展水平做一分析。

（一）西部地区银行业总体发展及与全国的对比分析

1. 银行业金融机构数量情况

由表 5-1 可以直观地看到，西部地区银行业法人机构数呈现出先减少后增加的态势。其中 2007～2012 年趋于减少，从 3331 个减少到 1209 个，其原因主要是部分信用社按照多合一的方式组建当地农商行使得其机构数量有所减少。从 2013 年起，银行业法人机构数量稳步增加，从 2012 年的 1209 个增加到 2018 年的 1425 个，这种增加主要是因西部地区地方性银行获得较快发展所引起的，且新型金融组织建设取得突破。虽然法人机构数总体减少，但分支机构数呈现出稳中有升态势，从 2006 年的 52278 个增加到 2018 年的 60007 个，增加了 14.78%。同时，银行业从业人员数增加了 61.84%。但银行业分支机构数占全国的比重基本稳定，保持在 27% 左右；银行业从业人员数占全国比例略有上升，从 2006 年的 23.80% 提高到 2018 年的 23.37%。

表 5 - 1　2006 ~ 2018 年西部地区银行业金融机构概况及在全国占比情况

年 份	法人机构 （个）	分支机构 （个）	分支机构占 全国比重（%）	从业人数 （万人）	从业人员占 全国比重（%）
2006	—	52278	27.09	59.98	22.80
2007	3331	52827	27.66	61.59	23.00
2008	2190	49054	26.23	60.06	22.00
2009	2078	51718	27.36	66.01	23.00
2010	1576	51921	26.78	73.01	23.71
2011	1458	54802	27.40	77.22	24.02
2012	1209	56021	27.73	81.41	24.10
2013	1266	56821	27.19	85.29	23.91
2014	1267	58234	26.71	88.51	23.78
2015	1303	58412	26.44	89.47	23.54
2016	1353	61357	27.87	92.75	24.43
2017	1413	60400	26.66	92.97	23.49
2018	1425	60007	26.53	96.53	23.37
2018 年较 2006 年 增长（%）	-57.22*	14.78	—	60.94	—

注：*因 2006 年未公布银行业法人机构数据，此增长率为 2018 年较 2007 年增长。

资料来源：根据中国人民银行《中国区域金融运行报告》（2006 ~ 2019 年）数据整理而得。

2. 银行业金融资产情况

从表 5 - 2 中可以得知，西部地区及全国银行业金融资产总额都在呈现快速增长的趋势。2006 ~ 2018 年，全国银行业金融资产总额从 410000 亿元增长到 2018 年的 2275827 亿元，增长了 4.55 倍；而西部地区银行业金融资产总额也从 2006 年的 60402 亿元增长到 2018 年的 428424 亿元，增长了 6.09 倍。而观察表 5 - 2 中关于西部地区银行业金融资产占全国的比重，由 2006 年的 14.73% 增长到 2018 年的 18.82%，提高了 4.09 个百分点。这表明西部地区银行业在 2006 ~ 2018 年间获得了超过全国平均水平的大幅增长。

表5-2　2006~2018年西部地区及全国银行业金融机构资产总额及增长情况

单位：亿元,%

年　份	西部地区银行业金融资产总额	全国银行业金融资产总额	西部地区银行业金融资产占全国比重
2006	60402	410000	14.73
2007	72900	481506	15.14
2008	93120	571288	16.30
2009	125970	748040	16.84
2010	154195	888000	17.36
2011	189382	1058000	17.90
2012	230325	1245000	18.50
2013	267782	1402000	19.10
2014	298571	1547000	19.30
2015	333958	1742090	19.17
2016	379404	1959639	19.36
2017	415319	2158569	19.24
2018	428424	2275827	18.82
年均增长率	17.73	15.35	—

资料来源：根据西部各省（区、市）《金融运行报告》（2006~2019年）数据整理而得。

3. 银行业主体结构情况

银行业主体主要包括大型商业银行、政策性银行、股份制商业银行、城市商业银行、农村金融机构等。由表5-3可见，2006~2018年，西部地区各类银行的资产总额均呈现出大幅增长。其中增幅最大的依次为城市商业银行，其资产总额增长了18.66倍；其次为邮政储蓄银行，资产总额增加了10.81倍；小型农村金融机构和外资银行资产总额分别增加了8.81倍和7.77倍，而大型商业银行和股份制商业银行资产的增加相对较少，仅增加了3.34倍和4.96倍。从各类金融银行资产的占比来看，2006年西部地区资产占比最大的三类银行分别是大型商业银行（55.85%）、小型农村金融机构（13.8%）和股份制商业银行（10.7%）；而到2018年资产总额占比最大的是大型商业银行（34.37%）、小型农村金融机构（19.35%）和城市商业银行（17.02%）。其中，大型商业银行资产总额从2006年的33842.6亿元增长到了2018年的146985.01亿元，但其所占比例却从55.85%下降到了34.37%，下降了21.48个百分点；小型农村金融机构资产总额从83860.8亿

表5-3 2006~2018年西部地区各类银行金融机构资产总额

单位：亿元、%

年份	2006	2007	2008	2009	2010	2011	2012	2013	2014	2015	2016	2017	2018	2018年较2006年增长
大型商业银行	33842.60	39138	49247.40	62323.70	73488.70	83280.70	95111.70	104966.10	110438.27	118356	124634.40	138267.50	146985.01	334.32
占比	55.85	52.93	50.97	50.17	44.77	44.24	41.70	39.78	37.51	35.62	33.87	34.37	34.69	—
政策性银行	6457.20	7999.10	10300.20	13263	26241	20736.60	24353.10	27702.72	32813.59	40866.50	48340.10	54317.10	57326.91	787.79
占比	10.66	10.82	10.66	10.68	15.99	11.01	10.68	10.50	11.14	12.30	13.14	13.50	13.53	—
股份制商业银行	6481.70	8122.50	10896.60	13670.60	17809.40	22530.30	29816.90	35366.80	37141.79	41619.50	41290.70	38929.30	38645.02	496.22
占比	10.70	10.98	11.28	11.01	10.85	11.97	13.07	13.40	12.61	12.53	11.22	9.68	9.12	—
城市商业银行	3665.90	4814.74	6371.40	9503.50	14682.30	20996.20	27004.40	32934.76	39221.93	47511.20	57544.50	66368.80	72081.90	1866.28
占比	6.05	6.51	6.59	7.65	8.94	11.15	11.84	12.48	13.32	14.30	15.64	16.50	17.02	—
小型农村金融机构	8360.80	10631.80	15082.80	19112.70	24256.60	30942	39432.20	48502.61	58354.24	65735.50	74161	80291.70	81987.50	880.62
占比	13.80	14.38	15.61	15.39	14.78	16.44	17.29	18.38	19.82	19.79	20.15	19.96	19.35	—

续表

年　份	2006	2007	2008	2009	2010	2011	2012	2013	2014	2015	2016	2017	2018	2018年较2006年增长
邮政储蓄银行	1680	3005.4	4330.80	5656.20	6918.90	8554.30	10610.80	11961.41	13630.30	14597.40	16512.10	18076	19842.40	1081.10
占比	2.77	4.06	4.48	4.55	4.21	4.54	4.65	4.53	4.63	4.39	4.49	4.49	4.68	—
外资银行	107.30	234.10	323.40	318.00	477.67	574.70	696.30	808.76	823.95	850	916.60	867.10	941.30	777.26
占比	0.18	0.32	0.33	0.26	0.29	0.31	0.31	0.31	0.28	0.26	0.25	0.22	0.22	—
新型农村机构	0	0	67.90	370.40	280.56	652.10	1056.20	1623.43	2038.38	2698.67	4560.40	5191.90	5823.40	—
占比	0.00	0.00	0.07	0.30	0.17	0.35	0.46	0.62	0.69	0.81	1.24	1.29	1.37	—
合　计	60595.5	73945.6	96620.5	124218.1	164155.1	188266.9	228081.6	263866.5	294462.5	332234.8	367959.8	402309.4	423633.44	—

注：大型商业银行包括工、农、中、建、交；小型农村金融机构包括农村商业银行、农村合作银行和农村信用社；新型农村金融机构主要指村镇银行。

资料来源：根据西部各省（区、市）《金融运行报告》（2006~2019年）数据整理而得。

元增加到 81987.5 亿元，占比从 13.80% 提升到了 19.35%，提高了 5.55 个百分点；城市商业银行资产从 3665.9 亿元增加到 72081.9 亿元，占比从 6.05% 提升到了 2018 年的 17.02%，提高了 10.97 个百分点。可见，从 2006 年以来，西部各省（区、市）对于城市商业银行、小型农村金融机构等地方性金融机构的发展给予了更多的关注与支持，使得其与大型商业银行在资产额上可以平分秋色。

4. 存贷款业务发展情况

存贷款业务是银行最为基础的业务，也是银行获取收益的最主要来源。由表 5-4 可知，西部地区及全国银行的本外币各项存贷款余额都呈现出持续增长的趋势，其中西部地区本外币存款余额从 2006 年的 52938 亿元增长到了 2018 年的 318298 亿元，增长了 501.27%，年均增长率 16.12%；本外币贷款余额由 37391 亿元增长到了 271950 亿元，增长了 627.31%，年均增长率 17.98%。同期，全国银行本外币存款余额、贷款余额增长率分别为 443.31% 和 519.22%；2006~2018 年西部地区本外币存款余额、贷款余额增长率分别高出全国平均水平 57.96 个百分点和 108.09 个百分点；从银行贷存比来看，2006~2018 年，西部地区银行本外币贷存比呈现出不断上升的趋势，由 2006 年的 70.63% 提高到 2018 年的 85.44%。而同期全国银行贷存比也在上升，由 2006 年的 70.46% 提升到 2018 年的 80.31%。可见，从 2006 年以来，西部地区银行业本外币存款、贷款增速不仅高于全国平均水平，而且将储蓄转化为投资的能力也强于全国平均水平。

表 5-4　2006~2018 年西部地区及全国银行本外币存贷款余额、贷存比

单位：亿元,%

年　份	西部地区			全国地区		
	本外币存款余额	本外币贷款余额	贷存比	本外币存款余额	本外币贷款余额	贷存比
2006	52938	37391	70.63	325000	229000	70.46
2007	62445	43874	70.26	385000	265000	68.83
2008	78295	51863	66.24	461000	305000	66.16
2009	103010	62790	60.96	592000	408000	68.92
2010	124607	88014	70.63	709000	487000	68.69
2011	146417	104788	71.57	802000	560000	69.83
2012	173659	124297	71.58	925000	644000	69.62

续表

年 份	西部地区			全国地区		
	本外币 存款余额	本外币 贷款余额	贷存比	本外币 存款余额	本外币 贷款余额	贷存比
2013	201099	145620	72.41	1048000	731000	69.75
2014	222634	169924	76.32	1143000	830000	72.62
2015	251292	192758	76.71	1398000	993000	71.03
2016	285479	220427	77.21	1501000	1053000	70.15
2017	309894	247294	79.80	1638000	1256000	76.68
2018	318298	271950	85.44	1765764	1418024	80.31
2018 年较 2006 年增长	501.27	627.31	—	443.31	519.22	—

资料来源：根据西部各省（区、市）《金融运行报告》（2006～2019 年）数据整理而得。

5. 资产质量情况

不良贷款率是不良贷款额占贷款余额的比重，最直接地反映了银行等金融机构的信贷资产质量，是商业银行经营管理最为核心的安全性指标。由表 5－5 可见，西部地区与全国一样，不良贷款率呈现出明显的下降态势。全国银行不良贷款率由 2006 年的 7.09% 下降到 2018 年的 1.83%，下降了 5.26 个百分点；同期，西部地区由 9.3% 下降到 2.33%，下降了 6.97 个百分点。这表明无论是全国、还是西部地区，2006 年以来银行业资产质量均呈现出明显的改善，这也是我国对银行资产质量监管加强及银行经营管理改善的必然结果。但从信贷资产质量来看，西部地区仍低于全国平均水平，2018 年西部地区银行不良贷款率高于全国平均水平 0.50 个百分点；另外，从 2014 年起，西部地区及全国银行不良贷款率均呈现出不同程度的反弹升高现象，这与我国的经济运行形势变化有关，同时也表明，如何提高银行资产质量，有效控制不良贷款率的快速反弹，依然是我国银行业发展中需要面对的重要问题。

表 5－5　2006～2018 年西部地区及全国银行不良贷款余额及不良贷款率

单位：亿元,%

年 份	西部地区		全 国	
	银行不良贷款余额	不良贷款率	银行不良贷款余额	不良贷款率
2006	3531.63	9.30	12549.14	7.09
2007	4036.11	9.08	12009.9	6.72

年　份	西部地区		全　国	
	银行不良贷款余额	不良贷款率	银行不良贷款余额	不良贷款率
2008	1893.75	3.62	4821.5	2.43
2009	1412.60	1.95	4264.5	1.59
2010	1151.61	1.32	4276.3	1.14
2011	1057.14	1.01	4240.4	0.98
2012	964.88	0.77	4903.6	0.98
2013	995.47	0.67	5905.5	1.03
2014	1796.35	1.06	8410.7	1.29
2015	3695.94	1.88	12724.4	1.74
2016	4795.64	2.16	15075.6	1.81
2017	6387.27	2.58	23892.2	1.90
2018	6434.04	2.33	25949.84	1.83

资料来源：根据西部各省（区、市）《金融运行报告》（2006～2019年）数据整理而得。

（二）西部地区银行业发展的省域比较分析

1. 银行业金融机构及从业人员数量的对比分析

从表5-6可见，2018年西部地区银行业法人机构数较2007年减少了1906个，减少了57.22%，这主要是2006年以后信用社改制工作加速推进，各地市州的城区信用社基本按照多合一的思路组建当地农商行，使得各地银行业法人机构数急剧减少所致。到2018年，西部地区银行业法人机构数最多的三个省（区）分别是云南、内蒙古和四川，其银行业法人机构数占西部地区总数的比例分别为15.09%、12.63%、12.56%；银行业法人机构数最少的三个省（区、市）依次为青海、宁夏和重庆，其银行法人机构数分别为41个、42个和55个；2006～2018年西部地区银行业法人机构数增加的省（区、市）是贵州、云南、宁夏、重庆，其余省区都呈现出减少态势，其中减少数量最多的是四川，共减少银行法人机构数840个，占西部地区减少总量的44.07%；其次是甘肃，共减少了667个，占西部地区减少总数的34.99%。这表明，2006～2018年是西部地区银行业机构调整的大变动时期，原来经济与金融发展水平较高的地区，银行业发展开始走向机构收缩、追求规模效益的内涵发展模式，而经济金融发展较为落后的地区，依然在走增加机构数量的外延发展道路。

表 5 - 6　西部各省（区、市）银行业法人机构数

单位：个,%

地区	2007 年		2010 年		2015 年		2018 年		2018 年较 2007 年增减个数
	个数	占比	个数	占比	个数	占比	个数	占比	
内蒙古	268	8.05	143	9.07	173	13.28	180	12.63	-88
广　西	388	11.65	109	6.92	135	10.36	145	10.18	-243
重　庆	42	1.26	18	1.14	48	3.68	55	3.86	13
四　川	1019	30.59	563	35.72	185	14.20	179	12.56	-840
贵　州	94	2.82	100	6.35	139	10.67	175	12.28	81
云　南	134	4.02	146	9.26	191	14.66	215	15.09	81
陕　西	342	10.27	118	7.49	133	10.21	149	10.46	-193
甘　肃	787	23.63	164	10.41	112	8.60	120	8.42	-667
青　海	47	1.41	35	2.22	39	2.99	41	2.88	-6
宁　夏	23	0.69	86	5.46	34	2.61	42	2.95	19
新　疆	187	5.61	94	5.96	114	8.75	124	8.70	-63
合　计	3331	100.0	1576	100.0	1303	100.0	1425	100.0	-1906

资料来源：根据西部各省（区、市）《金融运行报告》（2006~2019 年）数据整理而得。

从表 5 - 7 可以看到，2018 年西部地区银行业金融机构营业网点数最多的是四川省，营业网点数量占西部地区银行业网点数量的 23.71%；其次是陕西省，网点数量占西部地区银行网点数量的 12.09%；第三位是广西，网点数量占西部地区数量的 10.45%。这三省（区）网点数合计占西部地区的比例达到 46.25%，表明从营业网点来看，西部地区省域之间存在着极不均衡的现象。从营业网点数的变化来看，2006 年到 2018 年，西部地区银行机构营业网点数量增加了 7729 个，其中增加数量最多的三个省（区）依次为云南、贵州和广西；唯有重庆呈现银行机构网点负增长的趋势，从 2006 年到 2018 年，减少了 601 个。这表明西部地区银行业发展在模式上已经出现了分化现象，西部其他地区的银行发展还处在追求物理网点的数量扩张阶段，而重庆已经由物理网点的数量扩张向注重网点规模经济、提质增效的阶段转化。

表 5 - 7 西部各省（区、市）银行业金融机构营业网点数

单位：个，%

地　区	2006 年		2010 年		2015 年		2018 年		2018 年较 2006 年 增减个数
	个数	占比	个数	占比	个数	占比	个数	占比	
内蒙古	5288	10.12	4624	8.91	4843	8.29	5543	9.24	255
广　西	5391	10.31	5414	10.43	6174	10.58	6269	10.45	878
重　庆	5004	9.57	4208	8.10	4534	7.76	4403	7.34	-601
四　川	13352	25.54	12559	24.19	14015	23.99	14225	23.71	873
贵　州	3899	7.46	4013	7.73	5062	8.67	5157	8.59	1258
云　南	2985	5.71	5128	9.88	5660	9.69	5574	9.29	2589
陕　西	6416	12.27	6375	12.28	7097	12.15	7254	12.09	838
甘　肃	4528	8.66	4244	8.17	4812	8.24	4873	8.12	345
青　海	984	1.88	963	1.85	1096	1.88	1144	1.91	160
宁　夏	1089	2.08	1095	2.11	1463	2.51	1356	2.26	267
新　疆	3342	6.39	3298	6.35	3656	6.26	4209	7.01	867
合　计	52278	100.0	51921	100.0	58412	100.0	60007	100.0	7729

资料来源：根据西部各省（区、市）《金融运行报告》（2006～2019 年）数据整理而得。

从表 5-8 可以得知，伴随着银行业机构营业网点的扩张，西部地区各省（区、市）银行业从业人员数在 2006 年至 2018 年间也呈现了快速增长。其中四川、贵州和甘肃三省银行业从业人员数的增长率超过了西部平均水平，分别达到了 104.68%、72.04% 和 65.68%；人员数增加幅度最小的是云南，2018 年仅比 2006 年增长了 21.26%。这从另一方面表明西部地区银行业发展的模式依然是外延扩张式，发展的粗放型特征依然明显。

表 5 - 8 西部各省（区、市）银行业从业人员数

单位：人，%

地　区	2006 年		2010 年		2015 年		2018 年		2018 年较 2006 年 增长
	人数	占比	人数	占比	人数	占比	人数	占比	
内蒙古	63354	10.56	83253	11.40	95809	10.71	98501	10.20	55.48

续表

地 区	2006 年		2010 年		2015 年		2018 年		2018 年较2006 年增长
	人数	占比	人数	占比	人数	占比	人数	占比	
广 西	66011	11.01	76347	10.46	91431	10.22	90439	9.37	37.01
重 庆	48374	8.07	53328	7.30	70787	7.91	77357	8.01	59.91
四 川	128448	21.42	189327	25.93	226284	25.29	262911	27.24	104.68
贵 州	41499	6.92	50995	6.98	67981	7.60	71393	7.40	72.04
云 南	62124	10.36	64656	8.86	76746	8.58	78899	8.17	27.00
陕 西	73441	12.24	78958	10.81	99005	11.07	106117	10.99	44.49
甘 肃	41518	6.92	53137	7.28	64136	7.17	68786	7.13	65.68
青 海	12241	2.04	13066	1.79	18009	2.02	18194	1.88	48.63
宁 夏	16195	2.70	18690	2.56	24825	2.77	23178	2.40	43.12
新 疆	46594	7.77	48353	6.62	59669	6.67	69529	7.20	49.22
合 计	599799	100.0	730110	100.0	894682	100.0	965304	100.0	60.94

资料来源：根据西部各省（区、市）《金融运行报告》（2006～2019 年）数据整理而得。

2. 银行业金融机构资产及增长的比较分析

从表 5－9 中可以看到，西部地区各省（区、市）银行业金融机构资产总额从 2006 年到 2018 年都呈现不同程度的增长趋势，其中增长最为迅速的是贵州，资产总额增长了 8.80 倍；其次是重庆，增加了 7.47 倍。资产额增长最慢的是云南，共增长了 4.46 倍。从 2018 年西部各省（区、市）银行业机构资产的占比来看，四川、重庆、陕西三省（市）是银行业金融机构资产占比的前三位，分别占到西部地区银行业金融机构资产总额的 22.58%、11.98% 和 11.96%；占比最小的是青海，占西部地区银行业金融机构资产总额的 2.01%；从西部各省（区、市）银行金融机构资产的占比变化来看，2006～2018 年西部地区银行业金融机构资产占比明显提升的有四川、重庆与贵州，占比明显下降的有云南和陕西，占比分别下降了 2.85 个百分点和 1.51 个百分点；其余地区占比基本保持稳定。这表明在银行业资产规模方面，西部各省（区、市）之间存在着极大的非均衡性。

表5－9　西部各省（区、市）银行业金融机构资产总额及占比情况

单位：亿元，%

地　区	2006 年		2010 年		2015 年		2018 年		2018 年较 2006 年增长
	资产总额	占比	资产总额	占比	资产总额	占比	资产总额	占比	
内蒙古	5052.3	8.36	13123.0	8.51	27264	8.16	35005	8.17	592.85
广　西	5659.6	9.37	14747.0	9.56	30330	9.08	38527	8.99	580.74
重　庆	6058.9	10.03	18085.0	11.73	39376	11.79	51305	11.98	746.77
四　川	13042.0	21.59	35929.8	23.30	75920	22.72	96733	22.58	641.70
贵　州	3780.1	6.26	8854.0	5.74	25048	7.50	37047	8.65	880.05
云　南	7493.0	12.41	16323.0	10.50	33334	9.98	40936	9.56	446.32
陕　西	8138.0	13.47	20707.0	13.43	41112	12.31	51251	11.96	529.77
甘　肃	3939.9	6.52	8581.8	5.57	22340	6.69	27637	6.45	601.46
青　海	1085.0	1.80	3322.0	2.15	7661	2.29	8605	2.01	693.09
宁　夏	1372.8	2.27	3362.0	2.18	7679	2.30	9348	2.18	580.94
新　疆	4780.7	7.91	11160.0	7.24	23893	7.15	32028	7.48	569.94
合　计	60402.3	100.0	154194.6	100.0	333957	100.0	428422	100.0	609.28

资料来源：根据西部各省（区、市）《金融运行报告》（2006～2019 年）数据整理而得。

3. 银行存贷款规模及增长的比较分析

结合表5－10 和表5－11 可以看到，西部各省（区、市）本外币存贷款余额从 2006 年到 2018 年均有较大幅度的增长。从本外币存款余额来看，2006 年排在前三位的依次为四川（22.56%）、陕西（14.08%）和云南（11.58%），这三省银行吸收存款合计占西部地区的 48.22%；到 2018 年，存款余额前三位的依次为四川（24.19%）、陕西（12.86%）和重庆（11.59%），存款余额合计占西部地区的 48.64%；贷款结构也是如此。可见，西部地区银行存贷款规模结构存在着高度的不均衡现象，省（区、市）之间差异悬殊。但从存贷款余额的增长率来看，西部地区本外币存款余额年均增长最快的前三个省（市）依次为贵州（18.93%）、重庆（17.12%）和四川（16.80%），贷款增长最快的前三个省（区）依次为广西（21.24%）、贵州（20.27%）和甘肃（20.19%）；另外，西部各省（区、市）的本外币年均贷款增速均高于其存款增速，且越是经济较为落后地区，其贷款增速越高。这表明在 2006 年以来，银行信贷对西部

地区经济增长的支持力度在不断加强。

表5-10　西部各省（区、市）银行本外币存款余额及增长情况

单位：亿元,%

地区	2006年		2010年		2015年		2018年		2006～2018年年均增长率
	存款余额	占比	存款余额	占比	存款余额	占比	存款余额	占比	
内蒙古	4075.3	7.70	10325.3	8.29	18172.2	7.23	23342.0	7.33	15.66
广 西	5029.5	9.50	11813.9	9.48	22793.5	9.07	30000.0	9.43	16.05
重 庆	5535.7	10.46	13614.0	10.93	28778.8	11.45	36887.3	11.59	17.12
四 川	11943.6	22.56	30504.1	24.48	60117.7	23.92	77000.0	24.19	16.80
贵 州	3316.0	6.26	7387.8	5.93	19537.1	7.77	26542.5	8.34	18.93
云 南	6131.3	11.58	13411.5	10.76	25035.1	9.96	30740.8	9.66	14.38
陕 西	7452.5	14.08	16590.5	13.31	32685.3	13.01	40927.6	12.86	15.25
甘 肃	3341.3	6.31	7147.1	5.74	16299.5	6.49	18678.5	5.30	15.42
青 海	903.7	1.71	2327.0	1.87	5228.0	2.09	5754.7	1.82	16.68
宁 夏	1140.3	2.15	2586.7	2.08	4823.0	1.92	6046.1	1.90	14.91
新 疆	4068.9	7.69	8898.6	7.14	17822.1	7.09	22378.7	7.03	15.26
合　计	52938.1	100.0	124606.5	100.0	251292.3	100.0	318298.2	100.0	16.12

资料来源：根据西部各省（区、市）《金融运行报告》（2006～2019年）数据整理而得。

表5-11　西部各省（区、市）银行本外币贷款余额及增长情况

单位：亿元,%

地区	2006年		2010年		2015年		2018年		2006～2018年年均增长率
	贷款余额	占比	贷款余额	占比	贷款余额	占比	贷款余额	占比	
内蒙古	3240.0	8.67	7992.6	9.08	17264.3	8.96	22195.7	7.87	17.39
广 西	3636.9	9.73	8979.9	10.20	18119.3	9.10	36700.0	13.02	21.24
重 庆	4199.2	11.23	10999.9	12.50	22955.2	11.91	32247.8	11.44	18.52
四 川	8003.1	21.40	19485.7	22.14	38704.0	20.08	55000.0	19.51	17.42
贵 州	2708.5	7.24	5771.7	6.56	15121.0	7.84	24811.4	8.80	20.27
云 南	4803.5	12.85	10568.8	12.01	20842.9	10.81	28485.7	10.10	15.99
陕 西	4463.2	11.94	10222.2	11.61	22096.8	11.46	30742.7	10.90	17.45

续表

地 区	2006 年		2010 年		2015 年		2018 年		2006 ~ 2018 年年均增长率
	贷款余额	占比	贷款余额	占比	贷款余额	占比	贷款余额	占比	
甘 肃	2131.3	5.70	4528.9	5.15	13728.9	7.12	19371.7	6.87	20.19
青 海	729.8	1.95	1832.8	2.08	5124.1	2.66	6582.4	2.33	20.11
宁 夏	993.9	2.66	2419.9	2.75	5150.0	2.67	7038.5	2.50	17.72
新 疆	2481.2	6.64	5211.4	5.92	13651.0	7.08	18774.3	6.65	18.37
合 计	37390.6	100.0	88013.8	100.0	192757.5	100.0	281950.2	100.0	17.98

资料来源：根据西部各省（区、市）《金融运行报告》（2006 ~ 2019 年）数据整理而得。

为了更为直观地了解西部各省（区、市）银行对资金的利用情况，我们计算了各省（区、市）银行的存贷款差额（见表5 – 12）。

存贷额差额是反映银行对资金利用情况的综合指标。如果存贷额差额过大，表明存款资金中有一部分没有实现优化配置，存在着地区资金浪费或流失；但如果存贷款差额为负，则表明银行贷款额大于其存款额，存在一定的经营风险。由表5 – 12 可见，总体来讲，西部地区银行业存在着较大的存款资金未转化为贷款的现象，2018 年银行存贷差比2006 年增长了1.98 倍；西部11 个省（区、市）中有6 个省（区、市）都存在较大规模的存贷款差额，存贷差增幅都在100% 以上，有3 个省（区、市）存贷款差额的增幅超过200%，其中四川省存贷款差额增长超过了400%。这表明，西部地区银行资金闲置较为严重，资金转化利用存在问题。另外，2018 年青海、宁夏、甘肃则出现贷款额大于存款额现象，这一方面表明这三个省（区）经济社会发展对资金的渴望极其强烈，同时也表明区域性超贷风险存在，应该引起一定的重视。

表5 – 12　西部各省（区、市）存贷款差额情况

单位：亿元,%

地 区	2006 年	2010 年	2015 年	2018 年	2018 年较2006 年增长
内蒙古	835.3	2332.7	907.9	1146.3	37.23
广 西	1392.6	2834.0	4674.2	3300.0	136.97
重 庆	1336.5	2614.1	5523.6	4639.5	247.14

地　　区	2006 年	2010 年	2015 年	2018 年	2018 年较2006 年增长
四　　川	3940.5	11018.4	21413.7	22000.0	458.30
贵　　州	607.5	1616.1	4416.1	1731.1	184.95
云　　南	1327.7	2842.7	4192.2	1985.1	49.51
陕　　西	2989.3	6368.3	10588.5	10184.9	240.71
甘　　肃	1210.0	2618.2	2540.6	−696.2	−157.54
青　　海	173.9	494.2	103.9	−827.0	−576.02
宁　　夏	146.5	166.8	−327.0	−992.4	−777.41
新　　疆	1587.7	3687.2	1171.1	3614.5	127.66
合　　计	15547.5	36592.8	55204.9	46085.0	196.41

4. 银行不良贷款情况的省域比较

不良贷款率是反映银行资产质量状况的重要指标，通常用不良贷款余额与银行信贷资产之比来衡量。自 2006 年到 2018 年，西部各省（区、市）不良贷款率总体而言呈现出较为明显的下降趋势。2006 年西部地区不良贷款率普遍高于 6%，其中青海、新疆两省（区）的银行不良贷款率高于 15%。2008 年国际金融危机的爆发，国家对银行业等金融机构监管不断加强，使得贷款审批更加谨慎，而部分银行采取不良贷款剥离的方式更使得西部各省（区、市）不良贷款率迅速下降，到 2010 年，西部各省（区、市）不良贷款率都迅速降到 2% 以下（除青海 2.61% 外），其后至 2013 年西部各省（区、市）不良贷款率达到最低，银行业资产质量稳步改善，经营安全性不断提升。但 2013 年以后，西部各省（区、市）不良贷款率普遍呈现出不同程度的上升态势，其中内蒙古从 2013 年的 0.88% 上升到了 2015 年的 3.96%，属于西部地区各省（区、市）中的最高水平；其次是云南省，不良贷款率也由 2013 年的 0.56% 快速上升到了 2015 年的 2.18%。其后，随着我国经济增长转入新常态，经济增速出现一定程度的回落，银行不良贷款率继续攀升。2018 年西部地区中有 7 个省（区）的银行不良贷款率高于全国 1.89% 的平均水平，其中甘肃省的银行不良贷款率达到了 5%，为西部各省（区、市）中的最高水平；其次为内蒙古，达到 3.75%。因此，西部地区银行业资产风险的快速加大需要引起高度关注。

表5-13　西部各省（区、市）不良贷款额及不良贷款率

单位：亿元，%

地　区	2006 年		2010 年		2015 年		2018 年	
	不良贷款余额	不良贷款率	不良贷款余额	不良贷款率	不良贷款余额	不良贷款率	不良贷款余额	不良贷款率
内蒙古	184.01	8.28	42.50	0.82	685.39	3.96	832.22	3.75
广　西	211.35	8.12	54.40	0.91	395.0	2.18	693.90	2.60
重　庆	188.22	6.00	84.40	0.91	225.26	0.98	348.28	1.08
四　川	538.96	9.84	259.40	1.82	774.08	2.00	1248.9	2.27
贵　州	150.93	7.92	46.40	1.25	241.94	1.60	481.34	1.94
云　南	235.40	6.69	92.40	1.26	454.37	2.18	831.7	2.92
陕　西	355.22	11.50	92.50	1.35	439.73	1.99	426.05	1.39
甘　肃	165.10	11.84	36.80	1.57	244.6	1.80	968.59	5.00
青　海	76.11	16.96	27.70	2.61	71.20	1.40	171.53	2.61
宁　夏	55.60	9.05	9.10	0.66	81.37	1.58	127.12	1.81
新　疆	248.04	15.52	41.00	1.37	136.51	1.00	289.12	1.54

资料来源：根据 2006~2018 年银监会官网公布数据整理而得。

5. 互联网金融发展水平的省域比较

互联网金融是金融发展的一种新业态，代表着未来金融业发展的方向，其发展水平通常用互联网金融指数来衡量。由于数据限制，表5-14 仅给出了 2014 年 1 月至 2016 年 3 月西部各省（区、市）互联网金融发展指数。

从 2014 年 1 月到 2016 年 3 月，西部 11 省（区、市）互联网金融发展指数都呈现较快的增长，其中重庆、陕西和四川省的增长速度要明显快于其他省区。而从 2016 年 3 月西部各省（区、市）互联网金融发展指数来看，重庆、陕西和四川的互联网金融发展水平总体较高，而青海、甘肃等互联网金融发展相对落后。显然，互联网金融的发展，与区域经济发展水平、技术发展水平、互联网的普及水平等软硬件条件紧密相关。

表5-14　西部各省（区、市）分省互联网金融发展指数

时间	内蒙古	广西	重庆	四川	贵州	云南	陕西	甘肃	青海	宁夏	新疆
2014 年 1 月	67.74	67.94	82.29	77.75	55.25	61.63	77.07	55.62	55.87	65.38	65.41

续表

时间	内蒙古	广西	重庆	四川	贵州	云南	陕西	甘肃	青海	宁夏	新疆
2014 年 2 月	70.29	75.29	91.94	87.37	61.36	66.84	85.3	63.03	59.24	73.35	71.78
2014 年 3 月	87.00	89.21	107.06	101.76	71.54	80.19	101.83	73.85	73.37	86.6	86.55
2014 年 4 月	84.84	88.00	104.35	98.96	70.95	76.25	98.29	72.3	71.72	93.23	82.24
2014 年 5 月	86.66	90.47	106.23	100.46	72.31	78.63	102.28	75.36	78.48	91.81	84.59
2014 年 6 月	86.45	89.89	107.78	100.52	73.50	79.44	100.73	74.53	76.32	88.95	84.68
2014 年 7 月	85.13	92.74	112.35	103.89	75.35	82.49	103.28	74.57	76.77	90.78	84.14
2014 年 8 月	88.75	94.12	112.56	105.74	78.14	84.49	104.87	75.26	77.37	95.44	84.42
2014 年 9 月	95.42	101.15	121.60	115.83	84.71	90.55	116.3	81.41	84.5	104.69	94.44
2014 年 10 月	99.32	104.38	125.49	118.46	88.09	92.29	120.33	85.66	87.7	106.71	96.76
2014 年 11 月	115.62	124.96	148.54	140.4	103.87	108.9	140.27	98.42	100.86	125.75	116.28
2014 年 12 月	116.18	123.43	148.20	137.91	102.09	109.29	139.27	99.31	104.59	129.01	117.99
2015 年 1 月	124.65	132.61	153.94	144.51	108.86	116.26	148.71	103.69	111.05	129.06	122.00
2015 年 2 月	115.68	126.26	153.01	141.47	106.03	110.81	144.21	98.9	100.54	120.83	115.33
2015 年 3 月	135.66	150.54	182.76	170.04	127.23	133.4	170.76	116.14	117.26	142.73	136.80
2015 年 4 月	149.72	164.26	197.14	184.05	139.31	144.7	187.14	128.24	134.3	171.75	149.48
2015 年 5 月	175.3	187.71	223.26	209.59	159.92	167.6	216.68	152.5	155.32	182.61	172.93
2015 年 6 月	186.05	195.39	235.5	220.55	167.54	173.97	225.71	159.97	161.64	191.47	181.32
2015 年 7 月	190.48	203.76	241.98	230.45	172.71	181.69	234.92	164.84	166.41	197.68	184.49

续表

时间	内蒙古	广西	重庆	四川	贵州	云南	陕西	甘肃	青海	宁夏	新疆
2015 年 8 月	196.92	210.97	248.67	239.38	179.99	187.69	240.13	168.38	172.79	206.24	190.88
2015 年 9 月	210.81	220.50	264.07	253.71	190.08	194.81	256.48	182.95	184.61	222.59	203.92
2015 年 10 月	216.26	228.92	275.85	257.58	198.46	204.44	264.81	185.96	189.23	228.7	210.03
2015 年 11 月	260.12	273.98	334.86	307.91	237.02	242.2	316.04	222.15	222	272.1	254.39
2015 年 12 月	254.95	277.3	334.35	307.98	240.88	244.67	314.49	221.97	222.4	270.7	253.66
2016 年 1 月	262.4	281.79	333.45	311.36	245.5	247.11	316.03	224.68	226.37	270.84	254.8
2016 年 2 月	233.14	259.28	313.2	292.55	232.07	224.35	288.29	203.81	196.23	249.54	232.07
2016 年 3 月	290.56	324.57	381.43	353.49	291.05	277.04	355.71	255.62	242.33	310.05	286.21

资料来源：根据北京大学数字金融研究中心《北京大学互联网金融发展指数》整理而得。

二　西部地区证券业发展分析

随着西部地区经济的不断发展，证券市场在支持当地经济发展中的作用也越来越大。因此，积极发展证券市场，充分利用证券市场的资源优化配置功能，对于西部地区经济社会发展具有重要作用。

（一）西部地区证券业总体发展及与全国的对比分析

1. 西部地区证券业机构概况

证券业金融机构一般是指证券公司、证券投资基金管理公司、期货公司以及投资咨询公司等，由于西部地区证券业总体发展较为缓慢，机构数量较少，此处仅以西部地区的证券公司、期货公司以及法人基金公司为代表对其证券业机构情况做一分析。从表5-15可以看到，目前西部地区证券业金融机构仍以证券公司和期货公司为主，两者数量之和占到西部地区证券业金融机构数量的95%以上，法人基金公司的数量较少，12年间基本上维持在2~3家。从2006年到2018年，法人证券公司的数量总体上也没有发生变化，西部地区证券公司合计数大约为20家。而法人期货公司的数量有略微下降的趋势，从2006年的

21 家减少到了 2018 年的 17 家。总体而言，西部地区证券业法人机构数在这 12 年间基本上没有较大变化，甚至还有略微减少的趋势。

表 5 - 15　2006～2018 年西部地区证券业机构数量

单位：家

年　份	法人证券公司数	法人期货公司数	法人基金公司数
2006	20	21	3
2007	19	18	3
2008	18	19	3
2009	18	19	2
2010	18	18	2
2011	18	18	2
2012	18	16	2
2013	18	18	2
2014	18	17	2
2015	19	17	3
2016	20	17	2
2017	20	17	2
2018	20	17	2

资料来源：中国人民银行《中国区域金融运行报告》（2006～2019 年）。

2. 上市公司数量及股票市场筹资情况

证券业发展的重要功能之一在于为公司筹集发展资金，解决公司发展中的资金瓶颈。因此，上市公司数量及其筹资量是反映各个省（区、市）证券业发展程度的重要考量指标之一。从 2006～2018 年西部地区上市公司数量及其在全国的占比情况来看，西部地区上市公司数量呈现逐步增加的趋势。截至 2018 年底，西部地区上市公司数量达到 473 家，12 年间增加了 203 家，但占全国上市公司数量的比率却明显下降，从 2006 年的 18.83% 下降到 2018 年的 13.2%；从筹资额来看，虽然西部地区 A 股市场筹资额一直在保持相对稳定的增长，2006～2018 年累计筹资额 13572.30 亿元，但占全国 A 股市场筹资总额的比例仅为 15.85%。不过从各年的占比变化来看，筹资额占全国的比重总体上出现了明显的上升，从 2006 年的 4.14% 提升到 2018 年的 15.85%。可见，无论上市公司数量、还是筹资额，西部地区所占比例与其在全国经济总量中的比例极不相称。这表明西部地区证券业发展还非常不充分，证券业对西部地区经济发展的支持还处于较为薄弱的状态。

表 5 - 16 2006～2018 年西部地区及全国上市公司数量及股票筹资情况

年 份	上市公司数量（家）			A 股筹资额（亿元）		
	西部地区	全国	西部占比（%）	西部地区	全国	西部占比（%）
2006	270	1434	18.83	101.90	2463.70	4.14
2007	293	1463	20.03	570.30	7722.99	7.38
2008	298	1625	18.34	496.80	3457.75	14.37
2009	306	1718	17.81	599.50	5004.90	11.98
2010	340	2063	16.48	904.40	9060.31	9.98
2011	355	2342	15.16	924.90	5073.07	18.23
2012	366	2494	14.68	816.10	3127.54	26.09
2013	366	2489	14.70	1115.70	2802.76	39.81
2014	380	2613	14.54	1288.20	4834.04	26.65
2015	404	2827	14.29	1868.00	8295.14	22.52
2016	396	3046	13.00	2049.90	15202.79	13.48
2017	461	3485	13.23	1840.00	11755.0	15.65
2018	473	3584	13.20	996.60	6827.0	14.60
累 计				13572.30	85626.99	15.85

资料来源：根据西部各省（区、市）《金融运行报告》（2006～2019 年）数据整理而得。

3. 上市公司股票市值分析

上市公司股票市值是度量公司资产规模的重要指标之一，截至 2018 年底，西部地区上市公司股票市值为 47346 亿元，占全国上市公司股票总市值 434924 亿元的 10.89%。从表 5 - 17 西部地区上市公司股票市值的变化情况可见，2006～2018 年西部地区上市公司股票市值存在着剧烈的波动，最高值在 2017 年达到 60502 亿元，最低值在 2006 年为 7922 亿元。股票市值的变化，与上市公司数量多少有关，但更为重要的是与我国股票市场的巨大波动有关。上市公司市值占全国上市公司总市值的比例略有上升，但进入 2011 年以来，总体比较稳定，保持在 10.5%～10.9% 之间。

表 5 - 17 2006～2018 年西部地区及全国上市公司股票市值情况

单位：亿元,%

年 份	西部地区	全 国	西部地区占全国之比
2006	7922	89404	8.86
2007	29988	327141	9.17
2008	11581	121366	9.54

续表

年 份	西部地区	全 国	西部地区占全国之比
2009	24553	243939	10.07
2010	30782	265423	11.60
2011	23262	214758	10.83
2012	24221	230358	10.51
2013	25655	239077	10.73
2014	40632	372547	10.91
2015	57959	531463	10.91
2016	53982	507685	10.63
2017	60502	567086	10.67
2018	47346	434924	10.89

4. 债券市场筹资情况分析

债券市场是企业及地方政府解决资金短缺问题的另一个重要来源。从图 5-1 西部地区国内债券市场的筹资情况可见，从 2006 年到 2015 年，西部地区债券市场的筹资额呈现迅速增长趋势，从 2006 年的 303.6 亿元增加到 2015 年的 9523.4 亿元，9 年增加了 30.37 倍。随后国家对地方债规模控制政策趋严，西部地区债券筹资额出现大幅下降，到 2017 年下降至 6276.2 亿元，比 2015 年下降了 34.1%；考虑到经济下行压力，2018 年债券筹资规模又大幅增加，比 2017 年增加了 91.82%，达到了 12039.2 亿元。2006~2018 年间，债券筹资额累计达到了 58953.9 亿元，是同期股票筹资额 13572.30 亿元的 4.34 倍；2018 年债券市场筹资额是股票市场筹资额的 12.08 倍。可见，债券

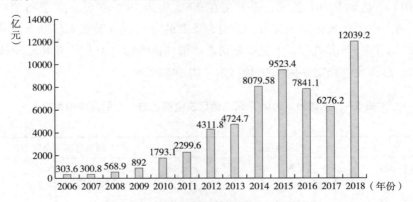

图 5-1 西部地区国内债券市场筹资额

筹资仍是西部地区筹资的主要渠道，企业上市筹资的规模非常有限。

（二）西部地区证券业发展的省域比较

根据前文分析可知，由于我国证券市场发展具有高度集中的特点，西部地区证券业机构数量在近年间并未发生较大变化，此处将主要从上市公司数量、股市筹资额、上市公司股市市值以及债券筹资额等方面做一比较分析。

1. 西部地区上市公司数量及股票市场筹资情况的省域比较

由表5-18可见，从2006~2018年，西部各省（区、市）上市公司数量均出现不同程度的增加，尤以四川、新疆、陕西和重庆等四个省（区、市）上市公司数量增加较多。同时，它们也是上市公司数量占西部地区最多的四个省（区、市），2018年占西部地区上市公司数量的比例排名分别为四川（26.3%）、新疆（12.0%）、重庆（10.9%）、陕西（10.7%）；青海、宁夏由于省域经济总量小，上市公司数量也相对较少。

表5-18　2006~2018年西部各省（区、市）上市公司数量情况

单位：家

年份	内蒙古	广西	重庆	四川	贵州	云南	陕西	甘肃	青海	宁夏	新疆
2006	19	25	29	67	17	24	24	19	9	0	29
2007	20	25	30	68	17	26	26	20	10	11	32
2008	19	26	31	67	17	27	29	21	10	11	32
2009	19	27	31	71	17	26	30	22	10	11	34
2010	20	29	34	83	19	28	37	22	10	12	37
2011	22	29	36	88	20	28	38	24	10	12	39
2012	24	30	37	90	21	28	39	24	10	12	41
2013	25	30	37	90	21	28	39	25	10	12	39
2014	25	32	40	92	21	29	42	26	10	12	40
2015	26	35	43	103	20	30	43	27	10	12	43
2016	26	36	44	111	23	32	45	30	12	12	47
2017	26	36	50	116	27	34	47	33	12	13	52
2018	26	37	50	120	29	33	49	33	12	13	55

续表

年份	内蒙古	广西	重庆	四川	贵州	云南	陕西	甘肃	青海	宁夏	新疆
2006 ~ 2018 年增加	7	12	21	53	12	9	25	14	3	13	26

资料来源：根据西部各省（区、市）《金融运行报告》（2006 ~ 2019 年）数据整理而得。

从表 5 – 19 可以看到，2006 ~ 2018 年，西部各省（区、市）股票筹资额基本上经历了一个从无到有的状态，各年的 A 股筹资额差异较大。从累计额来看，2006 ~ 2018 年，累计筹资额前三位依次为四川、新疆、陕西。而筹资额最小的三位依次为宁夏、青海、贵州。从筹资额所占比例来看，四川、新疆、陕西三省（区）的 A 股筹资额占西部地区总量的 55.6%，西部地区 A 股股票市场筹资的不均衡性非常严重。

2. 西部地区上市公司市值的省域比较

从表 5 – 20 中可以看出，随着西部各省（区、市）上市公司数量的增加，上市公司市值均呈现了大幅增长。其中市值增长最大的三个省（市）依次是陕西、重庆和贵州，市值分别增长 890.50%、792.52% 和 746.51%。增长幅度最小的三个省（区）依次为青海、宁夏和内蒙古，市值分别仅增长 192.46%、338.86% 和 339.54%。但从市值规模来讲，最大的为四川，其 2018 年上市公司市值占西部地区上市公司市值总和的 23.42%；市值最小的为宁夏，2018 年市值仅占西部地区总额的 0.98%。

为了客观评价西部各省（区、市）证券业发展情况，我们计算了西部各省（区、市）主要年份的证券化率，即上市公司市值占 GDP 的比例。由表 5 – 21 可以看出，除了宁夏、青海两省（区）外，2006 ~ 2018 年西部地区其他省（区、市）的证券化率都不同程度的有所提高，其中提高幅度最大的三个省依次是贵州、甘肃和陕西，分别提高了 13.76 个、12.61 个和 8.88 个百分点；从证券化程度来看，证券化率最高的是贵州，2018 年证券化率达到了 60.18%，比西部总体水平高出 34.49 个百分点；其次为新疆，为 29.56%，比西部总体水平高出 3.87 个百分点。2018 年证券化率明显高于西部总体水平的只有贵州和新疆，甘肃、四川和青海略高于西部平均水平。另外，从表 5 – 21 数据可以发现，经济发展水平较低的省（区、市），证券化率反而越高，这主要是与我国资本市场的功能定位有关。我国资本市场长期定位于为国有企业融资服务，国有企业优先上市融资，而西部地区中经济比较落后的地区，往往是国有经济所占比例较大的省份，这从另外一个方面也说明了我国资本市场的缺陷所在。

单位：亿元

表 5 - 19 2006~2018 年西部省各省（区、市）A 股筹资情况

年份	内蒙古	广西	重庆	四川	贵州	云南	陕西	甘肃	青海	宁夏	新疆	合计
2006	0	3.4	0	36.0	0	19.0	16.8	14.6	0	0	12.1	101.9
2007	100.2	26.6	26.4	135.3	25.0	74.8	30.2	22.8	62.0	0	67.0	570.3
2008	57.2	0	0	111.1	10.7	61.0	166.4	29.0	0	7.4	54.0	496.8
2009	0	9.1	17.6	201.0	21.7	81.6	47.7	182.0	0	4.8	34.0	599.5
2010	5.0	66.3	158.6	216.8	54.2	56.0	190.4	5.3	0	8.8	143.0	904.4
2011	32.0	79.1	158.0	308.0	15.7	78.3	8.7	75.0	45.0	27.0	98.1	924.9
2012	123.3	5.3	30.0	252.5	20.8	0.7	64.1	88.5	3.4	23.5	204.0	816.1
2013	150.0	91.6	109.3	122.72	4.6	253.4	51.7	175.1	0	1.8	155.5	1115.7
2014	122.0	43.2	180.8	387.24	64.5	70.5	236.9	41.8	0	27.3	114.0	1288.2
2015	383.3	151.0	127.0	396.0	30.0	111.0	252.0	108.7	67.0	6.0	236.0	1868.0
2016	171.2	148.0	196.9	376.6	92.0	171.0	377.2	99.0	53.0	91.0	274.0	2049.9
2017	84.5	8.0	57.0	337.3	20.2	174.0	377.0	43.0	0	15.0	724.0	1840.0
2018	0	37.5	34.8	314.1	66.6	66.6	61.0	57.0	0	2.0	357.0	996.6
2006~2018 年累计额	1228.7	669.1	1096.4	3194.7	426.0	1217.9	1880.1	941.8	230.4	214.6	2472.6	13572.3

数据来源：根据西部各省（区、市）《金融运行报告》（2006~2019 年）数据整理而得。

表 5 - 20　2006～2018 年西部各省（区、市）上市公司市值情况

单位：亿元，%

年份	内蒙古	广西	重庆	四川	贵州	云南	陕西	甘肃	青海	宁夏	新疆
2006	924.33	417.81	531.05	2267.59	1052.60	724.88	456.36	338.18	263.42	106.23	735.58
2007	5291.04	1400.85	1593.14	7425.74	2759.93	3523.86	1210.60	1069.82	1919.04	403.22	3174.31
2008	820.19	481.89	608.94	2772.70	1361.30	1123.40	839.30	449.46	1443.69	159.03	1441.47
2009	2366.90	1274.00	1900.07	5804.00	2648.30	2606.85	1096.40	1307.00	1758.62	395.17	3021.29
2010	3570.68	1521.95	2645.10	7492.84	3075.80	2791.58	1258.22	1303.00	2082.03	535.67	3703.07
2011	2747.35	1200.92	1303.00	5912.46	2911.50	1853.69	1884.70	1045.52	1087.53	535.66	2233.71
2012	2969.48	1276.90	1045.52	5929.00	3209.06	1988.50	2121.01	1214.78	991.44	381.72	2520.93
2013	3117.13	1367.25	2805.99	5579.02	2387.06	2066.09	2207.05	1568.52	823.78	356.99	2650.78
2014	4046.52	2234.19	4456.67	8449.84	4002.23	3097.55	4850.93	2698.70	966.67	489.90	4502.99
2015	5357.45	4074.52	6495.93	13787.10	5245.97	3875.95	6946.30	2846.62	963.38	817.34	6141.01
2016	5094.23	3762.86	6691.25	13600.00	4338.94	3209.11	6437.80	2767.86	796.81	676.02	5079.22
2017	5799.31	2672.72	5343.23	14253.17	10639.82	4964.37	5577.96	3379.51	1232.26	464.77	4804.02
2018	4062.84	2232.23	4739.74	11088.12	8910.38	3554.56	4520.23	2266.31	770.40	466.20	3605.44
2018 年较 2016 年增长	339.54	434.27	792.52	388.98	746.51	390.37	890.50	570.15	192.46	338.86	390.15

资料来源：根据西部各省（区、市）《金融运行报告》（2006～2019 年）及《中国金融统计年鉴》数据整理而得。

表 5 - 21　西部各省（区、市）主要年份证券化率

单位:%

年份	内蒙古	广西	重庆	四川	贵州	云南	陕西	甘肃	青海	宁夏	新疆	西部平均
2006	19. 67	8.8	15. 23	26. 25	46. 42	18. 17	9. 62	14. 87	40. 62	14. 63	24. 37	20. 04
2010	30. 64	15.9	33. 51	44. 34	66. 95	38. 64	12. 43	31. 63	154. 18	31. 71	68. 34	37. 98
2015	29. 71	24. 25	42. 57	45. 81	49. 95	28. 25	38. 23	41. 92	39. 86	28. 07	65. 86	39. 83
2018	23. 5	10. 97	23. 28	27. 26	60. 18	19. 88	18. 5	27. 48	26. 89	12. 58	29. 56	25. 69

3. 西部地区债券市场筹资情况的省域比较

表 5 - 22 和图 5 - 2 是 2006 ~ 2018 年西部各省（区、市）从债券市场累计筹资及其占比情况。2006 ~ 2018 年，西部地区债券累计筹资额最多的地区是四川省，其筹资额占西部地区债券筹资总额的 23.95%；其次是陕西和重庆，筹资额占比分别为 15.70% 和 13.98%。债券筹资额最少的为宁夏，2006 ~ 2018 年累计发债筹资额仅为 509.2 亿元，仅占西部地区债券筹资额的 0.86%。

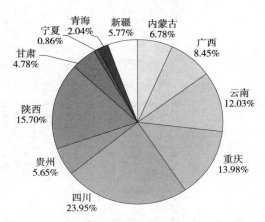

图 5 - 2　2006 ~ 2018 年西部各省（区、市）债券累计
筹资额占比情况

三　西部地区保险业发展分析

保险业是金融发展的重要领域之一。保险业在我国虽然起步较晚，但近年来的发展速度与成效异常显著，保险业对经济社会发展的功能作用正在日益显现。本节主要从保险公司发展概况、保费收入、保险赔付以及保险深度和保险密度等四个方面对西部地区及各省域保险业发展的状况予以分析。

表5-22 2006~2018年西部各省（区、市）债券筹资额

单位：亿元

年份	内蒙古	广西	重庆	四川	贵州	云南	陕西	甘肃	青海	宁夏	新疆	合计
2006	40.0	13.1	30.0	101.0	6.0	48.0	16.5	36.0	7	0	6.0	303.6
2007	26.0	20.5	20.0	35.4	13.4	45.0	71.5	18.0	19	16.0	16.0	300.8
2008	81.0	38.4	62.5	53.5	15.0	108.0	157.5	25.0	10	6.0	12.0	568.9
2009	95.0	42.5	135.0	107.0	10.0	39.0	193.5	213.0	18	0	39.0	892.0
2010	164.0	108.0	164.7	280.0	87.0	358.5	273.4	159.0	62	10.0	127.0	1793.1
2011	197.0	239.6	262.0	315.0	70.0	238.5	352.3	262.0	68	43.0	242.2	2289.6
2012	481.7	323.3	556.4	873.5	304.0	292.1	590.8	267.0	199	9.0	415.0	4311.8
2013	413.0	373.7	649.8	771.0	208.1	501.8	745.5	397.6	189	25.5	449.7	4724.7
2014	698.0	708.5	1084.3	1377.6	495.6	934.1	1319.8	555.0	216	77.7	613.0	8079.6
2015	600.5	799.0	1674.3	1589.0	875.6	1213.0	1379.0	418.0	260	97.0	579.0	9484.4
2016	497.4	890.0	1179.7	570.6	814.4	1013.0	1651.0	302.0	-59	86.0	856.0	7801.1
2017	390.3	681.0	1203.8	1248.4	193.2	982.0	1259.5	14.0	147	54.0	103.0	6276.2
2018	313.0	744.8	1214.2	6796.6	237.5	1315.1	1245.0	149.0	66	85.0	-59.0	12107.2
合计	3996.9	4982.4	8236.7	14118.6	3329.8	7087.6	9255.3	2815.6	1202	509.2	3398.9	58933

资料来源：根据西部地区各省（区、市）《金融运行报告》（2006~2019年）数据整理而得。

（一）西部地区保险业总体发展及与全国的对比分析

1. 西部地区保险公司数量发展情况

保险公司是保险业发展的主体，保险业的发展首先体现在保险公司数量的增加。由表5－23可知，西部地区保险总公司数在2006年仅为4家，到2018年已经达到19家，占全国保险公司数量的比重由2006年的4.08%上升到2018年的9.65%。这表明，虽然西部地区保险业机构数量呈现出较大幅度的增长，占全国的比例也大幅提高，但数量占全国的绝对比例依然偏小。

表5－23　2006～2018年西部地区及全国保险总公司数

单位：家,%

年　份	西部地区	全国	西部地区占全国比重
2006	4	98	4.08
2007	6	110	5.45
2008	6	130	4.62
2009	6	138	4.35
2010	6	146	4.11
2011	9	140	6.43
2012	8	153	5.23
2013	10	167	5.99
2014	10	178	5.62
2015	9	182	4.95
2016	10	173	5.78
2017	16	266	6.02
2018	19	197	9.65

资料来源：根据西部各省（区、市）《金融运行报告》（2006～2019年）数据整理而得。

2. 西部地区保费收入增长情况

从表5－24可见，2006～2018年，无论是西部地区还是全国，其保费收入、财产险保费收入（即财险收入）和人身险保费收入（即寿险收入）均呈较快增长，各类保险收入年均增长率都在17%以上。其中西部地区保费收入年均增速达到了18.83%，比同期全国平均水平高出1.47个百分点；财产险保费收入年均增长17.14%，比全国平均水平低0.66个百分点；人身险保费收入年均增长率达到19.69%，比全国平均水平高出2.5个百分点。从保费总收入及各类保费收入占全国的比例来看，均出现了不同程度的提高。其中2018年保费总收入占全国比例较2006年提高了2.71个百分点；财产险保费

表5－24　2006～2018年西部地区及全国保费收入情况

单位：亿元，%

年份	西部地区			全国			西部占全国比例		
	保费收入	财产险保费收入	人身险保费收入	保费收入	财产险保费收入	人身险保费收入	保费收入	财产险保费收入	人身险保费收入
2006	935.31	338.93	596.38	5567.53	1508.43	4059.10	16.80	22.47	14.69
2007	1193.38	395.46	797.92	6461.49	1997.74	4463.75	18.47	19.80	17.88
2008	1715.93	451.99	1263.94	9784.10	2336.71	6663.30	17.54	19.34	18.97
2009	1974.85	579.43	1395.42	11000.00	2875.83	7457.44	17.95	20.15	18.71
2010	2594.55	790.29	1804.26	15026.90	3895.64	8829.64	17.27	20.29	20.43
2011	2685.46	948.25	1737.21	14338.90	4617.90	9721.00	18.73	20.53	17.87
2012	2922.76	1093.92	1828.84	15330.90	5330.90	10000.00	19.06	20.52	18.29
2013	3320.49	1294.56	2025.93	17212.30	6212.30	11000.00	19.29	20.84	18.42
2014	3830.16	1559.82	2270.34	20203.40	7203.40	13000.00	18.96	21.65	17.46
2015	4615.10	1711.00	2904.10	24423.30	8423.30	16000.00	18.95	20.31	18.15
2016	5275.37	1788.43	3586.94	30886.20	8654.10	22232.30	17.06	20.67	16.13
2017	6851.98	2093.10	4758.88	36577.80	9834.66	26743.14	17.99	21.28	17.79
2018	7416.66	2261.59	5155.07	38017.00	10770.08	27246.92	19.51	21.00	18.92
年均增长率	18.83	17.14	19.69	17.36	17.80	17.19	—	—	—

资料来源：根据西部各省（区、市）《金融运行报告》（2006～2019年）数据整理计算而得。

收入占全国比例下降了 1.47 个百分点；人身险保费收入占全国比例提高了
4.23 个百分点。这表明在 2006～2018 年间，西部地区保险业取得了快于全
国平均水平的发展。但从保费收入占全国的比例来看仍然偏低，与西部地区
GDP 占全国的比例不相称，西部地区保险业仍然有较大的发展空间。

3. 保险业赔付情况

赔付率在保险行业中是一个重要的衡量指标，具体包括满期赔付率、综
合赔付率、日历年度赔付率、简单赔付率等。由于数据获得上的限制，本文
仅用简单赔付率予以说明。所谓简单赔付率，就是同一个计算周期内的保险
赔付支出额与保费收入额之比。由表 5 - 25 可见，2006～2018 年西部地区和
全国保险赔付额都呈现较快的增长，且西部地区赔付额增长略快于全国平均
水平。从赔付率的变化来看，西部地区与全国平均水平基本一致，差异并不
明显。这表明西部地区保险业的发展速度与全国基本同步，保障水平与全国
平均水平也无明显差异。

表 5 - 25　2006～2018 年西部地区及全国保险赔付情况

单位：亿元,%

年　份	西部地区		全国地区	
	赔付额	赔付率	赔付额	赔付率
2006	238.4	25.94	1438.0	25.83
2007	390.8	32.74	2265.0	35.05
2008	504.1	29.09	2971.0	30.37
2009	541.3	26.91	3125.0	28.41
2010	588.9	22.69	3200.0	21.30
2011	722.5	26.90	3929.4	27.40
2012	907.5	31.05	4716.3	30.76
2013	1192.3	35.91	6213.0	36.10
2014	1423.6	37.18	7216.2	35.72
2015	1697.2	36.67	8674.1	35.52
2016	1862.2	35.33	10512.9	34.04
2017	2224.4	32.46	11180.8	30.57
2018	2496.0	33.65	12297.5	32.35
年均增长率	21.6	—	19.6	—

资料来源：根据西部各省（区、市）《金融运行报告》（2006～2019 年）数据整理计算而得。

4. 保险密度与保险深度

保险密度与保险深度是衡量保险业发展水平的两个重要指标，其中保险密度是指按人口计算的人均保险费额，反映了居民参与保险的程度；保险深度则是当年保费收入占 GDP 的比值，反映了保险业在国民经济中的地位。由表 5－26 可见，西部地区和全国的保险密度在 2006～2018 年间均有较大幅度的提升，其中西部地区从 2006 年的 237.4 元/人增加到了 2018 年的 1908.29 元/人，同期全国保险密度从 431.3 元/人增长到了 2018 年的 2725.2 元/人；但总体而言，西部地区保险密度较之于全国平均水平仍然存在一定的差距。2006～2018 年西部地区和全国的保险深度也同样出现了较大幅度的上升，西部地区由 2.2% 提升到了 3.8%，提升了 1.6 个百分点；全国从 2.8% 提升到了 4.2%，提升了 1.4 个百分点。西部地区保险深度与全国的变化趋势基本一致，但西部地区的保险深度始终低于全国平均水平，2006 年西部地区低于全国平均水平 0.6 个百分点，到 2018 年低于全国平均水平 0.4 个百分点，呈现出差距缩小的趋势。这表明，西部地区保险业发展的总体水平虽然落后于全国，但发展速度更快。

表 5－26　2006～2018 年西部地区及全国保险密度及保险深度

单位：元/人，%

年　份	西部地区		全国	
	保险密度	保险深度	保险密度	保险深度
2006	237.4	2.2	431.3	2.8
2007	302.3	2.3	532.4	2.9
2008	434.1	2.6	740.7	3.3
2009	513.8	2.8	834.4	3.3
2010	650.8	2.9	962.0	3.7
2011	695.4	2.5	1062.0	3.0
2012	762.7	2.4	1144.0	3.0
2013	861.1	2.5	1265.7	3.0
2014	992.2	2.6	1479.3	3.2
2015	1180.92	3.0	1766.5	3.6
2016	1476.91	3.5	2258.0	4.2
2017	1758.51	3.8	2631.7	4.4
2018	1908.29	3.8	2725.2	4.2

资料来源：根据西部各省（区、市）《金融运行报告》（2006～2019 年）数据整理而得。

（二）西部地区保险业发展的省域比较

1. 保险公司发展数量的省域比较

由于《中国区域金融运行报告》在 2009 年以前与 2010 年以后关于保险公司机构数量的统计口径不一致，故此处仅选取 2010～2018 年西部地区各省（区、市）保险分公司机构数量做一比较分析。由表 5-27 可见，2018 年，西部地区保险分公司数量最多的三个省市依次为四川（94 家）、陕西（62家）和重庆（52 家），最少的三个省区依次为青海（18 家）、宁夏（22 家）和甘肃（29 家）。从保险公司数量增加来看，9 年间数量增加最多的是四川，增加了 40 家；其次是陕西省，数量增加了 22 家；数量增加最少的是甘肃，仅增加了 8 家。可见，保险公司数量及其变化与省域经济发展水平紧密相关。经济发展水平越高的省（区、市），保险公司数量及增加幅度就会越大。

表 5-27　2010～2018 年西部各省（区、市）保险分公司分布情况

单位：家

年份	内蒙古	广西	重庆	四川	贵州	云南	陕西	甘肃	青海	宁夏	新疆	合计
2010	29	27	34	54	20	27	40	21	9	13	22	296
2011	32	31	38	64	22	31	44	23	9	15	27	336
2012	36	33	41	69	23	32	48	23	12	16	28	361
2013	37	34	41	72	23	32	48	23	16	16	29	367
2014	37	34	43	73	25	33	48	24	15	17	29	378
2015	39	37	44	80	27	35	52	24	16	19	30	403
2016	39	38	51	87	29	39	55	25	16	20	31	430
2017	42	41	51	94	31	40	58	29	16	22	33	457
2018	41	41	52	94	32	41	62	29	18	22	33	465
2018 年较 2010 年增加数	12	14	18	40	12	14	22	8	9	9	11	169

资料来源：根据西部各省（区、市）《金融运行报告》（2011～2019 年）及中国保监会西部各省（区、市）监管局网站数据整理而得。

从图 5-3 和图 5-4 的比较可以看到，2010～2018 年，四川、陕西、重庆一直是西部地区保险分公司机构数量占比中最大的三个省（市）。不同的是，四川的保险分公司数量占比上升了 1.98 个百分点，一直处在西部地区首位；重庆的占比下降了 2.68 个百分点；而陕西省保险分公司数量占比基本保

持稳定，在 13.4% 左右。这表明，西部地区保险业发展的省域格局正在发生着微妙的变化。

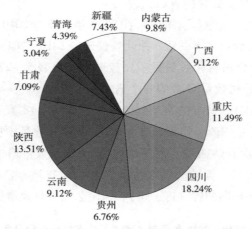

图 5 – 3 　2010 年西部各省（区、市）保险分公司数量占比

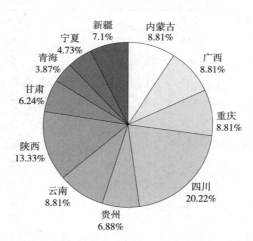

图 5 – 4 　2018 年西部各省（区、市）保险分公司数量占比

2. 西部地区保费收入的省域比较

保费收入主要由人身险保费收入和财产险保费收入两部分构成，从 2006～2018 年西部地区各省（区、市）的保费收入情况来看，保费收入均出现了较大幅度的增长，即使是年均收入增长最小的新疆，都达到了 17.26%。且各省域间增长率差异并不大。从保费收入的绝对规模来讲，2018 年保费收入最多的是四川省（1958.1 亿元），其次是陕西省和重庆市，其保费收入分别是 969.4 亿元和 806 亿元。保费收入最少的地区为青海，仅为 88 亿元，保

费收入规模省域间的差距非常明显（见表5－28）。

表5－28　西部地区各省（区、市）保费收入情况

单位：亿元,%

地　区	2006 年	2010 年	2015 年	2018 年	2006～2018 年年均增长率
内蒙古	72.0	216.0	395.5	660.0	20.28
广　西	80.6	179.1	385.7	629.0	18.68
重　庆	93.2	321.1	515.0	806.0	19.70
四　川	240.2	765.8	1267.0	1958.1	19.11
贵　州	49.0	122.6	257.8	445.9	20.20
云　南	95.3	235.7	435.0	668.0	17.62
陕　西	116.2	333.8	572.5	969.4	19.34
甘　肃	56.9	146.3	256.9	399.0	17.62
青　海	9.0	26.0	56.0	88.0	20.93
宁　夏	19.2	52.8	103.0	183.0	20.67
新　疆	85.4	191.0	367.0	577.3	17.26

资料来源：根据西部各省（区、市）《金融运行报告》（2006～2018 年）数据整理而得。

3. 保险赔付情况的省域比较

保险的基本功能在于保障风险，因此保险赔付率是衡量保险业对风险保障作用的重要指标。从西部各省（区、市）保险赔付率的情况可见，2018 年西部地区各省（区、市）保险赔付率相对于 2006 年来说都有很大的提升，其中尤以重庆、贵州等省（市）增长幅度最大。2018 年，西部地区保险赔付率最高的省是贵州（40.66%）、青海（39.77%）和云南（37.22%），而陕西、内蒙古的保险赔付率在西部地区中相对较低，其保险赔付率在 29% 左右。保险赔付率的大幅提升，表明西部地区保险业对经济社会的保障避险功能在增强（见表5－29）。

表5－29　西部各省（区、市）保险赔付率

单位:%

地　区	2006 年	2010 年	2015 年	2018 年
内蒙古	23.89	28.70	31.48	29.24
广　西	31.02	25.18	34.43	35.6
重　庆	22.00	19.34	42.72	34.37

地　区	2006 年	2010 年	2015 年	2018 年
四　川	23. 56	19. 70	35. 83	32. 31
贵　州	30. 00	25. 94	41. 51	40. 66
云　南	30. 43	28. 13	39. 77	37. 22
陕　西	25. 56	20. 85	33. 89	28. 98
甘　肃	24. 96	21. 33	36. 12	34. 84
青　海	33. 33	26. 92	35. 71	39. 77
宁　夏	23. 44	22. 16	33. 01	32. 79
新　疆	27. 28	25. 65	37. 33	35. 79

资料来源：根据西部各省（区、市）《金融运行报告》（2006～2019 年）数据整理计算而得。

4. 西部地区保险深度及保险密度的省域比较

从西部各省（区、市）的保险深度与保险密度来看，保险深度与保险密度均有不同程度的提高，其中尤以内蒙古、甘肃和宁夏三（区）保险深度提升幅度最大。2018 年，西部地区保险深度达到 4% 以上的省（区、市）有 6个，分别为甘肃、宁夏、四川、新疆、内蒙古和重庆；保险深度最小的依次为青海（3.0%）、贵州（3.0%）和广西（3.1%）（见表 5 – 30）。2018 年西部地区保险密度在 2500 元/人以上的有宁夏、内蒙古、重庆和陕西四省（区、市）；保险密度最低的三个省（区）依次为贵州（1238.6 元/人）、广西（1277 元/人）和云南（1383.1 元/人）。保险密度最高的宁夏与最低的贵州相差 1 倍以上，这表明西部地区保险业发展水平的省域非均衡性比较严重。值得注意的是，虽然贵州、青海等地区的保险密度在西部地区中相对较低，但其 2006～2018 年的增长速度居西部地区前列，其中贵州增速第一，2018 年比 2006 年增长了 8.99 倍；青海增长了 8.1 倍，居西部地区增速第二位（见表 5 – 31）。

表 5 – 30　2006～2018 年西部各省（区、市）保险深度

单位:%，个百分点

年份	内蒙古	广西	重庆	四川	贵州	云南	陕西	甘肃	青海	宁夏	新疆
2006	1.5	1.7	2.7	3.0	2.2	2.4	2.7	2.5	1.0	2.7	2.9
2007	1.6	1.7	3.0	3.2	2.2	2.4	2.6	2.6	1.4	2.9	3.1
2008	1.8	1.9	4.0	4.0	2.4	2.9	3.1	3.0	1.0	2.9	3.7

续表

年份	内蒙古	广西	重庆	四川	贵州	云南	陕西	甘肃	青海	宁夏	新疆
2009	1.8	1.9	3.8	4.1	2.5	2.9	3.1	3.4	2.0	3.0	4.0
2010	2.0	1.9	4.1	4.5	2.7	3.0	3.0	3.4	2.0	3.2	4.0
2011	2.0	1.8	3.1	3.7	2.3	2.7	2.8	2.8	2.0	2.7	3.1
2012	1.6	1.8	2.9	3.4	2.2	2.6	2.5	2.8	1.7	2.7	3.2
2013	2.0	1.8	2.8	3.5	2.3	2.7	2.6	2.9	2.0	2.8	3.1
2014	2.0	2.0	2.9	3.7	2.3	2.9	2.7	2.6	2.0	3.3	3.0
2015	2.2	2.3	3.0	4.0	2.5	3.5	3.2	3.8	2.0	4.0	4.0
2016	2.6	3.0	3.0	5.2	2.8	4.0	3.7	4.0	3.0	4.0	5.0
2017	2.9	3.0	5.2	5.2	2.9	3.7	4.0	5.0	3.0	5.0	4.8
2018	4.0	3.1	4.0	4.8	3.0	3.7	3.8	5.0	3.0	5.0	4.7
2018 年较 2006 年 增加	2.5	1.4	1.3	1.8	0.8	1.3	1.1	2.5	2.0	2.3	1.8

资料来源：根据西部各省（区、市）《金融运行报告》（2006～2019 年）数据整理而得。

表 5－31　2006～2016 年西部各省（区、市）保险密度

单位：元/人,%

年份	内蒙古	广西	重庆	四川	贵州	云南	陕西	甘肃	青海	宁夏	新疆
2006	301.5	163.0	294.0	274.0	124.0	211.7	297.5	214.5	160.0	321.6	417.0
2007	406.4	199.6	390.0	411.6	148.3	248.9	372.0	265.2	194.0	397.1	515.0
2008	585.6	277.3	620.0	607.0	211.7	363.4	569.6	365.0	254.0	514.9	727.9
2009	707.3	306.1	862.0	709.5	250.9	394.9	678.3	434.0	327.0	628.6	726.0
2010	872.0	389.0	1123.0	938.2	321.7	470.7	795.6	553.9	457.0	831.5	884.0
2011	926.0	457.8	1090.0	968.0	379.4	517.5	925.8	549.6	491.0	860.7	925.5
2012	995.0	508.8	1124.0	1014.7	431.2	579.9	984.0	616.0	565.3	968.6	1055.0
2013	1100.0	508.8	1209.5	1134.4	518.6	684.5	1123.5	692.9	676.0	1111.3	1207.8
2014	1253.0	661.3	1361.0	1308.3	607.3	797.6	1270.6	804.6	791.0	1268.6	1381.0
2015	1575.0	804.3	1706.0	1397.0	730.4	956.8	1509.4	988.2	957.0	1454.0	1557.0
2016	1932.0	970.0	1974.0	2087.0	903.7	1116.0	1875.0	1183.0	1159.0	1985.0	1864.0
2017	2279.6	1157.0	2481.0	2347.0	1107.8	1282.0	2264.9	1408.0	1339.0	2423.0	2182.0
2018	2603.0	1277.0	2599.0	2359.0	1238.6	1383.1	2508.5	1513.0	1456.0	2657.0	2321.0

123

续表

年份	内蒙古	广西	重庆	四川	贵州	云南	陕西	甘肃	青海	宁夏	新疆
2018 年较 2006 年增长	763.3	683.4	784.0	761	898.9	553.3	743.2	605.4	810	726.2	456.6

资料来源：根据西部各省（区、市）《金融运行报告》（2006~2019 年）数据整理而得。

四　本章小结

本章从银行业、证券业、保险业等行业对西部地区金融资源的行业分布发展进行了细致完整的分析。从整体来看，自 2006 年到 2018 年，西部地区的银行业、证券业与保险业都取得了巨大的发展，但相对于全国平均水平来讲，发展仍显滞后，且省域之间发展的非均衡问题较为突出。

从结构特征上来看，银行业依然是西部地区金融业的主导，无论是资产规模还是从业人数等，都占据了西部地区金融业的 80% 以上；虽然近年来证券业、保险业发展迅速，但其占金融业的比例仍然偏小。

从地域上讲，西部各省（区、市）中金融发展水平较高的省（市）主要有四川、重庆、陕西，占据着西部地区金融业发展的前三位；而发展水平最低的省（区）主要是青海、甘肃和宁夏。这种金融业发展水平上的非均衡性，与经济发展水平的非均衡基本一致，这说明西部地区省域金融发展与经济发展之间存在着高度的相互决定性。但从金融各行业发展的速度来看，绝对水平相对落后的青海、宁夏及甘肃等省（区），近年来金融业的发展远快于西部其他地区，体现出跨越追赶的突进性特征。因此，西部地区金融业发展水平的整体提升，不仅需要各省（区、市）金融业的独立发展，也需要省域间的协同发展与均衡发展，为促进西部地区金融功能的整体提升与效率改进奠定基础。

第六章
西部地区金融资源配置的生态环境分析

金融业内生的脆弱性使得金融体系功能的发挥必须以其自身的稳健及可持续发展为前提。而金融体系的稳健与可持续发展又严重依赖于其所处的金融运行环境，即金融生态环境，包括经济环境、市场环境、制度环境、法治环境、技术环境以及开放环境等。本章将对西部地区金融生态环境各构成部分的现状进行分析，为寻求西部地区金融运行的轨迹特征及金融资源配置效率提升的有效路径提供现实依据。

一　西部地区金融资源配置的经济环境分析

经济发展是金融发展的前提与基础，经济发展的水平与结构在很大程度上决定着金融发展的规模、结构及效率。本节重点从经济发展水平、经济结构和可持续发展能力三方面对西部地区金融资源配置的经济环境做一分析。

（一）西部地区经济发展水平分析

经济发展水平可以从多方面衡量，此处仅从经济规模及增长、人均 GDP 及增长、人均可支配收入及社会消费品零售总额四个方面予以反映。

1. 西部地区经济规模及增长状况

西部大开发战略实施以来，西部地区经济快速增长，经济发展水平持续提升。由表 6 - 1、表 6 - 2 可见，2006 ~ 2018 年西部地区 GDP 总量不断增加，年均增长率为 13.50%。样本期内，全国的 GDP 年均增长率为 12.48%。相比之下，西部地区 GDP 增速高于全国 1.02 个百分点，经济总量占全国经济总量的比例也同期上升。分省（区、市）看，四川省是西部地区经济规模总量最大的省份，但其经济增长速度却慢于贵州、重庆、陕西等省（市）；

贵州省是西部地区经济增速最快的省，年均增速比西部平均水平高出 3.12 个百分点；内蒙古是西部地区经济增速最慢的省，GDP 年均增速比西部地区平均水平低 2.5 个百分点。

2. 西部地区人均 GDP 及增长情况

从人均 GDP 水平及年均增长率来看，2006～2018 年西部地区人均 GDP 水平不断上升，由 2006 年的人均 11202 元增长到 2018 年的人均 48557 元，年均增长率达到了 13.00%；同期全国人均 GDP 由 16738 元增加到 64644 元，年均增长率为 11.92%，西部地区人均 GDP 增长率高于同期全国平均水平 1.08 个百分点。但从人均 GDP 水平来看，西部地区与全国的差距依然明显，2018 年西部地区人均 GDP 仅为全国平均水平的 75.11%。分省（区、市）看，2018 年西部地区人均 GDP 水平最高的三个省（区、市）依次为内蒙古、重庆和陕西，其人均 GDP 分别为 68302 元、65933 元和 63477 元；而 2018 年西部地区人均 GDP 水平最低的三个省依次为甘肃、云南和贵州，其人均 GDP 分别为 31336 元、37136 元和 41244 元；甘肃的人均 GDP 仅为内蒙古的 45.87%。另外，从人均 GDP 的增长速度来看，2006～2018 年西部地区人均 GDP 增速最高的是贵州，年均增长率达到了 17.84%；其次是陕西，人均 GDP 年均增速达到了 15.08%。人均 GDP 增速最慢的是新疆，2006～2018 年年均增长率仅为 10.54%，其次为内蒙古，年均增长率为 10.76%。如果将西部各省（区、市）人均 GDP 与全国平均水平进行比较就会发现，2018 年只有内蒙古和重庆高于全国平均水平，其余省（区）均低于全国平均水平。但从 2006～2018 年人均 GDP 年均增长速度来看，西部省（区、市）中只有新疆、内蒙古和甘肃低于全国平均水平，其余省（区、市）均高于全国平均水平，其中贵州的人均 GDP 年均增速比全国平均水平高出 5.92 个百分点，陕西高出 3.16 个百分点，重庆高出 2.99 个百分点。

3. 西部地区居民可支配收入及增长情况

居民人均可支配收入既是一个地区经济发展水平的直观表现，也是金融体系可以动员的潜在资源，是增加储蓄并转化为投资的重要来源。由表 6-3 可见，2006～2018 年西部地区居民人均可支配收入持续增加，从 2006 年的 5111 元增加到 2018 年的 21991 元，年均增长率达到 12.93%；同期全国居民人均可支配收入从 7229 元增加到 28228 元，年均增长率为 12.02%。西部地区居民人均可支配收入年均增长率高于全国平均水平 0.91 个百分点。但从绝对量来看，西部地区居民人均可支配收入水平与全国平均水平依然存在较大差距，2018 年仅为全国平均水平的 77.90%。

表6-1 2006~2018年西部各省（区、市）GDP及年均增长率

单位：亿元，%

年份	内蒙古	广西	重庆	四川	贵州	云南	陕西	甘肃	青海	宁夏	新疆	西部地区	全国
2006	4944	4746	3907	8690	2339	3988	4744	2277	649	726	3045	40055	219439
2007	6423	5823	4676	10562	2884	4773	5757	2704	797	919	3523	48841	270092
2008	8496	7021	5794	12601	3562	5692	7315	3167	1019	1204	4183	60054	319245
2009	9740	7759	6530	14151	3913	6170	8170	3388	1081	1353	4277	66532	348518
2010	11672	9570	7926	17185	4602	7224	10123	4121	1350	1690	5437	80900	412119
2011	14360	11721	10011	21027	5702	8893	12512	5020	1670	2102	6610	99628	487940
2012	15881	13035	11410	23873	6852	10309	14454	5650	1894	2341	7505	113204	538580
2013	16917	14450	12783	26392	8087	11832	16205	6331	2122	2578	8444	126141	592963
2014	17770	15673	14263	28537	9266	12815	17690	6837	2303	2752	9273	137179	641281
2015	17832	16803	15717	30053	10503	13619	18022	6790	2417	2912	9325	143993	685993
2016	18128	18318	17741	32935	11777	14788	19400	7200	2572	3169	9650	155678	740061
2017	16096	18523	19425	36980	13541	16376	21899	7460	2625	3444	10882	167251	820754
2018	17289	20353	20363	40678	14806	17881	24438	8246	2865	3705	12199	182823	900310
年均增长率	11.0	12.90	14.75	13.73	16.62	13.32	14.64	11.32	13.18	14.55	12.26	13.50	12.48

资料来源：国家统计局《中国统计年鉴》（2007~2019年）。

表 6-2 2006~2018 年西部各省（区、市）人均 GDP 及年均增长率

单位：元，%

年份	内蒙古	广西	重庆	四川	贵州	云南	陕西	甘肃	青海	宁夏	新疆	西部地区	全国
2006	20047	10240	12437	10546	5750	8961	11762	8749	11753	11784	14871	11202	16738
2007	26521	12277	16629	12963	7878	10609	15546	10614	14507	15142	16999	13629	20494
2008	34869	14652	20490	15495	9855	12570	19700	12421	18421	19609	19797	16680	24100
2009	39735	16045	22920	17339	10971	13539	21947	13269	19454	21777	19942	18407	26180
2010	47347	20219	27596	21182	13119	15752	27133	16113	24115	26860	25034	22570	30808
2011	57974	25326	34500	26133	16413	19265	33464	19595	29522	33043	30087	27672	36302
2012	63886	27952	38914	29608	19710	22195	38564	21978	33181	36394	33796	31269	39874
2013	67836	30741	43223	32617	23151	25322	43117	24539	36875	39613	37553	34652	43684
2014	71046	33090	47850	35128	26437	27264	46929	26433	39671	41834	40048	37487	47005
2015	71101	35190	52321	36775	29847	28806	47626	26165	41252	43805	40036	39054	50028
2016	72064	38027	58502	40003	33246	31093	51015	27643	43531	47194	40564	41917	53680
2017	63764	38102	63442	44651	37956	34221	57266	28497	44047	50765	44941	44717	59201
2018	68302	41489	65933	48883	41244	37136	63477	31336	47689	54094	49475	48557	64644
年均增长率	10.76	12.37	14.91	13.63	17.84	12.58	15.08	11.22	12.38	13.54	10.54	13.00	11.92

资料来源：国家统计局《中国统计年鉴》（2007~2019 年）。

表6-3 2006~2018年西部各省（区、市）居民人均可支配收入变动情况

单位：元，%

年份	内蒙古	广西	重庆	四川	贵州	云南	陕西	甘肃	青海	宁夏	新疆	西部地区	全国
2006	6756	5240	6934	5180	3943	4635	3805	5001	4244	4964	5522	5111	7229
2007	8178	6477	7895	6235	4720	5434	4578	5942	4808	5723	6561	6050	8583
2008	9712	7681	9245	7305	5406	6451	5215	7228	5491	6561	7842	7103	9956
2009	10764	8478	10293	8092	5951	7128	5764	8088	6101	7265	8645	7870	10978
2010	12283	9552	11774	9255	7079	8155	6596	9408	6953	8335	9782	9016	12519
2011	14434	10927	14056	11052	8464	9819	7476	11278	8026	9690	11475	10609	14589
2012	16585	12639	16263	12793	9832	11570	8517	13250	9409	11157	13101	12283	16662
2013	18693	14082	16569	14231	11083	12578	9740	14372	10954	12948	14566	13620	18311
2014	20559	15557	18352	15749	12371	13772	10730	15837	12185	14374	15907	15036	20167
2015	22310	16873	20110	17221	13697	15223	12254	17395	13467	15813	17329	16517	21966
2016	24127	18305	22034	18808	15121	16720	13639	18874	14670	17302	18832	18039	23821
2017	26212	19905	24153	20580	16704	18348	20635	16011	19001	20562	19975	20190	25974
2018	28376	21485	26386	22461	18430	20084	22528	17488	20757	22400	21500	21991	28228
年均增长率	12.70	12.48	11.78	13.00	13.71	13.00	15.98	11.00	14.14	13.38	11.99	12.93	12.02

资料来源：国家统计局网站。由于统计口径的差异，2012年以前的数据根据（城镇人口×城镇人均收入+农村人口×农村人均收入）/（城镇人口+农村人口）进行计算。

从西部各省域间的比较来看，省域间居民人均可支配收入水平存在显著差异。2018 年居民人均收入水平较高的前三位省（区、市）依次为内蒙古、重庆和陕西，分别达到 28376 元、26386 元和 22528 元；而居民人均收入水平较低的三个省依次为甘肃、贵州和云南，其分别为 17488 元、18430 元和 20084 元。最低水平的甘肃省的居民人均可支配收入仅为最高水平的内蒙古的 61. 63%。从居民人均可支配收入的增长来看，2006~2018 年间增长速度最快的是陕西省，年均增长率达到 15. 98%；其次为青海省，达到 14. 14%；增长最慢的则是甘肃省，年均增长率仅为 11. 0%。

4. 西部地区社会消费品零售总额及增长情况

消费是拉动经济的三驾马车之一。社会消费品零售总额是反映最终消费的重要指标，对于省域经济发展起着至关重要的作用。由表 6－4 可见，2006~2018 年西部整体社会消费品零售总额持续上升，从 2006 年的 13458 亿元增加到 2018 年的 69956 亿元，年均增长率为 14. 72%；同期全国社会消费品零售总额从 2006 年的 79145 亿元增加到 2018 年的 380987 亿元，年均增长率为 13. 99%。西部地区社会消费品零售总额增速高于全国 0. 73 个百分点。

从西部各省域间社会消费品零售总额的比较来看，由于社会消费品零售总额与经济规模紧密相关，四川省自然处在西部各省（区、市）的首位。但从增长情况来看，2006~2018 年陕西、云南与重庆的社会消费品零售总额年均增长率较高，处于西部地区前三位；而新疆、内蒙古和青海省的增长率较低，依次处在西部地区的后三位。

（二）西部地区经济结构分析

经济结构可以从多方面反映，本节仅从产业结构、城乡经济结构和所有制结构三方面予以描述。其中，产业结构用第二产业增加值占 GDP 的比重反映，城乡经济结构用城镇居民收入差距来反映，所有制结构用民营经济所占比重来反映。

1. 西部地区产业结构及变化分析

根据产业结构理论，随着一国人均收入水平的提高，三次产业产值及就业所占比重的变化遵循着由第一、第二、第三产业到第二、第一、第三产业，再到第三、第二、第一产业的演变规律，不同的产业结构与经济发展的阶段性相适应，并据此对经济发展的阶段性进行划分，如当第二产业产值及就业所占比重逐步提高并占主要地位时，可将此时的经济发展阶段归为工业化初期或中期阶段；当第二产业产值及就业所占比重逐步下降、第三产业产

表 6-4 2006~2018 年西部各省（区、市）社会消费品零售总额变动情况

单位：亿元，%

年份	内蒙古	广西	重庆	四川	贵州	云南	陕西	甘肃	青海	宁夏	新疆	西部地区	全国
2006	1629	1620	1432	3473	710	1205	1542	730	183	203	733	13458	79145
2007	1964	1933	1711	4106	858	1423	1837	854	213	240	858	15995	93572
2008	2463	2396	2147	4945	1075	1765	2317	1024	260	295	1042	19728	114830
2009	2855	2791	2479	5759	1247	2051	2700	1183	301	339	1178	22882	133048
2010	3384	3312	3051	6885	1532	2556	3258	1436	351	419	1386	27568	158008
2011	3992	3908	3782	8291	1900	3106	3901	1773	413	516	1662	33244	187206
2012	4573	4517	4403	9622	2266	3598	4582	2064	480	591	1916	38611	214433
2013	5114	5133	5056	11001	2601	4113	5245	2369	550	669	2180	44029	242843
2014	5658	5773	5711	12393	2937	4633	5919	2668	621	737	2437	49485	271896
2015	6108	6348	6424	13878	3283	5103	6578	2907	691	790	2606	54716	300931
2016	6701	7027	7271	15602	3709	5723	7368	3184	767	850	2826	61029	332316
2017	7160	7813	8068	17481	4154	6423	8236	3427	839	930	3045	67576	366262
2018	7311	8292	7977	18255	3971	6826	8938	3428	836	936	3187	69956	380987
年均增长率	13.33	14.57	15.39	14.83	15.43	15.55	15.77	13.76	13.51	13.61	13.03	14.72	13.99

资料来源：2007~2019 年西部各省（区、市）统计年鉴及《中国统计年鉴》。

值及就业比重逐步上升并占主体时，表明经济发展进入了后工业化阶段。在不同经济发展阶段经济运行的方式及特征具有差异性。从 2006~2018 年西部地区第二产业增加值占 GDP 的比重变动情况可以看出，西部地区第二产业增加值比重的变化与全国略有不同，全国表现为持续下降，从 2006 年的 47.60% 下降到 2018 年的 40.70%；而西部地区第二产业增加值比重表现出先上升后下降的过程，从 2006 年的 45.47% 上升到 2011 年的 51.02%，随后逐步下降，到 2018 年达到 40.49%（见表 6-5）。如果将西部地区第二产业增加值占比与第三产业增加值占比的变化进行比较（见图 6-1），可以看出，从 2016 年开始，西部地区第三产业增加值占 GDP 的比例高于第二产业增加值所占比例，西部地区产业结构由此进入第三、第二、第一产业结构形态。若单纯从产值结构来看，西部地区从 2016 年开始已经进入到以第三产业为主体的后工业化阶段，但结合西部地区就业结构中第三产业就业比例依然较低的现实特征，西部地区的工业化进程远没有完成，将其界定为处于工业化后期也许更为准确。

表 6-5　2006~2018 年西部各省（区、市）及全国第二产业增加值占 GDP 的比重变动情况

单位：%

年份	内蒙古	广西	重庆	四川	贵州	云南	陕西	甘肃	青海	宁夏	新疆	西部地区	全国
2006	48.04	39.58	47.90	43.44	41.37	42.77	51.70	45.81	51.18	48.43	47.92	45.47	47.60
2007	49.72	41.65	50.65	44.01	39.00	42.71	51.87	47.31	52.55	49.51	46.76	46.24	46.90
2008	51.51	43.27	52.78	46.21	38.47	43.09	52.79	46.43	54.69	50.67	49.50	47.77	47.00
2009	52.50	43.58	52.81	47.43	37.74	41.86	51.86	45.08	53.21	48.94	45.12	47.57	46.00
2010	54.56	47.15	55.00	50.46	39.11	44.62	53.80	48.17	55.14	49.00	47.67	50.10	46.50
2011	55.97	48.42	55.37	52.45	38.49	42.51	55.43	47.36	58.38	50.24	48.80	51.02	46.50
2012	55.42	47.93	52.37	51.66	39.08	42.87	55.86	46.02	57.69	49.52	46.39	50.23	45.40
2013	53.82	46.58	45.47	51.05	40.51	41.74	55.00	43.37	54.25	48.87	42.34	48.34	44.20
2014	51.32	46.74	45.78	48.93	41.63	41.22	54.14	42.80	53.59	48.74	42.58	47.46	43.30
2015	50.48	45.93	44.98	44.08	39.49	39.77	50.40	36.74	49.95	47.38	38.57	44.70	41.10
2016	47.18	45.17	44.53	40.84	39.65	38.48	48.92	34.94	48.59	46.98	37.79	42.99	40.10
2017	39.76	40.22	44.19	38.75	40.09	37.89	49.70	34.34	44.29	45.90	39.80	41.21	40.50
2018	39.37	39.67	40.90	37.67	38.87	38.91	49.75	33.89	43.52	44.54	40.36	40.49	40.70

资料来源：国家统计局《中国统计年鉴》（2007~2019 年）。

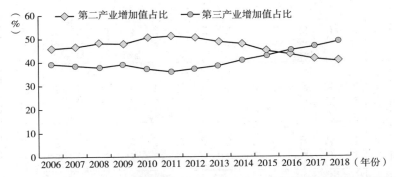

图 6 - 1 2006 ~ 2018 年西部地区第二、第三产业增加值占 GDP 比例变化

2. 西部地区城乡经济结构及变化分析

城乡居民收入比是衡量城乡经济结构的一个重要指标。城乡居民收入差距过大会减弱收入流动性，促使阶级固化，加深社会矛盾，提高投资风险和交易成本，不利于经济增长。

由表 6 - 6 可以看出，2006 ~ 2018 年西部地区城乡居民收入差距过大的问题有了显著改善。2006 年西部地区城镇居民收入与农村居民收入之比是 3. 78 : 1，到 2018 年这一比例下降至 2. 91 : 1，城乡居民收入差距缩小了 0. 87 倍；就全国而言，2006 ~ 2018 年城乡居民收入比也在不断降低，2006 年全国城乡居民收入比是 3. 28 : 1，到 2018 年这一比例下降至 2. 78 : 1，城乡居民收入差距缩小了 0. 50 倍。相比之下，西部地区城乡居民收入差距缩小的成效要大于全国，但城乡居民收入的绝对差距依然远大于全国。

从西部各省（区、市）的比较来看，虽然各省（区、市）城乡居民收入差距都在缩小，但省域间城乡居民收入差距仍然比较明显。2006 年西部地区各省（区、市）中，城乡居民收入差距最大的三个省依次为贵州、云南和甘肃，分别达到了 4. 59 倍、4. 48 倍和 4. 18 倍；到 2018 年城乡居民收入差距最大的三个省依次为甘肃、贵州和青海，分别为 3. 40 倍、3. 11 倍和 3. 03 倍。这表明，自 2006 年以来，西部地区在城乡居民收入差距的缩小上虽然取得了巨大成效，但差距过大的问题依然严重，城乡经济的均衡发展依然任重道远。

3. 西部地区所有制结构及变动分析

在各类所有制经济主体中，民营经济是最具活力的经济力量。改革开放以来的实践表明，民营经济的发展程度与经济发展水平存在显著的正相关关系，民营经济越活跃的地区，经济增长的活力越足。因此，民营经济占国民

表6-6 2006~2018年西部各省（区、市）城乡居民收入之比变动情况（农村居民可支配收入为1）

单位：倍

年份	内蒙古	广西	重庆	四川	贵州	云南	陕西	甘肃	青海	宁夏	新疆	西部地区	全国
2006	3.10	3.57	4.03	3.11	4.59	4.48	4.10	4.18	3.82	3.33	3.24	3.78	3.28
2007	3.13	3.78	3.59	3.13	4.50	4.36	4.07	4.30	3.83	3.41	3.24	3.76	3.33
2008	3.10	3.83	3.48	3.07	4.20	4.27	4.10	4.03	3.80	3.51	3.26	3.70	3.32
2009	3.21	3.88	3.52	3.10	4.28	4.28	4.11	4.00	3.79	3.46	3.16	3.71	3.33
2010	3.20	3.76	3.32	3.04	4.07	4.07	3.82	3.85	3.59	3.28	2.94	3.54	3.23
2011	3.07	3.60	3.13	2.92	3.98	3.93	3.63	3.83	3.39	3.25	2.85	3.42	3.13
2012	3.04	3.54	3.11	2.90	3.93	3.89	3.60	3.81	3.28	3.21	2.80	3.37	3.10
2013	2.84	2.99	2.97	2.67	3.50	3.46	3.22	3.39	3.02	2.87	2.53	3.04	2.81
2014	2.84	2.84	2.65	2.59	3.38	3.25	3.07	3.47	3.06	2.77	2.66	2.96	2.75
2015	2.84	2.79	2.59	2.56	3.33	3.20	3.04	3.43	3.09	2.76	2.73	2.94	2.73
2016	2.84	2.73	2.56	2.53	3.31	3.17	3.03	3.45	3.09	2.76	2.80	2.93	2.72
2017	2.83	2.69	2.55	2.51	3.28	3.14	2.97	3.44	3.08	2.74	2.75	2.93	2.71
2018	2.61	2.53	2.49	2.49	3.11	2.95	2.97	3.40	3.03	2.72	2.90	2.91	2.78
2018年较2006年变化	-0.49	-1.04	-1.54	-0.62	-1.48	-1.53	-1.13	-0.78	-0.79	-0.61	-0.34	-0.87	-0.50

资料来源：国家统计局《中国统计年鉴》（2007~2019年）。

经济总量的比例是衡量一个地区经济活力的重要指标。基于指标的可获得性
及可比性，此处借用王小鲁、樊纲、胡李鹏撰写的《中国分省份市场化指数
报告（2018）》中对"非国有经济发展"的评价①，对西部地区所有制结构及
变动做一分析。从西部地区非国有经济发展的评价得分可见，2008～2016年西
部地区非国有经济获得了快速发展，对其发展的评价得分由2008年的3.68分
提高到2016年的6.07分，提高了2.39分；同期全国非国有经济发展的评价得
分由5.40分提高到了7.83分，提高了2.43分。可见，从非国有经济发展的程
度来讲，西部地区落后于全国，2016年的评价得分低于全国1.76分；而且从
发展速度来讲，西部地区也低于全国平均水平（见表6-7）。

表6-7　西部各省（区、市）非国有经济发展评价得分及变动情况

单位：分

年份	内蒙古	广西	重庆	四川	贵州	云南	陕西	甘肃	青海	宁夏	新疆	西部地区	全国
2008	4.96	5.48	6.45	5.96	2.44	4.02	2.18	0.94	2.92	4.36	1.95	3.68	5.40
2010	5.50	5.68	6.53	6.06	2.76	4.26	2.10	1.19	3.32	5.17	2.38	3.94	5.77
2012	6.27	6.63	7.58	6.62	3.91	5.49	3.51	2.01	3.59	5.88	2.94	4.75	6.54
2014	6.90	7.41	8.50	7.31	4.58	5.52	5.00	4.59	6.45	3.59	3.59	5.53	7.33
2016	6.65	8.16	9.71	8.14	6.39	5.00	5.59	3.37	4.68	7.58	4.35	6.07	7.83
2016年较2008年变化	1.69	2.68	3.26	2.18	3.95	0.98	3.41	2.43	1.76	3.22	2.40	2.38	2.43

资料来源：王小鲁、樊纲、胡李鹏《中国分省份市场化指数报告（2018）》，社会科学文献出
版社，2019。

从西部各省（区、市）的比较来看，省域间非国有经济发展程度存在显
著差异。截止到2016年，非国有经济发展最好的当属重庆、广西和四川，其
得分依次为9.71分、8.16分和8.14分，这三个省（区、市）的评价得分远
高于西部地区平均得分，同时也高于全国平均水平。而非国有经济发展水平
较低的则是甘肃、新疆和青海，2016年的发展评价得分依次为3.37分、
4.35分和4.68分，分别低于西部地区平均得分2.7分、1.72分和1.39分。
由于非国有经济是国民经济活动单元中最具有活力的主体，因此省域间非国

---

① 《中国分省份市场化指数报告（2018）》中对"非国有经济的发展"评价的内容包括三个
方面：一是非国有经济在工业企业主营业务收入中所占比例；二是非国有经济在全社会
固定资产投资中所占比例；三是非国有经济就业人数占城镇总就业人数的比例。

有经济发展水平的这种巨大差异，成为省域间经济发展水平出现差异的重要原因。另外，从西部各省（区、市）2008～2016年间非国有经济发展的动态变化来看，发展最快的是贵州和陕西，2016年与2008年相比，评价得分分别提高了3.95分和3.41分，是西部各省（区、市）中得分提高幅度最大的两个省。这表明，贵州和陕西虽然不是西部各省（区、市）中非国有经济发展水平最高的，但却是非国有经济占国民经济比例提高最快，即发展速度最快的。

（三）西部地区经济可持续发展能力分析

面对资源环境约束的日益强化，实现经济可持续发展变得尤为重要。所谓"经济可持续发展"就是"当发展能够保持当代人的福利增加时，也不会使后代的福利减少"的发展。对经济可持续发展能力的衡量可以有多个指标，此处我们选取固定资产投资、科技发展水平和能源利用效率三个指标作为代表。其中，固定资产投资规模代表现时的经济增长动力，用固定资产投资占GDP的比重反映；科技发展水平代表经济增长潜力，用研发支出强度（R&D支出占GDP的比重）反映；能源利用效率代表对资源的利用及节约程度，用万元工业总产值能耗来反映。

1. 西部地区固定资产投资及变动分析

持续的固定资产投资有利于经济的稳定增长，但对固定资产投资的过度依赖，也会导致经济增长的低效率，甚至无效增长。表6-8是2006～2018年西部地区全社会固定资产投资额及增长情况。

由表6-8可见，2006～2018年西部地区全社会固定资产投资持续高速增长，年均增长率达到18.86%，比同期全国全社会固定资产投资增速15.89%高出2.97个百分点；这种固定资产投资的高增长成为推动西部地区经济高增长的主要原因。① 从西部各省（区、市）的比较来看，贵州、广西、陕西、青海和云南五省（区）是固定资产投资增长最快的省（区），年均增长率高达20%以上。但需要引起关注的是，2018年西部地区中的内蒙古、新疆和宁夏三个自治区的全社会固定资产投资与上年相比，增速出现了断崖式的下降，其中内蒙古下降了28.3%，新疆下降了25.3%，宁夏下降了18.2%，是全国社会固定资产投产负增长的八个省（区、市）中下降幅度最大的三个省（区）。在经济增长高度依赖于投资增长的增长模式下，固定资

---

① 2006～2018年西部地区GDP年均增长率为13.50%，同期全国GDP年均增长率为12.48%，西部地区比全国高出1.02个百分点。

表6-8 2006~2018年西部各省（区、市）全社会固定资产投资额及增长情况

单位：亿元，%

年份	内蒙古	广西	重庆	四川	贵州	云南	陕西	甘肃	青海	宁夏	新疆	西部地区	全国
2006	3406.35	1995.67	2451.84	4521.74	1197.68	2220.45	2610.22	1024.87	419.62	515.28	1567.05	21930.77	109998.2
2007	4404.75	2627.15	3161.51	5855.3	1488.8	2798.89	3642.13	1310.38	487.47	621.81	1850.84	28249.03	137323.9
2008	5604.67	3347.63	4045.25	7602.4	1864.45	3264.9	4851.41	1735.79	582.85	858.84	2259.97	36018.16	172828.4
2009	7535.15	5159.34	5317.92	12017.28	2450.99	4336.02	6553.39	2479.6	800.51	1119.14	2827.24	50596.58	224598.8
2010	8971.63	7161.84	6934.8	13581.96	3186.28	5528.71	8561.24	3378.1	1068.73	1464.7	3539.69	63377.68	278121.9
2011	10899.79	9280.3	7685.87	15124.09	4234.44	6185.3	10023.53	4180.24	1434.33	1654.15	4712.77	75414.81	311021.9
2012	13112.01	11482.32	9380	18038.92	5717.8	7831.1	12840.15	6013.42	1920.03	2109.52	6258.38	94703.65	374676
2013	15520.72	10754.68	11205.03	21049.15	7373.6	9968.3	15934.21	6407.2	2403.9	2681.14	8148.41	111446.34	446294.09
2014	12074.24	12606.8	13223.75	23577.17	9025.75	11498.58	18709.49	7759.62	2908.71	3200.98	9744.79	124329.88	512761
2015	13824.76	14847.56	15480.33	25973.74	10945.54	13069.39	20177.86	8626.6	3266.64	3532.93	10729.32	140474.67	562000
2016	15469.5	17652.95	17361.12	29126.03	13204	15662.49	20825.25	9534.1	3533.19	3835.46	9983.86	156187.95	606466
2017	14404.6	21285.3	17440.57	32097.3	15500	18474.89	23819.38	5696.3	3897.14	3813.18	11795.64	168224.30	641238
2018	10328.1	23584.11	18661.41	35371.22	17949	20617.98	26296.6	5474.14	4181.63	3119.18	8823.14	174406.51	645675
年均增长率	9.68	22.85	18.43	18.70	25.31	20.41	21.23	14.98	21.12	16.19	15.49	18.86	15.89

资料来源：国家统计局《中国统计年鉴》（2007~2019年）。

产投资的这种断崖式下降无疑会对其经济增长带来严重影响。

为了客观评价固定资产投资对 GDP 增长的推动作用，我们有必要对固定资产投资占 GDP 的比例进行分析（见表 6 - 9）。

由表 6 - 9 可以看出，虽然 2006 ~ 2018 年西部地区社会固定资产投资高速增长，但投资效率低下的情况日益严重。从西部地区整体上来讲，社会固定资产投资占 GDP 的比例从 2006 年的 54.34% 提高到了 2018 年的 95.96%，这意味着每 1 元固定资产投资产生的 GDP 从 2006 年的 1.84 元下降到了 2018 年的 1.04 元，投资效率下降了 43.48%；同期全国每 1 元固定资产投资产生的 GDP 从 1.99 元下降到 1.28 元，投资效率下降了 35.68%。若从西部各省（区、市）的比较来看，投资效率普遍出现了下降现象，其中以青海、贵州、云南、广西与陕西尤为严重，2018 年固定资产投资占 GDP 的比例均超过了 100%；2018 年固定资产投资的 GDP 产出效率高于全国的仅有内蒙古和甘肃省。

综合以上两方面分析可以看出，2006 ~ 2018 年，西部地区一方面表现为固定资产投资的快速增长，并成为 GDP 快速增长的重要支撑；另一方面又表现为固定资产投资的 GDP 产出效率快速下滑，投资边际效应逐步递减。这表明，西部地区过去依赖投资高速增长来支撑经济快速增长的模式在未来是难以持续的，加快经济结构转型升级及培育经济增长的新动能迫在眉睫。

2. 西部地区科技发展水平分析

科技是第一生产力，科技发展对经济增长的巨大作用早已被世界经济发展的实践所证实。科技能力的培养及科技发展水平的提高需要巨大的投入作为支撑，因此，科技投资规模及其占 GDP 的比例就成为衡量一个国家或地区科技发展水平的重要指标，也是衡量其未来经济增长动力强弱的前瞻性指标。此处我们用研究与试验发展经费支出（R&D）占 GDP 的比例，即研发强度来反映。从 2006 ~ 2018 年西部地区及全国研发强度的变动情况可以看出，2006 ~ 2018 年西部地区的研发强度虽然大幅度提高，从 0.89% 提高到 1.35%，但始终低于全国平均水平，且与全国平均水平的差距还在拉大。2006 年西部地区研发强度低于全国平均水平 0.53 个百分点，到 2018 年则低于全国平均水平 0.84 个百分点。这表明整个西部地区的科技创新力度虽然在提升，但与全国相比仍存在巨大差距，这无疑会影响西部地区未来的经济增长（见表 6 - 10）。

另外，从西部各省（区、市）的比较来看，研发强度差异悬殊。研发强度最高的是陕西省，在 2006 ~ 2018 年间的大部分年份中研发强度均高于全国

表6-9 2006~2018年西部各省（区、市）固定资产投资占GDP比重及变动情况

单位：%

年份	内蒙古	广西	重庆	四川	贵州	云南	陕西	甘肃	青海	宁夏	新疆	西部	全国
2006	68.02	46.33	61.61	50.78	51.20	55.38	52.30	44.90	63.00	68.71	51.46	54.34	50.13
2007	68.08	50.48	66.89	53.40	51.62	57.81	59.32	48.23	60.56	65.26	52.53	57.29	50.84
2008	64.45	53.50	68.69	56.56	52.35	60.36	63.09	54.09	57.26	68.85	54.03	59.35	54.14
2009	75.32	67.50	79.85	80.36	61.65	73.36	76.46	69.76	73.82	79.50	63.72	74.11	64.44
2010	76.48	73.75	84.40	76.32	67.47	76.53	78.67	76.65	75.30	85.47	62.96	75.93	61.07
2011	72.18	68.18	74.65	67.64	74.29	69.62	75.37	79.00	85.94	78.24	70.08	71.85	63.84
2012	74.78	75.25	76.57	71.38	83.45	75.96	83.33	91.06	99.46	89.56	82.06	78.04	69.57
2013	84.04	82.41	81.63	77.02	91.18	84.25	91.85	103.12	111.26	102.85	91.57	85.92	75.27
2014	99.00	88.33	86.14	81.71	97.40	89.73	97.19	115.32	124.22	115.32	101.88	93.40	79.84
2015	76.84	96.58	91.32	84.94	104.22	99.13	103.11	128.92	132.83	120.39	115.96	96.62	81.93
2016	83.19	99.56	90.46	87.48	112.12	109.00	107.35	134.22	137.15	119.75	106.61	99.95	81.95
2017	87.06	110.67	90.28	86.27	114.50	115.63	108.77	78.12	147.95	108.27	111.09	100.29	78.13
2018	59.70	115.88	91.64	86.95	121.22	116.78	107.60	66.38	145.94	84.18	72.33	95.96	71.72

资料来源：根据国家统计局《中国统计年鉴》（2007~2019年）相关数据计算。

平均水平；西部其他各省（区、市）研发强度均低于全国平均水平；其中最低的是新疆，2018 年研发强度仅为 0.53%；其次为青海省，2018 年研发强度为 0.60%；但从西部各省（区、市）研发强度的动态变化来看，2006 ~ 2018 年只有陕西省的研发强度有所下降，从 2006 年的 2.24% 下降到 2018 年的 2.18%，降低了 0.06 个百分点；其余各省（区、市）的研发强度均呈现上升趋势。其中上升幅度最大的是重庆市，2006 ~ 2018 年研发强度提升了 0.95 个百分点；其次为四川省，研发强度提升了 0.56 个百分点。这说明，自 2006 年以来，西部各省（区、市）对科技创新与发展非常重视，研发投入力度持续加大，这将为未来的经济增长起到积极的推动作用。

表 6 – 10　2006 ~ 2018 年西部各省（区、市）研发强度及变动情况

单位:%，个百分点

年份	内蒙古	广西	重庆	四川	贵州	云南	陕西	甘肃	青海	宁夏	新疆	西部地区	全国
2006	0.34	0.38	1.06	1.25	0.64	0.52	2.24	1.05	0.52	0.70	0.28	0.89	1.42
2007	0.40	0.37	1.14	1.32	0.50	0.55	2.23	0.95	0.49	0.84	0.28	0.90	1.49
2008	0.44	0.46	1.18	1.28	0.57	0.54	2.09	1.00	0.41	0.69	0.38	0.89	1.54
2009	0.50	0.56	1.23	1.41	0.61	0.58	2.12	1.01	0.58	0.69	0.44	0.98	1.70
2010	0.55	0.66	1.27	1.54	0.65	0.61	2.15	1.02	0.74	0.68	0.49	1.07	1.76
2011	0.59	0.69	1.28	1.4	0.64	0.63	1.99	0.97	0.75	0.73	0.5	1.41	1.84
2012	0.64	0.75	1.4	1.47	0.61	0.67	1.99	1.07	0.69	0.78	0.53	1.09	1.98
2013	0.70	0.75	1.39	1.52	0.59	0.68	2.14	1.07	0.65	0.81	0.54	1.13	2.08
2014	0.69	0.71	1.42	1.57	0.6	0.67	2.07	1.12	0.62	0.87	0.53	1.13	2.05
2015	0.76	0.63	1.57	1.67	0.59	0.8	2.18	1.22	0.48	0.88	0.56	1.19	2.07
2016	0.79	0.65	1.72	1.72	0.63	0.89	2.19	1.22	0.54	0.95	0.59	1.24	2.08
2017	0.82	0.77	1.88	1.72	0.71	0.96	2.19	1.19	0.68	1.13	0.52	1.28	2.12
2018	0.75	0.71	2.01	1.81	0.82	1.05	2.18	1.18	0.60	1.23	0.53	1.35	2.19
2018 年较 2006 年变化	0.41	0.33	0.95	0.56	0.18	0.53	−0.06	0.13	0.08	0.53	0.25	0.46	0.77

3. 西部地区能源利用效率及变动分析

能源利用效率是对一个地区在经济发展中资源利用状况的综合反映，因此是衡量一个地区经济可持续发展水平的重要指标。能源利用效率通常用万元 GDP 能源消耗来反映。从 2006 ~ 2018 年西部各省（区、市）万元 GDP 能源

消耗变动情况可以看出，2006～2018 年，西部各省（区、市）与全国每万元 GDP 能耗均在持续下降，且除新疆外，其余各省（区、市）的下降幅度均大于全国 39.18% 的下降幅度（见表 6－11）。万元 GDP 能耗下降幅度最大的是贵州，万元 GDP 能耗由 2006 年的 3.19 吨标准煤下降到 2018 年的 1.11 吨标准煤，下降幅度达 65.20%；其次为重庆和四川，万元 GDP 能耗下降幅度分别达 61.31% 和 61.29%；新疆万元 GDP 能耗下降幅度最小，仅为 23.78%。但从西部各省（区、市）万元产值能耗水平来看，省域之间差异非常悬殊。2018 年，万元产值能耗最高的是宁夏，达到 2.11 吨标准煤；其次为新疆，1.59 吨标准煤；万元产值能耗最低的是广西和重庆，分别为 0.52 吨标准煤和 0.53 吨标准煤。宁夏的万元产值能耗是广西的 4.06 倍。西部地区除广西、重庆的万元 GDP 能耗低于全国平均水平、四川万元 GDP 能耗基本持平于全国平均水平外，其余各省（区）的万元 GDP 能耗均高于全国平均水平，万元产值能耗最高的宁夏，其能耗水平高出全国水平 72.04%。

表 6－11　2006～2018 年西部各省（区、市）每万元 GDP 能耗变动情况

单位：吨标准煤，%

年份	内蒙古	广西	重庆	四川	贵州	云南	陕西	甘肃	青海	宁夏	新疆	全国
2006	2.41	1.06	1.37	1.55	3.19	1.71	1.43	2.20	3.12	4.10	2.09	1.20
2007	2.30	0.96	1.33	1.48	3.06	1.64	1.36	2.11	3.06	3.95	2.03	1.16
2008	2.16	0.86	1.27	1.42	2.88	1.56	1.28	2.01	2.94	3.69	1.96	1.16
2009	2.01	0.85	1.18	1.34	2.35	1.50	1.17	1.86	2.69	3.45	1.93	1.08
2010	1.92	0.77	1.13	1.28	2.25	1.44	1.13	1.80	2.55	3.31	1.80	0.81
2011	1.41	0.68	0.95	0.89	1.71	1.16	0.85	1.40	2.08	2.28	1.93	0.79
2012	1.33	0.65	0.89	0.83	1.64	1.01	0.82	1.34	1.83	2.12	1.91	0.77
2013	1.27	0.63	0.69	0.79	1.58	0.96	0.79	1.28	1.82	2.05	1.84	0.74
2014	1.22	0.61	0.66	0.75	1.49	0.92	0.76	1.21	1.77	1.96	1.83	0.71
2015	1.17	0.58	0.62	0.70	1.38	0.84	0.73	1.12	1.69	1.99	1.73	0.66
2016	1.12	0.55	0.58	0.66	1.28	0.80	0.71	1.02	1.56	1.90	1.67	0.63
2017	1.11	0.54	0.55	0.63	1.19	0.76	0.68	1.01	1.48	2.05	1.66	0.61
2018	1.23	0.52	0.53	0.60	1.11	0.72	0.64	0.99	1.44	2.11	1.59	0.59
2018 年较 2006 年下降率	48.96	50.94	61.31	61.29	65.20	57.89	55.24	55.00	53.85	48.54	23.78	39.18

资料来源：wind 数据库。

可见,自 2006 年以来,西部地区在节能降耗、提高能源效率、寻求绿色发展等方面确实取得了显著成效,万元 GDP 能耗降低率远高于全国,但能耗水平与全国平均水平相比还有很大差距。因此,对于西部地区来讲,如何进一步降低能源消耗,实现经济的快速且绿色发展依然面临着巨大压力。

二 西部地区金融资源配置的市场化环境分析

市场化环境主要包括政府与市场的关系、产品市场发育程度、要素市场发育程度、市场中介组织发育程度等方面内容,它直接影响着金融发展的宽度与深度,并可以有效弱化因市场信息不对称而带来的"道德风险"与"逆向选择",降低交易成本,提高交易效率。

(一) 西部地区政府与市场的关系分析

市场化环境首先取决于政府对市场的态度以及政府与市场的边界划分。从此方面讲,良好的市场环境体现为政府与市场的边界比较清晰,经济资源主要由市场进行配置,政府对企业干预较少、政府将自身定位于服务型政府且高效务实。

党的十八大报告明确指出"处理好政府与市场的关系,必须更加重视市场规律,更好发挥政府作用"。对于政府与市场的关系,我们通常用"政府财政支出占 GDP 的比例"来衡量,该比例越大,表明政府在经济运行及资源配置过程中的主导性较强,对经济的干预力度越大,市场化程度越低。从西部地区及全国政府财政支出占 GDP 的比例情况来看,2006 ~ 2018 年西部地区财政支出占 GDP 的比重从 18.54% 上升到 28.78%,同期全国财政支出占 GDP 的比例从 18.42% 上升到 24.54%,西部地区财政支出占 GDP 比例明显高于全国平均水平,且呈现上升趋势。这表明从 2006 ~ 2018 年,西部地区政府对资源配置的控制权在强化,政府对经济的干预力度在加大(见表 6 - 12)。

表 6 - 12　2006 ~ 2018 年西部各省(区、市)及全国财政支出占 GDP 的比重变动情况

单位:%

年份	内蒙古	广西	重庆	四川	贵州	云南	陕西	甘肃	青海	宁夏	新疆	西部	全国
2006	16.42	15.38	15.20	15.50	26.12	22.42	17.37	23.23	33.15	26.59	22.26	18.54	18.42
2007	16.85	16.93	16.42	16.65	27.57	23.78	18.31	24.96	35.37	26.33	22.56	19.60	18.43
2008	17.13	18.47	17.54	23.40	29.59	25.83	19.54	30.57	35.75	26.99	25.32	22.29	19.61
2009	19.78	20.90	19.79	25.38	35.07	31.64	22.55	36.78	45.04	31.92	31.49	25.72	21.89

年份	内蒙古	广西	重庆	四川	贵州	云南	陕西	甘肃	青海	宁夏	新疆	西部	全国
2010	19.48	20.98	21.56	24.78	35.44	31.64	21.92	35.65	55.02	33.03	31.25	25.78	21.81
2011	20.82	21.71	25.67	22.23	39.44	32.95	23.43	35.67	57.89	33.58	34.55	26.74	22.39
2012	21.57	22.90	26.70	22.83	40.22	34.66	23.00	36.46	61.21	36.90	36.24	27.71	23.38
2013	21.80	22.21	23.95	23.57	38.12	34.63	22.62	36.49	57.87	35.77	36.32	27.39	23.65
2014	21.83	22.20	23.16	23.82	38.24	34.63	22.40	37.17	58.48	36.34	35.78	27.42	23.67
2015	23.85	24.20	24.13	24.95	37.52	34.61	24.28	43.56	62.68	39.08	40.81	29.21	25.64
2016	24.90	24.25	22.56	24.32	36.19	33.94	22.62	43.75	59.28	39.61	42.88	28.72	25.35
2017	28.14	26.50	22.32	23.51	34.07	34.89	22.07	44.26	58.29	39.87	42.61	28.98	24.74
2018	27.80	26.10	22.30	23.89	33.88	33.97	21.70	45.77	57.48	38.62	40.87	28.78	24.54

资料来源：根据国家统计局《中国统计年鉴》（2007～2019 年）相关数据计算。

从西部各（区、市）的比较来看，不同省（区、市）政府对经济的干预程度存在较大差异。青海省一直是政府对经济干预程度最大的地区，2006 年政府财政支出占 GDP 的比例为 33.15%，比当年西部及全国平均水平分别高出 14.61 个百分点和 14.73 个百分点，居西部地区首位；随后快速提升，到 2012 年时高达 61.21%，其后虽有下降，但到 2018 年时仍高达 57.48%，比西部及全国平均水平分别高出 28.7 个百分点和 32.94 个百分点。政府对经济干预力度最小的是陕西、重庆和四川，2018 年这三个省（市）财政支出占 GDP 的比例分别为 21.70%、22.30% 和 23.89%，均比全国平均水平低。由此可见，政府对市场的干预程度与其经济规模有直接关系，经济规模较大的省份，政府对经济的干预度较低，经济比较有活力；同时又进一步推动经济快速发展，形成良性循环。

（二）西部地区产品市场发育程度分析

为了保护本地企业，促进地方经济的发展，地方政府常常会"父爱泛滥"，在某些重要领域对外地企业进入本地市场设置壁垒，以降低本地企业的竞争压力，提升企业经济效益，但其做法却会延缓产品市场化进程，影响资源配置效率的提升。为此，我们借用王小鲁、樊纲、胡李鹏编写的《中国分省份市场化指数报告（2018）》中对"减少商品市场上的地方保护"的评价得分数据，对西部地区产品市场化程度做一分析。从 2008～2016 年西部地区"减少商品市场上的地方保护"评价得分及变动情况可见，2008～2016 年西部地区产品市场化程度有所提升，从 2008 年的 7.50 分提高到 2016 年的

7.93 分, 提高了 0.43 分; 同期, 全国的市场化程度评价得分由 2008 年的 7.90 分提高到 2016 年的 8.28 分, 提高了 0.33 分。可见西部地区市场化推进进程比全国略快, 但从市场化程度来讲, 西部仍然低于全国平均水平。表明西部地区的产品市场化程度还有待于进一步提升。

比较西部各省 (区、市) 的产品市场化程度, 可以看出各省 (区、市) 之间存在明显的差异性。具体而言, 广西在 "减少商品市场上的地方保护" 方面表现异常突出, 产品市场化程度在西部甚至全国都走在前列, 其 2016 年在 "减少商品市场上的地方保护" 评价得分为 10.35 分, 远高于西部地区及全国总体水平; 云南和贵州的产品市场化程度改善明显, 2016 年其市场化程度分别位列西部地区的第二、第三位; 市场化程度最低的是青海, 2016 年市场化程度评价得分仅为 6.70 分, 远低于西部地区及全国平均水平, 表明青海地方政府对本地产品市场的保护较强, 使得产品市场的竞争性及公平性不够。另外, 从动态变化来看, 2008~2016 年西部地区 "减少商品市场上的地方保护" 评价得分降低的省 (区) 有青海、内蒙古和新疆, 表明这三个省 (区) 在 2008~2016 年间政府对商品市场的地方保护不仅没有减弱, 反而在强化; 在减弱政府对商品市场的地方保护方面, 改进程度最大的是贵州, 评价得分提升了 2.45 分, 其次为云南, 得分提升了 1.96 分, 表明这两个省在商品市场化方面成效最为显著。

表 6-13　西部各省 (区、市) "减少商品市场上的地方保护" 得分变动情况

单位: 分

年　份	内蒙古	广西	重庆	四川	贵州	云南	陕西	甘肃	青海	宁夏	新疆	西部地区	全国
2008	9.18	9.34	7.97	9.03	6.87	7.59	8.08	8.27	7.95	8.27	7.45	7.50	7.90
2010	9.18	9.34	7.97	9.03	6.87	7.59	8.08	8.27	7.95	8.27	7.45	7.50	7.90
2012	9.18	9.34	7.97	9.03	6.87	7.59	8.08	8.27	7.95	8.27	7.45	7.50	7.90
2014	8.62	10.35	7.97	9.04	9.32	9.55	8.86	8.46	2.92	9.14	7.12	7.93	8.26
2016	8.62	10.35	8.4	9.04	9.32	9.55	8.86	8.46	6.70	9.14	7.12	7.93	8.28
2016 年较 2008 年变化	-0.56	1.01	0.43	0.01	2.45	1.96	0.78	0.19	-1.25	0.87	-0.33	0.43	0.33

资料来源: 王小鲁、樊纲、胡李鹏《中国分省份市场化指数报告 (2018)》, 社会科学文献出版社, 2019。

（三）西部地区要素市场发育程度分析

现代经济增长理论的不断创新与发展，使得经济增长要素的内容不断丰富，除了土地、资本、劳动等传统的生产要素之外，企业家才能、人力资本、技术、信息、制度等因其对经济增长的重要作用而被纳入生产要素的范畴。根据王小鲁、樊纲、胡李鹏等人的研究（见表 6-14），西部地区要素市场发育程度评价得分从 2008 年的 2.83 分提升到 2016 年的 4.34 分，提高了1.51 分；同期全国要素市场发育程度评价得分从 3.83 分提高到了 5.94 分，提高了 2.11 分；西部地区要素市场发育程度明显低于全国平均水平，且提升幅度也小于全国。

表 6-14　西部各省（区、市）及全国要素市场发育程度评价得分

单位：分

年份	内蒙古	广西	重庆	四川	贵州	云南	陕西	甘肃	青海	宁夏	新疆	西部地区	全国
2008	2.22	4.14	4.98	3.83	3.63	3.00	3.77	3.25	1.66	2.27	1.15	2.83	3.83
2010	1.10	3.27	4.35	3.53	2.69	4.18	3.24	1.28	0.53	2.69	0.07	2.14	3.68
2012	4.68	4.85	6.52	4.36	3.42	3.52	5.66	1.52	1.23	2.68	0.50	3.14	4.79
2014	4.23	5.17	7.76	5.17	3.98	4.20	7.77	2.13	2.00	3.95	1.79	3.96	5.60
2016	3.60	4.51	7.49	6.13	2.99	4.07	7.53	3.72	4.59	3.46	3.88	4.34	5.94

资料来源：见王小鲁、樊纲、胡李鹏《中国分省份市场化指数报告（2018）》，社会科学文献出版社，2019。

从西部地区各省域的比较来看，各省域要素市场发育程度差异明显。2016 年要素市场发育程度最高的三个省（市）依次为陕西、重庆和四川，其评价得分分别高出西部地区平均得分 3.19 分、3.15 分和 1.79 分，也分别高于全国平均水平1.59 分、1.55 分和 0.19 分；2016 年要素市场发育程度最低的三个省（区）依次为贵州、宁夏和内蒙古，评价得分分别低于西部地区平均得分 1.35 分、0.88 分和0.74 分。这表明贵州、宁夏及内蒙古在金融市场发展、人力资源供应以及技术成果市场化等方面发育程度比较落后，有待于进一步加快发展。

（四）西部地区市场中介组织发育程度分析

市场中介组织是指为市场主体提供信息咨询、培训、经纪、法律等各种服务，并且在各类市场主体之间从事协调、评价、评估、检验、仲裁等活动的机构或组织。它们在市场经济活动中充当了润滑剂、助推器和桥梁的角色，为市场经济的正常运行提供了服务，疏通了渠道，消除了障碍，打破了限制，使通过市场机制配置有限资源的过程更为协调、有效。因此，市场的健康快速发展离不开各类市场中介组织。根据王小鲁、樊纲、胡李鹏等人的研究（见表6-15），西部地区市场中介组织发育程度评价得分由2008年的3.02分下降到2016年的2.87分，下降了0.15分；同期全国该指标的评价得分由4.12分提高到了5.51分，提高了1.39分。这表明，2008~2016年，全国的市场中介组织获得了一定程度的发展，但西部地区却出现了一定程度的倒退。

表6-15 西部各省（区、市）及全国市场中介组织发育程度评价得分

单位：分

年份	内蒙古	广西	重庆	四川	贵州	云南	陕西	甘肃	青海	宁夏	新疆	西部地区	全国
2008	2.76	2.38	4.80	3.84	2.88	3.88	4.23	3.45	1.46	3.09	3.48	3.02	4.12
2010	6.18	2.52	4.09	2.86	0.89	3.37	2.90	4.39	2.37	-0.04	2.77	2.65	4.33
2012	4.99	4.85	5.83	4.36	2.51	2.15	4.80	3.20	3.04	2.49	3.43	3.54	4.80
2014	0.26	3.76	6.80	5.51	0.71	1.61	7.41	2.50	2.05	4.36	5.04	3.39	5.44
2016	-0.27	3.33	6.99	6.35	-0.38	0.81	6.89	2.24	1.99	3.17	4.81	2.87	5.51

资料来源：王小鲁、樊纲、胡李鹏《中国分省份市场化指数报告（2018）》，社会科学文献出版社，2019。

从西部各省（区、市）的比较来看，中介组织发育程度较高的三个省（市）依次为重庆、陕西和四川，其2016年评价得分分别比西部地区平均水平分别高出4.12分、4.02分和3.48分，比全国平均水平分别高出1.48分、1.38分和0.84分；最低的省（区）是贵州、内蒙古和云南，特别是贵州与内蒙古，其评价得分均小于0，这表明这些省区的市场中介组织非常薄弱。

三 西部地区金融资源配置的制度环境分析

制度是影响金融发展的重要因素，良好的制度是金融发展的保障，而糟糕的制度则是金融发展的桎梏。本节从产权制度及财政制度两个方面对西部地区金融资源配置的制度环境进行分析。

（一）西部地区产权制度分析

清晰的产权制度安排是金融市场参与者公平交易的重要保障。市场经济的重要特点是市场参与各方在各自的约束下公平竞争。只有清晰的产权界定及制度保障，才可以使金融交易参与者各方在地位、机会及信息等条

件上实现对等,并基于利益原则对其行为承担后果,从而保障金融交易的顺利进行。从 2008 ~ 2016 年西部地区知识产权保护程度的评价得分及变动情况可见,西部地区对知识产权保护力度明显加大,西部地区总的评价得分从 2008 年的 0.42 分提高到 2016 年的 3.50 分,提高了 3.08 分;同期全国的评价得分从 1.86 分提高到 8.01 分,提高了 6.15 分。因此,无论从对知识产权保护的程度,还是提升的速度来讲,西部地区与全国平均水平相比有很大差距(见表 6 - 16)。

表 6 - 16　西部各省(区、市)知识产权保护程度评价得分

单位:分

年份	内蒙古	广西	重庆	四川	贵州	云南	陕西	甘肃	青海	宁夏	新疆	西部地区	全国
2008	0.1	0.13	1.47	1.56	0.17	0.13	0.68	0.04	0.03	0.47	0.22	0.42	1.86
2010	0.33	0.41	4.13	4.26	0.55	0.48	1.91	0.28	0.07	1.11	0.60	1.18	4.30
2012	0.58	0.90	6.94	5.51	1.28	0.81	2.83	0.75	0.43	0.81	0.77	1.81	6.45
2014	0.88	1.58	7.76	6.00	2.13	1.22	4.36	1.11	0.46	1.50	1.28	2.36	6.85
2016	1.21	2.49	12.07	7.23	1.83	1.75	8.41	1.66	1.14	2.52	1.58	3.50	8.01
2016 较 2008 年变化	1.11	2.36	10.60	5.67	1.66	1.62	7.73	1.62	1.11	2.49	1.36	3.08	6.15

资料来源:王小鲁、樊纲、胡李鹏《中国分省份市场化指数报告(2018)》,社会科学文献出版社,2019。

从西部各省(区、市)的比较来看,西部各省(区、市)之间均存在显著差异。从保护程度上看,重庆、陕西是保护知识产权程度较高的两个省(市),其 2016 年保护程度评价得分均高于全国平均水平;另外,在知识产权保护方面的提升速度也高于全国水平,重庆从 2008 ~ 2016 年对知识产权保护力度的评价得分提升了 10.60 分,比全国评价得分 6.15 分高出 4.45 分;同期陕西省提升了 7.73 分,高于全国评价得分 1.58 分。西部地区中,对知识产权保护力度最弱的是青海和内蒙古,2016 年评价得分分别为 1.14 分和 1.21 分,而且这两个省(区)从 2008 年以来在知识产权保护方面做的工作非常不够,2016 年比 2008 年仅分别提高了 1.11 分。这一切表明,西部地区在知识产权保护的制度建设方面,虽有一定进步,但相比全国仍显缓慢。

(二)西部地区财政制度分析

科学的财税体制是优化资源配置、维护市场统一、促进社会公平以及实

现经济稳定发展的重要保障；即使市场机制成为资源配置的主要方式，财政资金的规模及其投向因其具有的导向与杠杆作用而对金融资源的配置具有重要作用。因此，财税制度也是金融发展的重要环境因素之一。由于任何财税制度执行的结果都以地方财政收支的盈余或缺口表现出来，因此，此处对西部地区财税制度的分析选择用财政收支缺口等指标来反映。

由表 6–17 可见，从财政收入角度看，2006～2018 年西部地区财政收入稳步增长，年均增长率达到 16.38%；同期，全国财政收入年均增长率为 13.83%；西部地区财政收入增速高于全国 2.55 个百分点，财政收入占全国财政收入的比例也有所上升。从省域来看，西部各省（区、市）财政收入均实现了年均 14% 以上的增速，且都高于全国平均增速。2018 年，财政收入规模最大的三个省（市）依次为四川、重庆和陕西；但从增长情况来看，2006～2018 年财政收入增速最快的则是贵州、宁夏和重庆，年均增速分别为 18.43%、17.94% 和 17.79%；财政收入增速最慢的是广西和云南，分别为 14.18% 和 14.82%，比西部平均增速分别落后 2.2 个百分点和 1.56 个百分点。

由表 6–18 可见，从财政支出角度看，2006～2018 年西部地区财政支出也在稳定增长，年均增长率为 17.72%；同期，全国财政支出年均增长率为 15.20%；西部地区财政支出增速高于全国 2.52 个百分点。从省域来看，2006～2018 年财政支出增长最快的三个省（市）依次为贵州、青海和重庆，年均增长率分别为 19.19%、18.51% 和 18.47%，而财政支出增长较慢的省（区）则是内蒙古和陕西，年均增速分别为 15.97% 和 16.78%。财政支出规模最大的三个省（区）则依次为四川、云南和广西；支出规模最小的省（区）则是宁夏和青海。财政收入及支出规模的差异，既是省域经济发展实力的体现，同时也是决定其经济社会发展潜力大小及快慢的重要因素。

由表 6–19 可见，2006～2018 年，西部地区政府财政收支缺口率持续提高，从 2006 年的 143.91% 提高到了 2018 年的 179.84%，提高了 35.93 个百分点；同期全国财政收支缺口率从 4.29% 提高到 20.48%，提高了 16.19 个百分点。2018 年西部地区财政收支缺口率高出全国平均水平 159.36 个百分点。这充分说明，西部地区政府财政支出仅靠自身财政收入很难满足，财政入不敷出问题非常严重。

从西部省域比较来看，政府财政收支缺口率最高的是青海，2018 年达到 503.66%，即财政收支缺口是当年地方财政收入的 5.04 倍；政府财政收支状况最好的则是重庆，2018 年财政收支缺口率为 100.44%。这表明西部地区地

表 6－17　2006~2018 年西部各省（区、市）财政收入情况

单位：亿元，%

年份	内蒙古	广西	重庆	四川	贵州	云南	陕西	甘肃	青海	宁夏	新疆	西部地区	全国
2006	343	343	318	608	227	380	362	141	42	61	219	3045	38760
2007	492	419	443	851	285	487	475	191	57	80	286	4065	51322
2008	651	518	578	1042	348	614	591	265	72	95	361	5134	61330
2009	851	621	655	1175	416	698	735	287	88	112	389	6026	68518
2010	1070	772	952	1562	534	871	958	354	110	154	501	7837	83102
2011	1357	948	1488	2045	773	1111	1500	450	152	220	720	10764	103874
2012	1553	1166	1703	2421	1014	1338	1601	520	186	264	909	12676	117254
2013	1721	1318	1693	2784	1206	1611	1748	607	224	308	1128	14350	129210
2014	1844	1422	1922	3061	1367	1698	1890	673	252	340	1282	15751	140370
2015	1964	1515	2155	3355	1503	1808	2060	744	267	373	1331	17077	152269
2016	2016	1556	2228	3389	1561	1812	1834	787	239	388	1299	17109	159605
2017	1703	1615	2252	3578	1614	1886	2007	816	246	418	1467	17601	172593
2018	1858	1681	2266	3911	1727	1994	2243	871	273	444	1531	18799	183352
年均增长率	15.11	14.18	17.79	16.79	18.43	14.82	16.40	16.37	16.82	17.94	17.57	16.38	13.83

资料来源：国家统计局《中国统计年鉴》（2007~2019 年）。

表 6 - 18 2006~2018 年西部各省（区、市）财政支出情况

单位：亿元，%

年份	内蒙古	广西	重庆	四川	贵州	云南	陕西	甘肃	青海	宁夏	新疆	西部地区	全国
2006	812	730	594	1347	611	894	824	529	215	193	678	7427	40423
2007	1082	986	768	1759	795	1135	1054	675	282	242	795	9575	49781
2008	1455	1297	1016	2949	1054	1470	1429	968	364	325	1059	13385	62593
2009	1927	1622	1292	3591	1372	1952	1842	1246	487	432	1347	17110	76300
2010	2274	2008	1709	4258	1631	2286	2219	1469	743	558	1699	20853	89874
2011	2989	2545	2570	4675	2249	2930	2931	1791	967	706	2284	26639	109248
2012	3426	2985	3046	5451	2756	3573	3324	2060	1159	864	2720	31364	125953
2013	3687	3209	3062	6221	3083	4097	3665	2310	1228	922	3067	34550	140212
2014	3880	3480	3304	6797	3543	4438	3963	2541	1347	1000	3318	37611	151786
2015	4253	4066	3792	7498	3940	4713	4376	2958	1515	1138	3805	42053	175878
2016	4513	4442	4002	8009	4262	5019	4389	3150	1525	1255	4138	44703	187755
2017	4530	4909	4336	8695	4613	5713	4833	3304	1530	1373	4637	48473	203085
2018	4806	5311	4541	9718	5017	6075	5302	3774	1647	1431	4986	52608	220906
年均增长率	15.97	17.99	18.47	17.90	19.19	17.32	16.78	17.80	18.51	18.16	18.08	17.72	15.20

资料来源：国家统计局《中国统计年鉴》（2007~2019 年）。

表 6-19 2006~2018 年西部各省（区、市）财政收支缺口率

单位：%

年份	内蒙古	广西	重庆	四川	贵州	云南	陕西	甘肃	青海	宁夏	新疆	西部地区	全国
2006	136.73	112.83	87.11	121.71	169.16	135.26	127.62	274.47	409.52	216.39	209.59	143.91	4.29
2007	119.92	135.32	73.59	106.70	178.95	133.26	121.89	253.40	394.74	202.50	177.97	135.55	-3.00
2008	123.50	150.39	75.78	183.01	202.87	139.41	141.62	265.28	404.56	242.11	193.35	160.72	2.06
2009	126.44	161.19	97.25	205.62	229.81	179.66	150.48	334.49	453.41	286.61	246.27	183.94	11.36
2010	112.52	160.10	79.52	172.60	205.62	142.46	131.63	314.97	575.45	262.34	239.12	166.08	8.15
2011	120.34	168.57	72.72	128.61	190.94	163.64	95.40	298.00	536.84	220.91	217.22	147.47	5.17
2012	120.61	156.00	78.86	125.15	171.79	167.04	107.62	295.96	523.12	227.27	199.23	147.43	8.37
2013	114.24	143.47	80.86	123.46	155.56	154.25	109.67	280.40	448.21	199.35	171.90	140.77	8.51
2014	110.41	144.73	71.90	122.05	159.18	161.37	109.63	277.71	434.92	194.41	158.73	138.78	8.13
2015	116.50	168.32	75.96	123.46	162.08	160.67	112.43	297.58	464.42	205.09	185.88	146.26	15.50
2016	123.81	185.41	79.62	136.32	173.03	176.99	139.24	300.25	538.08	223.45	218.55	161.28	17.64
2017	166.00	203.90	92.54	143.01	185.81	202.92	140.86	305.02	521.95	228.47	216.16	175.40	17.67
2018	158.72	215.88	100.44	148.48	190.56	204.66	136.38	333.30	503.66	222.07	225.60	179.84	20.48
2018 年较 2006 年变化	21.99	103.05	13.33	26.77	21.40	69.40	8.76	58.83	94.14	5.68	16.01	35.93	16.19

资料来源：根据《中国统计年鉴》相关数据计算；财政收支缺口率 =（财政支出 - 财政收入）/财政收入×100%。

方财政力量非常脆弱，经济运行对中央财政的转移支付有着高度的依赖性。即使是财政状况最好的重庆，财政收支缺口也与当年地方财政收入基本持平。薄弱的地方财政实力无疑是地方经济发展的重要约束因素。

四　西部地区金融资源配置的法治环境分析

金融立法、执法和司法环境的改善不仅为金融活动与业务的开展、金融主体权益保护提供保障，而且会延展各种金融组织、活动的发展空间，激励金融创新。因此，法治环境是金融生态环境的重要内容。

由表6－20可见，2008～2016年西部地区法治环境获得一定程度的改善，其评价得分从3.88分提高到4.98分，提高了1.10分；同期，全国法治环境评价得分从4.75分提高到6.00分，提高了1.25分。表明西部地区公检法机关在执法公正及效率方面要差于全国水平，且从2008年到2016年的改进幅度也落后于全国。继续改善西部地区法治环境依然是金融生态环境优化的一个重要内容。

表6－20　西部各省（区、市）"维护市场的法治环境"评价得分

单位：分

年份	内蒙古	广西	重庆	四川	贵州	云南	陕西	甘肃	青海	宁夏	新疆	西部地区	全国
2008	3.73	4.84	4.99	5.86	6.15	5.49	4.45	1.32	2.75	2.98	3.94	3.88	4.75
2010	0.59	1.50	8.18	4.74	0.63	6.25	1.74	1.54	-0.12	-1.67	-0.24	1.79	2.86
2012	1.97	6.91	7.93	6.00	4.39	4.37	5.45	1.53	1.19	0.44	1.59	3.52	4.71
2014	4.38	7.08	8.33	6.17	4.63	3.58	6.99	4.18	2.85	4.24	1.73	4.79	6.11
2016	4.84	6.20	6.35	6.57	4.35	2.35	7.49	7.92	2.28	4.90	1.88	4.98	6.00
2016年较2008年变化	1.11	1.36	1.36	0.71	-1.80	-3.14	3.04	6.60	-0.53	1.92	-2.06	1.10	1.25

资料来源：王小鲁、樊纲、胡李鹏《中国分省份市场化指数报告（2018）》，社会科学文献出版社，2019。

从西部各省（区、市）的比较来看，2016年法治环境评价得分最高的是甘肃，达到7.92分，与2008年的1.32分相比，提高了6.60分，是西部各省（区、市）中法治环境改善最为显著的省；其次是陕西，2016年评价得分是7.49分，比2008年提高了3.04分，法治环境水平及改善幅度均处于西部

地区第二位。法治环境评价得分最差的是新疆，2016 年评价得分仅为 1.88 分，比西部地区平均得分低 3.10 分；其次为青海，2016 年评价得分 2.28 分，比西部地区平均得分低 2.70 分。2016 年西部地区中法治环境评价得分高于全国平均水平的有甘肃、陕西、四川、重庆和广西；其余各省（区）法治环境评价得分均落后于全国平均水平。显然，西部地区法治环境还有待于进一步改善。

五 西部地区金融资源配置的技术环境分析

随着大数据、云计算、区块链等一系列技术创新的出现，及其在支付清算、融资借贷、投资管理和保险等诸多金融领域的广泛应用，使近年来互联网金融快速发展。本节从居民互联网使用情况和新生金融业态发展状况两方面对西部地区金融发展的技术环境做一分析。

（一）西部地区居民互联网使用情况分析

网络普及率能够充分反映一个地区居民的互联网使用情况。从 2006 ~ 2018 年西部地区居民网络普及率及变动情况可见，西部地区网络普及率总体上呈现出不断上升的趋势。2006 年西部地区网络普及率仅为 7%，到 2018 年达到 51%，提高了 44 个百分点（见表 6 - 21）；同期，全国网络普及率从 16% 提高到了 58%，提高了 42 个百分点。可见，从总体上看，西部地区网络普及率低于全国平均水平，但其上升速度快于全国。

表 6 - 21 2006 ~ 2018 年西部各省（区、市）居民网络普及率

单位:%，个百分点

年份	内蒙古	广西	重庆	四川	贵州	云南	陕西	甘肃	青海	宁夏	新疆	西部	全国
2006	8	8	8	4	6	11	11	6	7	7	8	7	16
2007	13	12	13	10	6	7	14	9	11	10	17	11	11
2008	16	15	21	14	12	12	21	13	24	17	29	17	23
2009	23	21	28	20	16	18	27	21	28	23	29	22	29
2010	30	25	35	24	20	22	35	26	33	28	38	28	34
2011	34	29	37	28	24	25	38	27	37	32	40	30	38
2012	39	34	41	32	29	29	41	31	42	40	43	34	42
2013	44	38	44	35	33	33	45	35	47	43	48	38	46
2014	46	39	46	37	35	35	46	37	67	45	50	40	48
2015	50	43	48	40	38	37	50	39	54	49	54	43	50

续表

年份	内蒙古	广西	重庆	四川	贵州	云南	陕西	甘肃	青海	宁夏	新疆	西部	全国
2016	52	46	52	44	43	40	52	42	54	50	54	46	53
2017	52	48	53	45	45	41	53	44	54	51	55	49	56
2018	54	50	55	48	49	43	55	46	54	52	55	51	58
2018 较比 2006 年提高	46	42	47	42	43	32	44	40	47	45	47	44	42

资料来源：《中国互联网络发展状况统计报告》。

从西部各省（区、市）的比较来看，2018 年网络普及率最高的省（区、市）依次为重庆、陕西和新疆，网络普及率均达到 55%，比全国平均水平仅低 3 个百分点；网络普及率最低的省依次为云南、甘肃和四川，其网络普及率分别为 43%、46% 和 48%。西部地区网络普及率的快速提高，一方面为以互联网为基础的"四新经济"的发展提供了支撑条件；另一方面，也为移动支付等新型金融业务发展与普及奠定了技术基础。

（二）西部地区新生金融业态发展状况分析

互联网企业利用自身技术优势，重新组合各种金融要素，提供差异化金融服务，取得了积极进展。主要业态包括第三方支付、P2P 网络借贷、众筹融资平台以及大数据征信等。我国中小企业融资需求与银行信贷可得性不匹配，部分企业迫于无奈寻求民间融资，网络借贷由此迅猛发展。从根据有关资料整理的 2013~2018 年西部地区网贷运营平台数量变动情况可知，西部地区网贷运营平台数量呈先上升后下降的趋势。2013 年西部地区网贷运营平台有 64 家，到 2015 年时上升至 306 家，其后数量逐步减少，到 2018 年下降至 108 家，这一变化趋势与全国基本相同。2013 年全国网贷运营平台有 800 家，2015 年上升至 2595 家，2018 年下降至 1021 家；西部地区网贷平台数占全国总数的比例由 2013 年的 8% 上升到 2018 年的 10.58%（见表 6-22）。

表 6-22　2013~2018 年西部各省（区、市）网贷运营平台数量变动情况

单位：家

年份	内蒙古	广西	重庆	四川	贵州	云南	陕西	甘肃	青海	宁夏	新疆	西部	全国
2013	0	8	8	24	8	8	8	0	0	0	0	64	800
2014	4	17	33	72	12	14	18	2	0	5	3	180	1575

年份	内蒙古	广西	重庆	四川	贵州	云南	陕西	甘肃	青海	宁夏	新疆	西部	全国
2015	11	23	59	84	29	25	41	5	0	15	14	306	2595
2016	10	24	54	49	28	27	19	6	1	8	19	245	2448
2017	8	18	45	37	15	20	10	4	2	7	19	185	1931
2018	4	16	9	22	16	7	12	3	1	3	15	108	1021

资料来源：网贷之家、中国网络借贷行业年报，2013 年以前数据缺失严重。

从西部各省（区、市）比较来看，2013~2018 年西部各省（区、市）网贷平台数量的变化也呈现出先增加后减少的趋势，其中内蒙古、甘肃、青海、宁夏、新疆都经历了从零到有的发展，特别是新疆，从 2013 年的 0 家快速增加到 2018 年的 15 家。从数量分布来看，四川、广西、贵州是西部地区中网贷平台数量较多的三个省（区），2018 年其网贷平台数量之和占西部地区总数的 50%。

需要指出的是，网贷平台从无到有的快速增加，一方面是民间金融发展活力充足的表现，同时也表明中小微企业、个人融资难问题异常突出；另一方面，从 2015 年开始的网贷平台暴雷且日益加剧现象，表明基于互联网技术而发展的民间金融由于监管不到位而存在着极大的风险，成为当前金融风险聚集的一个重要源头。这对于经济金融比较脆弱的西部地区来讲，需要引起地方政府及监管部门的高度关注。

六 西部地区金融资源配置的开放环境分析

历经 40 余年的改革开放，我国已全面参与到了国际分工格局之中。经济全球化和生产要素的全球配置在推动经济高速增长的同时，既为金融业拓展了发展空间，同时也为金融业开放与稳健发展带来了挑战。因此，对外开放环境及变化是金融业发展必须特别关注的环境之一。

（一）西部地区经济开放环境分析

2018 年是我国改革开放的第 42 个年头，西部各省（区、市）的对外开放程度已经显著提升，特别是"一带一路"倡议的提出，全面拉开了西部地区对外开放的全新格局。

1. 西部地区进出口贸易状况分析

从表 6-23 来看，2006~2018 年，西部地区出口贸易额由 341 亿美元增加到 2117 亿美元，年均增长率为 5.21%；而同期全国出口贸易额的年均增长率仅为 1.57%，西部地区出口贸易额年均增长率高出全国 3.64 个百分点；2018 年西部地区出口贸易额占全国的比例为 8.51%，这与西部地区在全国经济总量中所占比例极不相称。从西部各省（区、市）的比较来看，出口贸易额与其经济规模正相关，经济大省也就是出口大省。重庆、四川及陕西是西部地区三个出口较多的省（市），而出口最少的是青海，2018 年出口贸易额仅为 5 亿美元，是重庆出口额的 1% 还不到。从出口贸易增长速度来讲，重庆是出口贸易增长最快的省（市），2006～2018 年出口年均增长速度达 14.12%，是全国出口平均增速的 9 倍；经济发展比较落后的青海、甘肃的出口贸易增速则最慢，从 2006 年到 2018 年的 12 年间，出口贸易额几乎没有增加。

从表 6-24 来看，2006～2018 年西部地区进口贸易额呈现上升趋势，从 236 亿美元增加到 1568 亿美元，年均增长率为 5.64%；同期全国进口贸易额的年均增长率为 1.70%，西部地区进口贸易额增长率高出全国平均水平 3.94 个百分点。2018 年西部地区进口额占全国进口总额的比例为 7.34%，与西部地区在全国经济总量中所占比例不相称。分省（区、市）看，四川、重庆、陕西等地是西部地区进口贸易额最大、也是增长较快的省（市）。青海、宁夏等是进口规模最小的省（区），同时其进口增长速度也较低。

从表 6-25 来看，西部地区贸易依存度（进出口总额与 GDP 之比）呈现出在波动中缓慢上升趋势，从 2006 年的 11.40% 提升至 2018 年的 15.28%，提高了 3.88 个百分点；而全国的贸易依存度在波动中呈现出下降趋势，由 2006 年的 63.95% 下降至 2018 年的 33.19%，下降了 30.76 个百分点。分省域看，由于贸易依存度的大小既与经济规模及经济结构有关，还与地理环境有关，因此，重庆、四川、广西、陕西的外贸依存度呈现出提高趋势；而其余各省（区）均表现出一定的下降，其中新疆的外贸依存度下降幅度最大，从 2006 年的 23.83% 下降到 2018 年的 10.56%，下降了 13.27 个百分点。另外，宁夏、甘肃的外贸依存度也从 2006 年时居西部地区的第二、第三位下滑到 2018 年时的第 7 位和第 9 位。

综合西部地区各省份出口额、进口额以及外贸依存度的变化可知，西部地区进出口额虽然都有了一定程度的增长，但各省（区、市）的外贸依存度却存在着显著的变化差异，重庆、四川、陕西等省（市）出现了提升，而新疆、宁夏、甘肃、青海等省（区）却出现了较大幅度的下降。这从一个侧面反映了西部各省（区、市）在对外开放程度方面存在的明显差异。

表 6-23　2006~2018 年西部各省（区、市）出口贸易情况

单位：亿美元，%

年份	内蒙古	广西	重庆	四川	贵州	云南	陕西	甘肃	青海	宁夏	新疆	西部地区	全国
2006	21	36	34	66	10	34	36	15	5	9	71	341	9690
2007	29	51	45	86	15	48	47	17	4	11	115	470	12201
2008	36	73	57	131	19	50	54	16	4	13	193	653	14307
2009	23	84	43	142	14	45	40	7	3	7	109	520	12016
2010	33	96	75	188	19	76	62	16	5	12	130	720	15778
2011	47	125	198	290	30	95	70	22	7	16	168	1079	18984
2012	40	155	386	385	50	100	87	36	7	16	193	1487	20487
2013	41	187	468	419	69	157	102	47	8	26	223	1779	22090
2014	64	243	634	448	94	188	139	53	11	43	235	2174	23423
2015	57	279	552	331	99	166	148	58	16	30	175	1917	22735
2016	44	229	407	279	47	115	158	41	14	25	156	1520	20976
2017	49	281	426	376	58	115	245	17	4	37	176	1788	22634
2018	58	328	514	504	51	128	316	22	5	27	164	2117	24874
年均增长率	1.76	8.11	14.12	6.64	4.10	2.77	7.78	0.47	0.00	2.00	1.31	5.21	1.57

资料来源：国家统计局《中国统计年鉴》（2007~2019 年）。

表6-24 2006~2018年西部各省(区、市)进口贸易情况

单位:亿美元,%

年份	内蒙古	广西	重庆	四川	贵州	云南	陕西	甘肃	青海	宁夏	新疆	西部地区	全国
2006	38	31	21	44	6	28	17	23	1	5	20	236	7915
2007	48	41	29	58	8	40	22	39	2	5	22	316	9561
2008	53	59	38	90	15	46	29	45	3	6	29	414	11326
2009	45	59	34	100	9	35	44	31	3	5	30	396	10059
2010	54	81	49	139	12	58	59	58	3	8	42	564	13962
2011	72	109	94	187	19	66	76	66	3	7	60	760	17435
2012	73	140	146	207	17	110	61	53	4	6	58	877	18184
2013	79	141	219	226	14	96	99	56	6	7	53	996	19500
2014	82	162	320	254	14	108	134	33	6	11	42	1168	19592
2015	71	232	193	181	23	79	157	21	3	8	22	992	16796
2016	72	247	221	214	10	84	141	28	2	8	21	1049	15879
2017	90	298	240	306	24	120	157	31	2	14	29	1315	18438
2018	99	295	277	395	25	171	217	38	2	10	36	1568	21356
年均增长率	1.61	8.52	12.19	7.98	3.17	5.11	11.77	0.65	1.00	1.00	0.80	5.64	1.70

资料来源:国家统计局《中国统计年鉴》(2007~2019年)。

表6-25 2006~2018年西部各省(区、市)贸易依存度变动情况

单位:%,个百分点

年份	内蒙古	广西	重庆	四川	贵州	云南	陕西	甘肃	青海	宁夏	新疆	西部地区	全国
2006	9.61	11.19	11.16	10.11	5.51	12.44	9.01	13.39	8.01	15.78	23.83	11.40	63.95
2007	8.79	11.61	11.62	9.94	5.75	13.46	8.74	14.92	5.61	12.57	28.43	11.67	58.86
2008	7.17	12.89	11.23	11.99	6.46	11.52	7.78	13.16	4.62	10.66	36.29	12.06	54.88
2009	4.75	12.54	8.06	11.66	4.02	8.91	7.03	7.79	3.71	6.06	22.27	9.35	43.25
2010	4.95	12.28	10.38	12.59	4.53	12.31	7.92	11.89	3.87	7.68	20.86	10.45	47.79
2011	5.25	12.56	18.38	14.30	5.40	11.35	7.38	10.96	3.48	6.85	21.75	11.56	47.03
2012	4.46	14.22	29.31	15.57	6.08	12.81	6.44	9.90	3.84	5.95	21.07	13.05	45.13
2013	4.32	13.85	32.76	14.92	6.25	13.03	7.57	9.86	4.03	7.61	19.90	13.33	42.76
2014	5.01	15.83	40.94	15.05	7.11	14.13	9.46	7.73	4.56	12.08	18.26	14.81	41.04
2015	4.66	19.74	30.77	11.06	7.56	11.67	10.99	7.60	5.19	8.34	13.69	13.03	37.42
2016	4.45	18.04	24.54	10.38	3.35	9.34	10.71	6.58	4.12	7.12	12.67	11.36	34.56
2017	5.82	21.09	23.15	12.44	4.07	9.67	12.39	4.37	1.68	9.88	12.76	12.43	33.79
2018	5.84	19.72	24.98	14.23	3.06	10.77	14.04	4.68	1.57	6.60	10.56	15.28	33.19
2018年较2006年变化	-3.77	8.53	13.82	4.12	-2.45	-1.67	5.03	-8.71	-6.44	-9.18	-13.27	3.88	-30.76

资料来源:根据国家统计局《中国统计年鉴》(2007~2019年)相关数据计算。

159

2. 西部地区外商直接投资情况分析

外商直接投资是反映区域经济开放程度的重要衡量指标之一。从 2006 ~ 2018 年西部地区外商投资实际使用金额的变动情况来看，西部地区吸引外商投资实际使用金额从 2006 年的 60.5 亿美元增长到 2018 年的 306.7 亿美元，年均增长率为 14.49%；同期全国外商投资实际使用金额从 630.21 亿美元增长到 1349.70 亿美元，年均增长率为 6.55%（见表 6 – 26）。西部地区外商直接投资额年均增长率高于全国平均增长率 7.94 个百分点，表明西部地区对外商直接投资的吸引力在持续增强，外商直接投资流入额的增长远超过全国水平。

从西部各省域的比较来看，省域间吸引外商直接投资额存在巨大差异。其中，四川省是外商直接投资大省，2018 年吸引的外商直接投资额占整个西部地区总额的 35.42%；其次是陕西省，2018 年吸引外商直接投资额占西部地区总额的 22.32%。吸引外商直接投资最少的则是青海、甘肃两省，2018 年吸引的外商直接投资还不足 1 亿美元。另外，从外商直接投资额的增长来看，2006 ~ 2018 年外商直接投资增长最快的是贵州，其年均增长率高达 30.49%；其次是四川和陕西，外商直接投资的年均增长率分别是 20.09% 和 18.16%。青海则是外商直接投资严重下滑的省，2006 ~ 2018 年吸引外商直接投资不仅没有增加，反而是减少的，年均增长速度是 – 16.63%。外商直接投资流入增长迅速的地区表明其市场基础好，营商环境较好，经济增长潜力巨大。

（二）西部地区金融开放分析

西部地区金融业对外开放程度逐渐加深，但与其他地区相比仍处于落后水平。本节从资本账户开放和外资银行类金融机构发展状况两个角度对其做一分析。

1. 资本账户开放

资本账户开放主要是指资金的跨境自由转移，最早于 2009 年 7 月在上海、广州等地进行跨境人民币结算试点，只限于贸易项下。2010 年内蒙古、广西、重庆、四川、云南、西藏、新疆加入试点范围。2011 年跨境贸易人民币结算国内区域扩大至全国范围，包含货物贸易、服务贸易和其他经常项目，人民币跨境结算业务额快速增加。从西部地区来讲，重庆、四川始终处于西部地区跨境人民币业务发展前列。截至 2018 年末，重庆市跨境人民币累计结算量达到 8645 亿元，增长了近 119 倍，年均增速达 81.9%；陕西省跨境人民币结算金额累计达 2433.85 亿元；云南省截至 2018 年 9 月末的跨境人民币累计结算额 4459.77 亿元，较试点前翻两番多。

表 6-26 2006~2018 年西部各省（区、市）外商投资实际使用金额变动情况

单位：亿美元，%

年份	内蒙古	广西	重庆	四川	贵州	云南	陕西	甘肃	青海	宁夏	新疆	西部	全国
2006	17.41	4.47	6.96	12.08	1.84	3.02	9.25	0.30	2.75	1.38	1.04	60.50	630.21
2007	21.49	6.84	10.29	14.93	1.53	3.95	11.95	1.18	3.10	1.70	1.25	78.21	747.68
2008	26.51	9.71	24.52	30.88	1.74	7.77	13.70	1.28	2.20	1.21	1.90	121.42	923.95
2009	29.84	10.35	33.76	35.90	1.80	9.10	15.11	1.34	2.15	1.42	2.16	142.93	900.33
2010	33.85	9.12	30.43	60.25	3.40	13.29	18.20	1.35	2.19	0.81	2.37	175.26	1057.35
2011	38.38	10.14	58.26	94.81	7.17	17.38	23.55	0.70	1.69	2.02	3.35	257.45	1160.11
2012	39.43	7.49	35.24	98.01	10.98	21.89	29.36	0.61	2.06	2.18	4.08	251.33	1117.16
2013	46.45	7.00	41.44	102.84	15.74	25.15	36.78	0.71	0.94	1.48	4.81	283.34	1175.86
2014	39.80	10.01	42.33	102.90	20.65	27.06	41.76	1.00	0.50	0.92	4.17	291.10	1195.62
2015	33.70	17.22	37.72	100.70	25.78	29.90	46.21	1.10	0.55	1.86	4.53	299.27	1262.67
2016	39.70	8.88	26.26	90.46	32.16	8.67	50.12	1.15	0.15	2.54	4.01	264.10	1260.01
2017	31.50	8.27	22.60	93.68	38.91	9.63	58.94	0.44	0.18	3.11	1.96	269.21	1310.35
2018	31.60	5.06	32.50	108.64	44.86	10.56	68.48	0.50	0.31	2.14	2.05	306.70	1349.70
年均增长率	5.09	1.05	13.70	20.09	30.49	10.99	18.16	4.42	-16.63	3.72	5.82	14.49	6.55

资料来源：西部各省（区、市）《国民经济和社会发展统计公报》（2006~2018 年）。

人民币跨境结算的实行是我国人民币国际化战略的重要步骤，也是加强金融领域国际化合作的重要举措，对于提高人民币国际竞争力、营造开放的营商环境、方便企业国际结算、降低企业汇率风险等都具有重要意义。

2. 外资银行类金融机构发展状况分析

度量西部地区外资银行类金融机构发展状况无外乎外资银行类金融机构的数量与资产总额。表 6 – 27、表 6 – 28 分别是 2006～2018 年西部地区外资银行类金融机构数量及资产总额变动情况。

从外资银行类金融机构的数量看（见表 6 – 27），西部地区外资银行类金融机构从 2006 年的 15 家增加至 2018 年的 75 家，数量增加了 60 家；同期全国外资银行类金融机构数量从 2006 年的 224 家增加至 2018 年的 1143 家；西部地区外资银行类金融机构数量占全国比例在 2006 年为 6.70%，2018 年为 6.56%，略有下降。从外资银行的入驻来看，重庆、四川和陕西是西部地区外资银行入驻数量最多的省（市），截至 2018 年，这三个省（市）入驻的外资银行数量占到西部地区总数的 80%。另外，甘肃、青海、宁夏三个省（区）截止到 2018 年还没有一家外资银行入驻。这表明，西部地区外资银行入驻的省域分布高度集中。

表 6 – 27　2006～2018 年西部各省（区、市）外资银行类金融机构数量变动情况

单位：家

年份	内蒙古	广西	重庆	四川	贵州	云南	陕西	甘肃	青海	宁夏	新疆	西部	全国
2006	0	0	4	7	0	1	3	0	0	0	0	15	224
2007	0	0	9	13	0	1	4	0	0	0	0	27	274
2008	0	1	12	17	0	2	6	0	0	0	1	38	311
2009	0	2	16	18	0	8	0	0	0	0	1	45	338
2010	1	2	20	20	1	2	9	0	0	0	1	53	360
2011	1	2	24	22	1	3	10	0	0	0	2	62	796
2012	1	2	28	24	1	4	11	0	0	0	2	70	839
2013	1	3	28	26	1	4	11	0	0	0	2	72	928
2014	1	3	29	28	1	6	12	0	0	0	2	79	1008
2015	1	4	31	29	1	6	12	0	0	0	3	82	1006
2016	1	4	28	28	1	6	13	0	0	0	3	79	1031
2017	1	4	27	26	1	7	12	0	0	0	2	80	1013
2018	1	4	24	23	1	7	13	0	0	0	2	75	1143

资料来源：《中国区域金融运行报告》（2006～2019 年）、《中国金融年鉴》。

从外资银行类金融机构的资产总量看（见表6-28），西部地区外资银行类金融机构资产总量从2006年的107亿元增加至2018年的943亿元，年均增长率19.88%；同期全国外资银行类金融机构资产总量从2006年的9279亿元增加至2018年的33500亿元，年均增长率11.29%；西部地区外资银行资产总额占全国的比例由2006年的1.15%提高到了2018年的2.81%。

表6-28 2006~2018年西部各省（区、市）外资银行类金融机构资产总额变动情况

单位：亿元

年份	内蒙古	广西	重庆	四川	贵州	云南	陕西	甘肃	青海	宁夏	新疆	西部地区	全国
2006	—	—	22	25	—	5	55	0	0	0		107	9279
2007	—	—	65	76	—	3	90	0	0	0		234	12525
2008	—	1	81	122	—	3	92	0	0	0	24	323	13448
2009	—	7	76	131	—	3	81	0	0	0	20	318	13492
2010	2	19	106	226	2	14	92	0	0	0	17	478	17423
2011	8	12	127	265	3	26	109	0	0	0	25	575	21000
2012	8.9	25	170	312	3	34	110	0	0	0	35	696	24000
2013	12	34	202	334	3	46	140	0	0	0	37	809	25000
2014	6	40	217	321	3	57	154	0	0	0	27	824	27500
2015	3.7	40	245	294	3	79	168	0	0	0	18	850	27000
2016	4	47	226	344	3	52	166	0	0	0	14	850	29250
2017	3	52	203	367	3	62	161	0	0	0	16	867	32400
2018	3	56	222	372	5	76	191	0	0	0	18	943	33500

资料来源：中国人民银行《中国区域金融运行报告》（2006~2019年）。

外资银行进入西部地区的机构数量及资产总额的快速增加，以及占全国比例的快速提升，一方面表明西部地区金融开放力度在持续加大，对外资金融机构的吸引力在不断增强；另一方面也表明外资金融机构对西部地区经济发展具有更好的前景预期。但外资金融机构进入西部地区的省域不均衡现象，表明西部地区省域之间金融开放在经济基础、开放条件与程度等方面还存在着显著差异，外资金融机构全面进入西部地区的时机还远未到来。

七 本章小结

金融生态环境是金融业赖以生存和发展的基础，也是影响金融资源配置效率的重要因素。本章基于前述对金融生态环境的内涵界定及其与金融发展

关系的分析，对西部地区金融生态状况进行了全面分析。

（1）就西部整体而言，随着经济发展水平的日益提升，市场经济改革的不断深化，社会制度环境的逐步优化，地区法制环境的渐渐改善，技术变革的日新月异以及开放程度的不断加深，西部地区金融生态环境在整体上获得了显著改善。

（2）西部地区金融生态环境存在着省域间的极大差异性。由于经济发展规模及增长潜力是金融生态环境的主体性构成内容，这就决定了重庆、四川、陕西等少数省（市）具有较为良好的金融生态环境，为其金融业的快速发展提供了有利条件；而经济发展水平较为落后的甘肃、青海、宁夏等省（区）的金融生态环境较差，对其金融业发展形成了明显的约束。

（3）在金融生态环境构成的具体内容上，与全国相比较，西部地区经济实力较弱、民营经济发展不足、政府对市场干预较多、制度环境与法治环境亟待改善等方面与全国差距明显，是西部地区金融生态环境的短板；而在技术条件、对外开放等方面，虽然在绝对水平上与全国相比仍有差距，但在相对水平上具有一定的比较优势；特别是在国家西部大开发战略的持续推进与深入、丝绸之路经济带倡议的提出及实施沿边开放等重大战略与政策的推动下，西部地区的开放环境在持续优化，这为西部地区金融业加速发展提供了机遇。

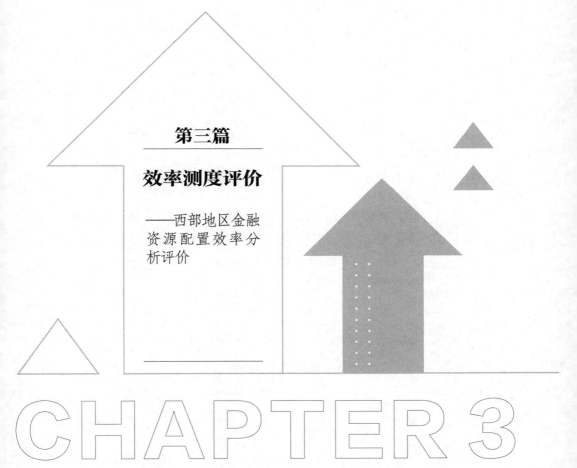

第三篇

效率测度评价

——西部地区金融资源配置效率分析评价

CHAPTER 3

　　提升金融资源配置效率，既是金融发展的核心内容，也是加快经济高质量发展的重要途径，而提升金融资源配置效率的前提是对现有金融资源配置效率进行客观评价。为此，本篇将基于第三章构建的金融资源配置效率评价指标体系，从省域层面及西部整体区域层面，对西部地区金融资源配置的中介效率与产出效率进行测度与评价，并对其中存在的主要问题进行归纳分析。

第七章
西部各省（区、市）金融资源
配置效率评价（Ⅰ）

本章依据前述第三章构建的金融资源配置效率评价指标体系①及方法，主要对西南地区的重庆、四川、云南、贵州以及内蒙古、广西等6个省（区、市）的金融资源配置效率进行评价。

一 重庆市金融资源配置效率评价

（一）重庆市金融资源配置中介效率评价

1. 重庆市金融资源配置中介效率评价指标的变化分析

表7-1是2006~2018年重庆市金融资源配置中介效率各指标的变化情况。

首先，金融机构中介效率衡量指标的变动分析。①居民储蓄率呈现出以2009年为拐点的先上升后下降趋势（除2007年外）。居民储蓄率由2006年的21.67%上升至2009年的30.29%，其后又一路下降，最低到2017年达到12.51%，2018年有所回升，达到17.98%；2018年与2006年相比储蓄率下降了3.69个百分点。②银行贷存率呈现缓慢上升趋势。银行贷存率从2006年的75.86%上升到2018年的87.42%，上升了11.56个百分点。③银行不良贷款率呈现出以2013年为拐点的先下降后上升趋势。银行不良贷款率从2006年的6%快速下降至2008年的1.57%，随后继续下降至2013年的最低点0.35%，其后出现回升至2016年达到1.28%，在2017年、2018年又有一定程度的下降，到2018年银行不良贷款率为0.85%。④保险赔付率由2006年的

---

① 因现行金融数据的可获得性，此部分分析指标在第三章构建的指标体系基础上做了适当调整。

21.99%提高到2018年的34.37%，提高了12.38个百分点，最高值在2015年，达到42.75%；最低值在2010年，为19.33%；但总体呈现出上升趋势。以上4个指标的变化表明，2006～2018年间，重庆市银行动员资金的能力有一定程度的下降，意味着资金脱媒趋势加剧；银行信贷资金转化率及银行经营绩效在提高，信贷资产质量改善明显，保险业的保障功能在增强。

其次，金融市场中介效率衡量指标的变动分析。①资本市场化率呈现缓慢下降趋势。以非国有企业贷款占银行贷款比例表示的资本市场化率从2006年的40.79%下降到2018年的33.37%，下降了7.42个百分点，表明银行贷款的国有企业偏好进一步加强及非国有企业贷款难度的进一步加大。②以上市公司总资产占规模以上企业资产总额表示的证券化率在2017年之前表现为缓慢上升，但2018年却出现剧降，这主要因2018年我国股市低迷使得上市公司资产出现较大缩水。

最后，金融体系中介效率衡量指标的变动分析。①资本形成率呈现出持续下降趋势，从2006年的61.92%下降到2018年的53.99%，下降了7.93个百分点；这表明资本形成额在GDP中的比例持续降低，同时表明经济增长中消费的贡献在提升。②信贷投入边际产出呈现大幅度波动，2006～2018年信贷投入每增加100元贡献的GDP最高达到102.04元（2007年），最低为24.50元（2018年），2018年比2006年减少77.54元。这表明重庆市金融体系发展对经济增长的贡献率存在着不稳定性，且呈现下降趋势。

表7-1　重庆市金融资源配置中介效率评价各指标变化情况

单位:%

年份	金融机构中介效率				金融市场中介效率		金融体系中介效率	
	居民储蓄率	银行贷存率	银行不良贷款率	保险赔付率	资本市场化率	证券化率	资本形成率	信贷投入边际产出率
2006	21.67	75.86	6.00	21.99	40.79	26.57	61.92	66.73
2007	13.19	76.41	4.65	28.27	39.35	25.61	62.31	102.04
2008	27.98	77.17	1.57	22.71	39.38	23.14	59.82	91.98
2009	30.29	79.89	0.90	23.14	42.59	30.17	58.53	28.28
2010	26.09	80.79	0.91	19.33	42.25	32.36	57.72	65.11
2011	26.36	81.81	0.63	23.72	40.56	36.32	57.72	95.01
2012	27.33	80.28	0.46	27.73	37.54	36.65	55.61	58.28
2013	23.58	79.01	0.35	34.68	39.62	37.73	54.62	51.71

续表

年份	金融机构中介效率				金融市场中介效率		金融体系中介效率	
	居民储蓄率	银行贷存率	银行不良贷款率	保险赔付率	资本市场化率	证券化率	资本形成率	信贷投入边际产出率
2014	19.25	81.99	0.46	37.18	31.93	39.29	54.43	61.18
2015	15.41	79.76	0.99	42.75	32.51	40.77	53.74	62.69
2016	15.38	79.37	1.28	41.55	28.74	43.01	53.81	73.36
2017	12.51	81.53	1.16	34.49	34.07	41.24	53.42	60.50
2018	17.98	87.42	0.85	34.37	33.37	23.28	53.99	24.50

资料来源：根据《重庆统计年鉴》（2007～2019 年）、中国人民银行《重庆市金融运行报告》（2006～2019 年）相关数据整理计算。

2. 重庆市金融资源配置中介效率的评价分析

运用表 7 - 1 数据资料，采用熵权 TOPSIS 模型评价方法，计算出重庆市 2006～2018 年金融资源配置中介效率指数（见图 7 - 1）。

从图 7 - 1 可以看出，2006～2018 年，重庆市金融资源配置的中介效率指数总体上呈现出上升趋势。中介效率指数由 2006 年的 0.2014 提升到了 2015 年的 0.3617，其后略有下降至 2018 年的 0.3461，与 2006 年相比提升了 71.85%。这表明在 2006～2018 年的 12 年间，重庆市金融体系通过发挥金融机构的中介作用、金融市场的融资作用以及保险业的风险保障作用等，使得金融中介效率改善明显。但金融中介效率自 2015 年达到最高值后，从 2016 年开始呈现出持续性下降。结合前面各指标的变化分析，这种下降的原因主要是重庆市证券化率、信贷投入边际产出率下降。另外，从中介效率指数值来看，2018 年仅为 0.3461，处于 0.20～0.39 的较低效率区间。

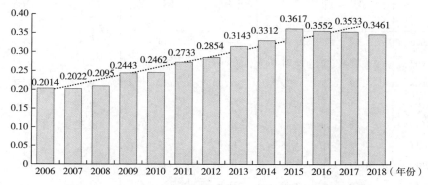

图 7 - 1　2006～2018 年重庆市金融资源配置中介效率指数

（二）重庆市金融资源配置产出效率评价

1. 重庆市金融资源投入指标的变化分析

从重庆市金融资源投入各指标的数值变化情况可以看出，2006~2018年重庆市单位 GDP 占用的金融资产呈现持续增加趋势，由 2006 年的 1.24 元增加到 2018 年的 1.92 元，增加了 54.84%；单位 GDP 占用的社会融资额呈现在波动中略有增加趋势，由 2006 年的 0.26 元增加到 2018 年的 0.35 元，最高时达到 0.69 元（见表 7-2）。这表明 2006~2018 年间重庆市经济发展中投入的金融资源量在增加，经济增长对金融业的依赖性在不断提高，但同时也意味着金融业发展对经济增长的贡献存在减弱迹象。

2006~2018 年重庆市直接融资所占比例持续上升，由 2006 年的 4.42% 提高到 2018 年的 24.98%，提高了 20.56 个百分点，最高时达到 60.66%；非银行金融资产占比在基本稳定中略有上升，由 2006 年的 13.48% 提高到 2018 年的 17.33%，提高了 3.85 个百分点，最低值 11.03%，最高值 27.45%。这表明 2006~2018 年间重庆市的金融结构在不断优化。

2006~2018 年重庆市金融业人力资源投入在不断增加，其中从业人员数从 2006 年的 6.8 万人增加到 2018 年的 14.1 万人，增加了 7.3 万人；金融业从业人员数占社会就业人数的比例从 2006 年的 0.47% 提高到 2018 年的 0.82%，提高了 0.35 个百分点。

表 7-2 2006~2018 年重庆市金融资源投入指标值及变化

年份	资产资金投入				人力资源投入	
	金融资产总额/GDP	社会融资额/GDP	直接融资额/社会融资总额（%）	非银行金融资产/金融资产总额（%）	金融业从业人员数（万人）	金融业从业人员/就业人数（%）
2006	1.24	0.26	4.42	13.48	6.8	0.47
2007	1.45	0.31	5.08	25.58	8.0	0.54
2008	1.23	0.39	4.66	12.24	9.1	0.81
2009	1.71	0.69	5.38	20.47	9.74	0.64
2010	1.78	0.47	13.03	22.16	10.7	0.69
2011	1.51	0.38	16.05	12.45	11.5	0.73
2012	1.54	0.38	19.61	11.03	13.0	0.8
2013	1.72	0.62	15.09	17.48	13.1	0.78

续表

年份	资产资金投入				人力资源投入	
	金融资产总额/GDP	社会融资额/GDP	直接融资额/社会融资总额（%）	非银行金融资产/金融资产总额（%）	金融业从业人员数（万人）	金融业从业人员/就业人数（%）
2014	1.86	0.59	23.11	22.38	13.2	0.78
2015	2.01	0.25	60.66	27.45	13.3	0.78
2016	1.94	0.26	40.37	24.92	14.0	0.82
2017	1.87	0.26	33.90	24.04	14.4	0.84
2018	1.92	0.35	24.98	17.33	14.1	0.82

资料来源：根据《重庆统计年鉴》（2007～2019 年）和中国人民银行《重庆市金融运行报告》（2006～2019 年）有关数据整理计算所得。

2. 重庆市金融资源配置产出效率的分维度评价

采用熵权 TOPSIS 模型评价方法计算出 2006～2018 年重庆市金融资源配置在经济增长、产业升级、社会发展、科技创新与环境友好五个维度的效率指数见图 7-2～图 7-6。2006～2018 年间重庆市金融资源配置产出效率五个衡量维度的效率指数存在显著差异。①经济增长效率指数与科技创新效率指数持续上升。其中经济增长效率指数由 2006 年的 0.1296 提升到了 2018 年的 0.4388，提高了 2.39 倍；科技创新效率指数由 2006 年的 0.1895 提升到了 2018 年的 0.9695，提高了 4.12 倍。②产业升级效率指数与社会发展效率指数呈现出波动徘徊状态。其中产业升级效率指数 2006 年为 0.1216，2018 年为 0.1396，2006～2018 年期间，在 0.1049 到 0.1550 间波动；社会发展效率

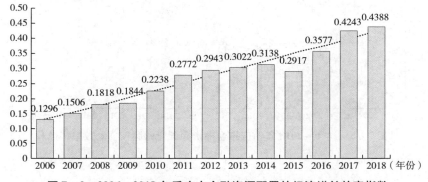

图 7-2　2006～2018 年重庆市金融资源配置的经济增长效率指数

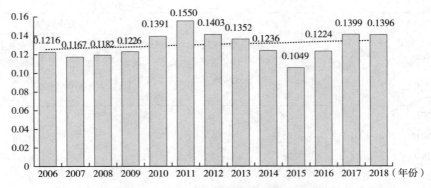

图 7 – 3　2006～2018 年重庆市金融资源配置的产业升级效率指数

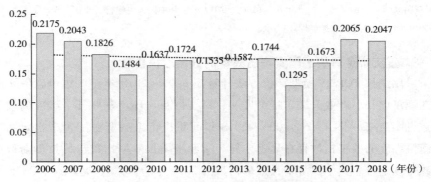

图 7 – 4　2006～2018 年重庆市金融资源配置的社会发展效率指数

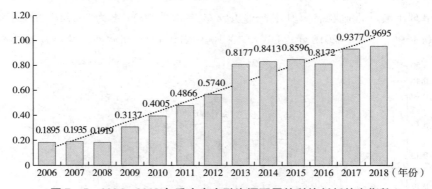

图 7 – 5　2006～2018 年重庆市金融资源配置的科技创新效率指数

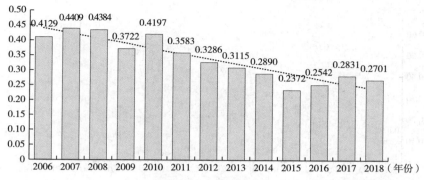

图 7 - 6　2006～2018 年重庆市金融资源配置的环境友好效率指数

指数在 2006 年时为 0.2175，2018 年为 0.2047，最低值为 0.1295（2015 年），最高值为 0.2175（2006 年）。③环境友好效率指数呈现出下降趋势。由 2006 年的 0.4129 下降到 2018 年的 0.2701，下降了 34.58%。

重庆市金融资源配置产出效率五个衡量维度的效率指数表明，2006～2018 年重庆市金融业在资源配置中对于经济增长与科技创新的支持力度不断加强，带来的产出效率显著提高。其中科技创新效率指数 2018 年达到 0.9695，已进入 0.80～1.00 的高效率区间；经济增长效率进入 0.40～0.59 的中等效率区间；而金融业在资源配置中对于产业升级及社会发展的支持基本保持在稳定状态，且力度相对薄弱，其中社会发展效率进入 0.20～0.39 的较低效率区间；产业升级效率还处于 0.01～0.19 的低效率区间；更为严重的是金融资源配置的环境友好效率不仅没有提升，反而由 2010 年之前的中等效率区间滑落至较低效率区间。

3. 重庆市金融资源配置产出效率的综合评价

在上述对金融资源配置产出效率五个衡量维度效率指数测定的基础上，采用熵权 TOPSIS 模型评价方法计算出的重庆市金融资源配置产出综合效率指数见图 7 - 7。2006～2018 年重庆市金融资源配置产出的综合效率指数基本保持着稳步提高的态势，其间虽有波动，但不改上升趋势。金融资源配置产出的综合效率指数由 2006 年的 0.1008 提高到了 2018 年的 0.5773，提高了 4.73 倍。另外，从金融资源配置产出的综合效率来看，2018 年还处于 0.40～0.59 的中等效率区间。这表明重庆市金融资源配置产出效率还有很大的提升空间。

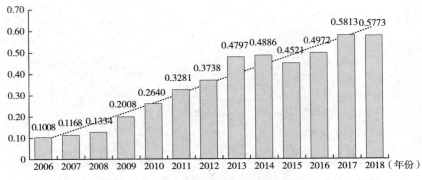

图 7 - 7　2006 ~ 2018 年重庆市金融资源配置产出综合效率指数

二　四川省金融资源配置效率评价

（一）四川省金融资源配置中介效率评价

1. 四川省金融资源配置中介效率评价指标的变化分析

表 7 - 3 是 2006 ~ 2018 年四川省金融资源配置中介效率各指标的变化情况。

首先，金融机构中介效率衡量指标的变动分析。①居民储蓄率呈现波动下降趋势。居民储蓄率由 2006 年的 20.62% 上升至 2008 年的高点 36.77% 后一路下降，2018 年为 16.05%，2018 年与 2006 年相比储蓄率下降了 4.57 个百分点。②银行贷存率呈现缓慢上升趋势。银行贷存率从 2006 年的 67.01% 上升到 2018 年的 71.43%，上升了 4.42 个百分点。③银行不良贷款率呈现出以 2013 年为拐点的先下降后上升趋势。银行不良贷款率从 2006 年的 9.84% 快速下降至 2013 年的最低点 0.79%，其后出现反弹回升，至 2018 年银行不良贷款率达到 2.27%。④保险赔付率由 2006 年的 23.73% 提高到 2018 年的 32.31%，提高了 8.58 个百分点；最高值在 2015 年，达到 35.84%；最低值在 2010 年，为 19.71%；总体呈现出上升趋势。以上 4 个指标的变化表明，2006 ~ 2018 年间，四川省银行动员资金的能力持续下降，资金脱媒现象比较明显；银行信贷资产质量改善明显，保险的保障功能有所提升。

其次，金融市场中介效率衡量指标的变动分析。①资本市场化率基本呈现平稳状态。2006 ~ 2018 年以非国有企业贷款占银行贷款比例表示的资本市场化率一直在 35.05% ~ 42.49% 之间小幅波动，表明银行向国有企业与非国有企业贷款偏好上没有发生明显变化。②证券化率在波动中略有上升。从 2006 年的 23.38％提高到了 2018 年的 27.26％，微升了 3.88 个百分点，最高值为 33.92％。说明四川省在利用资本市场促进企业发展方面成效并不明显。

最后，金融体系中介效率衡量指标的变动分析。①资本形成率呈现出先上升后下降趋势，从 2006 年的 48.12％快速上升至 2009 年的 54.42％，其后逐步下降，到 2018 年时下降到了 48.07％，与 2006 年的水平基本持平。表明自 2009 年以后四川省资本形成额在 GDP 中的比例持续降低，这对于以投资为经济增长主要动力的现实经济来说，无疑会对经济增长后劲带来不利影响。②信贷投入边际产出呈现大幅度波动，2006～2018 年间信贷投入每增加 100 元贡献的 GDP 最高达到 136.93 元（2007 年），最低为 33.81 元（2009 年），信贷投入边际产出总体上呈现出下降趋势，由 2006 年的 119.70 元下降到 2018 年的 61.63 元，2018 年比 2006 年减少了 58.07 元。这表明四川省金融体系发展对经济增长的贡献率在下降。

表 7-3　2006～2018 年四川省金融资源配置中介效率评价各指标变化情况

单位：％

年份	金融机构中介效率				金融市场中介效率		金融体系中介效率	
	居民储蓄率	银行贷存率	银行不良贷款率	保险赔付率	资本市场化率	证券化率	资本形成率	信贷投入边际产出率
2006	20.62	67.01	9.84	23.73	37.48	23.38	48.12	119.70
2007	15.97	66.83	9.52	27.35	35.05	23.86	49.41	136.93
2008	36.77	60.65	7.27	24.98	36.70	22.34	53.13	103.01
2009	28.28	63.59	3.13	22.55	40.01	26.77	54.42	33.81
2010	30.53	63.88	1.82	19.71	42.49	26.19	53.61	86.54
2011	27.96	64.38	1.30	24.54	37.42	26.07	52.61	126.84
2012	31.35	62.93	1.02	28.42	37.54	27.09	52.32	78.00
2013	26.06	62.96	0.79	34.40	37.85	24.93	51.43	57.74
2014	19.84	64.43	1.26	35.26	37.86	27.67	50.61	51.12
2015	20.67	64.38	2.00	35.84	39.75	31.30	49.32	39.63

续表

年份	金融机构中介效率				金融市场中介效率		金融体系中介效率	
	居民储蓄率	银行贷存率	银行不良贷款率	保险赔付率	资本市场化率	证券化率	资本形成率	信贷投入边际产出率
2016	22.37	65.09	2.33	32.38	38.10	33.92	49.11	53.26
2017	13.75	67.12	2.61	30.08	38.22	24.74	48.71	78.79
2018	16.05	71.43	2.27	32.31	38.35	27.26	48.07	61.63

资料来源：根据《四川统计年鉴》（2007～2019 年）、中国人民银行《四川省金融运行报告》（2006～2019 年）相关数据整理计算。

2. 四川省金融资源配置中介效率的评价分析

运用表 7-3 数据资料，采用熵权 TOPSIS 模型评价方法，计算出 2006～2018 年四川省金融资源配置的中介效率指数。从图 7-8 可以看出，从 2006～2018 年，四川省金融资源配置的中介效率指数呈现出稳步提升的趋势。中介效率指数由 2006 年的 0.1492 提升到了 2018 年的 0.3083，提升了 106.64%。这表明在 2006～2018 年的 12 年间，四川省金融体系通过发挥金融机构的中介作用、金融市场的融资作用以及保险业的风险保障作用等，使得金融体系的中介功能得到了较好的发挥，中介效率稳步提升。但从效率指数的绝对值来看，2018 年四川省金融资源配置中介效率指数仅为 0.3083，还处于 0.20～0.39 的较低效率区间，金融资源配置的中介效率还有很大的提升空间。

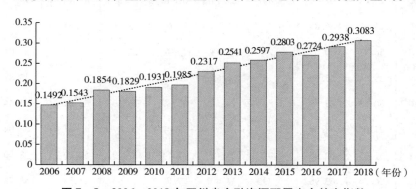

图 7-8　2006～2018 年四川省金融资源配置中介效率指数

（二）四川省金融资源配置产出效率评价

1. 四川省金融资源投入指标的变化分析

表 7-4 是四川省金融资源投入各指标的数值变化情况。2006～2018 年，

四川省单位 GDP 占用的金融资产呈现波动增加趋势，由 2006 年的 1.24 元增加到 2018 年的 1.84 元，增加了 48.39%；单位 GDP 占用的社会融资额呈现低位略有增加的趋势，由 2006 年的 0.17 元增加到 2018 年的 0.27 元，最高时达到 0.54 元。表明 2006～2018 年四川省经济发展中投入的金融资源量在增加，经济增长对金融业的依赖性在不断提高，但同时也意味着金融业发展对经济增长的贡献存在减弱迹象。

2006～2018 年四川省直接融资所占比例呈现出在波动中提高的趋势特征。由 2006 年的 11.26% 提高到 2018 年的 23.27%，提高了 12.01 个百分点；其间最高达到 34.15%，最低为 6.23%。非银行金融资产占比呈现出以 2015 年为拐点的前增加后下降趋势，非银行金融资产占比从 2006 年的 18.28% 提高到 2015 年的 25.85%，其后则持续下滑，到 2018 年时该比例降到了 14.42%，与 2006 年相比下降了 3.76 个百分点。这表明 2006～2018 年间四川省金融结构不合理性的问题较为严重。

2006～2018 年四川省金融业人力资源投入在不断增加，其中从业人员数从 2006 年的 16.4 万人增加到 2018 年的 32.4 万人，增加了 97.6%；金融业从业人员数占社会就业人数的比例从 2006 年的 0.35% 提高到 2018 年的 0.66%，提高了 0.31 个百分点。

表 7-4　2006～2018 年四川省金融资源投入指标值及变化

年份	资产资金投入				人力资源投入	
	金融资产总额/GDP	社会融资额/GDP	直接融资额/社会融资总额（%）	非银行金融资产/金融资产总额（%）	金融业从业人员数（万人）	金融业从业人员/就业人数（%）
2006	1.24	0.17	11.26	18.28	16.4	0.35
2007	1.63	0.19	10.65	20.37	16.8	0.36
2008	1.17	0.28	6.45	21.90	17.9	0.38
2009	1.59	0.54	6.23	21.10	19.6	0.41
2010	1.63	0.35	12.22	22.17	21.3	0.45
2011	1.41	0.24	16.21	21.66	21.4	0.45
2012	1.42	0.27	23.81	24.04	23.0	0.48
2013	1.43	0.40	12.53	21.90	24.1	0.5
2014	1.61	0.36	24.89	23.74	24.2	0.5
2015	1.84	0.26	34.15	25.85	25.9	0.53

续表

年份	资产资金投入				人力资源投入	
	金融资产总额/GDP	社会融资额/GDP	直接融资额/社会融资总额（%）	非银行金融资产/金融资产总额（%）	金融业从业人员数（万人）	金融业从业人员/就业人数（%）
2016	1.82	0.28	14.24	22.88	30.4	0.63
2017	1.83	0.27	21.46	15.25	31.7	0.65
2018	1.84	0.27	23.27	14.42	32.4	0.66

资料来源：根据《四川统计年鉴》（2007~2019年）和中国人民银行《四川省金融运行报告》（2006~2019年）有关数据整理计算所得。

2. 四川省金融资源配置产出效率的分维度评价

采用熵权 TOPSIS 模型评价方法计算出 2006~2018 年四川省金融资源配置在经济增长、产业升级、社会发展、科技创新与环境友好五个维度的效率指数。

由图 7-9~图 7-13 可见，2006~2018 年四川省金融资源配置产出效率五个衡量维度的效率指数均呈现上升趋势。经济增长效率指数由 2006 年的 0.0573 稳步提升至 2018 年的 0.7205，提高了 11.57 倍。产业升级效率指数由 2006 年的 0.0497 提升至 2018 年的 0.3820，提高了 6.69 倍；虽然在 2015 年、2016 年出现了下降，但幅度很小，且又快速步入上升通道。社会发展效率指数由 2006 年的 0.3126 提升至 2018 年的 0.6918，提高了 1.21 倍；社会发展效率指数虽然在 2006~2010 年间有所波动，但依然不改上升趋势。科技创新效率指数由 2006 年的 0.1604 提升到了 2018 年的 0.6596，提高了 3.11 倍。环境友好效率指数一直持续提升，且居于较高水平，2018 年达到 0.9216。

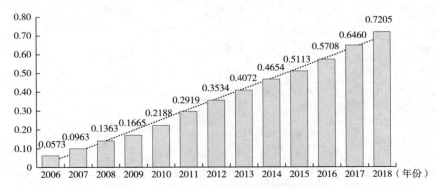

图 7-9　2006~2018 年四川省金融资源配置的经济增长效率指数

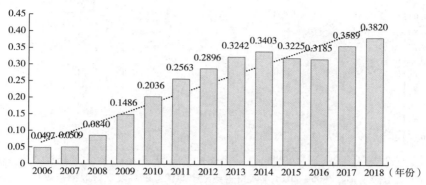

图 7 - 10   2006 ~ 2018 年四川省金融资源配置的产业升级效率指数

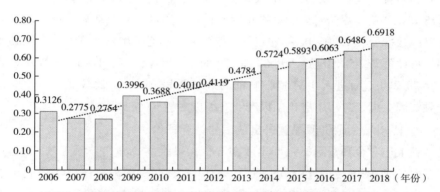

图 7 - 11   2006 ~ 2018 年四川省金融资源配置的社会发展效率指数

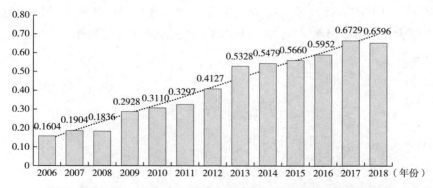

图 7 - 12   2006 ~ 2018 年四川省金融资源配置的科技创新效率指数

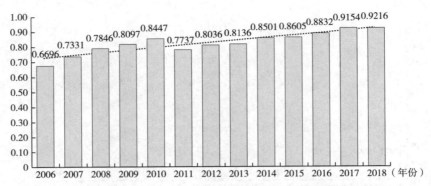

图 7 - 13   2006～2018 年四川省金融资源配置的环境友好效率指数

四川省金融资源配置产出效率五个衡量维度的效率指数表明，2006～2018 年四川省金融资源配置的产出效率在各个衡量维度上都显著提升；除产业升级效率处于 0.20～0.39 的较低效率区间外，经济增长效率、社会发展效率、科技创新效率均已进入 0.60～0.79 的较高效率区间；特别是环境友好效率从 2012 年起就进入 0.80～1.00 的高效率区间。因此，比较而言，四川省金融资源在配置过程中应该予以产业升级更多的支持。

3. 四川省金融资源配置产出效率的综合评价

在上述对金融资源配置产出效率五个衡量维度效率指数测定的基础上，采用熵权 TOPSIS 模型评价方法计算出四川省金融资源配置产出综合效率指数。由图 7 - 14 可见，2006～2018 年四川省金融资源配置产出的综合效率指数基本保持着稳步提高的态势，综合效率指数由 2006 年的 0.2005 提高到了 2018 年的 0.6047，提高了 2.02 倍。虽然在 2014 年、2015 年有所回落，但幅度并不大；回落原因在于其产业升级效率指数的回落所致。另外，从金融资源

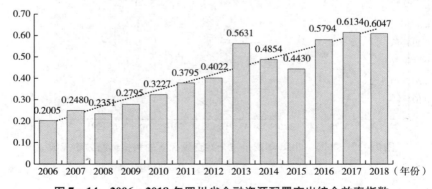

图 7 - 14   2006～2018 年四川省金融资源配置产出综合效率指数

配置产出综合效率值来看，从 2017 年起就进入 0.60 ~ 0.79 的较高效率区间。因此，从总体上看，2006 ~ 2018 年四川省金融资源配置的产出效率是高效合理的；未来金融资源配置应该更多关注产业升级，对其提供更多的金融支持，以实现产业升级效率的进一步提升。

三　云南省金融资源配置效率评价

（一）云南省金融资源配置中介效率评价

1. 云南省金融资源配置中介效率评价指标的变化分析

表 7 – 5 是 2006 ~ 2018 年云南省金融资源配置中介效率各指标的变化情况。

首先，金融机构中介效率衡量指标的变动分析。①居民储蓄率呈现波动下降趋势。居民储蓄率由 2006 年的 21.49% 下降至 2018 年的 12.52%，下降了 8.97 个百分点；其间最低时在 2007 年，该年的居民储蓄率急剧下降至 7.74%；最高时在 2010 年，达到 27.05%。②银行贷存率呈现缓慢上升趋势。银行贷存率从 2006 年的 78.34% 上升到 2018 年的 92.66%，上升了 14.32 个百分点；考虑到银行存款准备金率因素，如此高的贷存率表明云南是一个资金净流入省。③银行不良贷款率呈现出以 2013 年为拐点的先下降后上升趋势。银行不良贷款率从 2006 年的 6.69% 快速下降至 2013 年的最低点 0.56%，其后出现强劲反弹回升，至 2017 年时达到 3.47%，2018 年虽有所下降，但依然达到 2.92%。④保险赔付率由 2006 年的 30.33% 提高到 2018 年的 37.22%，提高了 6.89 个百分点，其间最高值在 2007 年，达到 42.69%；最低值在 2010 年，为 28.14%；但总体上呈现出上升趋势。以上指标的变化表明，2006 ~ 2018 年间，云南省银行动员资金的能力持续下降，资金脱媒现象比较明显，但区域外资金流入明显；保险机构的风险保障功能有所提升，但 2014 年以后银行贷款不良率较高，信贷资产质量堪忧。

其次，金融市场中介效率衡量指标的变动分析。①资本市场化率呈现波动状态。2006 ~ 2018 年以非国有企业贷款占银行贷款比例表示的资本市场化率一直在 34.66% ~ 56.1% 之间小幅波动，多数年份非国有企业贷款占银行贷款的比例接近 50%，银行信贷的所有制偏好不是特别明显。②证券化率在 2017 年之前一直稳步上升，从 2006 年的 18.99% 上升到 2017 年的 30.6%，但在 2018 年出现了快速下降，证券化率仅为 19.88%。说明云南省在利用资本市场促进企业发展方面成效一般。

最后，金融体系中介效率指标的变动分析。①资本形成率呈现出稳步上升趋势，从 2006 年的 50.81% 上升至 2018 年的 91.25%，上升了 40.44 个百分点；持续的高投资形成率对于以投资为经济增长主要动力的现实经济来说，无疑具有积极作用；但云南省高资本形成率的原因，在于对进口的高度依赖，这在某种程度上又具有一定的风险性。②信贷投入的边际产出呈现大幅度波动，2006 ~ 2018 年间信贷投入每增加 100 元贡献的 GDP 最高达到107.97 元（2011 年），最低为 21.86 元（2009 年）；从变动趋势来看，信贷投入的边际产出呈现小幅下降趋势。

表 7 - 5　2006 ~ 2018 年云南省金融资源配置中介效率评价各指标变化情况

单位：%

年份	金融机构中介效率				金融市场中介效率		金融体系中介效率	
	居民储蓄率	银行贷存率	银行不良贷款率	保险赔付率	资本市场化率	证券化率	资本形成率	信贷投入边际产出率
2006	21.49	78.34	6.69	30.33	56.10	18.99	50.81	66.70
2007	7.74	79.09	6.66	42.69	43.30	22.68	44.32	90.35
2008	23.87	78.33	2.15	38.33	40.46	21.39	53.01	99.67
2009	26.15	78.96	1.51	36.16	47.39	25.50	60.91	21.86
2010	27.05	78.80	1.26	28.14	47.46	25.10	77.23	58.93
2011	20.79	78.89	1.14	33.14	34.66	26.21	80.36	107.97
2012	21.29	77.08	0.69	36.90	38.48	26.46	83.21	81.70
2013	21.51	76.27	0.56	38.05	41.05	27.08	84.11	72.97
2014	10.91	80.49	0.94	40.13	43.10	27.36	91.12	49.80
2015	10.44	83.25	2.18	39.82	47.88	29.11	92.60	31.54
2016	14.21	84.13	3.07	38.98	54.78	29.19	93.92	43.50
2017	13.09	85.73	3.47	35.55	45.06	30.60	94.57	70.21
2018	12.52	92.66	2.92	37.22	46.38	19.88	91.25	42.78

资料来源：根据《云南统计年鉴》（2007 ~ 2019 年）、中国人民银行《云南省金融运行报告》（2007 ~ 2019 年）相关数据整理计算。

2. 云南省金融资源配置中介效率的评价分析

运用表 7 - 5 数据资料，采用熵权 TOPSIS 模型评价方法，计算出 2006 ~ 2018 年云南省金融资源配置的中介效率指数（见图 7 - 15）。

从图 7 - 15 可以看出，2006 ~ 2018 年，云南省金融资源配置的中介效率指数呈现出稳步提升趋势。中介效率指数由 2006 年的 0.2202 提升到了 2018 年的 0.4759，提升了 116.12%。这表明在 2006 ~ 2018 年的 12 年间，云南省金融体系的中介功能得到了较好的发挥，金融资源配置的中介效率稳步提升。但从效率指数的绝对值来看，2018 年金融资源配置中介效率指数为 0.4759，处于 0.40 ~ 0.59 的中等效率区间。

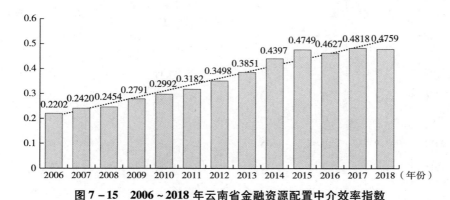

图 7 – 15　2006 ~ 2018 年云南省金融资源配置中介效率指数

（二）云南省金融资源配置产出效率评价

1. 云南省金融资源投入指标的变化分析

从云南省金融资源投入各指标的数值变化情况可见，2006 ~ 2018 年云南省单位 GDP 占用的金融资产呈现波动增加趋势，由 2006 年的 1.42 元增加到 2018 年的 1.93 元，增加了 35.92%；单位 GDP 占用的社会融资额呈现低位略有减少趋势，由 2006 年的 0.31 元下降到 2018 年的 0.26 元，最高时达到 0.6 元；最低值 0.14 元。表明 2006 ~ 2018 年间云南省经济发展中投入的金融资源量在增加，同时经济增长对社会融资的依赖性存在减弱迹象。

2006 ~ 2018 年云南省直接融资所占比例呈现出较为明显的提高趋势。由 2006 年的 7.55% 提高到 2018 年的 40.26%，提高了 32.71 个百分点；最高达到 64.91%。非银行金融资产占比呈现为较低水平的波动状态，2006 年为 15.31%，到 2018 年时为 16.38%；最高时达到 39.36%，最低时达到 15.48%。这表明 2006 ~ 2018 年间云南省融资结构有了明显改进，但金融发展的行业结构不均衡性较为严重，非银行金融业务发展不足。

2006 ~ 2018 年云南省金融业人力资源投入在不断增加，其中从业人员数从 2006 年的 7.2 万人增加到 2018 年的 10.5 万人，增加了 45.83%；金融业从业人员数占社会就业人数的比例从 2006 年的 0.29% 提高到 2018 年的 0.35%，提高了 0.06 个百分点。

表7-6　2006~2018年云南省金融资源投入指标值及变化

年　份	资产资金投入				人力资源投入	
	金融资产总额/GDP	社会融资额/GDP	直接融资额/社会融资总额（%）	非银行金融资产/金融资产总额（%）	金融业从业人员数（万人）	金融业从业人员/就业人数（%）
2006	1.42	0.31	7.55	15.31	7.2	0.29
2007	1.96	0.29	11.98	39.36	7.5	0.29
2008	1.41	0.31	13.48	17.48	8.4	0.32
2009	1.88	0.60	5.08	24.35	8.9	0.33
2010	1.93	0.47	18.30	24.26	9.0	0.33
2011	1.62	0.31	16.17	16.15	9.7	0.34
2012	1.59	0.28	13.90	15.56	9.8	0.34
2013	1.59	0.56	17.69	15.48	9.9	0.34
2014	1.75	0.35	32.50	19.69	10.1	0.34
2015	1.92	0.29	46.72	20.95	9.9	0.34
2016	1.89	0.14	64.91	16.82	10.4	0.35
2017	1.96	0.26	36.69	20.23	10.5	0.35
2018	1.93	0.26	40.26	16.28	10.5	0.35

资料来源：根据《云南统计年鉴》（2007~2019年）和中国人民银行《云南省金融运行报告》（2006~2019年）有关数据整理计算所得。

2. 云南省金融资源配置产出效率的分维度评价

采用熵权 TOPSIS 模型评价方法计算出 2006~2018 年云南省金融资源配置在经济增长、产业升级、社会发展、科技创新与环境友好五个维度的产出效率指数。

由图7-16~图7-20可见，2006~2018年间云南省金融资源配置产出效率五个衡量维度的效率指数呈现出非常明显的差异性。①经济增长效率指数与科技创新效率指数基本保持着上升趋势。其中经济增长效率指数由2006年的0.0535提升至2018年的0.3938，提升了6.36倍；2013~2016年有明显的回落，2016年与2012年相比，指数回落了13.02%。科技创新效率指数由2006年的0.1325提升到了2018年的0.3333，提高了1.52倍；在2008年出现了较大幅度的回落，与2007年相比回落幅度达32.83%；2013~2016年也出现了回落，但幅度并不大。②产业升级效率指数波动幅度较大，但总体保持上升趋势。产业升级效率指数由 2006 年的 0.0417 提升至 2018 年的 0.1162，提高了 1.79 倍；其间从 2006 年上升到 2012 年达到最大值 0.1267 后便开始回落，直至 2016 年达到 0.0737，与 2012 年相比回落幅度达 41.83%。③社会发展效率指数呈现台阶式跳跃特征。2006～2010 年社会发展效率指数一直在低水平徘徊，到 2010 年仅为 0.0392；从 2011 年起社会发展效率指数有了快速提升，当年达到 0.1141，2012 年继续提升至 0.1611，其后进入小幅回落阶段，2017 年再次跳升，由 2016 年的 0.1170 跃升至 2017 年的 0.2758。2018 年与 2006 年相比，社会发展效率指数出现了大幅度提升。④环境友好效率指数呈现出逐步下降趋势。由 2006 年的 0.6417 一直下降至 2016 年的 0.2724，2017 年开始有所回升，到 2018 年达到 0.3785。2018 年与 2006 年相比，云南省环境友好效率指数下降了 41.02%。

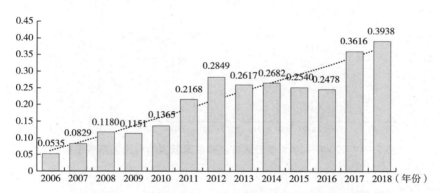

图 7-16　2006～2018 年云南省金融资源配置的经济增长效率指数

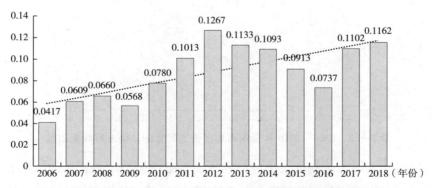

图 7-17　2006～2018 年云南省金融资源配置的产业升级效率指数

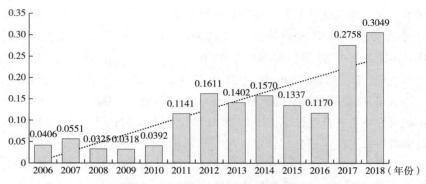

图 7 – 18　2006～2018 年云南省金融资源配置的社会发展效率指数

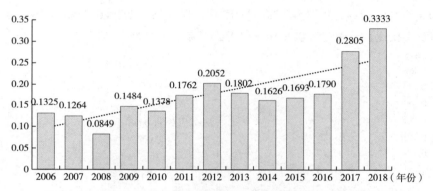

图 7 – 19　2006～2018 年云南省金融资源配置的科技创新效率指数

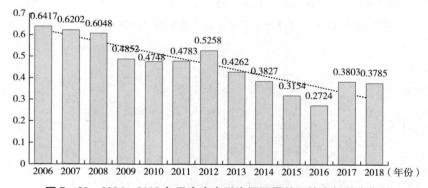

图 7 – 20　2006～2018 年云南省金融资源配置的环境友好效率指数

云南省金融资源配置产出效率五个衡量维度的效率指数表明，2006～2018 年云南省在金融资源配置中对于经济增长以及科技创新给予了较好的支持，取得了较好的产出效率；而对于产业升级、社会发展以及环境友好的支持比较欠缺，产出效率低且存在较大波动性。另外，从各维度的效率指数值来看，经济增长效率、科技创新效率、社会发展效率、环境友好效率均处于 0.20～0.39 的较低效率区间，产业升级效率处在 0.01～0.19 的低效率区间。

3. 云南省金融资源配置产出效率的综合评价

在上述对金融资源配置产出效率五个衡量维度指数测定的基础上，采用熵权 TOPSIS 模型评价方法计算出云南省金融资源配置产出综合效率指数。

由图 7-21 可见，2006～2018 年云南省金融资源配置产出的综合效率指数虽然总体上呈现上升趋势，由 2006 年的 0.0135 提升到了 2018 年的 0.3087，但波动性较大，表现出极大的不稳定性。另外，综合效率指数值较低，2018 年仅为 0.3087，处于 0.20～0.39 的较低效率区间。因此，云南省如何进一步优化金融资源配置，以提高金融资源配置的产出效率，将是云南省金融业未来发展中需要特别重视的问题。

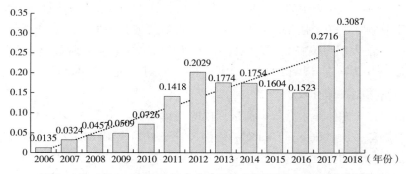

图 7-21　2006～2018 年云南省金融资源配置产出综合效率指数

四　广西壮族自治区金融资源配置效率评价

（一）广西壮族自治区金融资源配置中介效率评价

1. 广西金融资源配置中介效率评价指标的变化分析

表 7-7 是 2006～2018 年广西金融资源配置中介效率各指标的变化情况。

首先，金融机构中介效率衡量指标的变动分析。①居民储蓄率低位波动，且从 2010 年后持续下降。其间居民储蓄率最低值出现在 2007 年，储蓄率仅为 7.37%；最高点在 2010 年，达到 20.59%；其后一路下降，到 2018 年时储蓄率为 12.46%；2018 年与 2006 年相比储蓄率下降了 2.46 个百分点。②银行贷存率呈现稳步上升趋势。银行贷存率从 2006 年的

72.31% 上升到 2018 年的 89.00%，上升了 16.69 个百分点。③银行不良贷款率呈现出以 2012 年为拐点的先下降后上升趋势。银行不良贷款率从 2006 年的 8.12% 快速下降至 2012 年的 0.59%，随后出现反弹，到 2018 年银行不良贷款率升至 2.60%。④保险赔付率由 2006 年的 31.03% 提高到 2018 年的 35.60%，提高了 4.57 个百分点，最高值在 2007 年，达到 36.34%；最低值在 2010 年，为 25.21%；保险赔付率总体呈现出一定提高，但幅度有限。以上指标的变化表明，2006～2018 年间，广西壮族自治区银行动员资金的能力有一定程度的下降，资金脱媒趋势加剧，信贷资金转化率提高，保险业的风险保障功能略有增强，但自 2013 年以后银行资产质量的下滑应该引起关注。

其次，金融市场中介效率衡量指标的变动分析。①资本市场化率呈现下降趋势。以非国有企业贷款占银行贷款比例表示的资本市场化率从 2006 年的 38.85% 下降到 2018 年的 29.14%，下降了 9.71 个百分点，表明银行贷款的国有企业偏好进一步强化，非国有企业贷款难度进一步加大。②证券化率在 2016 年之前表现为缓慢上升，但自 2017 年开始出现下降，到 2018 年时证券化率降至 10.97%。说明 2006～2018 年间广西对金融市场的利用并不充分，市场融资功能发挥有限。

最后，金融体系中介效率衡量指标的变动分析。①资本形成率呈现出小幅上升趋势，从 2006 年的 46.80% 缓慢上升至 2011 年的 85.22%，其后有一定的下降，到 2018 年达到 65.11%，与 2006 年相比上升了 18.31 个百分点。②信贷投入边际产出呈现下降趋势，2006～2018 年间信贷投入每增加 100 元贡献的 GDP 由 143 元下降到 49.44 元，下降了 93.56 元；最高达到 156.91 元（2007 年），最低为 10.05 元（2017 年）。这表明广西壮族自治区金融业发展对经济增长的贡献率下降明显。

表 7-7　2006～2018 年广西壮族自治区金融资源配置中介效率评价各指标变化情况

单位：%

年份	金融机构中介效率				金融市场中介效率		金融体系中介效率	
	居民储蓄率	银行贷存率	银行不良贷款率	保险赔付率	资本市场化率	证券化率	资本形成率	信贷投入边际产出率
2006	14.92	72.31	8.12	31.03	38.85	16.32	46.80	143.00
2007	7.37	74.66	8.75	36.34	32.91	15.40	51.00	156.91

续表

年份	金融机构中介效率				金融市场中介效率		金融体系中介效率	
	居民储蓄率	银行贷存率	银行不良贷款率	保险赔付率	资本市场化率	证券化率	资本形成率	信贷投入边际产出率
2008	17.19	72.23	2.60	31.70	37.12	13.33	52.50	154.49
2009	19.32	76.36	1.43	29.90	37.66	13.38	74.70	33.15
2010	20.59	76.01	0.91	25.21	32.93	13.52	82.40	112.32
2011	17.15	78.70	0.77	27.65	26.02	16.78	85.22	129.67
2012	18.86	77.38	0.59	31.23	23.01	15.60	84.90	76.90
2013	16.93	76.53	0.69	33.01	28.71	15.88	70.50	77.83
2014	10.61	79.17	1.13	34.85	29.24	16.48	68.80	65.07
2015	9.92	79.49	2.18	34.42	30.07	19.05	68.20	55.18
2016	11.48	81.01	1.91	33.88	29.56	20.05	67.50	59.12
2017	10.82	82.14	1.70	32.21	28.12	19.04	50.56	10.05
2018	12.46	89.00	2.60	35.60	29.14	10.97	65.11	49.44

资料来源：根据《广西统计年鉴》（2007～2019年）、中国人民银行《广西壮族自治区金融运行报告》（2006～2019年）相关数据整理计算。

2. 广西金融资源配置中介效率的评价分析

运用表7－7数据资料，采用熵权TOPSIS模型评价方法，计算出广西2006～2018年金融资源配置中介效率指数。从图7－22可以看出，从2006～2018年，广西金融资源配置的中介效率指数总体呈现出上升趋势。中介效率指数由2006年的0.1673提升到了2018年的0.3476，提升了107.77%；虽然其间中介效率指数也有小的波动，但基本保持着稳步上升的趋势。从中介效率指数值来看，至2018年仅为0.3476，还处于0.20～0.39的较低效率区间。这表明在2006～2018年间，虽然广西金融资源配置的中介效率在稳步改进，但中介效率水平并不高。

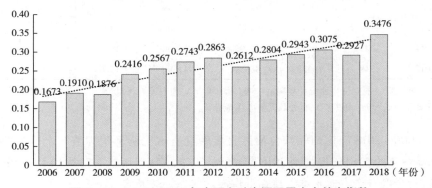

图7－22　2006～2018年广西金融资源配置中介效率指数

(二) 广西壮族自治区金融资源配置产出效率评价

1. 广西金融资源投入指标的变化分析

表 7 - 8 是 2006～2018 年广西壮族自治区金融资源投入各指标的数值及变化情况。2006～2018 年广西壮族自治区单位 GDP 占用的金融资产呈现持续增加趋势，由 2006 年的 0.87 元增加到 2018 年的 1.49 元，增加了 71.26%；单位 GDP 占用的社会融资额在波动中略有增加，由 2006 年的 0.13 元增加到 2018 年的 0.28 元，其间最高时达到 0.44 元。表明 2006～2018 年广西经济发展中投入的金融资源量在增加，经济增长对金融业的依赖性在不断提高，但同时也意味着金融业发展对经济增长的贡献有减弱迹象。

表 7 - 8　2006～2018 年广西金融资源投入指标值及变化情况

年份	资产资金投入				人力资源投入	
	金融资产总额/GDP	社会融资额/GDP	直接融资额/社会融资总额（%）	非银行金融资产/金融资产总额（%）	金融业从业人员数（万人）	金融业从业人员/就业人数（%）
2006	0.87	0.13	5.81	12.32	7.9	0.28
2007	1.05	0.15	10.64	26.05	8.5	0.31
2008	0.82	0.17	7.19	11.34	8.8	0.31
2009	1.14	0.44	4.75	16.61	9.4	0.33
2010	1.13	0.26	15.56	16.77	9.8	0.34
2011	1.05	0.22	25.09	13.44	11.0	0.37
2012	1.09	0.20	25.16	12.95	11.7	0.42
2013	1.12	0.26	25.87	12.53	11.6	0.42
2014	1.23	0.27	36.99	16.85	11.8	0.42
2015	1.39	0.21	52.47	22.49	13.3	0.47
2016	1.41	0.17	59.76	19.88	14.3	0.50
2017	1.45	0.25	17.92	14.56	14.7	0.52
2018	1.49	0.28	38.59	11.90	15.6	0.55

资料来源：根据《广西统计年鉴》（2007～2019 年）和中国人民银行《广西壮族自治区金融运行报告》（2006～2019 年）有关数据整理计算所得。

2006～2018 年广西壮族自治区直接融资所占比例呈现为波动上升趋势，由 2006 年的 5.81% 提高到 2018 年的 38.59%，2016 年最高时达到 59.76%；非银行金融资产占比基本维持在低位波动状态，2006 年非银行金融资产占比为 12.32%，2018 年时为 11.90%；最高点在 2007 年，非银行金融资产占比达到 26.05%，最低值在 2008 年，仅为 11.34%。这表明 2006～2018 年间广西的金融结构虽有一定优化，但幅度较小。

2006～2018 年广西壮族自治区金融业人力资源投入稳定增加，其中从业人员数从 2006 年的 7.9 万人增加到 2018 年的 15.6 万人，增加了 7.7 万人；金融业从业人员数占社会就业人数的比例从 2006 年的 0.28% 提高到 2018 年的 0.55%，提高了 0.27 个百分点。

2. 广西金融资源配置产出效率的分维度评价

采用熵权 TOPSIS 模型评价方法计算出 2006～2018 年广西金融资源配置在经济增长、产业升级、社会发展、科技创新与环境友好五个维度的产出效率指数。

由图 7－23～图 7－27 可见，2006～2018 年广西金融资源配置产出效率五个衡量维度的效率指数存在显著差异。①经济增长效率指数与科技创新效率指数保持着相对稳定的上升态势。其中经济增长效率指数由 2006 年的 0.1134 提升到了 2018 年的 0.5050，提高了 3.45 倍，2017 年达到最高值 0.5685；科技创新效率指数由 2006 年的 0.1371 提升到了 2018 年的 0.6642，提高了 3.85 倍，2017 年达到最高值 0.9344。②产业升级效率指数提升幅度最大，由 2006 年的 0.0100 提升到 2018 年的 0.1722，提高了 16.22 倍；效率改进明显。③社会发展效率指数呈现出较大的波动性。社会发展效率指数在 2006 年时为 0.3321，2018 年为 0.4117，最低值为 0.1383（2009 年），最高值为 0.4931（2017 年），效率指数最高值与最低值之间的波动幅度达 356.5%。④环境友好效率指数呈现出波动式下降趋势。由 2006 年的 0.7110 下降到 2018 年的 0.4672，下降了 34.2%。

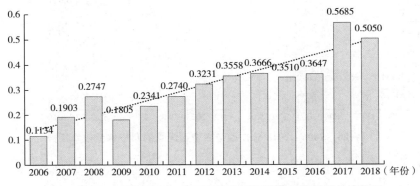

图 7－23　2006～2018 年 广西金融资源配置的经济增长效率指数

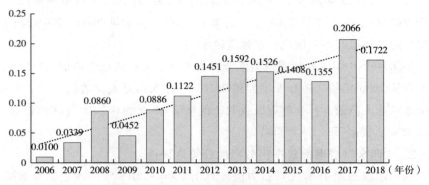

图 7-24　2006～2018 年广西金融资源配置的产业升级效率指数

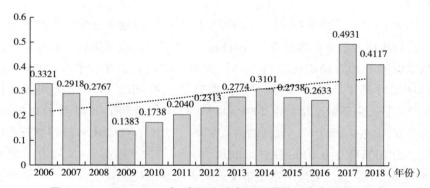

图 7-25　2006～2018 年 广西金融资源配置的社会发展效率指数

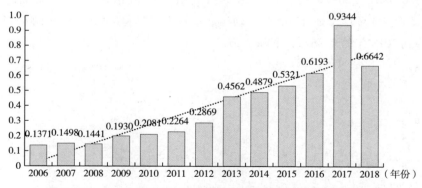

图 7-26　2006～2018 年广西金融资源配置的科技创新效率指数

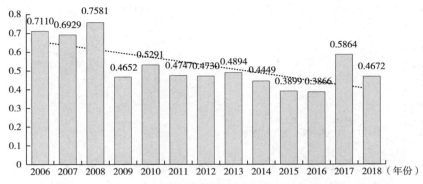

图 7 - 27   2006～2018 年广西金融资源配置的环境友好效率指数

广西壮族自治区金融资源配置产出效率五个衡量维度的效率指数表明，2006～2018 年广西金融业在资源配置中对于经济增长与科技创新的支持力度较大，带来的产出效率显著提高，尤其是对于科技创新的支持，其 2017 年的产出效率值达到 0.9344，与最优效率值 1 非常接近。金融业对于产业升级的支持显著增强，产业升级效率提升最快；金融资源配置对于社会发展的支持不太稳定，其效率指数波动较大；金融资源配置对于绿色发展的支持力度存在减弱趋向，导致金融资源配置的环境友好效率指数持续下降。从各维度指数的数值区间来看，五个维度中只有科技创新效率进入 0.60～0.79 的较高效率区间，经济增长效率、社会发展效率和环境友好效率进入 0.40～0.59 的中等效率区间，而产业升级效率还处在 0.20～0.39 的较低效率区间。

3. 广西金融资源配置产出效率的综合评价与分析

在上述对金融资源配置产出效率五个衡量维度效率指数测定的基础上，采用熵权 TOPSIS 模型评价方法计算出广西壮族自治区金融资源配置产出综合效率指数。

由图 7 - 28 可见，2006～2018 年广西壮族自治区金融资源配置产出的综合效率指数基本保持着稳步提高的态势，综合效率指数由 2006 年的 0.0557 提高到 0.5107；但直至 2018 年，广西壮族自治区金融资源配置产出的综合效率还处在 0.40～0.59 的中等效率区间，金融资源配置的产出效率仍有很大的提升空间。

五　贵州省金融资源配置效率评价

（一）贵州省金融资源配置中介效率评价

1. 贵州省金融资源配置中介效率评价指标的变化分析

表 7 - 9 是 2006～2018 年贵州省金融资源配置中介效率各指标的变化情况。

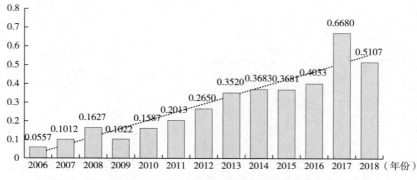

图7-28 2006~2018年广西金融资源配置产出综合效率指数

首先，金融机构中介效率衡量指标的变动分析。①居民储蓄率呈现大幅度波动，且从2014年起呈现下降趋势。居民储蓄率从2006年的17.01%上升至2013年的27.87%后逐步下降，到2018年时下降至6.41%，与2006年相比下降幅度达10.6个百分点；居民储蓄率最低值与最高值之间的波动幅度达到679.6%。②银行贷存率呈现小幅波动，维持上升趋势。银行贷存率从2006年的81.68%上升到2018年的93.48%，上升了11.8个百分点，省外资金净流入明显。③银行不良贷款率呈现出以2013年为拐点的先下降后上升趋势。银行不良贷款率从2006年的7.92%快速下降至2013年的0.69%，随后出现反弹，到2018年银行不良贷款率升至4.03%。④保险赔付率由2006年的30%提高到2018年的40.66%，提高了10.66个百分点，虽然在2006~2018年期间出现了一定的波动，但总体趋势依然是上升的。以上指标的变化表明，2006~2018年间，贵州省银行动员资金的能力有一定程度的下降，资金脱媒趋势加剧，虽然银行业信贷资金转化率提高，保险业保障功能有所增强，但自2013年以后银行不良贷款率的大幅与快速反弹应该引起极大关注。

其次，金融市场中介效率衡量指标的变动分析。①资本市场化率基本围绕50%上下波动。以非国有企业贷款占银行贷款比例表示的资本市场化率2006年为50.49%，2018年时为47.46%，其间最低值为32.41%，最高值为51.28%；表明贵州省银行在贷款中，国有企业与非国有企业各占半壁江山。②证券化率稳步上升，从2006年的19.39%提升至2018年的60.18%，特别是从2016年开始出现较大幅度上升，说明贵州省对资本市场的利用比较充分。

最后，金融体系中介效率衡量指标的变动分析。①资本形成率稳步上升，从2006年的51.7%提升至2018年的67.56%，提升了15.86个百分点。②信贷投入的边际产出在波动中大幅下降，2006~2018年信贷投入每增加

100 元贡献的 GDP 最高达到 155.2 元（2008 年），最低为 32.25 元（2009 年），2018 年比 2006 年下降了 59.5 元。表明贵州省金融发展对经济增长的贡献率下降趋势明显。

表 7 - 9　2006~2018 年贵州省金融资源配置中介效率评价各指标变化

单位：%

年份	金融机构中介效率				金融市场中介效率		金融体系中介效率	
	居民储蓄率	银行贷存率	银行不良贷款率	保险赔付率	资本市场化率	证券化率	资本形成率	信贷投入边际产出率
2006	17.01	81.68	7.92	30.00	50.49	19.39	51.70	92.41
2007	12.41	81.93	7.51	35.53	46.96	20.82	50.01	124.89
2008	24.05	75.40	2.92	44.08	49.01	21.97	50.04	155.20
2009	22.07	78.99	1.93	32.56	51.28	26.54	53.70	32.25
2010	28.41	78.12	1.25	25.95	50.40	28.85	56.00	62.59
2011	24.52	78.39	0.95	29.98	47.30	30.98	56.60	99.61
2012	25.42	79.02	0.78	36.84	32.41	32.49	60.90	78.02
2013	27.87	76.38	0.69	39.89	46.24	31.45	65.20	63.90
2014	14.92	81.25	0.97	42.08	47.47	33.15	66.10	55.22
2015	4.18	77.40	1.60	41.49	50.79	37.75	67.80	46.07
2016	15.35	75.37	2.02	40.93	47.85	52.25	69.60	43.38
2017	11.27	80.04	2.63	39.67	44.95	56.27	69.10	60.13
2018	6.41	93.48	4.03	40.66	47.46	60.18	67.56	32.91

资料来源：根据《贵州统计年鉴》（2007~2019 年）、中国人民银行《贵州省金融运行报告》（2006~2019 年）相关数据整理计算。

2. 贵州省金融资源配置中介效率的评价分析

运用表 7 -9 数据资料，采用熵权 TOPSIS 模型评价方法，计算出 2006~2018 年广西金融资源配置的中介效率指数。

从图 7 -29 可以看出，2006~2018 年贵州省金融资源配置的中介效率指数呈现稳步提升趋势。中介效率指数由 2006 年的 0.2102 提升到了 2018 年的 0.4371，提升了 107.95%；虽然在 2009~2011 年间有所回落，但幅度并不大。这表明在 2006~2018 年间，贵州省金融体系通过银行、证券市场及保险业等功能的发挥，使得金融资源配置的中介效率持续改善；但从中介效率指数值来看，2018 年贵州省金融资源配置中介效率指数仅为 0.4371，处在 0.40~0.59 的中等效率区间。

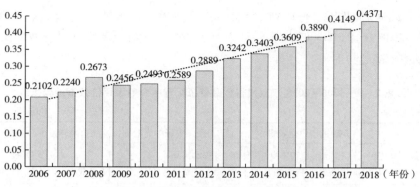

图 7 – 29　2006～2018 年贵州省金融资源配置的中介效率指数

（二）贵州省金融资源配置产出效率评价

1. 贵州省金融资源投入指标的变化分析

从 2006～2018 年贵州省金融资源投入各指标的数值及变化情况可见（见表 7 – 10），贵州省单位 GDP 占用的金融资产与社会融资额均在逐步增加。其中，单位 GDP 占用的金融资产由 2006 年的 1.63 元增加到 2018 年的 2.32 元，增加了 42.33%，且一直处在较高水平；单位 GDP 占用的社会融资额由 2006 年的 0.23 元增加到 2018 年的 0.42 元，最高时达到 0.86 元。表明 2006～2018 年贵州省经济发展中使用的金融资源数量在持续增加，经济增长对金融业的依赖性在不断提高，但同时也意味着金融业发展对经济增长的边际贡献在减弱。

2006～2018 年贵州省直接融资占社会融资总额比例呈现波动上升趋势，由 1.51% 提高到 2018 年的 22.38%，提高了 20.87 个百分点，但波动性较大，最大值与最小值之间的波动幅度达到 1532%。非银行金融资产占金融资产总额的比例在 2016 年前一直保持稳步提升态势，从 2006 年的 13.17% 提高到了 2016 年的 30.44%，但其后则一路下滑，到 2018 年为 15.57%，与 2016 年的高点相比，下降了 14.87 年百分点。这表明 2006～2018 年贵州省的金融结构虽有一定优化，但不稳定。

2006～2018 年贵州省金融业人力资源投入在稳定增加，其中从业人员数从 2006 年的 5.0 万人增加到 2018 年的 8.8 万人，增加了 3.8 万人；金融业从业人员数占社会就业人数的比例从 2006 年的 0.25% 提高到 2018 年的 0.43%，提高了 0.18 个百分点。

表 7 – 10   2006～2018 年贵州省金融资源投入指标值及变化

年份	资产资金投入				人力资源投入	
	金融资产总额/GDP	社会融资额/GDP	直接融资额/社会融资总额（%）	非银行金融资产/金融资产总额（%）	金融业从业人员数（万人）	金融业从业人员/就业人数（%）
2006	1.63	0.23	1.51	13.17	5.0	0.25
2007	2.07	0.23	8.01	13.65	5.3	0.28
2008	2.04	0.22	4.57	17.92	5.7	0.31
2009	1.9	0.43	2.83	18.24	5.9	0.32
2010	1.97	0.40	11.36	20.25	6.4	0.36
2011	1.75	0.30	7.09	21.11	7.2	0.40
2012	1.75	0.39	18.09	23.91	7.4	0.41
2013	1.62	0.86	4.98	22.31	8.0	0.43
2014	1.85	0.60	15.66	23.28	8.4	0.44
2015	2.23	0.61	22.14	26.90	8.6	0.44
2016	1.99	0.57	23.13	30.44	9.1	0.45
2017	2.38	0.46	5.12	21.47	9.2	0.45
2018	2.32	0.42	22.38	15.57	8.8	0.43

资料来源：根据《贵州统计年鉴》（2007～2019 年）和中国人民银行《贵州省金融运行报告》（2007～2019 年）有关数据整理计算所得。

2. 贵州省金融资源配置产出效率的分维度评价

采用熵权 TOPSIS 模型评价方法计算出 2006～2018 年贵州省金融资源配置在经济增长、产业升级、社会发展、科技创新与环境友好五个维度的产出效率指数。

由图 7 – 30～图 7 – 34 可见，2006～2018 年贵州省金融资源配置产出效率五个衡量维度的效率变化存在显著差异。①经济增长效率指数稳步提升。经济增长效率指数由 2006 年的 0.0300 稳步提升至 2018 年的 0.4348，提升了 13.49 倍。②社会发展效率指数在经过 2006～2016 年的缓慢提升之后于 2017 年加速提升，2006～2016 年社会发展效率指数从 0.0823 提升至 0.1830，提升了 1.22 倍，年均提升 8.32%；而 2017 年与 2016 年相比提升了 82.02%；2018 年在 2017 年的基础上再次提升 5.82%。③科技创新效率指数在经过 2006～2016 年的震荡徘徊之后快速提升。2006～2016 年科技创新效率指数一直围绕 0.30 上下波动，但从 2017 年开始快速提升，至 2018 年达到 0.6380。④产业升级效率指数与环境友好效率指数一直处于波动之中，其中产业升级效率指数始终围绕 0.10 上下波动，而环境友好效率指数则围绕 0.45 上下波动。

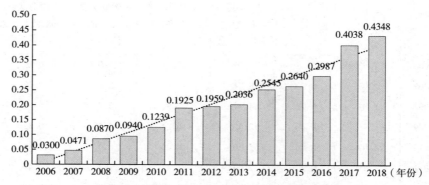

图 7 - 30　2006～2018 年贵州省金融资源配置的经济增长效率指数

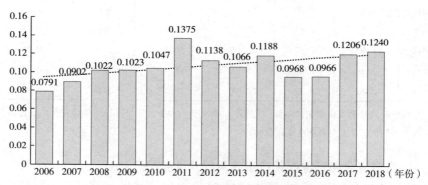

图 7 - 31　2006～2018 年贵州省金融资源配置的产业升级效率指数

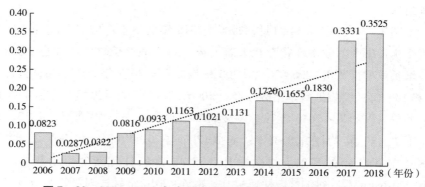

图 7 - 32　2006～2018 年贵州省金融资源配置的社会发展效率指数

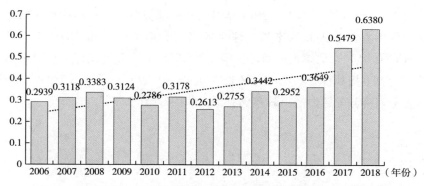

图 7－33　2006～2018 年贵州省金融资源配置的科技创新效率指数

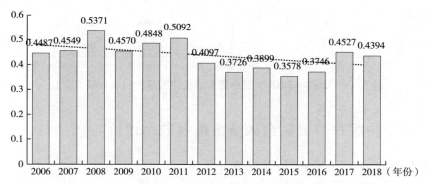

图 7－34　2006～2018 年贵州省金融资源配置的环境友好效率指数

贵州省金融资源配置产出效率五个衡量维度的效率指数表明，从各维度效率指数的变化来看，2006～2018 年贵州省金融业在资源配置中对于经济增长的支持力度始终较大，带来的产出效率提升显著；对于社会发展与科技创新的支持在 2017 年后增强，其效率指数迅速提升；对于产业升级与环境友好的支持力度基本稳定，带来的效率指数变化不甚明显。从各维度效率指数的数值区间来看，五个维度中只有科技创新效率指数进入 0.60～0.79 的较高效率区间，经济增长效率指数与环境友好效率指数进入 0.40～0.59 的中等效率区间，而社会发展效率处在 0.20～0.39 的较低效率区间，产业升级效率指数还处在 0.01～0.19 的低效率区间。因此，贵州省金融业在资源配置中应该给予社会发展和产业升级，特别是产业升级方面更多的金融支持。

3. 贵州省金融资源配置产出效率的综合评价

在上述对金融资源配置产出效率五个衡量维度效率指数测定的基础上，采用熵权 TOPSIS 模型评价方法计算出贵州省金融资源配置产出综合效率指数。

由图 7-35 可见，2006～2018 年贵州省金融资源配置产出的综合效率指数基本保持着稳步提高的态势，综合效率指数由 2006 年的 0.0379 提高到 2018 年的 0.4500，效率改进明显；但直至 2018 年，贵州省金融资源配置产出的综合效率指数仅为 0.4500，还处在 0.40～0.59 的中等效率区间。因此，贵州省金融资源配置的产出效率仍有很大的提升空间。

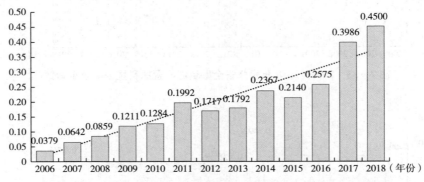

图 7-35　2006～2018 年贵州省金融资源配置产出综合效率指数

六　内蒙古自治区金融资源配置效率评价

（一）内蒙古金融资源配置中介效率评价

1. 内蒙古金融资源配置中介效率评价指标的变化分析

表 7-11 是 2006～2018 年内蒙古金融资源配置中介效率各指标的变化情况。

首先，金融机构中介效率衡量指标的变动分析。①居民储蓄率呈现以 2012 年为拐点的先上升后下降趋势。居民储蓄率从 2006 年的 17.27% 上升至 2012 年的 27.64% 后逐步下降，到 2018 年时下降至 16.87%，与 2006 年相比下降了 0.4 个百分点。②银行贷存率总体呈现大幅上升趋势。银行贷存率从 2006 年的 79.50% 上升到 2018 年的 95.09%，上升了 15.59 个百分点，区外资金净流入明显。③银行不良贷款率呈现出以 2011 年为拐点的先下降后上升趋势。银行不良贷款率从 2006 年的 8.28% 快速下降至 2011 年的 0.57%，随后快速反弹至 2015 年的 3.97%，到 2018 年银行不良贷款率下降至 2.82%。④保险赔付率由 2006 年的 23.89% 提高到 2018 年的 29.24%，提高了 5.35 个百分点，虽然其间出现了一定的波动，但总体趋势依然是上升的。以上 4 个指标的变化表明，2006～2018 年内蒙古金融机构动员资金的能力有一定程度的下降，资金存在一定的脱媒现象，银行业信贷资金转化率提升明显，保险业保障功能有所增强，但自2011年以后银行不良贷款率的快速反弹预示着银行信贷资产质量的下降，应该引起关注。

其次，金融市场中介效率衡量指标的变动分析。①资本市场化率存在较大的波动。以非国有企业贷款占银行贷款比例表示的资本市场化率2006年为41.82%，2018年时为43.55%，其间最低值为30.91%，最高值为55.39%；表明内蒙古银行在贷款中，对国有企业存在一定偏好，非国有企业获得信贷相对较少。②证券化率总体呈现上升趋势，从2006年的18.48%提升至2018年的23.50%，提升了5.02个百分点；但从2016年之后证券化率有所下降，从2016年的28.6%下降至2018年的23.5%，下降了5.1个百分点。说明内蒙古对资本市场的利用效率较低。

最后，金融体系中介效率衡量指标的变动分析。①资本形成率基本围绕在75%左右波动，其间最高值为84.62%，最小值为63.98%，波动幅度达到20.64个百分点；2018年的资本形成率仅比2006年上升了1.59个百分点。②信贷投入边际产出呈现大幅度波动。每100元信贷投入产生的GDP由2006年的168.6元快速增加至2008年的272.37元，随后持续下降，到2017年时达到-120元；2018年又快速反弹至188.53元。但从总的趋势来看，信贷投入的边际产出呈现小幅下降趋势。这表明内蒙古自治区金融发展对经济增长的贡献率存在着极大的不稳定性，且贡献率呈现下降趋势。

表7-11 2006～2018年内蒙古金融资源配置中介效率评价各指标变化情况

单位:%

年份	金融机构中介效率				金融市场中介效率		金融体系中介效率	
	居民储蓄率	银行存贷率	银行不良贷款率	保险赔付率	资本市场化率	证券化率	资本形成率	信贷投入边际产出率
2006	17.27	79.50	8.28	23.89	41.82	18.48	70.10	168.60
2007	12.72	76.27	7.94	32.94	43.25	19.74	70.01	262.64
2008	26.94	71.53	2.51	30.78	39.38	18.04	67.32	272.37
2009	25.26	75.89	1.16	33.29	40.41	17.68	77.02	68.31
2010	21.99	77.41	0.82	28.56	39.31	15.62	77.30	120.20
2011	21.56	80.87	0.57	30.97	33.28	14.86	76.71	147.76
2012	27.64	83.32	0.66	34.46	30.91	15.73	84.62	103.01
2013	17.94	85.54	0.88	36.57	34.39	17.74	71.20	50.72

续表

| 年份 | 金融机构中介效率 | | | | 金融市场中介效率 | | 金融体系中介效率 | |
	居民 储蓄率	银行 贷存率	银行不良 贷款率	保险 赔付率	资本 市场化率	证券化率	资本 形成率	信贷投入边际 产出率
2014	14.81	92.48	2.16	35.18	55.39	18.12	77.43	46.64
2015	17.24	95.00	3.97	31.49	40.12	23.39	78.72	11.98
2016	15.26	91.59	3.57	28.30	46.41	28.60	67.21	27.34
2017	11.11	93.39	3.51	32.73	41.44	25.71	63.98	-120.00
2018	16.87	95.09	2.82	29.24	43.55	23.50	71.69	188.53

资料来源：根据《内蒙古统计年鉴》（2007~2019年）、中国人民银行《内蒙古自治区金融运行报告》（2006~2019年）相关数据整理计算。

2. 内蒙古金融资源配置中介效率的评价分析

运用表7-11数据资料，采用熵权TOPSIS模型评价方法，计算出内蒙古2006~2018年金融资源配置的中介效率指数。

从图7-36可以看出，2006~2018年内蒙古金融资源配置的中介效率指数呈现稳步提升趋势，中介效率指数由2006年的0.2141提升到了2018年的0.4297，提升了100.70%。这表明在2006~2018年间，内蒙古金融体系通过金融机构、金融市场及金融体系等功能的发挥，使得金融资源配置的中介效率持续改善；但从中介效率指数值来看，2018年内蒙古的中介效率指数仅为0.4297，处在0.40~0.59的中等效率区间。因此，内蒙古金融资源配置的中介效率还有待于进一步提升。

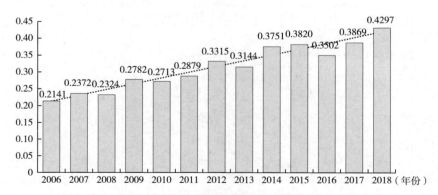

图7-36 2006~2018年内蒙古金融资源配置的中介效率指数

（二）内蒙古金融资源配置产出效率评价

1. 内蒙古金融资源投入指标的变化分析

从 2006～2018 年内蒙古金融资源投入各指标的数值变化情况可以看出，内蒙古单位 GDP 占用的金融资产逐步增加，由 2006 年的 0.86 元增加至 2018 年的 1.57 元，增加了 82.56%，表明经济增长对金融资产扩张的依赖度在提升；单位 GDP 占用的社会融资基本保持稳定，维持在 0.10～0.20 之间波动，表明经济增长对金融资源投入的依赖性没有明显的变化。

表 7-12　2006～2018 年内蒙古自治区金融资源投入指标值及变化

年份	资产资金投入				人力资源投入	
	金融资产总额/GDP	社会融资额/GDP	直接融资额/社会融资总额（%）	非银行金融资产/金融资产总额（%）	金融业从业人员数（万人）	金融业从业人员/就业人数（%）
2006	0.86	0.13	6.02	24.23	8.3	0.79
2007	1.44	0.11	18.26	57.63	8.6	0.81
2008	0.66	0.12	13.45	18.61	9.1	0.82
2009	0.93	0.20	4.91	29.21	9.5	0.83
2010	1.02	0.15	9.52	33.08	10.1	0.85
2011	0.9	0.15	10.87	24.44	10.4	0.83
2012	0.94	0.14	27.86	24.51	10.8	0.83
2013	1.01	0.16	20.62	22.57	11.1	0.79
2014	1.13	0.16	29.56	25.14	11.3	0.76
2015	1.31	0.10	52.65	26.91	11.6	0.79
2016	1.37	0.12	31.29	23.81	11.8	0.81
2017	1.76	0.13	22.58	23.86	11.7	0.82
2018	1.57	0.09	16.24	18.49	14.5	1.08

资料来源：根据《内蒙古统计年鉴》（2007～2019 年）和中国人民银行《内蒙古自治区金融运行报告》（2006～2019 年）有关数据整理计算所得。

2006～2018 年内蒙古直接融资所占比例呈现波动上升趋势，由 2006 年的 6.02% 提高到 2018 年的 16.24%，提高了 10.22 个百分点，但波动性较大，极不稳定。直接融资占比最大年份曾达到 52.65%，但最小年份只达到 4.91%，最大值与最小值之间的波动幅度达到 47.74 个百分点；非银行金融资产占比在波动中呈现略降走势，由 2006 年的 24.23% 下降至 2018 年的 18.49%，下降了 5.74 个百分点，最高值在 2007 年曾达到 57.63%。这表明 2006~2018 年内蒙古的融资结构有一定程度改善但不稳定；金融发展中非银行金融业务有一定萎缩。

2006~2018 年内蒙古金融业人力资源投入稳定增加，其中从业人员数从 2006 年的 8.3 万人增加到 2018 年的 14.5 万人，增加了 6.2 万人；金融业从业人员数占社会就业人数的比例从 2006 年的 0.79% 提高到 2018 年的 1.08%，提高了 0.29 个百分点。

2. 内蒙古金融资源配置产出效率的分维度评价

采用熵权 TOPSIS 模型评价方法计算出 2006~2018 年内蒙古金融资源配置在经济增长、产业升级、社会发展、科技创新与环境友好五个维度的产出效率指数。

由图 7-37~图 7-41 可见，2006~2018 年内蒙古自治区金融资源配置产出效率五个衡量维度的效率变化存在一定程度的相似性。①经济增长效率指数、产业升级效率指数以及环境友好效率指数均呈现出以 2011 年为最优的近乎正态分布特征。其中经济增长效率指数从 2006 年的 0.3323 稳步提升至 2011 年的 1.00，其后出现回落并处于震荡波动之中；2012~2018 年，经济增长效率指数最低值为 0.5247（2015 年），最高值为 0.8325（2013 年）；2018 年经济增长效率指数为 0.7950，与 2006 年相比提高了 1.39 倍。产业升级效率指数由 2006 年的 0.3198 稳步提升至 2011 年的 1.00，随后出现回落，并呈现下降趋势；2018 年产业升级效率指数为 0.5093，相比于 2011 年的最优值回落了 49.07%。环境友好效率指数从 2006 年的 0.8244 经 2007 年的短暂回落之后持续提升至 2011 年的 1.00，其后大幅回落，并呈现持续下降趋势；到 2018 年环境友好效率指数下降至 0.4872，相较于 2011 年最优值下降了 51.28%。②社会发展效率指数在波动中呈现下降趋势。社会发展效率指数由 2006 年的 1.00 大幅回落至 2007 年的 0.6012，随后稳步提升，于 2011 年达到次优效率值 0.9687；从 2012 年又开始大幅回落，并维持低位震荡走势，2018 年社会发展效率指数为 0.5510，相较于 2011 年下降了 43.11%。③科技创新效率指数在波动中呈现上升趋势。科技创新效率指数由 2006 年的 0.1883 波动升至 2018 年的 0.3441，提升了 82.74%；其间最低值为 0.1162（2007 年），最高值为 0.3441（2018 年），最低值与最高值之间的波动幅度达 296.13%。

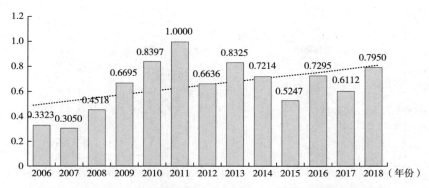

图 7 - 37　2006～2018 年内蒙古金融资源配置的经济增长效率指数

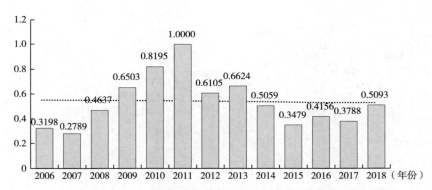

图 7 - 38　2006～2018 年内蒙古金融资源配置的产业升级效率指数

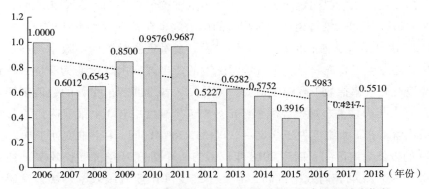

图 7 - 39　2006～2018 年内蒙古金融资源配置的社会发展效率指数

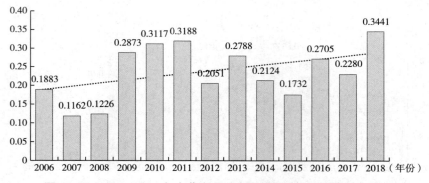

图 7 - 40　2006 ~ 2018 年内蒙古金融资源配置的科技创新效率指数

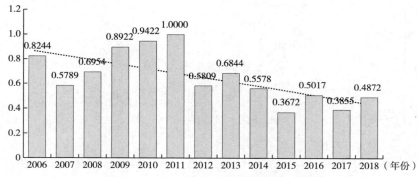

图 7 - 41　2006 ~ 2018 年内蒙古金融资源配置的环境友好效率指数

内蒙古金融资源配置产出效率五个衡量维度的效率指数及变化表明，在 2006 ~ 2011 年间内蒙古金融资源配置的产出效率在各维度都不断提升，并于 2011 年达到最优状态；但在 2011 年以后，金融资源配置产出效率则逐步与最优状态发生了背离，导致金融资源配置的产出效率由最优变为非优，特别是环境友好效率指数下降幅度最大。另外，从各维度产出指数的数值区间来看，2011 年内蒙古金融资源配置产出效率五个维度中有 3 个维度达到了 1.00 的最优值，有 1 个维度处于 0.80 ~ 1.00 的高效率区间，1 个维度处于 0.20 ~ 0.39 的较低效率区间；而到 2018 年时只有 1 个维度（经济增长效率）还处于 0.60 ~ 0.79 的较高效率区间，有 3 个维度（产业升级效率、社会发展效率、环境友好效率）下降为 0.40 ~ 0.59 的中等效率区间，1 个维度（科技创新效率）处于 0.20 ~ 0.39 的较低效率区间。

3. 内蒙古金融资源配置产出效率的综合评价

在上述对金融资源配置产出效率五个衡量维度效率指数测定的基础上，

采用熵权 TOPSIS 模型评价方法计算出内蒙古自治区金融资源配置产出综合效率指数。

由图 7 – 42 可见，2006～2018 年内蒙古金融资源配置产出的综合效率指数呈现出以 2011 年为拐点的前升后降趋势，综合效率指数由 2006 年的 0.4143 提高到 2011 年的最优值 1.00，其后则出现大幅下降并进入波动状态；2012～2018 年产出综合效率指数最低值为 0.3852（2015 年），最高值为 0.7266（2013 年），其间波动幅度达 88.63%；2018 年相较于 2011 年产出综合效率指数下降了 40.42%。这意味着内蒙古自治区金融资源配置的产出综合效率指数从 2011 年的最优效率区间降为 0.40～0.59 的中等效率区间，产出综合效率指数下降非常明显。

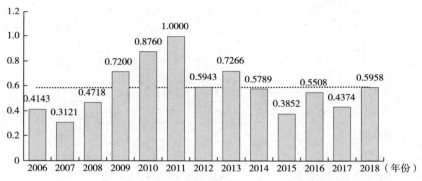

图 7 – 42　2006～2018 年内蒙古金融资源配置产出综合效率指数

七　本章小结

本章通过对重庆、四川、云南、广西、贵州、内蒙古六个省（区、市）金融资源配置的中介效率和产出效率进行测度评价，其测度结果可归纳为表 7 – 13。

由表 7 – 13 归纳的测度结果可见，各省域在不同的效率维度上存在着较大差异。

但这 6 省（区、市）金融资源配置效率的共有特征就是，金融资源配置对经济增长、产业升级、科技创新的支持都比较重视，这三个维度的效率都有不同程度的改善；但对社会发展与环境友好的支持不够，部分省（区、市）的效率水平还在下降。

表 7 - 13   重庆、四川、云南、广西、贵州、内蒙古金融资源配置效率指数测度结果

地区		金融资源配置中介效率	金融资源配置产出效率					
			经济增长效率	产业升级效率	社会发展效率	科技创新效率	环境友好效率	产出综合效率
重庆	效率变化	提升	提升	提升	稳定	提升	下降	提升
	效率指数（2018）	0.3461	0.4388	0.1396	0.2047	0.9695	0.2701	0.5773
	效率区间	较低效率	中等效率	低效率	较低效率	高效率	较低效率	中等效率
四川	效率变化	提升	提升	提升	提升	提升	提升	提升
	效率指数（2018）	0.3083	0.7205	0.3820	0.6918	0.6596	0.9216	0.6047
	效率区间	较低效率	较高效率	较低效率	较高效率	较高效率	高效率	较高效率
云南	效率变化	提升	提升	提升	提升	提升	下降	提升
	效率指数（2018）	0.4759	0.3938	0.1162	0.3049	0.3333	0.3785	0.3087
	效率区间	中等效率	较低效率	低效率	较低效率	较低效率	较低效率	较低效率
广西	效率变化	提升	提升	提升	提升	提升	下降	提升
	效率指数（2018）	0.3476	0.5050	0.1722	0.4117	0.6642	0.4672	0.5107
	效率区间	较低效率	中等效率	低效率	中等效率	较高效率	中等效率	中等效率
贵州	效率变化	提升	提升	提升	提升	提升	下降	提升
	效率指数（2018）	0.4371	0.4348	0.1240	0.3525	0.6380	0.4394	0.4500
	效率区间	中等效率	中等效率	低效率	较低效率	较高效率	中等效率	中等效率
内蒙古	效率变化	提升	提升	提升	下降	提升	下降	提升
	效率指数（2018）	0.4297	0.7950	0.5093	0.5510	0.3441	0.4872	0.5958
	效率区间	中等效率	较高效率	中等效率	中等效率	较低效率	中等效率	中等效率

第八章
西部各省（区、市）金融资源
配置效率评价（Ⅱ）

◇

本章依据前述第 3 章构建的金融资源配置效率评价指标体系①及方法，主要对西北地区的陕西省、甘肃省、宁夏回族自治区、青海省和新疆维吾尔自治区 5 个省（区）的金融资源配置效率进行评价与分析。

一　陕西省金融资源配置效率评价

（一）陕西省金融资源配置中介效率评价

1. 陕西省金融资源配置中介效率评价指标的变化分析

表 8 - 1 是 2006 ~ 2018 年陕西省金融资源配置中介效率评价各指标的变化情况。

首先，金融机构中介效率衡量指标的变动分析。①居民储蓄率大幅度波动，且 2009 年以后呈下降趋势。2006 ~ 2018 年，居民储蓄率最低达到 8.86%（2007 年），最高值达到 44.44%（2008 年），波动幅度达到 35.58 个百分点；2018 年较 2006 年居民储蓄率下降了 7.81 个百分点。②银行贷存率呈现稳步上升趋势。银行贷存率从 2006 年的 59.89% 上升到 2018 年的 75.11%，上升了 15.22 个百分点。③银行不良贷款率呈现出以 2013 年为拐点的先下降后反弹趋势。银行不良贷款率从 2006 年的 11.5% 快速下降至 2008 年的 3.18%，随后继续下降至 2013 年的最低点 0.68%，其后出现反弹回升，至 2016 年达到 2.52%，在 2017 年、2018 年又有一定程度的下

---

① 因金融数据可得性的限制，此章分析所选用的指标在第 3 章构建指标体系的基础上做了适当调整。

降，到 2018 年银行不良贷款率为 1.56%。④2006～2018 年保险赔付率波动幅度较大，最高值在 2014 年达到 37.70%；最低值在 2010 年为 20.85%，区间波动幅度达 16.85 个百分点。2018 年与 2006 年相比，保险赔付率提升了 3.42 个百分点。以上指标的变化表明，2006～2018 年陕西省银行动员资金的能力下降严重，资金脱媒趋势加剧；银行信贷资金转化能力在提高，信贷资产质量改善较为明显，保险业的风险保障功能有所增强。

表 8-1　2006～2018 年陕西省金融资源配置中介效率评价各指标变化情况

单位:%

年份	金融机构中介效率				金融市场中介效率		金融体系中介效率	
	居民储蓄率	银行贷存率	银行不良贷款率	保险赔付率	资本市场化率	证券化率	资本形成率	信贷投入边际产出率
2006	28.62	59.89	11.50	25.56	49.63	16.13	61.91	168.72
2007	8.86	60.24	10.91	31.42	52.41	17.18	60.93	154.07
2008	44.44	56.13	3.18	27.05	45.69	21.79	64.30	166.44
2009	40.76	58.94	2.23	23.48	46.27	19.84	66.71	38.53
2010	33.89	61.61	1.35	20.85	45.41	20.03	67.52	100.42
2011	28.11	61.61	1.10	25.17	41.76	20.23	67.83	151.73
2012	32.01	61.89	0.77	28.58	40.93	19.93	68.61	82.91
2013	25.78	64.26	0.68	35.38	41.45	19.56	68.81	66.33
2014	18.28	67.78	1.61	37.70	37.21	20.47	67.72	62.39
2015	33.76	67.60	1.99	33.88	39.68	25.32	66.01	16.49
2016	20.93	67.84	2.52	33.36	45.37	27.43	66.51	63.75
2017	17.84	70.57	1.95	29.93	40.93	18.69	65.82	90.64
2018	20.81	75.11	1.56	28.98	40.93	18.50	66.96	66.22

资料来源：根据《陕西统计年鉴》（2007～2019 年）、中国人民银行《陕西省金融运行报告》（2006～2019 年）相关数据整理计算。

其次，金融市场中介效率衡量指标的变动分析。①资本市场化率呈现缓慢下降趋势。以非国有企业贷款占银行贷款比例表示的资本市场化率从 2006 年的 49.63% 下降到 2018 年的 40.93%，下降了 8.7 个百分点，表明非国有企业从银行贷款的难度进一步加大。②证券化率在 2016 年之前表现为缓慢上升，由 2006 年的 16.13% 提升至 2016 年的 27.43%，提升了 11.3 个百分点；但从 2017 年开始出现快速下降，到 2018 年降至 18.50%，与 2016 年相比下降了 8.93 个百分点。

最后，金融体系中介效率指标的变动分析。①资本形成率基本维持稳定状态，2018 年与 2006 年相比，资本形成率仅提高了 5.05 个百分点，2006～2018 年期间在 60.93%～68.81% 之间小幅波动。这表明资本形成额在 GDP 中的比例基本稳定。②信贷投入边际产出率在大幅度波动中呈现下降趋势，2006～2018 年信贷投入每增加 100 元贡献的 GDP 由 2006 年的 168.72 元下降到 2018 年的 66.22 元，下降了 102.5 元；最高达到 168.72 元（2006 年），最低为 16.49 元（2015 年），波动幅度达 923.16%。这表明陕西省金融业发展对经济增长的贡献率有下降趋势。

2. 陕西省金融资源配置中介效率的评价分析

运用表 8-1 数据资料，采用熵权 TOPSIS 模型评价方法，计算出 2006～2018 年陕西省金融资源配置的中介效率指数。

从图 8-1 可以看出，2006～2018 年陕西省金融资源配置的中介效率指数呈现波动上升趋势。中介效率指数由 2006 年的 0.1963 提升到了 2018 年的 0.2661，提升了 35.56%；最低值在 2007 年为 0.1961，最高值在 2015 年为 0.2879，区间波动幅度为 46.81%。这表明在 2006～2018 年间，陕西省金融体系的中介职能作用比较稳定，金融中介效率有一定改善，但改进成效比较缓慢。需要关注的是，从 2016 年开始，陕西省金融资源配置的中介效率出现小幅下降；结合前面各指标的变化可知，此阶段中介效率的回落是居民储蓄率、资本市场化率、证券化率等下降以及银行不良贷款率反弹等金融中介指标变化综合作用的结果。另外，从金融资源配置中介效率指数值来看，2018 年仅为 0.2661，处于 0.20～0.39 的较低效率区间。因此，提高居民储蓄率，积极利用与发挥资本市场功能，有效控制银行不良贷款率的反弹回升，是陕西省提高金融资源配置中介效率的基本思路。

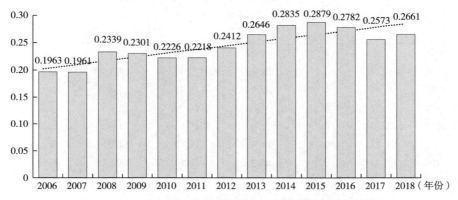

图 8-1　2006～2018 年陕西省金融资源配置中介效率指数

(二) 陕西省金融资源配置产出效率评价

1. 陕西省金融资源投入指标的变化分析

从陕西省金融资源投入各指标的数值及变化可以看出，2006～2018年陕西省单位GDP占用的金融资产呈波动增加趋势，由2006年的1.07元增加到2018年的1.57元，增加了46.73%；单位GDP占用的社会融资额呈现略有增加趋势，由2006年的0.12元增加到2018年的0.15元，最高时达到0.31元。表明2006～2018年陕西省经济发展中投入的金融资源量在增加，经济增长对金融业的依赖性有所提高，但同时也意味着金融业发展对经济增长的贡献在递减。

2006～2018年陕西省直接融资所占比例以及非银行金融资产占比均在波动中攀升。其中，直接融资占比由2006年的5.97%提高到2018年的36.29%，提高了30.32个百分点，2016年达到最高值57.68%；非银行金融资产占比由2006年的11.66%提高到2018年的19.89%，提高了8.23个百分点，最低值为11.66%，最高值为28.71%。这表明2006～2018年，陕西省融资结构及金融发展的行业结构在不断改善。

2006～2018年陕西省金融业从业人员数量增长较快，从2006年的10万人增加到2018年的21.6万人，增加了11.6万人；金融业从业人员数占社会就业人数的比例从2006年的0.50%提高到2018年的1.04%，提高了0.54个百分点。

表8-2 2006～2018年陕西省金融资源投入指标值及变化

年份	资产资金投入				人力资源投入	
	金融资产总额/GDP	社会融资额/GDP	直接融资额/社会融资总额（%）	非银行金融资产/金融资产总额（%）	金融业从业人员数（万人）	金融业从业人员/就业人数（%）
2006	1.07	0.12	5.97	11.66	10.0	0.50
2007	1.14	0.13	13.28	23.39	10.1	0.51
2008	0.99	0.21	20.94	16.71	10.6	0.52
2009	1.21	0.31	9.64	15.77	13.0	0.63
2010	1.19	0.23	21.00	15.43	14.1	0.68
2011	1.15	0.18	15.83	17.95	14.0	0.71
2012	1.19	0.19	24.39	17.87	14.6	0.71
2013	1.24	0.26	18.74	16.93	15.0	0.73

续表

年份	资产资金投入				人力资源投入	
	金融资产总额/GDP	社会融资额/GDP	直接融资额/社会融资总额（%）	非银行金融资产/金融资产总额（%）	金融业从业人员数（万人）	金融业从业人员/就业人数（%）
2014	1.46	0.27	32.10	25.74	16.1	0.78
2015	0.95	0.25	35.93	28.71	18.0	0.87
2016	1.72	0.18	57.68	26.65	20.3	0.98
2017	1.58	0.27	27.62	22.25	22.4	1.08
2018	1.57	0.15	36.29	19.89	21.6	1.04

资料来源：根据《陕西统计年鉴》（2007~2019年）和中国人民银行《陕西省金融运行报告》（2006~2019年）有关数据整理计算所得。

2. 陕西省金融资源配置产出效率的分维度评价

根据前述第三章将金融资源配置产出效率划分为经济增长、产业升级、社会发展、科技创新、环境友好五个维度，采用熵权 TOPSIS 模型评价方法计算出 2006~2018 年陕西省金融资源配置在五个维度的产出效率指数。

由图 8-2~图 8-6 可见，2006~2018 年陕西省金融资源配置产出五个维度效率指数的变化差异明显。①经济增长效率指数基本呈现出稳步提高趋势。经济增长效率指数由 2006 年的 0.0920 提升到了 2018 年的 0.4297，提高了 3.67 倍；在 2014~2016 年间虽有所回调，但总体表现依然是上升的。②产业升级效率指数、社会发展效率指数和科技创新效率指数一直维持震荡态势。其中产业升级效率指数由 2006 年的 0.1585 波动攀升至 2013 年的最高值 0.2979，随后基本保持震荡下行态势，2018 年产业升级效率指数达到 0.2229，与

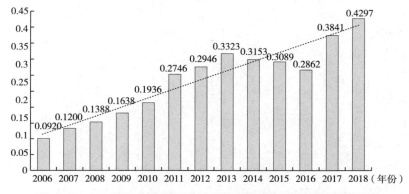

图 8-2　2006~2018 年陕西省金融资源配置的经济增长效率指数

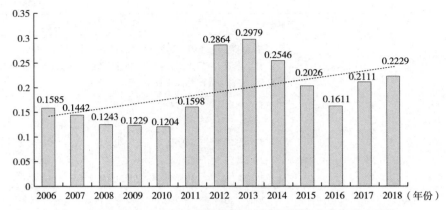

图 8 – 3　2006～2018 年陕西省金融资源配置的产业升级效率指数

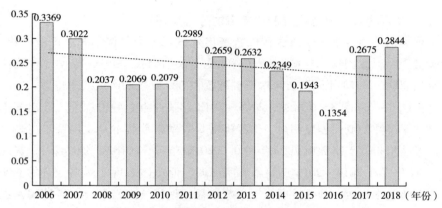

图 8 – 4　2006～2018 年陕西省金融资源配置的社会发展效率指数

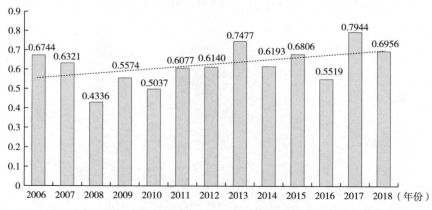

图 8 – 5　2006～2018 年陕西省金融资源配置的科技创新效率指数

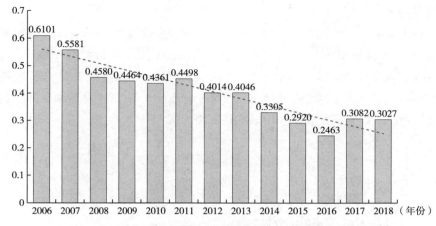

图 8 - 6 2006～2018 年陕西省金融资源配置的环境友好效率指数

2006 年相比上升了 40.6%，但与 2013 年的高点相比下降了 25.18%。社会发展效率指数在 0.1354～0.3369 之间较大幅度波动，最低值出现在 2016 年为 0.1354，最高值出现在 2006 年为 0.3369，区间波动幅度达 248.82%。科技创新效率指数基本围绕 0.60 上下波动，最低值在 2008 年为 0.4336，最高值在 2017 年为 0.7944，区间波动幅度为 183.21%。③环境友好效率指数呈现单边下降趋势，由 2006 年的 0.6101 下降到 2018 年的 0.3027，下降了 50.39%。

由陕西省金融资源配置产出效率五个维度效率指数的变化不难得出以下结论。2006～2018 年，陕西省金融资源配置对于经济增长的支持力度较大，金融产出的经济增长效率提升明显；但金融资源配置对于产业升级、社会发展以及科技创新的支持较为有限，三个维度的效率并没有出现较为明显的提升；而对于环境友好的支持较弱，环境友好效率持续下降。另外，从五个维度的效率指数值来看，截止到 2018 年，陕西省金融资源配置产出效率中只有科技创新效率指数处于 0.60～0.79 的较高效率区间，经济增长效率指数处于 0.40～0.59 的中等效率区间，而产业升级效率指数、社会发展效率指数及环境友好效率指数均处于 0.20～0.39 的较低效率区间。这表明陕西省金融业在资源配置方面，对科技创新的支持效率较高，对经济增长的支持效率一般，而对产业升级、社会发展以及环境友好的支持远远不足。

3. 陕西省金融资源配置产出效率的综合评价

在上述对金融资源配置产出效率五个衡量维度效率指数测定的基础上，采用熵权 TOPSIS 模型评价方法计算出陕西省金融资源配置产出综合效率指数（见图 8 – 7）。

由图 8 – 7 可见，2006 ~ 2018 年陕西省金融资源配置产出的综合效率指数在波动中有所提升。金融资源配置产出的综合效率指数由 2006 年的 0. 3441 提高到了 2018 年的 0. 5260，提高了 52. 86%；但截至 2018 年，陕西省金融资源配置产出的综合效率指数仅处于 0. 40 ~ 0. 59 的中等效率区间。这表明陕西省金融资源配置的产出效率还有很大的提升空间。

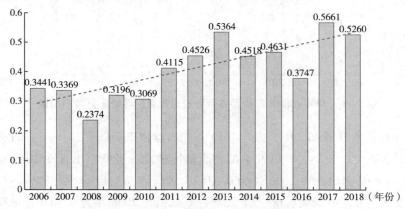

图 8 – 7　2006 ~ 2018 年陕西省金融资源配置产出综合效率指数

二　甘肃省金融资源配置效率评价

（一）甘肃省金融资源配置中介效率评价

1. 甘肃省金融资源配置中介效率评价指标的变化分析

表 8 – 3 是 2006 ~ 2018 年甘肃省金融资源配置中介效率各指标的变化情况。

首先，金融机构中介效率衡量指标的变动分析。①居民储蓄率呈现大幅度波动。2006 ~ 2018 年居民储蓄率最低值出现于 2007 年，仅为 6. 59%，最高值出现于 2008 年，达到 38. 21%，区间波动幅度达到 31. 62 个百分点；2018 年与 2006 年相比，居民储蓄率上升了 4. 28 个百分点。②银行贷存率稳步上升。银行贷存率从 2006 年的 63. 79% 上升到 2018 年的 103. 71%，上升了 39. 92 个百分点。③银行不良贷款率呈现出以 2014 年为拐点的先下降后上升趋势。银行不良贷款率从 2007 年的最高点 13. 43% 快速下降至 2014 年的最低点 0. 47%，其后出现快速反弹回升，至 2018 年银行不良贷款率达到 5. 00%。④保险赔付率由 2006 年的 25. 01% 提高到 2018 年的 34. 84%，提高了9.83个百分点，最高值在2007年，达到40.80%；最低值在2010年，为21.31%；总体呈现出上升趋势。以上指标的变化表明，2006~2018年甘肃省居民储蓄率极不稳定，区外资金流入明显，银行将储蓄资金转化为信贷资金的能力持续提高，但2014年后信贷资产质量下降显著。

其次，金融市场中介效率衡量指标的变动分析。①资本市场化率呈现缓慢下降状态。以非国有企业贷款占银行贷款比例表示的资本市场化率由2006年的55.39%逐步下降至2018年的47.10%，下降了8.29个百分点；最高值为57.84%，最低值为39.66%。表明银行向国有企业的信贷偏好在增强。②证券化率稳定上升。从2006年的10.10%提高到了2018年的27.48%，提升了17.38个百分点，说明甘肃省对资本市场的利用能力显著提升。

最后，金融体系中介效率衡量指标的变动分析。①资本形成率呈现相对稳定的上升趋势，从2006年的47.89%持续上升至2016年的67.72%，其后略有下降，到2018年为60.92%，与2006年比较提高了13.03个百分点；表明甘肃省金融体系将资金转化为资本的能力持续增强，这对长远的经济增长非常有利。②信贷投入边际产出率呈现大幅下降，每100元信贷投入的GDP产出由2006年的182.05元下降至2018年的47.23元，下降了134.82元；其间最低曾达到 -2.22元（2015年）。这表明甘肃省金融信贷资金投入对经济增长的贡献率下降明显。

表8-3　2006~2018年甘肃省金融资源配置中介效率评价各指标变化情况

单位:%，元

年份	金融机构中介效率				金融市场中介效率		金融体系中介效率	
	居民储蓄率	银行贷存率	银行不良贷款率	保险赔付率	资本市场化率	证券化率	资本形成率	信贷投入边际产出率
2006	20.88	63.79	11.84	25.01	55.39	10.10	47.89	182.05
2007	6.59	60.02	13.43	40.80	53.43	9.71	48.91	147.51
2008	38.21	57.33	3.76	32.06	55.38	9.24	51.21	126.65
2009	35.83	62.54	2.39	27.84	57.71	11.54	55.09	23.39
2010	36.95	63.37	1.57	21.31	57.84	10.78	56.66	73.94
2011	30.47	67.06	1.19	27.11	53.48	18.35	57.42	77.66
2012	33.25	71.04	0.72	30.34	39.66	19.27	58.11	41.38
2013	29.46	73.09	0.55	37.26	48.90	20.36	59.69	38.01
2014	25.13	79.35	0.47	40.51	45.73	18.94	60.71	21.93

续表

年份	金融机构中介效率				金融市场中介效率		金融体系中介效率	
	居民储蓄率	银行贷存率	银行不良贷款率	保险赔付率	资本市场化率	证券化率	资本形成率	信贷投入边际产出率
2015	25.27	84.23	2.01	36.10	46.18	19.29	65.51	-2.22
2016	17.16	90.93	2.03	35.51	48.82	20.42	67.72	17.52
2017	9.27	99.61	3.51	32.51	45.86	23.51	51.01	25.43
2018	25.16	103.71	5.00	34.84	47.10	27.48	60.92	47.23

资料来源：根据《甘肃统计年鉴》（2007～2019年）、中国人民银行《甘肃省金融运行报告》（2006～2019年）相关数据整理计算。

2. 甘肃省金融资源配置中介效率的评价分析

运用表8-3数据资料，采用熵权TOPSIS模型评价方法，计算出2006～2018年甘肃省金融资源配置的中介效率指数（见表8-8）。

从图8-8可以看出，2006～2018年甘肃省金融资源配置的中介效率指数基本呈现稳步提升态势。中介效率指数由2006年的0.1929提升到了2016年的最高值0.5625，随后略有下降，到2018年时为0.5147，与2006年相比提升了1.67倍。这表明2006～2018年甘肃省金融体系所发挥的中介职能在逐步增强，金融资源配置的中介效率有了很大提高。从效率指数的绝对值来看，甘肃省金融资源配置的中介效率指数从2014年起进入0.40～0.59的中等效率区间，虽然2017～2018年有所下降，但还稳定在这一区间，表明甘肃省金融体系中介功能得到了较好的发挥。

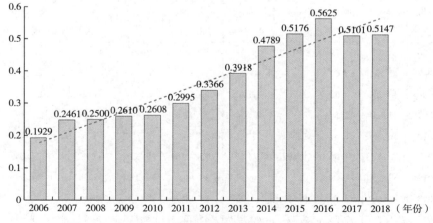

图8-8　2006～2018年甘肃省金融资源配置中介效率指数

（二）甘肃省金融资源配置产出效率评价

1. 甘肃省金融资源投入指标的变化分析

从 2006～2018 年甘肃省金融资源投入各指标的数值变化情况可以看出，甘肃省单位 GDP 占用的金融资产与社会融资额均呈现大幅上涨态势（见表 8－4）。其中，单位 GDP 占用金融资产由 2006 年的 1.13 元增加到 2018 年的 2.69 元，增加了 1.38 倍，最高曾达到 2.79 元；单位 GDP 占用的社会融资额由 2006 年的 0.11 元增加到 2018 年的 0.32 元，增加了 1.91 倍，最高时达到 0.81 元。表明 2006～2018 年甘肃省经济发展中投入的金融资源量在大幅增加，经济增长对金融业的依赖性大幅增强，但同时也意味着金融业发展对经济增长的贡献存在比较严重的减退迹象。

2006～2018 年甘肃省直接融资所占比例、非银行业金融资产占比均呈现较大幅度下降。其中，直接融资占社会融资的比例由 2006 年的 20.25% 下降到 2018 年的 10.06%，下降了 10.19 个百分点；最高曾达到 32.12%；非银行金融资产占比经过 2006～2009 年的大幅波动之后持续下降，从 2009 年的 30.68% 下降至 2018 年的 12.69%，与 2006 年相比下降了 4.13 个百分点。这表明 2006～2018 年甘肃省融资结构的不合理性及金融业内部行业发展的不平衡性在加剧，且这种状况还在继续。

2006～2018 年甘肃省金融业人力资源投入在增加，其中从业人员数从 2006 年的 5.8 万人增加到 2018 年的 7.7 万人，增加了 32.76%；金融业从业人员数占社会就业人数的比例从 2006 年的 0.41% 提高到 2018 年的 0.49%，提高了 0.08 个百分点。

表 8－4　2006～2018 年甘肃省金融资源投入指标值及变化

年份	资产资金投入				人力资源投入	
	金融资产总额/GDP	社会融资额/GDP	直接融资额/社会融资总额（%）	非银行金融资产/金融资产总额（%）	金融业从业人员数（万人）	金融业从业人员/就业人数（%）
2006	1.13	0.11	20.25	16.82	5.8	0.41
2007	1.26	0.14	12.35	33.88	6.3	0.45
2008	1.04	0.21	10.47	17.36	6.7	0.46
2009	1.57	0.56	32.12	30.68	6.72	0.46
2010	1.49	0.31	18.16	26.21	6.8	0.46

续表

年份	资产资金投入				人力资源投入	
	金融资产总额/GDP	社会融资额/GDP	直接融资额/社会融资总额（%）	非银行金融资产/金融资产总额（%）	金融业从业人员数（万人）	金融业从业人员/就业人数（%）
2011	1.42	0.45	22.53	20.33	6.9	0.48
2012	1.53	0.49	19.64	18.56	7.2	0.48
2013	1.75	0.66	21.90	19.57	7.2	0.48
2014	2.13	0.73	19.02	23.81	7.2	0.48
2015	2.54	0.81	15.32	20.41	7.5	0.49
2016	2.71	0.59	14.74	17.51	7.6	0.49
2017	2.79	0.60	11.12	17.51	8.4	0.54
2018	2.69	0.32	10.06	12.69	7.7	0.49

资料来源：根据《甘肃统计年鉴》（2007～2019年）和中国人民银行《甘肃省金融运行报告》（2006～2019年）有关数据整理计算所得。

2. 甘肃省金融资源配置产出效率的分维度评价

采用熵权TOPSIS模型评价方法计算出2006～2018年甘肃省金融资源配置在经济增长、产业升级、社会发展、科技创新与环境友好五个维度的产出效率指数。

由图8－9～图8－13可见，2006～2018年，甘肃省金融资源配置产出效率五个衡量维度效率指数的变化差异显著。①经济增长效率指数除在2009年有所回调外，其余年份均保持稳定增长态势，经济增长效率指数由2006年的0.0496稳步提升至2018年的0.3948，提高了6.96倍。②产业升级效率指数在低位大幅度波动，总体表现为下降趋势。2006～2018年间产业升级效率指数最高值为0.1866，最低值为0.0659，波动幅度达183.16%；2006年产业升级效率指数为0.1139，2018年为0.1330，仅比2006年提升16.77%。③社会发展效率指数呈现在波动中微升趋势。社会发展效率指数由2006年的0.2206提升至2018年的0.3568，提高了61.74%；社会发展效率指数最高值为0.3568（2018年），最低值为0.1103（2009年），波动幅度达到323.48%。④科技创新效率指数基本保持着稳步上升趋势。科技创新效率指数由2006年的0.1836提升到了2018年的0.5275，提高了1.87倍。⑤环境友好效率指数在波动中呈现下降趋势。由2006年的0.5966快速上升至2008年的0.9871后又快速下降，到2018年时达到0.4578。

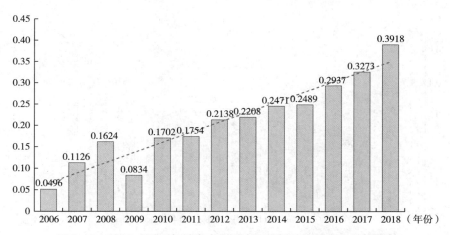

图 8 – 9　2006～2018 年甘肃省金融资源配置的经济增长效率指数

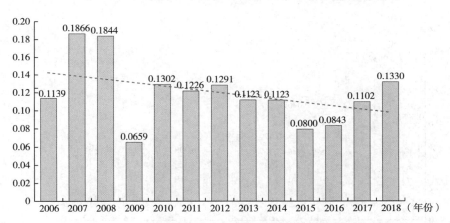

图 8 – 10　2006～2018 年甘肃省金融资源配置的产业升级效率指数

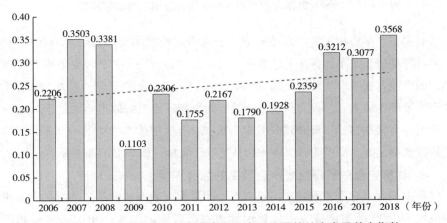

图 8 – 11　2006～2018 年甘肃省金融资源配置的社会发展效率指数

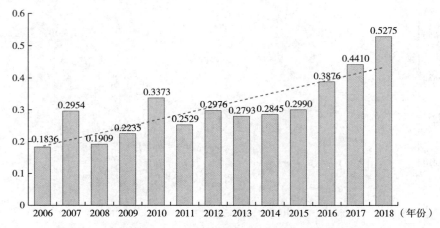

图 8 - 12　2006～2018 年甘肃省金融资源配置的科技创新效率指数

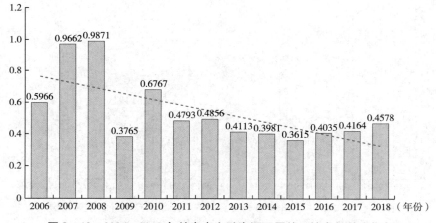

图 8 - 13　2006～2018 年甘肃省金融资源配置的环境友好效率指数

　　甘肃省金融资源配置产出效率五个衡量维度的效率指数表明，2006～2018 年只有经济增长效率和科技创新效率获得了较为显著的提升，社会发展效率微升，而产业升级效率和环境友好效率则出现了一定程度的下降。另外，从各维度产出效率指数来看，只有科技创新效率指数和环境友好效率指数处于 0.40～0.59 的中等效率区间，经济增长效率指数和社会发展效率指数处于 0.20～0.39 的较低效率区间，而产业升级效率指数还处于 0.01～0.19 的低效率区间。

3. 甘肃省金融资源配置产出效率的综合评价

　　在上述对金融资源配置产出效率五个衡量维度效率指数测定的基础上，采用熵权 TOPSIS 模型评价方法计算出甘肃省金融资源配置产出综合效率指数

（见图 8 – 14）。

由图 8 – 14 可见，2006～2018 年甘肃省金融资源配置产出的综合效率指数除在 2009 年有较大幅度下降外，其余年份基本上保持着稳步提高的态势，产出综合效率指数由 2006 年的 0.0580 提高到了 2018 年的 0.3907，提高了 5.74 倍。但从金融资源配置产出综合效率指数来看，直至 2014 年之前甘肃省金融资源配置产出的综合效率指数一直在 0.20 以下的低效率区间，从 2014 年才进入 0.20～0.39 的较低效率区间。因此，从总体上看，2006～2018 年甘肃省金融资源配置的产出效率比较低。

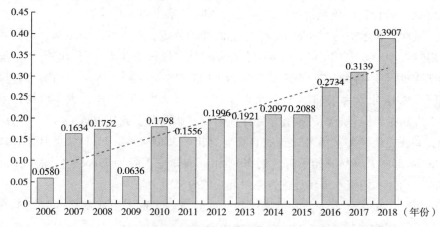

图 8 – 14　2006～2018 年甘肃省金融资源配置产出综合效率指数

三　宁夏回族自治区金融资源配置效率评价

（一）宁夏金融资源配置中介效率评价

1. 宁夏金融资源配置中介效率评价指标的变化分析

表 8 – 5 是 2006～2018 年宁夏回族自治区金融资源配置中介效率各指标的变化情况。

首先，金融机构中介效率衡量指标的变动分析。①居民储蓄率呈现波动下降趋势。居民储蓄率由 2006 年的 18.37% 下降至 2018 年的 14.01%，下降了 4.36 个百分点；其间最低值在 2016 年，该年的居民储蓄率急剧下降至 5.02%；最高时在 2012 年，达到 36.78%。②银行贷存率呈现持续上升趋势。银行贷存率从 2006 年的 87.16% 上升到 2018 年的 116.41%，上升了 29.25 个百分点；考虑到银行存款准备金率因素，如此高的贷存率表明宁夏是一个资金净流入自治区。③银行不良贷款率呈现出以2009年为拐点的先下降后上升趋势。银行不良贷款率从2006年的9.05%上升至2007年的9.96%后快速下降，至2009年达到其间最低值0.62%；此后开始反弹回升，到2018年为1.51%。④保险赔付率由2006年的23.44%提高到2018年的32.79%，提高了9.35个百分点，其间最高值在2014年，达到34.93%；最低值在2010年，为22.12%；总体上呈现出上升趋势。以上指标的变化表明，2006~2018年，宁夏银行动员资金的能力持续下降，资金脱媒现象比较明显，但区域外资金流入明显；银行业信贷资金转化率大幅提高，贷款不良率较低，信贷资产质量优良，保险业的风险保障功能有所增强。

其次，金融市场中介效率衡量指标的变动分析。①资本市场化率呈现波动下降趋势。2006~2018年，以非国有企业贷款占银行贷款比例表示的资本市场化率从2006年的48.37%下降至2018年的38.93%，下降了9.44个百分点；最低值在2012年，为33.37%；最高点在2008年，达到57.17%。资本市场化率的下降意味着银行贷款的国有化偏好在强化，非国有企业从银行的融资更为困难。②证券化率在2016年之前一直稳步上升，从2006年的13.11%上升到2016年的24.35%，其后开始下降，到2018年证券化率下降为12.58%。说明宁夏回族自治区利用资本市场促进企业发展的成效有所下降。

最后，金融体系中介效率指标的变动分析。①资本形成率呈现波动上升趋势，从2006年的81.1%上升至2018年的111.8%，上升了30.07个百分点；持续的高资本形成率对于经济的长期增长具有积极作用；但宁夏高资本形成率对进口存在着高度依赖，这在某种程度上又具有一定的风险性。②信贷投入边际产出率在波动中大幅下降，每增加100元信贷投入带来的GDP产出由2006年的75.79元增加到2008年的130.77元，其后在波动中下降至2018年的45.30元，2006~2018年期间最低值达到26.13元（2014年）。2018年与2006年相比，每100元信贷投入的边际GDP产出减少了30.49元。因此，从总体趋势来看，宁夏金融体系对经济增长的中介功能在下降。

表8-5　2006~2018年宁夏金融资源配置中介效率评价各指标变化情况

单位:%

年份	金融机构中介效率				金融市场中介效率		金融体系中介效率	
	居民储蓄率	银行贷存率	银行不良贷款率	保险赔付率	资本市场化率	证券化率	资本形成率	信贷投入边际产出率
2006	18.37	87.16	9.05	23.44	48.37	13.11	81.1	75.79

续表

年份	金融机构中介效率				金融市场中介效率		金融体系中介效率	
	居民储蓄率	银行贷存率	银行不良贷款率	保险赔付率	资本市场化率	证券化率	资本形成率	信贷投入边际产出率
2007	6.78	92.88	9.96	28.75	49.79	14.68	74.9	95.34
2008	33.64	88.49	1.19	26.79	57.17	14.79	80.4	130.77
2009	28.22	93.25	0.62	24.55	51.33	14.92	96.7	29.04
2010	28.33	93.55	0.66	22.12	41.09	14.78	92.6	68.47
2011	20.76	97.61	1.06	26.67	42.87	20.39	83.6	84.66
2012	36.78	95.54	0.75	31.88	33.37	18.26	89.2	55.29
2013	19.57	101.09	0.84	33.07	37.31	20.55	90.6	41.42
2014	13.61	108.77	1.2	34.93	39.14	20.48	112.7	26.13
2015	5.41	106.78	1.49	33.21	42.82	22.94	124.2	27.91
2016	5.02	104.31	1.78	31.97	37.37	24.35	120.6	43.63
2017	6.07	110.12	1.89	30.30	38.00	7.03	110.6	38.37
2018	14.01	116.41	1.51	32.79	38.93	12.58	111.8	45.30

资料来源：根据《宁夏统计年鉴》（2007～2019 年）、中国人民银行《宁夏回族自治区金融运行报告》（2006～2019 年）相关数据整理计算。

2. 宁夏回族自治区金融资源配置中介效率的评价分析

运用表 8-5 数据资料，采用熵权 TOPSIS 模型评价方法，计算出 2006～2018 年宁夏回族自治区金融资源配置的中介效率指数（见图 8-15）。

从图 8-15 可以看出，2006～2018 年宁夏金融资源配置的中介效率指数基本呈现稳步提升趋势。中介效率指数由 2006 年的 0.2631 提升到了 2018 年的 0.4623，提升了 75.72%。这表明 2006～2018 年宁夏金融体系的中介功能得到了比较好的发挥，金融资源配置中介效率稳步提升。从中介效率指数的绝对值来看，2018 年仅为 0.4623，处于 0.40～0.59 的中等效率区间。

（二）宁夏金融资源配置产出效率评价

1. 宁夏金融资源投入指标的变化分析

从 2006～2018 年宁夏回族自治区金融资源投入各指标的数值变化情况可以看出，宁夏单位 GDP 占用的金融资产呈现波动增加趋势，由 2006 年的 1.53 元增加到 2018 年的 2.09 元，增加了 36.6%；单位 GDP 占用的社会融资额呈现低位且略有减少，由 2006 年的 0.21 元下降到 2018 年的 0.14 元，最高时达到

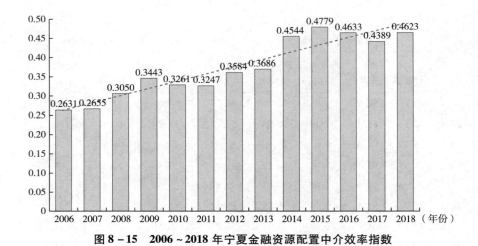

图 8－15　2006～2018 年宁夏金融资源配置中介效率指数

0.38 元；最低值为 0.14 元。表明 2006～2018 年宁夏的经济增长对金融业扩张的依赖性在增强，但对社会融资的依赖性有所减弱（见表 8－16）。

2006～2018 年宁夏直接融资所占比例呈现波动式上升趋势。直接融资占比由 2006 年的 0.01% 提高到 2018 年的 16.45%，最高值出现在 2016 年达到 33.4%。非银行金融资产占比则波动走低，由 2006 年的 11.21% 提高到 2007 年最高点 27.03%，随后一路下降，到 2018 年时降至 9.45%。这表明 2006～2018 年宁夏回族自治区融资结构有了一定优化，但金融发展的行业结构不均衡性更为严重，非银行金融业务发展严重不足，且逐步下滑。

2006～2018 年宁夏金融业人力资源投入在不断增加，其中从业人员数从 2006 年的 2.5 万人增加到 2018 年的 4.2 万人，增加了 68.0%；金融业从业人员数占社会就业人数的比例从 2006 年的 0.81% 提高到 2018 年的 1.08%，提高了 0.27 个百分点。

表 8－6　2006～2018 年宁夏回族自治区金融资源投入指标值及变化

年份	资产资金投入				人力资源投入	
	金融资产总额/GDP	社会融资额/GDP	直接融资额/社会融资总额（%）	非银行金融资产/金融资产总额（%）	金融业从业人员数（万人）	金融业从业人员/就业人数（%）
2006	1.53	0.21	0.01	11.21	2.5	0.81
2007	1.78	0.24	7.31	27.03	2.6	0.84

年份	资产资金投入				人力资源投入	
	金融资产总额/GDP	社会融资额/GDP	直接融资额/社会融资总额（%）	非银行金融资产/金融资产总额（%）	金融业从业人员数（万人）	金融业从业人员/就业人数（%）
2008	1.34	0.23	4.71	12.22	2.6	0.86
2009	1.75	0.38	0.96	18.39	2.6	0.81
2010	1.79	0.30	3.73	19.83	2.7	0.83
2011	1.68	0.27	12.54	17.89	2.8	0.86
2012	1.62	0.22	6.42	11.95	3.1	0.88
2013	1.69	0.26	4.07	10.43	3.1	0.91
2014	1.91	0.31	12.47	12.46	3.4	0.95
2015	2.12	0.17	20.48	16.51	3.8	1.05
2016	2.09	0.22	33.40	13.59	4.1	1.08
2017	2.07	0.25	7.98	9.57	4.1	1.06
2018	2.09	0.14	16.45	9.45	4.2	1.08

资料来源：根据《宁夏统计年鉴》（2007～2019 年）和中国人民银行《宁夏回族自治区金融运行报告》（2006～2019 年）有关数据整理计算所得。

2. 宁夏金融资源配置产出效率的分维度评价

采用熵权 TOPSIS 模型评价方法计算出 2006～2018 年宁夏金融资源配置在经济增长、产业升级、社会发展、科技创新与环境友好五个维度的产出效率指数。

由图 8－16～图 8－20 可见，2006～2018 年宁夏金融资源配置产出效率五个衡量维度的效率指数均呈现提升趋势。①经济增长效率指数与科技创新效率指数快速上升。其中经济增长效率指数由 2006 年的 0.0637 稳步提升至 2018 年的 0.3895，提升了 5.11 倍；科技创新效率指数由 2006 年的 0.0349 提升到了 2018 年的 0.4779，提高了 12.69 倍；虽然在 2010 年、2011 年出现了回落，但幅度很小，并从 2017 年呈现加速上升趋势。②产业升级效率指数与社会发展效率指数呈现波动上升。其中产业升级效率指数由 2006 年的 0.0858 提升至 2018 年的 0.1676，提高了 95%；最高值为 0.1689（2012 年）；社会发展效率指数从 2006 年的 0.2035 提升到 2018 年的 0.2845，提升了 39.80%。③环境友好效率指数在 2006～2010 年间快速提升，从 0.01 提升至 0.2257，其后基本上在 0.20 上下小幅波动，到 2018 年环境友好效率指数为 0.2287。

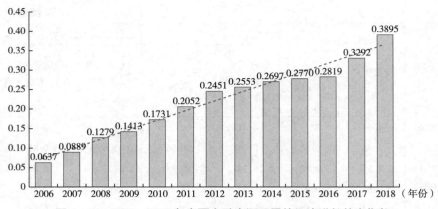

图 8－16　2006～2018 年宁夏金融资源配置的经济增长效率指数

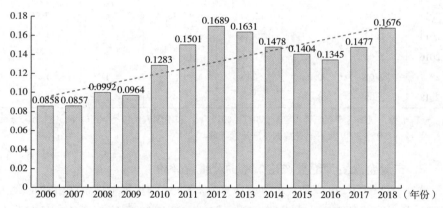

图 8－17　2006～2018 年宁夏金融资源配置的产业升级效率指数

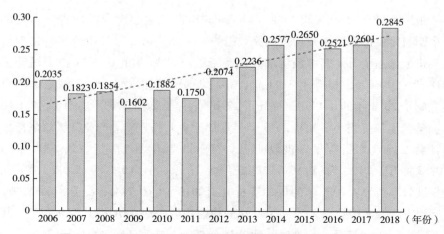

图 8－18　2006～2018 年宁夏金融资源配置的社会发展效率指数

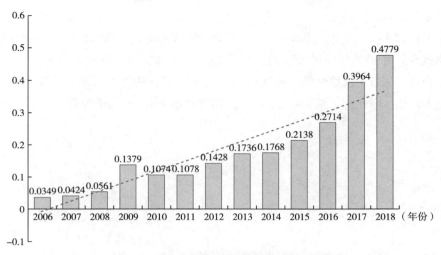

图 8 - 19　2006～2018 年宁夏金融资源配置的科技创新效率指数

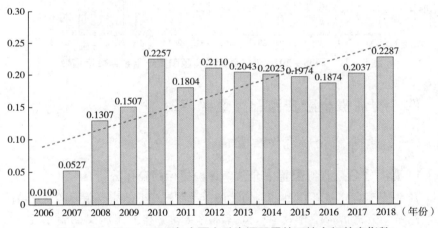

图 8 - 20　2006～2018 年宁夏金融资源配置的环境友好效率指数

从图 8 - 15～8 - 19 可以看出，2006～2018 年宁夏金融资源配置产出效率的五个维度效率指数均出现了显著提升。但从各维度的效率指数值区间来看，除科技创新效率指数值进入 0.40～0.59 的中等效率区间外，经济增长效率指数、社会发展效率指数与环境友好效率指数均处于 0.21～0.39 的较低效率区间，产业升级效率指数还处在 0.01～0.19 的低效率区间。

3. 宁夏金融资源配置产出效率的综合评价

在上述对金融资源配置产出效率五个衡量维度效率指数测定的基础上，采用熵权 TOPSIS 模型评价方法计算出宁夏金融资源配置产出综合效率指数（见

图 8 – 21）。

由图 8 – 21 可见，2006～2018 年宁夏金融资源配置产出的综合效率指数稳步提升，由 2006 年的 0.0294 提升到了 2018 年的 0.3732，提升了 11.69 倍。但综合效率指数值依然偏低，到 2018 年仅为 0.3732，还处于 0.20～0.39 的较低效率区间。因此，宁夏金融资源配置产出效率还有很大的提升空间。

图 8 – 21　2006～2018 年宁夏金融资源配置产出综合效率指数

四　青海省金融资源配置效率评价

（一）青海省金融资源配置中介效率评价

1. 青海省金融资源配置中介效率评价指标的变化分析

表 8 – 7 是 2006～2018 年青海省金融资源配置中介效率各指标的变化情况。

首先，金融机构中介效率衡量指标的变动分析。①居民储蓄率在 2008 年到达高位后持续下降。居民储蓄率从 2006 年的 20.02% 经 2007 年的下降后反弹到 2008 年的区间最高值 37.35%，随后一路下行，到 2018 年降至 10.96%，与 2006 年相比下降了 9.06 个百分点。②银行贷存率稳步上升。从 2006 年的 80.76% 上升到 2018 年的 114.38%，上升了 33.62 个百分点。③银行不良贷款率呈现出以 2014 年为拐点的先下降后上升趋势。银行不良贷款率从 2006 年的 16.96% 快速下降至 2008 年的 4.06% 后继续小幅下降，到 2014 年达到区间最低值 1.01%，其后反弹回升，至 2018 年达到 1.76%。④保险赔付率由 2006 年的 33.33% 提高到 2018 年的 39.77%，提高了 6.44 个百分点，最高值在 2008 年达到 42.86%；最低值在 2010 年为 25.62%；进入 2013 年以后保险赔付率一直稳定在 36% 以上。以上指标的变化表明，2006~2018 年青海省银行动员资金的能力有所下降，资金脱媒趋势加剧，虽然银行业信贷资金转化率提升较快，保险业的风险保单功能在提高，但自 2014 年以后银行资产质量有所下滑。

其次，金融市场中介效率衡量指标的变动分析。资本市场化率与证券化率均有所提高。其中以非国有企业贷款占银行贷款比例表示的资本市场化率从 2006 年的 46.96% 提高到 2018 年的 50.68%，提高了 3.72 个百分点，最高达到 56.39%，表明银行信贷对于非国有企业的支持力度在强化；证券化率从 2006 年的 20.48% 提高到 2018 年的 26.89%，提高了 6.41 个百分点。表明 2006~2018 年青海省对金融市场的利用程度在提高，在资本市场上的融资功能有所增强。

最后，金融体系中介效率指标的变动分析。①资本形成率在 2017 年前稳步提高，从 2006 年的 66.87% 上升至 2017 年的 148.47%，提升了 82.4 个百分点；但 2018 年出现回落，达到 81.05%，与 2006 年相比提高了 14.18 个百分点；但与 2017 年的最高点相比，下降了 67.42 个百分点。②信贷投入边际产出率持续下降，每 100 元信贷投入产生的 GDP 由 2006 年的 91.29 元下降到 2018 年的 38.16 元，其间最低曾达到 11.06 元（2017 年）；2018 年与 2006 年相比，每 100 元信贷投入的 GDP 产出下降了 53.13 元。这表明青海省信贷资金投入对经济增长的贡献率在显著下降。

表 8-7　2006~2018 年青海省金融资源配置中介效率评价各指标变化情况

单位：%

年份	金融机构中介效率				金融市场中介效率		金融体系中介效率	
	居民储蓄率	银行贷存率	银行不良贷款率	保险赔付率	资本市场化率	证券化率	资本形成率	信贷投入边际产出率
2006	20.02	80.76	16.96	33.33	46.96	20.48	66.87	91.29
2007	10.49	79.82	15.46	42.00	41.63	22.80	63.40	70.13
2008	37.35	74.40	4.06	42.86	43.83	19.67	66.90	97.62
2009	31.56	79.75	2.76	33.61	49.72	17.97	73.82	76.04
2010	30.54	78.76	2.61	25.62	48.27	19.78	80.50	63.54
2011	29.49	78.98	1.93	29.14	48.22	27.36	83.79	78.78
2012	33.86	81.06	1.32	33.52	46.88	26.11	90.80	39.83
2013	29.22	85.50	1.08	39.18	47.64	26.40	119.90	37.68
2014	14.54	94.76	1.01	39.30	47.94	26.05	130.40	23.43

续表

年份	金融机构中介效率				金融市场中介效率		金融体系中介效率	
	居民储蓄率	银行贷存率	银行不良贷款率	保险赔付率	资本市场化率	证券化率	资本形成率	信贷投入边际产出率
2015	17.40	98.01	1.40	36.29	56.39	28.08	139.60	13.86
2016	16.57	102.34	2.10	39.83	51.36	29.48	138.60	26.21
2017	10.76	108.73	2.70	36.25	50.04	28.53	148.47	11.06
2018	10.96	114.38	1.76	39.77	50.68	26.89	81.05	38.16

资料来源：根据《青海统计年鉴》（2007～2019 年）、中国人民银行《青海省金融运行报告》（2006～2019 年）相关数据整理计算。

2. 青海省金融资源配置中介效率的评价分析

运用表 8–7 数据资料，采用熵权 TOPSIS 模型评价方法，计算出 2006～2018 年青海省金融资源配置的中介效率指数（见图 8–22）。

从图 8–22 可以看出，2006～2018 年青海省金融资源配置的中介效率指数由 2006 年的 0.2397 提升到了 2017 年的 0.6391，2018 年显著下降，达到 0.4835。2018 年与 2006 年相比，青海省金融资源配置的中介效率指数提升了 101.70%，但与 2017 年相比下降了 24.35%。总体上看，2006～2018 年青海省金融资源配置的中介效率指数呈上升趋势。这表明在 2006～2018 年间，青海省金融体系的中介功能有所增强，中介效率获得了一定程度的改善；但从中介效率指数值来看，从 2013 年开始青海省金融资源配置的中介效率指数进入 0.40～0.59 的中等效率区间，2016～2017 年曾达到 0.60～0.79 的

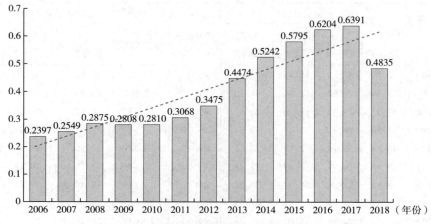

图 8–22　2006～2018 年青海省金融资源配置中介效率指数

较高效率区间。但 2018 年的快速下跌，使中介效率指数又回到了中等效率区间。因此，青海省金融资源配置的中介效率在 2017 年之前提升较快，但 2018 年的快速下降值得关注。

（二）青海省金融资源配置产出效率评价

1. 青海省金融资源投入指标的变化分析

从 2006~2018 年青海省金融资源投入各指标的数值及变化情况可以看出，青海省单位 GDP 占用的金融资产在波动中大幅上升，由 2006 年的 1.27 元增加到 2018 年的 2.63 元，增加了 107.09%；单位 GDP 占用的社会融资额在 2017 年之前也是趋于上升，从 2006 年的 0.15 元增加到 2017 年的 0.46 元，增加了 2.07 倍；但 2018 年由于直接融资额的急剧减少，单位 GDP 占用的社会融资额大幅度下降到 0.04 元。这表明 2006~2018 年青海省经济发展中投入的金融资源量大幅度增加，经济增长对金融业的依赖性在不断提高（见表 8-8）。

2006~2018 年青海省直接融资所占比例呈现大幅度波动。2006~2018 年直接融资占比最高时达到 34.76%（2007 年），但最低时在 2018 年为 -101.03%，表明青海省 2018 年在直接融资市场上是处于净支付状态，丧失了直接融资能力。非银行金融资产占比从 2006 年的 27.69% 升高至 2010 年的 63.41% 后持续下降，到 2018 年降至 10.48%，与 2006 年相比下降了 17.21 个百分点。这表明青海省的金融结构在 2010 年后出现较大程度的恶化。

2006~2018 年青海省金融业人力资源投入在稳定增加，其中从业人员数从 2006 年的 1.5 万人增加到 2018 年的 2.4 万人，增加了 0.9 万人；金融业从业人员数占社会就业人数的比例从 2006 年的 0.51% 提高到 2018 年的 0.71%，提高了 0.20 个百分点。

表 8-8　2006~2018 年青海省金融资源投入指标值及变化

年份	资产资金投入				人力资源投入	
	金融资产总额/GDP	社会融资额/GDP	直接融资额/社会融资总额（%）	非银行金融资产/金融资产总额（%）	金融业从业人员数（万人）	金融业从业人员/就业人数（%）
2006	1.27	0.15	7.29	27.69	1.5	0.51
2007	3.55	0.29	34.76	68.84	1.6	0.50
2008	2.46	0.22	4.55	58.67	1.8	0.53

233

续表

年份	资产资金投入				人力资源投入	
	金融资产总额/GDP	社会融资额/GDP	直接融资额/社会融资总额（%）	非银行金融资产/金融资产总额（%）	金融业从业人员数（万人）	金融业从业人员/就业人数（%）
2009	2.98	0.36	4.59	55.68	2.0	0.60
2010	2.96	0.41	11.21	63.41	2.1	0.65
2011	2.05	0.31	21.65	34.58	2.2	0.65
2012	2.16	0.43	24.54	29.89	2.2	0.71
2013	2.17	0.58	15.38	23.03	2.2	0.70
2014	2.65	0.61	15.30	22.21	2.3	0.70
2015	2.54	0.46	29.41	20.02	2.4	0.72
2016	2.53	0.24	24.17	12.36	2.3	0.74
2017	2.96	0.46	12.17	18.68	2.3	0.70
2018	2.63	0.04	−101.03	10.48	2.4	0.71

资料来源：根据《青海统计年鉴》（2007～2019 年）和中国人民银行《青海省金融运行报告》（2006～2019 年）有关数据整理计算所得。

2. 青海省金融资源配置产出效率的分维度评价

采用熵权 TOPSIS 模型评价方法计算出 2006～2018 年青海省经济增长、产业升级、社会发展、科技创新与环境友好五个维度的产出效率指数。

由图 8－23～图 8－27 可见，2006～2018 年青海省金融资源配置产出效率五个衡量维度的效率指数变动特征是：①经济增长效率指数基本呈现稳步提升态势。经济增长效率指数由 2006 年的 0.0716 提升至 2018 年的 0.4398，提升了 5.14 倍；虽在部分年份指数出现回调，但幅度均不大，整体保持着稳定的上升态势。②产业升级效率指数、社会发展效率指数与科技创新效率指数均呈现出波动上升趋势。其中产业升级效率指数由 2006 年的 0.1233 提升至 2018 年的 0.2039，提升了 65.36%，最高值与最低值之间的波动幅度达265.1%。社会发展效率指数由 2006 年的 0.2016 提升至 2018 年的 0.3366，提升了 66.96%；最高值为 0.3692，最低值为 0.0676，最高值与最低值之间的波动幅度达 546.15%；科技创新效率指数由 2006 年的 0.0219 快速提升至2009 年的 0.1292 后进入震荡攀升期，到 2018 年达到 0.3384，与 2006 年相比提升了 14.45 倍。③环境友好效率指数呈现波动震荡态势。其间最高值为0.3390，最小值为 0.1854，波动幅度为 182.85%，2018 年环境友好效率指数稍高于 2006 年。

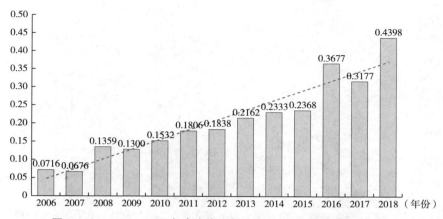

图 8 – 23   2006~2018 年青海省金融资源配置的经济增长效率指数

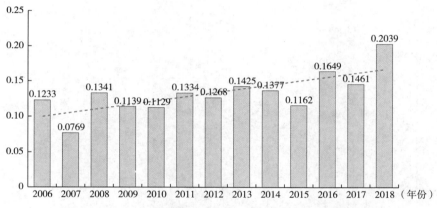

图 8 – 24   2006~2018 年青海省金融资源配置的产业升级效率指数

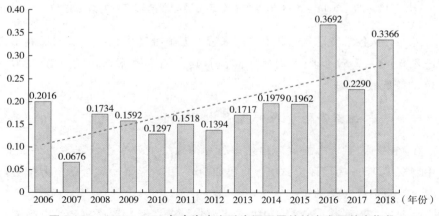

图 8 – 25   2006~2018 年青海省金融资源配置的社会发展效率指数

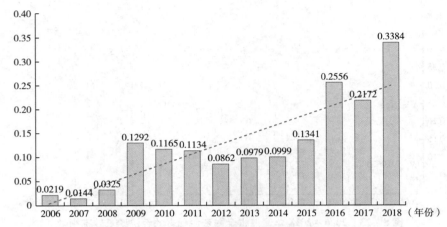

图 8 - 26　2006～2018 年青海省金融资源配置的科技创新效率指数

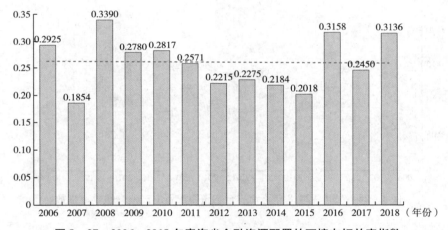

图 8 - 27　2006～2018 年青海省金融资源配置的环境友好效率指数

另外，从各维度指数的数值区间来看，五个维度中只有经济增长效率指数进入 0.40～0.59 的中等效率区间，而其余四个效率指数均处在 0.20～0.39 的较低效率区间。

（三）青海省金融资源配置产出效率的综合评价

在上述对金融资源配置产出效率五个衡量维度效率指数测定的基础上，采用熵权 TOPSIS 模型评价方法计算出 2006～2018 年青海省金融资源配置产出综合效率指数（见图 8 - 28）。

由图 8 - 28 可见，2006～2018 年青海省金融资源配置产出的综合效率指数总体上呈现提升态势，综合效率指数由 2006 年的 0.0520 提高到 2018 年的 0.3590；从提升幅度来讲，综合产出效率提升明显；但从产出综合效率指数值看，2006 ~ 2015 年青海省金融资源配置的产出效率指数一直处在 0.01 ~ 0.19 的低效率区间，直至 2016 年才进入 0.20 ~ 0.39 的较低效率区间。可见，青海省金融资源配置的产出效率存在着很大的提升空间。

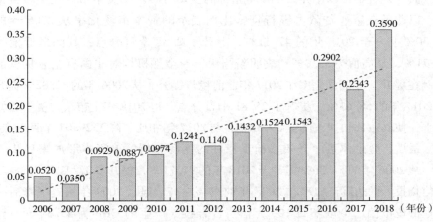

图 8 - 28　2006 ~ 2018 年青海省金融资源配置产出综合效率指数

五　新疆维吾尔自治区金融资源配置效率评价

（一）新疆维吾尔自治区金融资源配置中介效率评价

1. 新疆维吾尔自治区金融资源配置中介效率评价指标的变化分析

表 8 - 9 是 2006 ~ 2018 年新疆维吾尔自治区金融资源配置中介效率评价各指标的变化情况。

首先，金融机构中介效率衡量指标的变动分析。①居民储蓄率大幅度波动，且从 2012 年后呈现下降趋势。居民储蓄率从 2006 年的 17.67% 下降至 2007 年的最低点 - 2.03% 后快速上升至 2008 年的 32.56%，2013 年又开始快速下降，2018 年达到 14.86%，与 2006 年相比下降了 2.81 个百分点；居民储蓄率的波动幅度达到了 36.09 个百分点。②银行贷存率稳步提升。银行贷存率从 2006 年的 60.98% 上升到 2018 年的 83.89%，上升了 22.91 个百分点。③银行不良贷款率大幅下降，信贷资产质量提升明显。银行不良贷款率从 2006 年的 15.52% 上升至 2007 年的 16.47% 后快速下降，至 2013 年达到区间最低值 0.80%，随后略有反弹至 2018 年达到 1.54%。④保险赔付率由 2006

年的 27.28% 提高到 2018 年的 35.79%，提高了 8.51 个百分点，虽然其间出现了一定的波动，但总体趋势依然是上升的。以上指标的变化表明，2006～2018 年，新疆银行动员资金的能力在 2012 年后下降明显，资金脱媒趋势加剧；银行业资金转化率提升较快，资产质量显著改善；保险业的风险保障功能有所增强。

其次，金融市场中介效率衡量指标的变动分析。①资本市场化率缓慢提升。以非国有企业贷款占银行贷款比例表示的资本市场化率从 2006 年的 44.30% 上升至 2018 年的 47.11%，上升了 2.81 个百分点；其间最低值为 36.71%，最高值为 53.0%；表明新疆银行业金融机构对非国有企业贷款的比例在提升。②证券化率在 2017 年之前稳步提升，从 2006 年的 32.82% 提升至 2017 年的 58.63%，提升了 25.81 个百分点，但 2018 年上市公司资产大幅缩水，使其占比快速下降至 29.56%，与 2017 年相比下降了 29.07 个百分点。

最后，金融体系中介效率衡量指标的变动分析。①资本形成率稳步提升，从 2006 年的 54.30% 提升至 2018 年的 91.71%，提升了 37.41 个百分点；②信贷投入的边际产出率在 2008 年前大幅提高，但从 2009 年快速下降后一直在低位徘徊。2006 年每 100 元信贷资金投入产生的 GDP 为 49.30 元，到 2008 年达到 462.11 元的区间最高位，2009 年大幅下降至 9.01。此后，每 100 元信贷投入的边际产出一直处于波动状态，2015 年曾达到最低点 2.89 元，2018 年达到 98.87 元，与 2006 年相比增加了 49.57 元。这表明新疆金融体系通过发挥中介作用对经济增长的贡献率在提升。

表 8-9　2006～2018 年新疆维吾尔自治区金融资源配置中介效率评价各指标变化情况

单位:%

年份	金融机构中介效率				金融市场中介效率		金融体系中介效率	
	居民储蓄率	银行贷存率	银行不良贷款率	保险赔付率	资本市场化率	证券化率	资本形成率	信贷投入边际产出率
2006	17.67	60.98	15.52	27.28	44.30	32.82	54.3	49.30
2007	-2.03	59.66	16.47	35.44	38.37	40.63	56.1	173.44
2008	32.56	53.80	3.83	29.01	41.60	29.43	55.0	462.11
2009	29.88	57.47	2.52	30.65	47.02	35.66	59.6	9.01
2010	34.06	58.56	1.37	26.25	42.85	31.83	62.0	95.75
2011	30.51	63.23	1.04	28.23	36.71	33.22	63.1	84.24
2012	31.72	67.50	1.12	33.95	41.84	31.71	77.3	50.22
2013	18.09	72.83	0.80	39.04	44.90	31.77	85.3	42.94

续表

年份	金融机构中介效率				金融市场中介效率		金融体系中介效率	
	居民储蓄率	银行贷存率	银行不良贷款率	保险赔付率	资本市场化率	证券化率	资本形成率	信贷投入边际产出率
2014	6.07	80.42	0.84	38.22	43.22	34.72	89.4	49.07
2015	10.71	76.60	1.29	37.29	48.18	48.60	94.3	2.89
2016	13.07	78.74	1.49	35.22	53.00	53.62	89.8	18.93
2017	14.93	77.27	1.42	33.09	46.23	58.63	99.7	59.09
2018	14.86	83.89	1.54	35.79	47.11	29.56	91.7	98.87

资料来源：根据《新疆统计年鉴》（2007~2019年）、中国人民银行《新疆维吾尔自治区金融运行报告》（2006~2019年）相关数据整理计算。

2. 新疆维吾尔自治区金融资源配置中介效率的评价分析

运用表8-9数据资料，采用熵权 TOPSIS 模型评价方法，计算出 2006~2018 年新疆金融资源配置中介效率指数（见图8-29）。

从图8-29可以看出，2006~2018年新疆金融资源配置的中介效率基本上呈现稳步提升趋势。中介效率指数由 2006 年的 0.1867 提升到了 2018 年的 0.3941，提升了 111.09%；虽然其间有所波动，但总体保持着上升趋势；需要注意的是，中介效率指数在 2016 年达到 0.4548 的区间最高值后，出现了连续 2 年的回调，到 2018 年下降至 0.3941；进一步变化的趋势如何，还需要观察。这表明在 2006~2018 年间，新疆维吾尔自治区金融体系通过金融机构、金融市场等功能的发挥，使得金融资源配置的中介效率获得显著提升；但从金融资源配置中介效率指数值来看，2018 年仅为 0.3941，处在 0.20~0.39 的较低效率区间。因此，新疆金融资源配置的中介效率总体偏低。

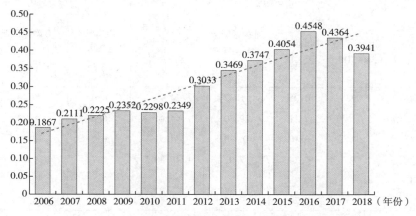

图8-29　2006~2018年新疆金融资源配置的中介效率指数

（二）新疆金融资源配置产出效率评价

1. 新疆金融资源投入指标的变化分析

从 2006～2018 年新疆金融资源投入各指标数值的变化情况可以看出，新疆单位 GDP 占用的金融资产与社会融资额均在快速增加（见表 8 – 10）。其中，单位 GDP 占用的金融资产由 2006 年的 1.09 元增加到 2018 年的 1.89 元，增加了 73.39%，且一直处于较高水平；单位 GDP 占用的社会融资额由 2006 年的 0.05 元增加到 2017 年的 0.28 元，增加了 4.6 倍；2018 年由于社会融资规模的大幅缩小，使得单位 GDP 占用的社会融资额出现大幅下降。表明 2006～2018 年新疆经济发展中使用的金融资源数量在持续增加，经济增长对金融业的依赖性提高，但同时也意味着金融业发展对经济增长的边际贡献在减弱。

2006～2018 年新疆直接融资所占比例呈现波动上升趋势，由 2006 年的 11.32% 提高到 2018 年的 35.65%，提高了 24.33 个百分点，最大值与最小值之间的波动幅度达到 59.99 个百分点；非银行金融资产占比呈现逐步下降趋势，从 2006 年的 24.99% 波动下降至 2018 年的 18.01%，下降了 6.98 个百分点。这表明 2006～2018 年新疆的融资结构在进一步优化，但金融行业结构失衡加剧，非银行金融业务发展滞后。

2006～2018 年新疆金融业人力资源投入在缓慢增加，其中从业人员数从 2006 年的 6.0 万人增加到 2018 年的 9.5 万人，增加了 3.5 万人；但金融业从业人员数占社会就业人数的比例却下降了 0.02 个百分点。

表 8 – 10 2006～2018 年新疆维吾尔自治区金融资源投入指标值及其变化

年份	资产资金投入				人力资源投入	
	金融资产总额/GDP	社会融资额/GDP	直接融资额/社会融资总额（%）	非银行金融资产/金融资产总额（%）	金融业从业人员数（万人）	金融业从业人员/就业人数（%）
2006	1.09	0.05	11.32	24.99	6.0	0.74
2007	1.72	0.11	20.70	54.41	6.0	0.74
2008	1.08	0.10	16.30	35.51	6.4	0.76
2009	1.68	0.24	7.07	44.88	6.7	0.77
2010	1.69	0.24	17.72	43.55	7.1	0.79
2011	1.57	0.26	19.63	28.86	8.1	0.91

年份	资产资金投入				人力资源投入	
	金融资产总额/GDP	社会融资额/GDP	直接融资额/社会融资总额（%）	非银行金融资产/金融资产总额（%）	金融业从业人员数（万人）	金融业从业人员/就业人数（%）
2012	1.54	0.31	26.68	27.44	8.1	0.87
2013	1.64	0.34	21.20	24.53	8.7	0.86
2014	1.91	0.31	26.48	30.75	8.9	0.82
2015	2.11	0.29	44.37	34.17	9.0	0.75
2016	2.24	0.18	67.06	29.55	9.4	0.75
2017	2.05	0.28	27.21	24.21	9.8	0.75
2018	1.89	0.07	35.65	18.01	9.5	0.72

资料来源：根据《新疆统计年鉴》（2007～2019 年）和中国人民银行《新疆维吾尔自治区金融运行报告》（2007～2019 年）有关数据整理计算所得。

2. 新疆金融资源配置产出效率的分维度评价

采用熵权 TOPSIS 模型评价方法计算出 2006～2018 年新疆金融资源配置在经济增长、产业升级、社会发展、科技创新与环境友好五个维度的产出效率指数。

由图 8-30～图 8-34 可见，2006～2018 年新疆金融资源配置产出效率五个衡量维度的效率指数在总体表现上存在着显著差异，但局部却存在着一个共同特征，即五个衡量维度的效率指数均在 2015 年、2016 年出现大幅下降。①经济增长效率指数基本保持着稳步提升态势，由 2006 年的 0.0999 提升至 2018 年的 0.4229，提升了 3.23 倍，但 2016 年与 2014 年相比回调了 32.26%。②产业升级效率指数与科技创新效率指数在波动中有所提升。其中，产业升级效率指数由 2006 年的 0.1153 提升至 2011 年的 0.1929，提升了 67.30%；随后进入回落阶段，至 2016 年达到最低点 0.0850，回落幅度达 126.9%；2018 年与 2006 年相比，产业升级效率指数总体提升了 99.74%。科技创新效率指数经过 2006～2008 年的下降之后，从 2009 年开始呈现波动上升，到 2018 年达到 0.1998，提升了 105.56%。③社会发展效率指数在波动中略有下降。由 2006 年的 0.2939 下降至 2018 年的 0.2910，其间最低下降至 2016 年的 0.1167。④环境友好效率指数从 2006 年开始就持续下降，由 2006 年的 0.4366 下降至 2016 年的最低点 0.1512，2017 年出现回升，到 2018 年达到 0.2940，与 2006 年相比下降了 32.66%。

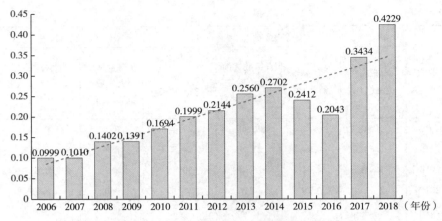

图 8 - 30   2006 ~ 2018 年新疆金融资源配置的经济增长效率指数

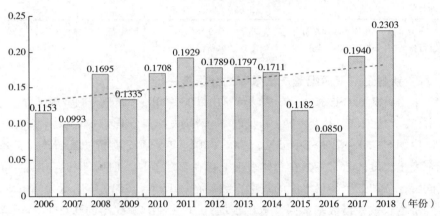

图 8 - 31   2006 ~ 2018 年新疆金融资源配置的产业升级效率指数

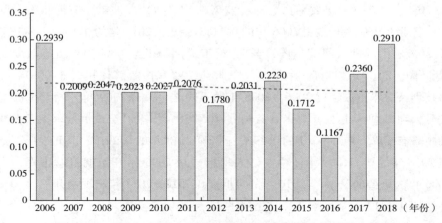

图 8 - 32   2006 ~ 2018 年新疆金融资源配置的社会发展效率指数

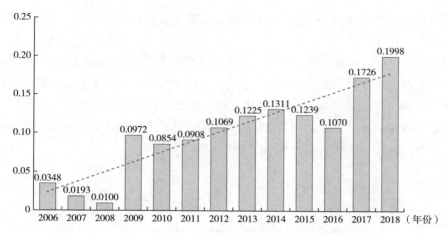

图 8 - 33 2006～2018 年新疆金融资源配置的科技创新效率指数

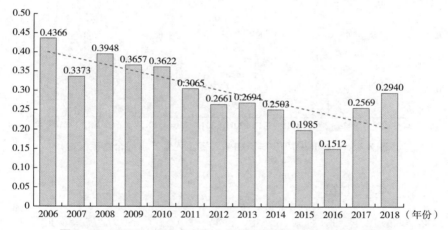

图 8 - 34 2006～2018 年新疆金融资源配置的环境友好效率指数

新疆金融资源配置产出效率五个衡量维度的效率指数表明：2006～2018 年新疆金融业在资源配置中对于经济增长与科技创新的支持力度相对较大，经济增长效率与科技创新效率总的提升较为明显；产业升级效率与社会发展效率没有明显的改进，且非常不稳定；而环境友好效率却明显下降。但从各维度指数的数值区间来看，五个维度中只有经济增长效率指数进入到 0.40～0.59 的中等效率区间，产业升级效率指数、社会发展效率指数以及环境友好效率指数处于 0.20～0.39 的较低效率区间，而科技创新效率指数还处于 0.01～0.19 的低效率区间。

3. 新疆金融资源配置产出效率的综合评价

在上述对金融资源配置产出效率五个衡量维度效率指数测定的基础上，

采用熵权 TOPSIS 模型评价方法计算出新疆金融资源配置产出综合效率指数（见图 8 - 35）。

由图 8 - 35 可见，2006～2018 年新疆金融资源配置产出的综合效率指数总体上保持着逐步提高的态势，产出综合效率指数由 2006 年的 0.0787 提高到 2018 年的 0.2959，效率改进总体上较为明显，但产出综合效率并不稳定，而是存在较大波动性；2018 年新疆金融资源配置产出的综合效率指数仅为 0.2959，还处在 0.20～0.39 的较低效率区间。

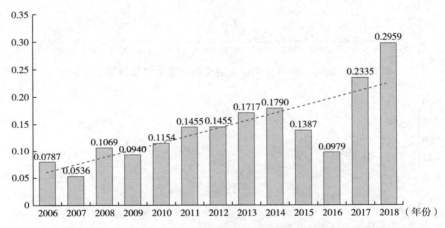

图 8 - 35　2006～2018 年新疆金融资源配置产出综合效率指数

六　本章小结

本章通过对陕西、甘肃、宁夏、青海、新疆五个省区金融资源配置的中介效率和产出效率进行测度评价，其测度结果可见表 8 - 11。

表 8 - 11　陕西、甘肃、宁夏、青海、新疆金融资源配置效率测度结果

地区		金融资源配置中介效率	金融资源配置产出效率					
			经济增长效率	产业升级效率	社会发展效率	科技创新效率	环境友好效率	产出综合效率
陕西	效率变化	提升	提升	提升	下降	提升	下降	提升
	效率指数（2018 年）	0.2661	0.4297	0.2229	0.2844	0.6956	0.3027	0.5260
	效率区间	较低	中等	较低	较低	较高	较低	中等

续表

地区		金融资源配置中介效率	金融资源配置产出效率						
			经济增长效率	产业升级效率	社会发展效率	科技创新效率	环境友好效率	产出综合效率
甘肃	效率变化	提升	提升	下降	提升	提升	下降	提升
	效率指数（2018年）	0.5147	0.3918	0.1330	0.3568	0.5275	0.4578	0.3907
	效率区间	中等	较低	低	较低	中等	中等	较低
宁夏	效率变化	提升	提升	提升	提升	提升	提升	提升
	效率指数（2018年）	0.4623	0.3895	0.1676	0.2845	0.4779	0.2287	0.3732
	效率区间	中等	较低	低	较低	中等	较低	较低
青海	效率变化	提升	提升	提升	提升	提升	稳定	提升
	效率指数（2018年）	0.4835	0.4398	0.2039	0.3366	0.3384	0.3136	0.3590
	效率区间	中等	中等	较低	较低	较低	较低	较低
新疆	效率变化	提升	提升	提升	下降	提升	下降	提升
	效率指数（2018年）	0.3941	0.4229	0.2303	0.2910	0.1998	0.2940	0.2959
	效率区间	较低	中等	较低	较低	低	较低	较低

由表 8 - 11 归纳的测度结果可见，西北五省区在不同的效率维度上存在着较大差异。西北五省区金融资源配置的共有特征就是，金融资源配置对经济增长与科技创新的支持较为重视，这两个维度的效率都在不同程度的改善，但对社会发展与环境友好的支持不够，不仅效率水平低，而且大部分省区还在下降。

第九章
西部地区金融资源配置效率的总体评价

本章以西部地区作为整体，对其金融资源配置效率的总体情况进行评价。在此基础上，对西部地区金融资源配置中存在的主要问题进行归纳分析。

一 西部地区金融资源配置中介效率评价

（一）西部地区金融资源配置中介效率评价指标的变化分析

表 9 - 1 是 2006 ~ 2018 年西部地区金融资源配置中介效率评价各指标的数值及变化情况。

表 9 - 1　2006 ~ 2018 年西部地区金融资源配置中介效率各指标的变化情况

单位:%

年份	金融机构中介效率				金融市场中介效率		金融体系中介效率	
	储蓄率	银行贷存率	银行不良贷款率	保险赔付率	资本市场化率	证券化率	资本形成率	信贷投入边际产出率
2006	20.59	70.29	10.16	26.87	46.38	19.61	58.31	224.03
2007	18.82	70.26	10.11	34.68	43.31	21.19	57.38	140.74
2008	31.57	66.24	3.19	31.85	44.16	19.56	59.41	141.00
2009	29.25	60.96	1.87	28.89	46.49	21.82	66.46	33.13
2010	29.24	70.15	1.32	23.91	44.57	21.71	69.41	86.14
2011	25.55	71.57	1.06	27.85	40.21	24.62	69.52	114.29
2012	29.00	71.58	0.81	32.17	36.60	24.48	73.23	70.62
2013	22.72	72.41	0.72	36.41	40.73	24.86	74.66	56.29

续表

年份	金融机构中介效率				金融市场中介效率		金融体系中介效率	
	储蓄率	银行贷存率	银行不良贷款率	保险赔付率	资本市场化率	证券化率	资本形成率	信贷投入边际产出率
2014	14.63	76.32	1.05	37.76	41.66	25.70	79.03	49.72
2015	15.87	76.44	1.87	36.60	43.13	29.60	81.81	29.74
2016	11.68	77.21	2.16	35.63	43.76	36.50	80.41	43.28
2017	14.27	79.79	2.64	33.35	41.17	30.36	77.81	46.51
2018	16.35	85.84	2.19	34.69	42.08	25.46	73.64	51.40

资料来源：根据《中国统计年鉴》（2007~2019年）、中国人民银行《中国区域金融运行报告》（2006~2019年）相关数据整理计算。

1. 金融机构中介效率衡量指标的变化特征

①储蓄率在波动中下降。2006年西部地区城乡居民储蓄率为20.59%，而到2018年时降为16.35%，收入转化为储蓄的比例有一定下降。导致这种现象的原因是多重的：一是随着居民收入的增加其储蓄意愿存在递减趋势；二是随着银行理财、基金理财市场以及股票市场的快速扩展，城乡居民对其收入支配的选择余地更大，储蓄外的理财业务发展很快，对传统的银行储蓄产生冲击；三是近年来个人消费业务的快速增长，以房贷为代表的个人消费急速扩张，从而挤压了储蓄增长的空间。因此，在经济快速发展以及人均收入持续提高的情况下，储蓄率不仅不会上升，反而会有一定程度的下降。②银行贷存率在平稳中趋于提高。银行贷存率从2006年的70.29%上升到2018年的85.84%，上升了15.55个百分点。这表明银行业在将储蓄转化为投资以及对实体经济支持的力度在加强。③银行不良贷款率在总体下降中有反弹回升。从总体上看，银行不良贷款率出现了显著性下降，从2006年的10.16%下降到2018年的2.19%，下降了7.97个百分点，信贷资产质量提升明显；但不良贷款率在2013年达到最低点后出现了回升，表明银行信贷资产质量并不稳定，目前有恶化迹象。④保险赔付率略有上升。西部地区保险赔付率从2006年的26.87%上升到2018年的34.69%，上升了7.82个百分点，表明保险业对风险的保障程度在提高，保险业的效率在提升。

2. 金融市场中介效率衡量指标的变化特征

①资本市场化率略有下降。以非国有企业贷款占贷款总额比例表示的资本市场化率从2006年的46.38%下降到2018年的42.08%，下降了4.3个百分点，表明在贷款市场上非国有企业的融资难度进一步提高，资本市场化率

进一步降低。②证券化率虽有提高，但幅度不大。西部地区证券化率从2006年的19.61%提高到了2018年的25.46%，提高了5.85个百分点。这表明对西部地区来讲，资本市场为企业融资的作用虽在增大，但总体作用依然较小，资本市场为企业发展的推动作用还不充分。

3. 金融体系中介效率衡量指标的变化特征

①资本形成率总体呈现上升趋势，但有转折向下迹象。以资本形成额占GDP比值表示的资本形成率从2006年的58.31%上升到2015年的81.81%，随后出现下降趋势，到2018年达到73.64%。2018年与2006年相比，资本形成率上升了15.33个百分点，表明西部地区资本形成能力总体上在增强，但从2016年开始资本形成能力有所降低。②信贷投入边际产出率大幅波动并呈下降趋势。2006～2018年，西部地区每100元信贷投入带来的GDP增加值由2006年的224.03元下降到2018年的51.40元，下降了335.9%，虽然2011年与2009年相比有大幅提高，但其后的下降趋势未改，直到2015年降至区间最低值29.74元。这表明，自2006年以来，西部地区信贷投入的边际产出效率快速递减，依靠大量信贷投入增加支持经济增长不具有可持续性。

（二）西部地区金融资源配置中介效率的评价与分析

运用表9－1数据资料，采用熵权TOPSIS模型评价方法，计算出2006～2018年西部地区金融资源配置的中介效率指数（见图9－1）。

从图9－1可以看出，2006～2018年西部地区金融资源配置的中介效率指数总体上呈现出上升趋势。中介效率指数由2006年的0.2037上升到了2018年的0.4059，提升幅度达99.26%；由2006年的0.20～0.39的较低效率区间进入0.40～0.59的中等效率区间。这表明在2006～2018年间，西部地区金融体系通过发挥金融机构的中介作用、金融市场的融资作用、保险业的风险保障作用等使得金融资源配置的中介效率出现了显著提升。

但需要关注的是，西部地区金融资源配置中介效率在2016年达到最大值0.4106之后，于2017年开始出现一定程度的回落迹象，2018年接近中等效率区间的下限临界值。这种迹象的出现，一是因为我国自2016年经济进入新常态之后，经济增长速度出现了下滑；二是在经济下滑状态下，银行不良贷款率出现了明显的回升；三是资本市场的剧烈波动使得资本市场的资源配置功能受到影响。因此，面对日益复杂的经济环境，西部地区金融体系如何发挥中介作用，进一步提高金融资源配置中介效率，是需要关注及重视的现实问题。

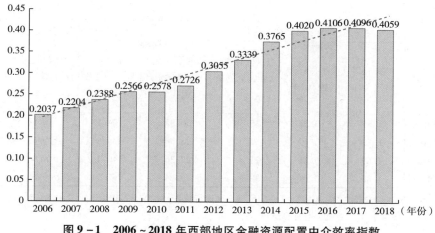

图 9 - 1   2006～2018 年西部地区金融资源配置中介效率指数

二   西部地区金融资源配置产出效率分维度评价

（一）西部地区金融资源投入指标的变化分析

根据前文构建的金融资源配置产出效率评价指标体系，我们将 2006～ 2018 年西部地区金融资源配置产出效率评价的相关金融资源投入指标整理计算见表 9 - 2。

表 9 - 2   2006～2018 年西部地区金融资源投入指标及变化情况

年份	资产资金投入				人力资源投入	
	金融资产总额/GDP	社会融资额/GDP	直接融资额/社会融资总额（%）	非银行金融资产/金融资产总额（%）	金融业从业人员数（万人）	金融业从业人员/就业人数（%）
2006	1.18	0.14	7.24	19.47	78.0	0.40
2007	1.58	0.16	11.79	41.73	81.9	0.42
2008	1.13	0.19	9.95	21.09	87.6	0.48
2009	1.48	0.32	7.03	27.52	94.63	0.47
2010	1.51	0.24	13.95	28.08	100.8	0.50
2011	1.33	0.20	15.88	20.96	105.9	0.52
2012	1.36	0.21	21.38	19.98	111.6	0.54
2013	1.42	0.30	15.43	18.57	115.0	0.55
2014	1.60	0.28	24.58	23.50	117.7	0.55

年份	资产资金投入				人力资源投入	
	金融资产总额/GDP	社会融资额/GDP	直接融资额/社会融资总额（%）	非银行金融资产/金融资产总额（%）	金融业从业人员数（万人）	金融业从业人员/就业人数（%）
2015	1.83	0.22	35.89	26.82	124.1	0.58
2016	1.82	0.19	32.94	23.30	134.5	0.62
2017	1.89	0.23	21.43	23.36	140.4	0.64
2018	1.86	0.18	38.96	19.64	142.1	0.65

资料来源：根据中国人民银行《中国区域金融运行报告》（2006～2019 年）、《中国统计年鉴》（2007～2019 年）有关数据整理计算所得。

1. 单位 GDP 占用金融资源投入量的变化

2006～2018 年，西部地区单位 GDP 占用的金融资源投入不同程度地出现增加。其中单位 GDP 产出占用的金融资产额从 2006 年的 1.18 元增加到 2018 年的 1.86 元，增加了 57.6%；最高时达到了 1.89 元；单位 GDP 产出占用的社会融资额从 2006 年的 0.14 元增加到了 2018 年的 0.18 元，增加了 28.6%，最高时达到了 0.32 元。这表明，一是近年来西部地区经济高增长与金融业的快速发展相互推动，这与现代金融理论关于金融发展与经济增长关系的经典分析一致；二是西部地区经济增长对于金融发展具有越来越高的依赖性，单位 GDP 产出占用的金融资源越来越多，西部地区经济增长的外延性、粗放型特征依然明显；三是金融资源投入对西部地区经济增长的贡献作用存在边际递减，产出效率出现下降。

2. 金融资源投入的结构变化

2006～2018 年，西部地区社会融资中直接融资所占比例明显提升，由 2006 年的 7.24% 提升到 2018 年的 38.96%，提高了 31.72 个百分点；表明西部地区以股票市场、债券市场等为主要融资平台的直接融资市场发展成效显著，社会融资结构明显改善；非银行金融资产所占比例由 2006 年的 19.47% 变化到 2018 年的 19.64%，总体占比基本稳定，但存在向下迹象。非银行金融资产所占金融资产的比例最高时在 2007 年，达到 41.73%，其后在波动中走低。这表明西部地区金融结构依然以银行为主导，非银行金融业务份额较低，且发展较为缓慢。

3. 金融业人力资源投入的变化

金融业的发展需要充足的人力资源投入，虽然现代金融交易技术的飞速发展使得金融业对人力资源投入的依赖度在减弱，但在我国经济技术总体薄弱且区域之间发展不均衡的环境条件下，通过增加金融机构服务网点，加大金融业的人力资源投入，提高金融服务的覆盖率依然是未来一段时间内金融业发展的基本路径。由图 9 - 2 可见，2006～2018 年西部地区金融业从业人员数稳步增加，其占社会就业人数的比例持续提高。金融业从业人员数从2006 年的 78.0 万人增加到了 2018 年的 142.1 万人，增长了 82.18%；金融业从业人员数占社会就业人数的比例由 2006 年的 0.4% 提高到了 2018 年的0.65%，提高了 0.25 个百分点。

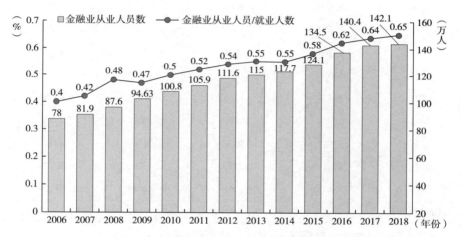

图 9 - 2　2006～2018 年西部地区金融业从业人员数及占社会就业人员比例

（二）西部地区金融资源配置产出效率的分维度评价

1. 金融资源配置产出的经济增长效率评价

（1）西部地区经济增长效率指标的变化与特征

经济增长虽然可以通过多种指标予以衡量，但人均 GDP 和人均收入的增长无疑是衡量经济增长状况的两个综合性指标。从表 9 - 3 可以看出，西部地区人均 GDP 从 2006 年的 11202 元增加到 2018 年的 48557 元，增加了37355 元，年均增长 13.0%；西部地区居民人均收入从 2006 年的 5111 元增加到 2018 年的 21991 元，增加了 16880 元，年均增长 12.93%。西部地区人均 GDP 与人均收入的年均增长率分别高出全国平均水平 1.08 个百分点和0.91 个百分点。

表 9 - 3　2006 ~ 2018 年西部地区及全国经济增长效率指标的变化情况

单位：元,%

年　份	西部地区		全　国	
	人均 GDP	人均收入	人均 GDP	人均收入
2006	11202	5111	16738	7229
2007	13629	6050	20494	8583
2008	16680	7103	24100	9956
2009	18407	7870	26180	10978
2010	22570	9016	30808	12519
2011	27672	10609	36302	14589
2012	31269	12283	39874	16662
2013	34652	13620	43684	18311
2014	37487	15036	47005	20167
2015	39054	16517	50028	21966
2016	41917	18039	53680	23821
2017	44717	20190	59201	25974
2018	48557	21991	64644	28228
年均增长率	13.0	12.93	11.92	12.02

资料来源：国家统计局《中国统计年鉴》（2007 ~ 2019 年）。

（2）西部地区金融资源配置的经济增长效率指数的评价与分析

依据表 9 - 2、表 9 - 3 的数据，采用熵值 TOPSIS 法计算出西部地区金融资源配置产出的经济增长效率指数（见图 9 - 3）。

从图 9 - 3 可以看出，2006 ~ 2018 年西部地区金融资源配置产出的经济增长效率指数虽然有所波动，但总体呈现提升趋势，从 2006 年的 0.0998 提高到 2018 年的 0.4631，提高了 3.64 倍，由 0.01 ~ 0.19 的低效率区间进入到 0.40 ~ 0.59 的中等效率区间。这表明在 2006 ~ 2018 年间，西部地区金融发展对于西部地区经济增长来说，起到了非常重要的促进作用，金融资源配置产出的经济增长效率改进明显。

2. 金融资源配置产出的产业升级效率评价

（1）西部地区金融资源配置产业升级效率各指标的变化与特征

从整个国民经济的产业结构变化看，产业结构升级一般表现为经济增长由第一产业向第二产业，进而向第三产业的转化。基于此，我们将产业升级

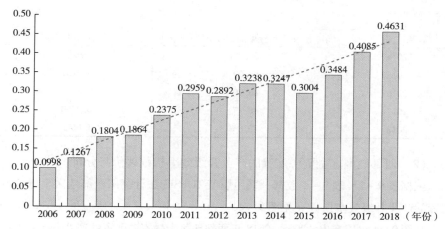

图 9－3　2006～2018 年西部地区金融资源配置的经济增长效率指数

效率通过第二、第三产业增加值/总产值和产业高级化指数①两个分项指标来衡量。从表 9－4 中可以看出，西部地区第二、第三产业增加值之和占社会总产值的比例从 2006 年的 84.88% 上升到 2018 年的 89.06%，上升了 4.18 个百分点；产业高级化指数从 2006 年的 0.2742 上升到 2018 年的 1.0632，上升了 0.789。这表明，2006～2018 年西部地区产业结构无论在合理化、还是高级化方面都获得了显著提升。

表 9－4　2006～2018 年西部地区金融资源配置的产业升级效率指标的变化情况

年　份	第二、第三产业增加值/总产值（%）	产业高级化指数
2006	84.88	0.2742
2007	85.19	0.3413
2008	85.41	0.4558
2009	86.70	0.4771
2010	87.05	0.6207
2011	87.61	0.7689
2012	87.67	0.9033
2013	87.67	0.9443

---

①　产业结构高级化用各产业产出占比与劳动生产率的乘积来衡量，具体的计算公式为 $SH = \sum_{i=1}^{n}(Y_{it}/Y_t) \times (LP_{it}/LP_{if})$，其中 $LP_{it} = VA_i/L_i$，VA_i 为产业 i 的增加值，L_i 为就业人数，即 LP_{it} 表示当前的劳动生产率，LP_{if} 为工业化进程结束时的劳动生产率，SH 越大，代表产业结构越高级。

续表

年　份	第二、第三产业增加值/总产值（%）	产业高级化指数
2014	88.22	0.9561
2015	88.09	0.9151
2016	88.20	0.8900
2017	88.77	0.9860
2018	89.06	1.0632

（2）西部地区金融资源配置的产业升级效率指数评价与分析

依据表9－2、表9－4数据，采用熵值TOPSIS法计算出西部地区金融资源配置的产业升级效率指数（见图9－4）。

从图9－4可以看出，2006～2018年西部地区金融资源配置的产业升级效率指数呈现出明显的波动性。根据其波动特征可以划分为三个阶段：一是2006～2011年的提升阶段，金融资源配置的产业升级效率指数从2006年的0.1101上升到2011年的0.2169，提升了0.1068。二是2011～2015年的下降阶段。在此期间，金融资源配置的产业升级效率指数从2011年的0.2169下降到2015年的0.1399，下降了0.077。三是2015～2018年的再次提升阶段。西部地区金融资源配置的产业升级效率指数在2015年降到低点0.1399后，从2016年开始再次提升，到2018年达到0.1953，但还未达到2011年的最高点0.2169。另外，2006～2018年西部地区金融资源配置的产业升级效率虽然有了较大幅度的提升，但依然处于0.10～0.19的低效率区间。这表明西部地区金融业在促进区域产业合理化及高级化方面的效率还比较低，且作用不稳定。

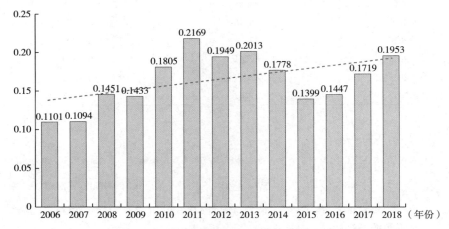

图9－4　2006～2018年西部地区金融资源配置的产业升级效率指数

3. 金融资源配置产出的社会发展效率评价

（1）西部地区社会发展效率各指标的变化与特征

基于数据可观察与可统计考虑，我们选择城镇恩格尔系数、农村恩格尔系数、城乡收入差距、城镇化率四个指标来对社会发展效率进行衡量，其中城乡居民恩格尔系数反映居民福利水平，城镇化率反映经济社会生活方式的变化。表 9 - 5 是 2006 ~ 2018 年西部地区社会发展效率各指标的变化情况。①城乡居民恩格尔系数均呈现显著下降。西部地区城镇居民恩格尔系数从 2006 年的 36.52% 下降到 2018 年的 28.39%，下降了 8.13 个百分点；农村居民恩格尔系数从 2006 年的 45.72% 下降到 2018 年的 29.75%，下降了 15.97 个百分点。这表明 2006 ~ 2018 年西部地区城乡居民生活水平及福利水平出现了显著提升。在理论上，如果按照国际通行平均家庭恩格尔系数在 30% ~ 40% 属于"相对富裕"、在 20% ~ 30% 为"富足"的认定标准，2018 年西部地区城乡居民已经进入"富足"阶层。但由于我国区域之间、城乡之间以及同一区域的居民家庭之间存在着较为明显的收入差距，使得现实中西部地区城乡居民与"富足"阶层之间存在一定差距。② 城乡居民收入差距明显缩小。西部地区城乡居民收入之比由 2006 年的 3.79 降为 2018 年的 2.88，呈现持续下降过程，这得益于近年来国家出台的多项惠农政策，使得农村居民可支配收入的增长速度高于城镇居民；另外，"十三五"期间国家脱贫攻坚战略的实施，使得西部贫困地区农户的收入水平获得了大幅提升，贫困农户数量也急剧减少。这一切都加速了西部地区城乡居民收入差距的缩小。③城镇化率快速提高。近年来，随着国家新农村建设战略、新型城镇化战略、乡村振兴战略等的实施，西部地区城镇化速度明显加快，城镇化率从 2006 年的 37.51% 提升到 2018 年的 54.66%，提升了 17.15 个百分点；城镇化进程的加快及城镇化率的提高，也进一步带动了城镇基础设施建设及教育体育卫生事业的发展，实现了社会的全面进步。

表 9 - 5　2006 ~ 2018 年西部地区社会发展效率各指标的变化情况

单位:%

年份	城镇恩格尔系数	农村恩格尔系数	城乡收入差距	城镇化率
2006	36.52	45.72	3.79	37.51
2007	37.80	45.75	3.77	38.75
2008	39.72	46.68	3.71	40.05
2009	38.09	42.80	3.73	41.18

续表

年份	城镇恩格尔系数	农村恩格尔系数	城乡收入差距	城镇化率
2010	37.28	43.16	3.55	43.16
2011	37.82	41.15	3.42	44.64
2012	37.48	39.74	3.37	46.21
2013	36.30	37.60	3.29	47.41
2014	32.57	35.41	2.96	48.81
2015	31.16	33.25	2.95	50.11
2016	29.83	31.14	2.93	51.51
2017	29.45	30.77	2.91	52.94
2018	28.29	29.75	2.88	54.66

资料来源：根据国家统计局《中国统计年鉴》（2007～2019 年）各省数据计算所得。

（2）西部地区金融资源配置的社会发展效率指数的评价与分析

依据表 9 - 2、表 9 - 5 数据，采用熵值 TOPSIS 法计算出西部地区金融资源配置的社会发展效率指数（见图 9 - 5）。

从图 9 - 5 可以看出，2006～2018 年西部地区金融资源配置的社会发展效率指数始终在 0.20～0.39 的较低效率区间波动。社会发展效率指数从 2006 年的 0.2916 下降到 2009 年的最低点 0.2067，其后在波动中上升到 2018 年的 0.3320。2006～2018 年社会发展效率指数的最高值与最低值之间的差距为 0.1253，属于窄幅震荡型。

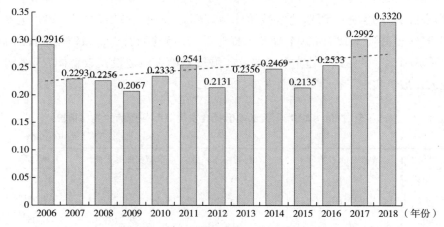

图 9 - 5　2006～2018 年西部地区金融资源配置的社会发展效率指数

根据前文对社会发展效率 4 个衡量指标的变化分析，2006~2018 年，衡量西部地区社会发展效率的 4 个指标均呈现出持续改进的变化特征，表明在此期间西部地区社会发展获得了显著成效；但金融资源配置的社会发展效率指数的变化并不支持其社会发展效率持续改进的结论。这种不一致表明，2006~2018 年西部地区社会发展主要是非金融力量支持的结果，金融发展对社会发展的支持力度有待增强。

4. 金融资源配置产出的科技创新效率评价

（1）西部地区科技创新效率指标的变化与特征

科技创新可以用科技投入与科技产出两类指标进行衡量，其中科技投入用 R&D 经费占 GDP 之比来衡量；科技产出用人均专利申请数、高新技术产业产值占比来反映。表 9-6 是西部地区科技创新效率 3 个衡量指标的变化情况。西部地区 R&D 经费支出占 GDP 的比例从 2006 年的 0.89% 上升到 2018 年的 1.35%，提升了 0.46 个百分点，说明西部地区科技活动规模和科技投入水平有了大幅度提高，自主创新能力有所加强；每万人专利授权数从 2006 年的 0.61 件增加到 2018 年的 7.31 件，增加了 6.7 件，说明西部地区科技产出数量及质量有了大幅提高；高新技术产业产值占 GDP 的比例从 2006 年的 2.70% 上升到 2018 年的 9.57%，提升了 6.89 个百分点，说明西部地区高新技术产业不断以强劲的动力推动着西部地区的发展。

表 9-6　2006~2018 年西部地区科技创新效率指标的变化情况

单位：%，件/万人

年　份	R&D 经费支出/ GDP	专利授权数	高新技术产业产值/ GDP
2006	0.89	0.61	2.70
2007	0.90	0.79	3.13
2008	0.89	0.92	3.29
2009	0.98	1.32	3.33
2010	1.07	2.03	3.25
2011	1.41	2.10	3.44
2012	1.09	2.79	4.29
2013	1.13	3.54	6.60
2014	1.13	3.77	7.11
2015	1.19	5.41	7.93
2016	1.24	5.78	8.38
2017	1.28	5.48	9.09
2018	1.35	7.31	9.57

资料来源：根据《中国统计年鉴》（2007~2019 年）数据计算所得。

（2）西部地区金融资源配置科技创新效率指数的评价与分析

依据表9－2、表9－6数据，采用熵值 TOPSIS 法计算出西部地区金融资源配置的科技创新效率指数（见图9－6）。

从图9－6可以看出，2006～2018年，西部地区金融资源配置的科技创新效率指数基本保持着稳步提升的态势，科技创新效率指数从2006年的0.2149提高到了2018年的0.5568，提高了159.10%；科技创新效率由0.20～0.39的较低效率区间进入到0.40～0.59的中等效率区间。虽然个别年份也有小幅回落，但总体上依然保持稳定提升态势。金融资源配置科技创新效率的稳步提升，表明西部地区金融业在其发展中对于科技创新的支持力度在持续增强，并取得了显著成效。

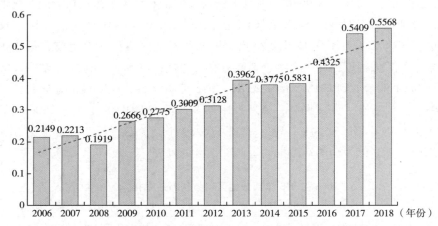

图9－6　2006～2018年西部地区金融资源配置的科技创新效率指数

5. 金融资源配置产生的环境友好效率评价

（1）西部地区环境友好效率各指标的变化特征

环境友好效率采用万元 GDP 能耗、万元 GDP 废水排放量与万元 GDP 废气排放量三项指标综合衡量。表9－7是2006～2018年西部地区环境友好效率各衡量指标的变化情况。西部地区万元 GDP 能源消耗从2006年的1.20吨标准煤下降到2018年的0.59吨标准煤，下降了103.39%，说明西部地区在实现经济高增长过程中对能源的利用程度不断增强，能源利用效率稳步提高；万元 GDP 排放的废水从2006年的27.57吨下降到2018年的8.95吨，下降了208.04%；万元 GDP 排放的废气从2006年的0.0326吨下降到2018年的0.0051吨，下降了539.22%。表明西部地区在减排方面成效显著。

表 9 – 7 2006～2018 年西部地区环境友好效率各指标的变化情况

单位：吨标准煤，吨

年　份	万元 GDP 能源消耗	万元 GDP 废水排放量	万元 GDP 三项废气排放量
2006	1. 20	27. 57	0. 0326
2007	1. 16	23. 97	0. 0305
2008	1. 16	20. 70	0. 0259
2009	1. 08	18. 24	0. 0251
2010	0. 81	15. 78	0. 0243
2011	0. 79	12. 82	0. 0187
2012	0. 77	11. 93	0. 0163
2013	0. 74	11. 07	0. 0147
2014	0. 71	10. 55	0. 0136
2015	0. 66	10. 34	0. 0116
2016	0. 63	9. 77	0. 0072
2017	0. 61	9. 22	0. 0056
2018	0. 59	8. 95	0. 0051

资料来源：根据《中国统计年鉴》（2007～2019 年）数据计算所得。

（2）西部地区金融资源配置环境友好效率指数的评价与分析

依据表 9 – 2、表 9 – 7 数据，采用熵值 TOPSIS 法计算出西部地区金融资源配置的环境友好效率指数（见图 9 – 7）。

从图 9 – 7 可以看出，2006～2018 年西部地区金融资源配置的环境友好效率指数总体呈下降趋势，从 2006 年的 0.5087 下降到 2018 年的 0.3648，下降了 39.45%；其中 2008 年最高为 0.5440，2015 年最低为 0.2951；金融资源配置的环境友好效率指数从 0.40～0.59 的中等效率区间降到 0.20～0.39 的较低效率区间。从 2016 年开始，环境友好效率指数虽然又重现上升势头，但依然在较低效率区间。

分析西部地区金融资源配置环境友好效率指数的这种变化，不难发现，近年来国家将节能减排作为对地方发展绩效考核的硬指标，使得西部地区与全国其他地区一样，政府对节能减排技术创新的支持以及高耗能高污染行业企业的关闭处罚等方面的政策力度都空前加大，从而使得万元 GDP 能耗、万元 GDP 废水排放、万元 GDP 废气排放均出现显著下降。这一方面表明经济发展对能源消耗的依赖度显著下降，经济转型发展取得较好效果；另一方

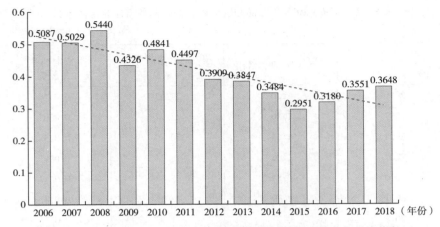

图 9 - 7　2006 ~ 2018 年西部地区金融资源配置的环境友好效率指数

面，说明地区环境治理成效显著，绿色发展取得突出进步，经济发展质量明显提高。但将金融资源作为投入指标，计算其产出的环境友好效率指数却呈现出总体下降趋势，表明西部地区金融业在资源配置过程中，对低附加值、高消耗、高污染的传统产业的配置比例依然偏高，而对低耗能、低排放、低污染的绿色行业、绿色产业发展的金融支持还远远不足。换句话说，就是在西部地区环境友好的发展过程中，金融业的支持力度及贡献并不够。这种情况的出现，一是与西部地区现有的产业结构与特征有关。西部地区产业结构中工业所占比例较高，而在工业中高耗能、高排放的传统工业所占比例较高，这些传统产业往往是西部地区经济增长的重要支柱，银行信贷的传统产业偏好就成为其理性选择。二是与西部地区企业所有制结构特征有关。西部地区国有经济比重较高，民营经济发展不足，金融发展的主体结构亦是如此。因此，银行信贷的国有经济偏好比其他区域更为严重。这一切，使得西部地区金融业对环境友好建设的贡献并不理想。

三　西部地区金融资源配置产出效率的综合评价

图 9 - 8 显示了采用熵值 TOPSIS 法计算出的 2006 ~ 2018 年西部地区金融资源配置产出的综合效率指数及变化。

由图 9 - 8 可见，2006 ~ 2018 年西部地区金融资源配置产出的综合效率指数呈现波动上升的趋势。总体来看，西部地区金融资源配置产出综合效率指数从 2006 年的 0. 1259 提升到 2018 年的 0. 4538，提高了 2. 60 倍，已经进入到 0. 40 ~ 0. 59 的中等效率区间。但从其动态变化来看，2006 ~ 2013 年基本保持着稳步上升态势，综合效率指数从 0.1259 提升到 0.3378，提高了 1.68 倍；其后的两年（2014 年、2015 年）进入波动下滑期，到 2015 年综合效率指数下降到 0.2910，与 2013 年相比下降了 13.85%；从 2016 年开始又重新步入上升轨道，到 2018 年综合效率指数达到 0.4538，为 2006～2018 年期间最高，与 2015 年相比，提高了 55.95%。分析 2014～2015 年金融资源配置产出综合效率指数下滑的原因，不难发现这是金融资源投入端与产出端共同影响的结果。

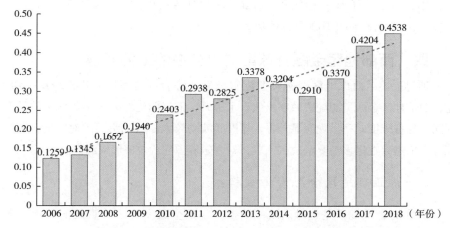

图 9 – 8　2006～2018 年西部地区金融资源配置产出综合效率指数

从西部地区金融资源的投入端来看（见表 9 – 1、表 9 – 2），一是从 2012 年开始，金融体系对居民储蓄的动员能力出现了下降，直至 2016 年才止跌回升。西部地区居民储蓄率从 2012 年的 29% 下降到 2014 年的 14.63%，2015 年稍作反弹后，2016 年进一步下降到 11.68%，其后止跌回升。这无疑对金融体系可动员的资源量造成了一定影响。二是银行不良贷款率以 2013 年为拐点，由以前的持续下降变为缓慢攀升，2014 年西部地区银行不良贷款率比 2013 年上升了 0.33 个百分点，说明西部地区银行业信贷资产质量有所下降。三是非银行类金融业务于 2011 年出现下滑，非银行类金融资产占金融资产的比例到 2013 年时降到最低，相比 2010 年下降了 9.51 个百分点；资本市场化率也同期下降，由 2010 年的 44.57% 下降到 2012 年的 36.6%。四是社会融资中直接融资占比明显下降，2013 年西部地区社会融资中直接融资占比相比 2012 年下降了 5.95 个百分点。这一切无疑从金融资源的投入端对其产出效率带来负面影响。

从金融资源的产出端来看，根据金融功能理论，我们将金融资源配置产出效率划分为经济增长、产业升级、科技创新、社会发展以及环境友好五个衡量维度，而金融资源配置产出的综合效率是这五个维度效率的综合。根据前面计算出的这五个维度的效率指数，发现所有维度的效率指数均在2014年、2015年出现了波动，其中产业升级效率和环境友好效率的波动尤为突出，下滑更为严重。基于熵值TOPSIS法合成的西部地区金融资源配置产出综合效率在2014年、2015年的波动就成为必然。这也从另一个方面说明，金融资源配置效率要得到稳步提高，必须充分发挥金融体系对各个维度的促进作用，对其中任何一个维度的偏重及对另外维度的忽视，都会对金融资源配置产出综合效率的提高形成约束。

四 西部地区金融资源配置中存在的主要问题

通过上述对西部地区金融资源配置效率的综合评价可以看出，2006～2018年，西部地区金融资源配置效率虽然有了提升，但目前仍然处于中等偏下的效率区间，且各维度效率呈现明显差异，年度间波动较大。这说明西部地区金融资源配置中依然存在诸多需要解决的问题，对金融资源配置效率形成约束。

(一) 西部地区金融资源规模小

适度的金融规模是金融发展的前提，也是金融发展最为直观的表现。尤其对于金融欠发达地区，金融规模的扩大是金融结构改善和金融效率提升的基础，也是金融支持实体经济的直接途径之一。虽然近年来西部地区金融资源规模在快速增长，但金融资源的规模依然较小，既体现在绝对规模上，也体现在相对规模上。

1. 西部地区金融资源绝对规模与其经济地位极不相称

金融资产额与社会融资额是衡量金融资源规模的两个核心指标。表9-8是2006～2018年西部地区金融资产、社会融资规模、GDP占全国的比例情况。

由表9-8可以看出，2006～2018年，西部地区金融资产额与社会融资额占全国的比例虽然在持续上升，但与西部地区经济总量占全国的比例来说极不相称。截至2018年，西部地区GDP占全国的比例已达到20.45%，但西部地区金融资产及社会融资额占全国的比例分别仅有16.44%和17.34%。金融资产的占比远远低于其经济总量的占比，表明西部地区金融发展没有与经济发展保持同步，而存在着较为明显的滞后性。西部地区金融规模较小，不但不利于金融业自身的发展，还使金融支持实体经济的功能不能有效发挥。如何提高并保持与经济发展相适应的金融规模，是西部地区金融发展过程中需要面对和解决的重要问题。

表 9 - 8   2006~2018 年西部地区金融资产、社会融资额、GDP 占全国比例

单位:%

年份	金融资产占比	社会融资规模占比	GDP 占比
2006	13.83	13.12	18.65
2007	11.92	12.38	18.50
2008	14.64	15.34	19.25
2009	12.87	15.24	19.65
2010	15.36	13.80	20.28
2011	16.27	15.83	21.26
2012	16.88	15.22	21.95
2013	16.63	21.86	21.43
2014	16.73	23.22	21.70
2015	16.00	20.60	21.50
2016	15.65	16.85	21.04
2017	15.92	16.91	20.67
2018	16.44	17.34	20.45

资料来源:根据 2007~2019 年《中国统计年鉴》和中国人民银行《中国区域金融运行报告》(2006~2019 年)相关数据计算。

2. 西部地区金融资源的相对规模滞后于全国平均水平

对于金融资源的相对规模,我们可以用金融相关率来衡量。表 9 - 9 是 2006~2018 年西部地区与全国金融相关率的比较及变化情况。

由表 9 - 9 可以看出,从动态变化来看,2006~2018 年西部地区金融相关率快速提升,且变动态势与全国基本保持一致;但若从静态比例来看,西部地区金融相关率与全国水平一直存在很大差距,且差距还存在继续扩大的趋势。2006 年西部地区金融相关率低于全国水平 0.40;到 2010 年时差值扩大到 0.48;到 2018 年时差值为 0.45。这表明,西部地区金融资源在相对规模上同样远远滞后于全国平均水平。

表 9 - 9   2006~2018 年西部地区与全国金融相关率

年份	2006	2007	2008	2009	2010	2011	2012	2013	2014	2015	2016	2017	2018
西部	1.16	1.53	1.14	1.35	1.52	1.33	1.37	1.41	1.59	1.81	1.81	1.86	1.84
全国	1.56	2.38	1.49	2.06	2.00	1.73	1.78	1.82	2.07	2.43	2.43	2.41	2.29

资料来源:根据前文有关数据表格计算。

3. 西部地区金融机构数量与东部地区相比差距呈现拉大趋势

作为金融产品和服务的供给方，一个地区金融机构的发展情况在一定程度上决定一个地区的金融资产规模。2006～2018年12年间，西部地区金融机构的发展始终落后于东部地区，且从时间维度看，东西部地区金融机构数量之间的差距还在日益扩大（见图9-9）。

首先，从银行业机构数量来看，东西部地区拥有的银行业机构数存在较大差距。2006年东部地区拥有的银行业营业网点数是西部地区的1.44倍；2010年和2018年，东部地区拥有的银行业营业网点数分别是西部地区的1.46倍和1.49倍。

其次，从证券公司总部数量来看，东西部地区证券业机构总部数量差距较大。2006年总部设在东部地区的证券机构数目是西部地区的3.55倍；2010年总部设在东部地区的证券机构数目是西部地区的3.94倍；到2018年总部设在东部地区的证券机构数目是西部地区的4.79倍；12年间扩大了1.24倍。2018年西部地区证券机构总部数量只有20家，较东部地区少71家。

最后，从保险公司总部数量来看，西部地区远远少于东部地区，且这种差距比银行机构数量、证券公司总部数量的差距都要大。2006年总部设在东部地区的保险公司数目是西部地区的11.57倍；2010年总部设在东部地区的保险公司数目是西部地区的12.5倍；2018年总部设在东部地区的保险公司数目是西部地区的9倍；12年间差距虽然缩小了2.57倍，但2018年总部设在西部地区的保险公司总部仅为18家，比东部地区少144家。

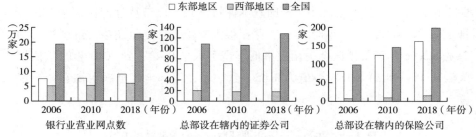

图9-9 2006年、2010年、2018年东西部地区金融机构数量对比
资料来源：中国人民银行《中国区域金融运行报告》、wind数据库。

另外，除上述传统金融机构数量较少外，西部地区新型金融组织发展较为缓慢，如互联网金融、民营金融等的发展都远远滞后于东部地区。

（二）西部地区金融资源配置结构不合理

从西部地区不同类型的金融工具与金融机构以及相对规模来看，西部地区金融资源配置结构不合理主要体现在：金融组织结构不合理、金融资产结构不合理、融资结构不合理。

1. 西部地区金融组织结构不合理

总体上看，西部地区金融组织体系中，以传统金融机构为主，以互联网金融机构为代表的新型金融组织发展滞后。截至目前，西部地区无一家如支付宝、财付通、百度金融等具有一定影响力的新型金融组织。而传统金融机构中，又以银行业金融机构为主体，非银行业金融机构占比相对较小。以2018 年的统计数据为例，总部设在西部地区的证券、保险、期货及基金等非银行业金融机构合计为 56 家，而银行业仅法人机构就有 1430 家，后者是前者的 25.54 倍。而同期总部设在东部地区的证券、保险、期货及基金等非银行业金融机构合计为 477 家，银行业法人机构为 1759 家，后者仅是前者的3.69 倍。可见，在金融组织结构中，西部地区还是以传统的银行业金融机构为主，各类新型金融组织发展严重滞后。

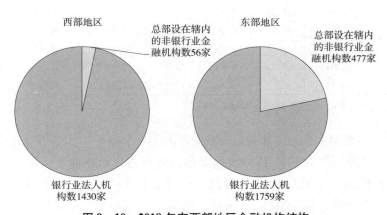

图 9 - 10　2018 年东西部地区金融机构结构

资料来源：wind 数据库。

2. 西部地区金融资产结构不合理

表 9 - 10 是 2006 ~ 2018 年西部地区金融资产的内部构成情况。可见，从金融资产构成来讲，银行业资产始终占据绝对主导地位。除 2007 年外，以银行贷款余额表示的银行业资产所占比例始终在 70% 以上，其中 2013 年时达到最高点 81.43%；除 2007 年外，非银行金融资产占比一直在 18% ~ 29% 之

间。2007 年由于股市大幅上涨，使得 2007 年证券业资产占金融资产的比例
达到 12 年中的最高值 40.14%。进一步的分析会发现，在证券业中，债券资
产所占比例一直很小，即使在 2018 年占比达到最高值，也不到 4%。这说
明，西部地区金融资产行业分布存在着严重的不均衡现象。

表 9 – 10　2006 ~ 2018 年西部地区金融资产的构成情况

单位:%

年份	银行业资产占比	证券业资产			保险业资产占比	非银行资产占比	合计
		股市市值占比	债券筹资占比	证券资产合计			
2006	80.53	16.84	0.65	17.49	1.97	19.47	100.0
2007	58.27	39.74	0.40	40.14	1.59	41.73	100.0
2008	78.91	17.57	0.87	18.44	2.64	21.09	100.0
2009	72.48	24.57	0.91	25.48	2.04	27.52	100.0
2010	71.92	24.50	1.47	25.96	2.12	28.08	100.0
2011	79.04	17.20	1.73	18.93	2.03	20.96	100.0
2012	80.02	15.31	2.79	18.10	1.89	19.98	100.0
2013	81.43	14.04	2.66	16.71	1.86	18.57	100.0
2014	76.50	18.09	3.67	21.76	1.73	23.50	100.0
2015	73.18	21.47	3.60	25.07	1.75	26.82	100.0
2016	76.70	18.51	2.75	21.26	2.04	23.30	100.0
2017	76.64	19.24	1.98	21.22	2.15	23.36	100.0
2018	80.33	13.65	3.84	17.49	2.18	19.67	100.0

注：非银行资产 = 证券业资产 + 保险业资产。

　　另外，若将西部地区非银行金融资产占比与全国平均水平进行比较，不
难发现，2006 ~ 2018 年，西部地区非银行资产占比始终低于全国平均水平
7 ~ 15 个百分点，2007 年时西部地区非银行金融资产占比低于全国平均水平
14.75 个百分点，其后差距逐步减小。到 2018 年时西部地区非银行金融资产
占比与全国平均水平还低 7.17 个百分点（见图 9 – 11）。西部地区非银行业
发展缓慢，与银行业发展极度不均衡，不仅使金融内部结构失衡，而且会影
响金融体系功能的发挥，制约金融资源配置效率的提高。

3. 西部地区融资结构不合理

　　从前文对西部地区金融组织结构的分析可以看到，西部地区银行业在金
融体系中占据着主导地位，资本市场的发展程度与东部地区还有较大差距。
因此，西部地区的融资结构以银行信贷等间接融资为主，直接融资的使用较

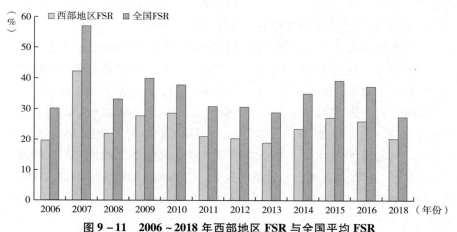

图 9 - 11   2006 ~ 2018 年西部地区 FSR 与全国平均 FSR

说明：由于 2017 年数据缺失过多，该图未展示 2017 年情况。

资料来源：wind 数据库；2006 ~ 2019 年中国人民银行《中国区域金融运行报告》。

少。2006 ~ 2018 年，西部地区虽然间接融资占比从最高时超过 90% 降至 2018 年的不足 60%，但仍远高于东部地区。2006 年西部地区拥有境内上市公司 267 家，较东部地区少 557 家；2018 年西部地区拥有境内上市公司 474 家，较东部地区少 2017 家。2006 ~ 2018 年，西部地区拥有的境内上市公司数目增长了 77.53%，而同期东部地区拥有的境内上市公司数目增长了 202%，全国境内上市公司数目增长了 147.86%。可以看到，东西部地区境内上市公司数目之间差距在不断扩大。

与间接融资相比，直接融资资金供求双方联系紧密，资金配置更灵活，使用效益更高，融资成本也更低，但同时对融资主体的资产水平、盈利能力、资信状况也有着更高的要求。因此，以间接融资为主的融资结构主要是服务于以工业化为主的经济发展阶段的一种金融范式（李扬，2018），伴随着西部地区产业结构的转型升级，尤其是第三产业的发展和科技创新步伐的加快，以间接融资为主的融资结构已不再能完全满足西部地区经济高质量增长阶段的融资需求。

（三）西部地区金融生态环境有待改善

金融生态环境不仅表现的是一个地区软环境，而且直接影响该地区的经济金融发展。良好的金融生态环境可以有效促进资金的流动和金融资源的有效配置。近年来，在西部大开发战略的推动下，西部地区金融生态环境获得明显改善，但是与东部地区相比，金融生态环境仍有待完善。

1. 西部地区经济环境有待进一步优化

经济发展综合实力是金融发展的前提基础，因此是影响金融生态环境的一个首要因素。自西部大开发战略实施以来，西部地区经济总量虽然取得了超出全国平均水平的快速增长，但总体来看，经济综合实力依然薄弱。一是人均 GDP 和人均居民可支配收入水平较低。2018 年西部地区人均 GDP 仅为全国平均水平的 75.11%，人均居民可支配收入仅为全国平均水平的 77.90%。较低的收入水平，使金融体系可以动员的资源数量有限，制约金融发展规模的扩大与资源配置效率的提升。二是地方财政力量较弱。2006 ~ 2018 年，西部地区政府财政收支缺口率从 143.91% 提高到了 179.84%，高出全国平均水平 159.36 个百分点。地方财政的入不敷出，使得其为金融体系资源配置过程中提供的配套能力有限，对金融发展及其功能的发挥形成约束。三是固定资产投资出现严重下滑。2018 年西部地区固定资产投资增长率由上年的 7.88% 下滑至 3.75%，其中内蒙古、新疆和宁夏三个自治区与上年相比增速出现了断崖式的下降，内蒙古下降了 28.3 个百分点，新疆下降了 25.3 个百分点，宁夏下降了 18.2 个百分点，是全国社会固定资产投资负增长的 8 个省区市中下降幅度最大的三个。这对经济增长高度依赖于投资推动的西部地区来讲，经济增长的前景堪忧。经济增长的快速下滑，会从企业投资预期、消费预期等方面增大金融风险，对金融发展带来极大负面影响。四是市场经济活力还有待增强。非国有经济是市场经济活力的重要代表，其发展规模占区域经济规模的比例是衡量区域市场经济发展活力的重要指标。截至 2018 年，西部地区非国有企业资产占企业资产的比例仅为 44.38%，国有企业依然占据绝对地位，这表明西部地区市场经济活力还有待进一步增强。

2. 西部地区法治环境有待进一步完善

法治环境是金融生态环境的重要组成部分，其中立法和执法又是法治环境的核心。近年来，西部地区在立法和执法等方面取得了显著改善，但总体上看，立法环境和执法环境与金融稳健发展的要求还存在巨大差距，主要体现为保障和促进区域金融稳健运行的具体办法较少，甚至一定程度上存在当金融机构与当地企业有一些纠纷时，司法机构给出一些模糊的解释。例如，由于资源价格变动等，西部某县区企业经营困难集中违约，当地政府为了追求地区经济发展，过度保护本地区企业，当地法院对于金融机构对企业的违约起诉不予立案或者拖延立案时间，这无疑助长了企业恶意逃废债的行为，造成地区信用环境整体恶化，破坏了公平公正的金融法治环境。

3. 西部地区信用环境建设方面还存在诸多问题

西部各省（区、市）信用环境建设的基础不同，信用环境建设的进度和存在的问题也有所不同。其中，既有共性问题，诸如信用法律法规不健全，失信惩戒、守信激励机制不完善，企业和居民信用意识不强等问题。也有部分地区所特有的问题，诸如金融知识普及度不高，地区整体信用环境恶化等。金融知识普及度不高的问题更多体现在贫困地区和偏远山区，产生此类问题的原因是多方面的，如地理位置偏远、信息流通不畅、居民教育程度不高等客观因素使得金融普及的难度加大，而金融机构出于营利性考虑，在此类地区设置网点主观意愿不强，进一步缩窄了此类地区居民金融知识的接触渠道。

4. 西部地区金融业对外开放力度滞后于金融发展的现实需要

金融对外开放是加速金融发展，提高金融资源配置效率的重要途径。近年来，随着国家西部大开发战略的实施、丝绸之路经济带倡议的提出、西部主要城市（成都、重庆、西安）区域金融中心建设的加快以及西部5个自由贸易试验区（四川、重庆、陕西、广西、云南）的设立，西部地区金融对外开放的步伐也在持续加快。但从实际效果来看，开放力度依然滞后于金融发展的现实需要。

一是西部地区金融业外资机构数量较少（见图9-12）。2018年西部地区外资金融机构营业网点数为75个，仅为东部地区的5.6%。截至2018年西部地区仍然无一家外资法人金融机构，而东部地区的外资法人金融机构数已有40余家。2018年西部地区外资金融机构从业人员仅有1906人，而同期东部地区有33649人，是西部地区的17.65倍。

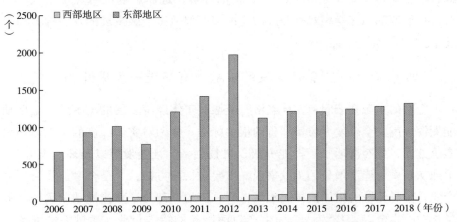

图9-12　2006～2018年东、西部地区外资金融机构营业网点数

资料来源：wind数据库。

二是西部地区外资金融机构市场占有率较低（见图 9 – 13）。2006 年外资金融机构营业网点在西部地区的总资产仅为 107.3 亿元，虽然 2006 ~ 2018 年西部地区外资金融机构营业网点总资产增长了近 8 倍，但由于起步晚，基数小，直至 2018 年外资金融机构营业网点在西部地区的总资产也仅为 941.3 亿元，而同期外资金融机构营业网点在东部地区的总资产已经超过了 2.85 万亿元，是西部地区的 30.27 倍。

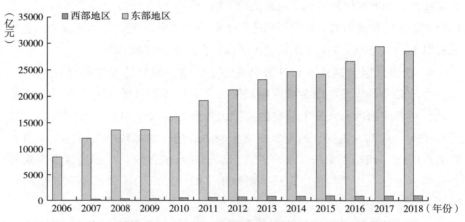

图 9 – 13　2006 ~ 2018 年东、西部地区外资金融机构营业网点总资产
资料来源：wind 数据库。

西部地区金融开放不足，不仅对西部地区金融发展规模、金融机构培育、金融市场发展及金融结构优化形成约束，制约金融资源配置效率提升，而且也影响西部地区的引资环境、营商环境，进而影响区域经济增长。因此，加快西部地区金融对外开放，是加快西部地区金融发展的重要内容与重要举措。

（四）西部地区金融发展的贡献率有待进一步提升

金融的本源在于服务实体经济，金融对实体经济发展的贡献是对金融功能发挥程度及金融发展质量评价的根本标准。金融对实体经济的贡献体现为多个方面，如经济增长、产业升级、科技创新、社会发展以及环境友好等。单纯从金融对经济增长的贡献来说，主要包括两方面：一是金融业作为一个产业，本身创造的增加值构成地区生产总值的一部分，直接推动国民经济的增长；二是金融业作为一个为生产生活服务的特殊行业，通过促进资本形成、推动劳动就业、带动技术进步等拉动其他行业发展，从而间接促进经济增长。从这两方面看，西部地区金融对经济增长的贡献率都远低于东部地区。

1. 西部地区金融对经济增长的贡献率低

金融业增加值是地区生产总值的一部分，也是衡量金融业对经济贡献最直接的指标，能够直观地反映金融业对国民经济增长的推动作用。表 9 - 11 是 2006 ~ 2018 年西部地区、东部地区金融增加值占全国比例的变化情况。

由表 9 - 11 可见，2006 ~ 2018 年，西部地区金融业增加值的年均增长率达到了 21.00%，分别比东部地区与全国金融业增加值年均增长率高出 3.01 个和 3.28 个百分点，但其占 GDP 的比例始终低于东部地区和全国平均水平。2018 年西部地区金融业增加值占 GDP 的比例为 7.23%，分别低于东部地区和全国平均水平 1.14 个百分点和 0.45 个百分点。这表明西部地区金融业对经济增长的贡献率明显低于东部地区和全国平均水平。

表 9 - 11　2006 ~ 2018 年西部地区、东部地区金融增加值及占 GDP 比例

单位：亿元，%

年份	金融业增加值			金融业增加值占 GDP 比例		
	西部地区	东部地区	全国	西部地区	东部地区	全国
2006	1352.73	5523.22	9972.3	3.35	4.27	4.54
2007	1768.48	8313.6	15200.0	3.60	5.40	5.62
2008	2266.84	10071.83	18345.6	3.75	5.58	5.74
2009	2856.39	11897.21	21836.8	4.26	6.05	6.25
2010	3378.79	14301.39	25733.1	4.15	6.16	6.23
2011	4313.51	16864.41	30747.2	4.30	6.21	6.29
2012	5580.60	19055.40	35272.2	4.90	6.44	6.53
2013	7265.67	22852.59	41293.4	5.72	7.04	6.53
2014	8318.287	25836.64	46853.4	6.02	7.38	7.28
2015	9683.171	30074.88	56299.8	6.68	8.06	8.44
2016	11168.26	33262.87	59964.0	7.12	8.11	8.26
2017	12549.51	37177.06	64844.3	7.45	8.26	7.79
2018	13325.71	40195.00	70610.3	7.23	8.37	7.68
年均增长率	21.00	17.99	17.72			

资料来源：wind 数据库。

2. 西部地区金融资源投入的边际贡献率逐步降低

图 9 - 14 是 2007 ~ 2018 年西部地区信贷投入、社会融资规模及金融业增加值的边际产出贡献率。可以看出，2007 ~ 2018 年这三项金融指标的边际产出贡献率均呈现明显下降趋势。其中，西部地区百元信贷投放对 GDP 的边际产出贡献由 2007 年的 133 元下降到 2018 年的 37 元，减少了 96 元；百元社会融资规模对 GDP 的边际产出贡献由 2007 年的 108 元下降到 2018 年 31 元，减少了 77 元；每 1 元金融业增加值带来的规模以上工业企业资产总值由 2007 年的 32.03 元下降到 2018 年的 17.24 元，减少了 14.79 元。边际贡献率逐步降低不仅意味着金融对经济增长支持乏力，更意味着金融推动经济增长的后劲不足。

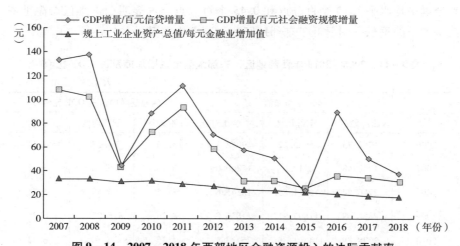

图 9 - 14 2007 ~ 2018 年西部地区金融资源投入的边际贡献率
资料来源：2007 ~ 2019 年中国人民银行《中国区域金融运行报告》；wind 数据库。

（五）西部地区金融发展的稳健性与资产质量较差

风险控制始终是金融发展过程中的首要任务，保持稳健发展与资产高质量是金融发展的基本要求。但近年来西部地区金融业在发展的稳健性和资产质量方面都出现了一定的恶化现象。

1. 西部地区金融发展的波动性呈现加大趋势

在标准的金融学文献中，一般选取金融变量的 5 年移动标准差来衡量某个金融变量时间序列在样本区间的波动程度。从金融相关比率和社会融资规模/GDP 两个指标的 5 年移动标准差看（见图 9 - 15、图 9 - 16）。首先，西部地区社会融资规模/GDP 的 5 年移动标准差虽然存在下行趋势，但其下行幅度远低于全国平均水平，且 2013 年后，西部地区社会融资规模/GDP 5 年移动标准差持续高于全国平均水平。其次，西部地区金融相关比率的 5 年移动标准差虽然始终低于全国平均水平，但其在 2013～2015 年大幅上升后，与全国平均水平的差距日益缩小。这表明，随着金融发展的深入，金融规模的增加，西部地区金融发展的波动性在增大，稳定性变差。

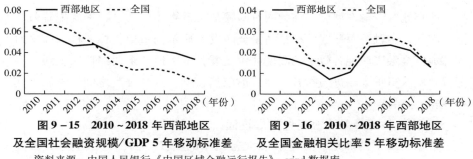

图 9 - 15　2010～2018 年西部地区
及全国社会融资规模/GDP 5 年移动标准差

图 9 - 16　2010～2018 年西部地区
及全国金融相关比率 5 年移动标准差

资料来源：中国人民银行《中国区域金融运行报告》；wind 数据库。

2. 西部地区银行业不良贷款率偏高

由于银行业在西部地区金融体系中占有主导地位，因此，银行业资产质量状况对于西部地区金融业稳健运行具有重要影响。2013 年以后西部地区商业银行不良贷款率开始缓慢上升，至 2018 年末西部地区商业银行不良贷款率为 2.37%，较上年提高 0.07 个百分点，高于全国平均水平 0.54 个百分点，高于东部地区 0.3 个百分点，高于中部地区 0.2 个百分点。与此同时，西部地区部分中小法人银行机构资本补充压力较大，如 2017 年，仅宁夏就有 7 家银行资本充足率未达标。

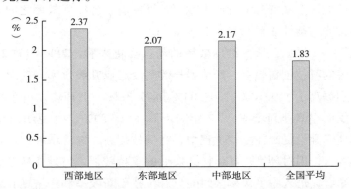

图 9 - 17　2018 年东部、中部、西部地区银行不良贷款率

资料来源：2019 年中国人民银行《中国区域金融运行报告》。

金融业作为实体经济的血脉，金融业稳健运行是经济可持续发展的充分必要条件。尤其是在经济转型升级的关键时期，金融业发展的稳健性较差，必然会对西部地区经济可持续发展产生较为严重的负面影响。因此，对于西部地区而言，提升金融业运行的稳健性意义重大。

（六）西部地区金融资源配置效率较低，且省域之间差异悬殊

西部地区金融发展中存在的所有问题都会最终体现在金融资源配置效率上，因此，金融资源配置效率是衡量金融发展质量的重要指标。根据前文对西部地区金融资源配置效率的测度评价发现，虽然近年来西部地区金融资源配置效率获得很大改进与提升，但目前依然较低，且在维度之间、省域之间存在较大差异。

1. 西部地区金融资源配置效率较低

根据前文对西部地区金融资源配置效率的测度，西部地区金融资源配置的中介效率指数由 2006 年的 0.2037 上升到了 2018 年的 0.4059，提升幅度达 99.26%；金融资源配置产出的综合效率指数由 2006 年的 0.1259 提升到 2018 年的 0.4538，提高了 2.60 倍；实现了金融资源配置中介效率由较低效率区间向中等效率区间的晋级，以及金融资源配置产出综合效率由低效率区间向中等效率区间的跨越，效率改进绩效明显。但从金融资源配置的中介效率指数和产出效率指数数值来看，目前还都处在 0.40 ~ 0.59 的中等效率区间。西部地区金融资源配置的中介效率及产出效率均存在较大的提升空间。

2. 西部地区金融产出效率各维度之间存在较大非均衡性

从西部地区金融资源配置产出效率各维度看，各维度效率之间动态变化表现各异，非均衡性非常明显（见表 9 – 12）。

由表 9 – 12 可见，从各维度效率的动态变化来看，2006 年较 2018 年金融资源配置的科技创新效率、经济增长效率及产业升级效率均获得了大幅度提升，分别提高了 159.10%、364.03% 和 77.38%，但环境友好效率不仅没有提升，反而呈现下降趋势，12 年间下降了 28.29%。这说明 2006 ~ 2018 年，西部地区金融资源在配置过程中，对科技创新、经济增长与产业升级的支持力度较大，但对环境友好、社会发展的支持较弱。另外，从各维度效率的区间值来看，进入中等效率区间的只有科技创新效率和经济增长效率，社会发展效率和环境友好效率还处在较低效率区间，特别是产业升级效率还处在低效率区间。

表 9 - 12　2006 年、2018 年西部地区金融资源配置产出各维度效率的变化

效率维度	2006 年		2018 年		2018 年较 2006 年变化（%）
	效率值	效率区间	效率值	效率区间	
经济增长效率	0.0998	低	0.4631	中等	364.03
产业升级效率	0.1101	低	0.1953	低	77.38
社会发展效率	0.2916	较低	0.3320	较低	13.85
科技创新效率	0.2149	较低	0.5568	中等	159.10
环境友好效率	0.5087	中等	0.3648	较低	-28.29

3. 西部地区各省域间金融资源配置效率差异悬殊

由于西部地区省域间在金融发展规模、金融结构、金融生态环境等方面存在着显著的非均衡性，使得省域间金融资源配置效率差异悬殊。我们以前文计算出的 2018 年西部地区各省域金融资源配置产出综合效率及各维度效率情况为例（见表 9 - 13）。

表 9 - 13　2018 年西部地区各省域金融资源配置产出综合效率及各维度效率

地区		产出综合效率	经济增长效率	产业升级效率	社会发展效率	科技创新效率	环境友好效率
重庆	效率指数	0.5773	0.4388	0.1396	0.2047	0.9695	0.2761
	效率区间	中等效率	中等效率	低效率	较低效率	高效率	较低效率
四川	效率指数	0.6047	0.7205	0.3820	0.6918	0.6596	0.9216
	效率区间	较高效率	较高效率	较低效率	较高效率	较高效率	高效率
云南	效率指数	0.3087	0.3938	0.1162	0.3049	0.3333	0.3785
	效率区间	较低效率	较低效率	低效率	较低效率	较低效率	较低效率
广西	效率指数	0.5107	0.5050	0.1722	0.4117	0.6642	0.4672
	效率区间	中等效率	中等效率	低效率	中等效率	较高效率	中等效率
贵州	效率指数	0.4500	0.4348	0.1240	0.3525	0.6380	0.4394
	效率区间	中等效率	中等效率	低效率	较低效率	较高效率	中等效率
内蒙古	效率指数	0.5958	0.7950	0.5093	0.5510	0.3441	0.4872
	效率区间	中等效率	较高效率	中等效率	中等效率	较低效率	中等效率
陕西	效率指数	0.5260	0.4297	0.2229	0.2844	0.6956	0.3027
	效率区间	中等效率	中等效率	较低效率	较低效率	较高效率	较低效率
甘肃	效率指数	0.3907	0.3918	0.1330	0.3568	0.5275	0.4578
	效率区间	较低效率	较低效率	低效率	较低效率	中等效率	中等效率

续表

地区		产出综合效率	经济增长效率	产业升级效率	社会发展效率	科技创新效率	环境友好效率
宁夏	效率指数	0.3732	0.3895	0.1676	0.2845	0.4779	0.2287
	效率区间	较低效率	较低效率	低效率	较低效率	中等效率	较低效率
青海	效率指数	0.3590	0.4398	0.2039	0.3366	0.3384	0.3136
	效率区间	较低效率	中等效率	较低效率	较低效率	较低效率	较低效率
新疆	效率指数	0.2959	0.4229	0.2303	0.2910	0.1998	0.2940
	效率区间	较低效率	中等效率	较低效率	较低效率	低效率	较低效率

由表 9 - 13 可以看出，无论从金融资源配置产出的综合效率，还是从产出各维度效率来看，省域间均存在显著差异。2018 年西部地区各省（区、市）中金融资源配置产出综合效率最高的为四川，效率指数为 0.6047，已进入较高效率区间；而最低的为新疆，效率指数仅为 0.2959，还处在较低效率区间，产出综合效率指数仅为四川的 48.93%。从分维度看，经济增长效率指数最高的为内蒙古，效率指数达到 0.7950，进入较高效率区间；最低的为宁夏，效率指数为 0.3895，处在较低效率区间，效率指数仅为内蒙古的 48.99%。产业升级效率指数最高的为内蒙古，效率指数为 0.5093，已进入中等效率区间；而最低的为云南，效率指数为 0.1162，还处于低效率区间，效率指数仅为内蒙古的 22.82%。社会发展效率指数最高的为四川，效率指数为 0.6918，已进入较高效率区间；而最低的为重庆，效率指数为 0.2047，处于较低效率区间，效率指数为四川的 29.59%。科技创新效率指数最高的为重庆，效率指数为 0.9695，已进入高效率区间；而最低的为新疆，效率指数为 0.1998，仅为重庆的 20.61%。环境友好效率指数最高的为四川，效率指数为 0.9216，已进入高效率区间；而最低的为宁夏，效率指数为 0.2287，还处于较低效率区间，效率指数仅为四川的 24.82%。

五　本章小结

本章在第三章关于金融资源配置效率界定及评价指标体系构建的基础上，采用熵值 TOPSIS 法对西部地区金融资源配置的中介效率、产出效率及其五个维度效率进行了测度与评价，并对资源配置中存在的问题进行了分析，得出了如下几点结论。

（1）西部地区金融资源配置的中介效率以及产出效率在总体上都呈现出持续提升态势。其中金融中介效率指数由 2006 年的 0.2037 上升到 2018 年的

0.4059，提升幅度达75.94%；金融资源配置产出的综合效率指数由2006年的0.1259提升到2018年的0.4538，提高了2.60倍；实现了金融资源配置中介效率由较低效率区间向中等效率区间的晋级，以及金融产出综合效率由低效率区间向中等效率区间的跨越。这表明在2006~2018年间，西部地区金融体系一方面通过发挥金融机构的中介作用、金融市场的融资作用、保险业的风险保障作用等使得金融资源配置中介效率出现了显著提升；另一方面通过金融体系对经济增长、产业升级、社会发展、科技创新以及环境友好等方面作用的发挥，对西部地区经济、社会、环境的协调与可持续发展起到了积极的推动作用。

（2）西部地区金融资源配置产出的综合效率虽然总体上表现出提升态势，但其五个维度效率存在着较为明显的差异性。其中，经济增长效率与科技创新效率稳定提升，产业升级效率与社会发展效率在总体提升趋势下存在着较大的波动性，而环境友好效率却总体上呈现出下降趋势。这表明西部地区金融业对经济增长与科技创新的支持力度较强，且效果显著；对产业升级及社会发展的支持力度相对较弱，支持效果不稳定；而对与环境改善相关的绿色产业、绿色产品及绿色企业的支持严重不足。

（3）西部地区金融资源配置效率虽然获得显著提升与改善，但存在的诸多问题依然不可忽视。突出体现在金融资源规模较小，金融资源配置结构不合理，金融生态环境有待优化，金融发展的贡献率不高，金融资产质量有待改善，金融资源配置效率较低且省域间存在较大悬殊等。

第四篇

效率提升路径

——西部地区金融资源配置效率提升的路径研究

CHAPTER 4

　　前文对西部地区金融资源配置效率的评价分析表明，2018年西部地区金融资源配置中介效率总体上处在中等效率区间，产出效率个别维度还处于低效率区间。进一步的问题分析表明，西部地区金融资源配置效率较低的原因主要在于三个方面：一是西部地区金融业发展质量不高；二是西部地区内部金融合作欠缺；三是新时代下西部地区金融对外开放不足。基于此，本篇将分别从西部地区金融业发展质量提升、区域内部合作机制构建、金融业对外开放三个方面，提出西部地区金融资源配置效率提升的路径。

第十章
西部地区金融资源配置效率提升
路径Ⅰ： 提升金融发展质量

金融发展质量提升是金融业自身稳健发展的内在要求，也是实现金融资源配置高效的基本条件。本章将在金融发展质量内涵界定的基础上，对西部地区通过提升金融发展质量以促进金融资源配置效率提升的具体路径做一分析。

一 金融发展质量的内涵及提升条件

（一）金融发展质量的内涵

金融业是现代市场经济的核心。作为一个产业，其发展必须符合产业发展的一般规律。但金融业又是一个特殊产业，发展的脆弱性与高风险性是其内生的行业特征，特别是金融发展不当对经济产生的巨大破坏作用，使得金融发展过程中始终要以风险管控为基本前提。因此，依据现代金融发展理论，特别是"金融功能论"与"金融可持续发展理论"，我们将金融发展质量提升界定为：金融规模扩大、金融结构优化、金融效率提升、金融稳健性增强以及金融功能得到充分发挥。[①]

（1）金融规模的稳健扩张是保证金融发展质量的基础。金融规模可以划分为绝对规模与相对规模，其中绝对规模是指金融发展相关指标的绝对数量，反映一个国家或一个地区金融发展的实力；相对规模是指主要金融指标数量占社会经济总量的比值，反映经济的金融化程度，以及金融业与经济发

---

① 徐璋勇：《金融发展质量及其评价指标体系构建》，《武汉科技大学学报》（社会科学版）2018年第5期，第545~551页。

展的匹配度。金融规模的扩大不仅是金融业自身发展的体现，也是保障金融业高质量发展的基础。金融业的本源在于为实体经济服务，这种服务体现在提供融资、支付结算、管理风险、宏观调控等多个方面，只有一定的金融发展规模才可以为实体经济提供全面且有效的支持。但由于金融业的虚拟性特征，其规模易受金融市场及其资产价格波动影响而出现急剧扩张或萎缩，从而对经济社会稳定发展带来冲击。因此，只有金融规模的稳健扩张才是金融质量保证的基础。

（2）金融结构的持续优化是保证金融发展质量的内在条件。金融结构是指金融业各部分所占比例及其相互关系，用以反映金融业内部各行业发展的协调程度。金融结构可以从不同角度进行划分，如金融资产结构、金融行业结构、金融主体结构、融资结构等。优化的金融结构意味着金融业内部各部门、各行业间具有和谐的比例关系，这是保证金融业高效运转及高质量发展的重要条件。

（3）金融效率既是金融发展质量的重要内容，也是评价金融发展质量高低的重要标准。金融效率反映金融系统对金融资源的利用与配置状况，高的金融发展质量首先表现为金融业运行的高效率。但需要注意的是，金融效率的衡量要依据金融业的基本功能来确定，如银行业的基本功能在于动员闲散资金并转化为投资；证券业的基本功能在于通过市场融资，实现资金的高效率配置；保险业的基本功能在于通过风险的分散及补偿机制，保证参与保险的经济主体或产业的经营稳定性。因此，明确金融业的功能定位是评判金融效率的前提。

（4）金融功能是衡量金融发展质量的核心。根据金融可持续发展理论，金融功能就是金融对实体经济的支持作用。这种支持作用可以划分为三个层面：一是基础性功能；二是资源配置功能；三是扩展功能。显然，从金融服务于实体经济的本源来讲，金融功能的充分发挥是金融高质量发展的核心。

（5）金融稳健性是提高金融发展质量的必备条件。金融业是一个高风险行业，保持良好的稳健性不仅是其自身可持续发展的需要，也是其功能得以充分发挥的首要前提。因此，良好的稳健性是评价金融发展质量的重要内容。

可见，金融规模、金融结构、金融效率、金融功能、金融稳健性是金融发展质量的五个核心内容，也是评价金融发展质量的五个维度。任何一个维度的发展缺失或不足，都会构成金融发展质量的瑕疵。金融发展质量就是上面五个维度的有机综合。

（二）金融高质量发展的基本条件

根据上述对金融发展质量的内涵界定可以看出，高质量的金融发展必须以一系列条件的满足与实现为前提。这些条件归纳起来主要有以下几方面。

1. 金融业功能目标的明确定位

现代经济增长包括两个部分：一是实体经济增长；二是虚拟经济增长。金融业作为虚拟经济中的重要组成部分，其实现经济增长目标可以通过两种方式：一是服务于实体经济，通过与实体经济的协调发展来实现经济增长；二是抛开实体经济需要而通过自身的膨胀与发展实现经济增长。大量事实表明，金融业通过自身膨胀繁荣带来的经济增长具有短期性和不稳定性，其最终都将以经济衰退而落幕。只有明确界定金融业的功能目标是服务于实体经济，促进实体经济增长，才有利于金融业功能作用的发挥，同时为评价金融发展质量提供科学视角。

2. 金融业自身的稳健发展

高质量的金融发展必须以一定的金融规模数量为前提，因为金融作为一种资源以及实体经济增长的要素投入，只有当其供给数量与生产可能性曲线边界所对应的金融资源需求相一致，即现有的金融资源供给正好与其他资源供给相匹配时，才能实现最大的产出。但由于金融业内生具有脆弱性，其发展过程带有极大的不稳定性，突出体现为金融市场资产价格（包括利率、股票价格、汇率等）的大幅度波动，由此对经济增长带来冲击，甚至造成毁灭性打击。另外，金融业作为一个充满风险的特殊产业，风险控制始终是其生存与发展的前提。因此，高质量的金融发展一定要是稳健性的发展。

3. 良好的金融生态环境

良好的金融生态环境是金融体系充分发挥其职能、实现金融与实体经济良性互动发展、保障金融高质量发展的重要条件。其中，雄厚的经济基础不仅为金融企业及金融市场的发展提供了巨大的现实需求；同时为金融资源配置提供了更大的市场空间。优化并具有弹性的经济结构以及高度的市场化，可以引导并实现金融资源从低效率部门（包括企业、行业、产业）向高效率部门的有序流动，提升金融资源的配置效率。良好的信用环境会减少金融资源配置过程中的交易成本，保护金融资源所有权人的利益，有效降低金融交易中的"机会主义"风险。密切的区域经济合作及开放程度，既可以实现基于分工原则下金融资源流动的利益共享，也可以实现市场动荡时的金融风险分散与共担。

4. 科学有效的金融监管

金融发展高质量的评价标准之一是金融业发展的稳健性，而金融业由于其内生存在的脆弱性、金融市场的信息不对称性、金融机构的机会主义行为以及金融市场交易主体的行为非理性等，金融发展的稳健性经常受到冲击而难以实现，出现剧烈的金融动荡甚至金融危机，造成对经济增长的毁灭性打击。因此，以维护金融系统稳定及市场交易公平、规避系统性金融风险发生的金融监管对于金融高质量发展的重要性不言而喻。

二 强化金融服务实体经济的目标定位

习近平总书记曾指出"金融要把为实体经济服务作为出发点和落脚点……金融是实体经济的血脉，为实体经济服务是金融的天职，是金融的宗旨"。

强调金融服务于实体经济，并不意味着将金融业居于被动的从属地位，而是强调金融发展的宗旨是服务于实体经济，并在发展中实现与实体经济的良性互动。结合西部地区经济社会发展实际，西部地区金融支持实体经济的重点应该放在以下几个方面。

（一）着力发挥金融在特色优势产业发展中的资源整合作用

产业是经济增长的支柱，而特色优势产业又是产业发展的关键。近年来，西部地区各省份在发展过程中，初步形成了具有本地区甚至全国及国际竞争力的特色产业。如在农牧业及农产品加工业、旅游业、矿产品资源开发及能源化工工业、高端装备制造业，四川和陕西在软件产业、电子信息产业以及航空、航天、兵器、船舶、核工业、汽车等高新技术产业领域都积累了一定的优势，并形成了一定规模。可以预见，在未来的区域经济发展与竞争格局中，特色优势产业的发展将对西部地区经济增长起决定性作用。

因此，要提升西部地区金融发展质量，就必须将对特色优势产业发展的支持放在重要位置。充分发挥金融的资源整合作用，促成并激发生产要素聚集，将西部地区特色产业已有的生产要素整合，并以国家发改委发布的《西部地区鼓励类产业目录》为主要参考，促进新的生产要素不断加入。具体而言，一方面，金融机构应将支持特色优势产业发展作为传统金融资源配置的重要考量，加大金融资源向特色优势产业倾斜的力度，通过金融资源配置的导向作用带动经济资源向特色优势产业集中，促使特色优势产业做强做大。另一方面，金融机构应该基于特色优势产业的发展特点和金融需求特点，积极开展金融创新，重点关注传统金融资源无法对接或者无法有效对接的产业金融需求，通过开发新的金融产品、提供新的金融服务，更好地促进资本、人力、技术等生产要素向特色优势产业集聚。如创新发展文化金融产品，支持西部地区特色文化旅游产业的发展；创新适应战略性新兴产业的金融工具，拓宽西部地区战略性新兴产业发展的融资渠道；加快科技金融发展，支持西部地区科技创新产业快速成长壮大等。

（二）强化金融对绿色产业发展的助推作用

西部地区既是我国生态系统的重要保护区，又是生态系统的脆弱区，实现西部地区绿色发展不仅是我国区域经济协调发展的战略需要，也是西部地区实现经济稳定增长与可持续发展的永久出路。因此，作为现代经济的核心和资源配置的枢纽，西部地区金融业要实现可持续发展，必须承担起引导和支持经济绿色发展的重要任务，以绿色金融推进西部地区绿色转型。但从前面对西部地区金融资源配置产出的环境友好效率评估发现，自2006年以来西部地区金融资源在配置过程中对绿色产业发展的支持存在着弱于其他产业的现象，导致金融资源配置产出的环境友好效率持续下降，从"十一五"期间的"中等效率"区间降为"十三五"期间的"较低效率"区间，这无疑对西部地区经济社会的长远发展产生不利影响。因此，西部地区金融业应该在未来的资源配置过程中，对绿色产业发展、绿色产品开发以及以绿色发展为目标的相关技术创新给予大力支持。

从引导方向看，西部地区金融机构应该注重以下几方面：一是帮助传统产业进行绿色升级改造；二是支持绿色环保产业快速发展，如引导金融资源支持西部地区风能、水能等丰富的可再生资源产业化开发；三是支持西部地区生态环境保护。从金融工具创新和使用看，目前绿色金融产品主要涵盖绿色信贷、绿色债券、绿色资产支持证券、环保权益交易、绿色保险和绿色基金等，考虑到西部地区目前仍以间接融资为主的融资特点，使得金融机构在绿色金融工具使用过程中，短期内仍将以绿色信贷为主体，同时积极引导绿色债券和绿色资产支持证券的使用，大力推广绿色保险，探索环境权益交易和绿色基金试点。通过多种金融工具、多种融资方式、多种支持途径为西部地区绿色产业发展提供支持，以实现西部地区绿色产业的快速成长。

（三）着力发挥金融对新型城镇化的支持作用

城镇化已成为当今世界反映一个区域社会经济发展的重要指标，城镇化也是一个国家和地区经济迅速发展的必然结果。党的十八大报告提出，要协调城乡区域发展，走中国特色新型城镇化道路，进一步明确了新型城镇化的发展路线。国家统计局发布的数据显示，我国城镇化率西部地区最低，但其提升速度正在加快，这不仅为西部地区金融业的快速发展带来了难得的历史机遇，而且也为金融业职能作用的发挥提供了巨大的发展空间。具体而言，金融支持西部地区新型城镇化发展，应该着力于以下几个方面。

1. 支持西部地区新型城镇化中的基础设施建设

基础设施是城镇运行与发展的基本条件，其完备性、配套性及规划的合理性是城镇化有序推动与良性发展的重要前提。西部地区新型城镇化建设的快速推进，必然产生巨大的资金需求，但由于西部地区地方政府财力薄弱，难以承担如此巨大的资金需求压力，加之基础设施建设周期长、回报率低的投资特点，很难与传统的商业性金融相匹配。因此，西部地区金融支持城镇化建设，应该以开发性金融为主导，大力发挥开发性金融的积极作用。

2. 支持西部地区城镇产业结构的转型升级

新型城镇化与传统城镇化的最大不同在于，它不是简单意义上人口在空间上的地理集中，而是在人口集中的同时完成城镇产业结构的转型升级，并以此为支撑实现进城居民身份的转化及生活方式的现代化。因此，产业转型升级是新型城镇化建设的核心，金融业应该将促使城镇产业转型升级作为对新型城镇化金融支持的重要内容。由于西部地区地域广阔，地理特征及资源特点各异，不同城镇在其区域经济布局中的功能定位与产业特色不同。因此，金融业对新型城镇化建设中产业转型升级的支持，应该因城而异，不可"一刀切"。

3. 支持西部地区城乡居民消费升级

新型城镇化所带来的不仅是人口的转移，还包括"市民化"后生活方式的转变和消费的升级。因此，西部地区金融机构在支持新型城镇化过程中，应该对城乡居民消费升级所产生的金融需求予以关注。如部分居民对住房的刚性需求和合理的改善性需求，部分经济较宽裕的居民对投资理财的需求，随着风险保障意识的增强部分居民对健康保险、人身保险的需求等。

（四）积极发挥金融对脱贫攻坚的助力作用

党的十九大明确把精准脱贫作为决胜全面建成小康社会必须打好的三大攻坚战之一，提出到 2020 年，确保我国现行标准下农村贫困人口实现脱贫，贫困县全部摘帽，解决区域性整体贫困的总目标，并对金融业在扶贫攻坚中的作用提出了具体的指导意见，[①] 为规范各金融主体行为，发挥其在脱贫攻坚中的助力作用产生了积极作用。

西部地区集中了全国 55.2 % 的贫困人口和 71.3 % 的贫困县，因此，西部地区是全国脱贫攻坚的主战场，任务更加艰巨。贫困作为一种状态具有表现形式的多面性及形成原因的复杂性。即使经过全社会的共同努力，到 2020 年基本实现了现行标准下贫困人口全部脱贫的目标，但发展中的相对贫困以及能力贫困等诸多问题在西部地区的消除依然具有长期性和艰巨性。这使得金融业作为脱贫攻坚的重要力量，其职能作用的发挥也将是一个长期持续的过程。

根据我们对西部贫困地区的实地调研，金融助力脱贫攻坚，提高金融扶贫效率与工作质量，应该做好以下几个方面的工作。

1. 妥善处理好金融产品创新与风险的关系，做到扶贫过程中的金融风险可控

一是金融扶贫创新产品的设计要根据企业及农户实际需要，同时还要合规合理，不能规避监管。二是金融扶贫产品设计与开发应与政府部门进行充分的沟通协调，取得政府部门的大力支持，以形成金融产品运行的良好环境。三是对创新金融产品的运行要进行动态跟踪，一旦发现创新产品在实际运行中出现了与原设计不符的偏差或扭曲，要及早纠正，以消除潜在的信贷风险。四是每一个金融创新产品的推出，严格按照先小范围试点，然后再普遍推广的程序进行，规避创新产品因设计不当而危害金融机构稳定性的现象发生。

2. 金融机构应加强与县乡政府部门之间及行业内部之间的合作

一是金融机构要加强与基层地方政府之间的信息交流与合作。了解现实金融需求，提高产品设计的科学性与合理性。二是与地方财政部门的合作。包括共同商定信贷资金与财政资金的配套比例、信贷贴息及风险补偿办法、工作流程、资金使用绩效评估办法、纠纷协调机制等。三是各类金融机构在

---

① 具体内容参见《中共中央国务院关于打赢脱贫攻坚战的决定》，2015 年 11 月 29 日。

扶贫开发过程中要加强横向合作，形成金融合力。合作的基本原则是各自履行职能、发挥优势，既不缺位也不越界。农业发展银行和国家开发银行应充分发挥政策优势，结合自身业务特点，支持贫困地区移民搬迁、基础设施建设和新型城镇化发展；商业性金融机构和合作金融机构应进一步优化机构网点布局，扩大基层服务网点数量，加强功能建设，提高贫困地区信贷支持力度及服务覆盖率；保险公司要积极增设在贫困地区的服务网点，提高贫困地区的保险密度和深度，并发展特色农业保险、扶贫小额信贷保险、特色种养业保险、涉农贷款保证保险等，发挥保险的保障功能。

3. 优化贫困地区信用环境，提高贫困户信贷获得能力

贫困农户信贷获得能力的提升，需要地方政府、金融监管部门以及金融机构的多方努力。

首先，从政府层面来讲，一是要核实贫困户的真实信息，摸清致贫原因，强化对贫困农户的信用意识教育，明确告知信贷资金的性质要求，树立信贷资金按期偿还、按规定用途使用的金融观念。二是要整合多方资源，构建共采、共享的贫困地区企业及农户的信息采集框架，与金融机构共同制定信用评级指标体系，协同推进贫困户信用评级授信工作，实现评级授信的客观、科学与公正。三是建好扶贫项目库。在初步筛查的基础上，组成有专家、金融机构人员参与的项目审核小组，对扶贫项目从技术可行、经济合理、环境改善、社会包容等方面进行论证，对论证通过的项目纳入储备项目库，提供给金融机构选择。四是充分发挥财政资金的杠杆功能，切实做好贫困农户及项目的增信工作，完善政策、简化流程，履行救助兜底责任，全力支持金融部门集中力量助推脱贫攻坚。

其次，从金融管理部门来讲，一是要推进金融扶贫部门协作机制建设，加强窗口指导，引领金融机构承担扶贫社会责任。二是要用好货币信贷政策工具，引导并督促金融机构在扶贫开发中规范运作，降低贫困地区融资成本。三是要完善监管政策与金融扶贫的精准监测统计和评估体系，在督促金融机构、强化风险管理的同时，对贫困地区的金融机构实行差异化的考核标准，适当提高扶贫信贷风险容忍度；同时建立有别于其他贷款的核销机制，减轻金融机构的经营包袱。四是尝试建立精准扶贫信贷尽职免责制度，在一定程度上消除基层信贷人员的顾虑，提高金融扶贫贷款发放的积极性。

最后，从金融机构来讲，积极进行扶贫产品创新，探索商业可持续的金融扶贫新模式。一是要对现有的政府增信扶贫模式、产业基金扶贫模式、小额信用贷款扶贫模式进行总结与推广，提高其普及程度。二是要结合不同区域的产业特点，在风险可控的前提下，积极开发与贫困地区扶贫工程及特色产品、贫困户就业与创业等紧密结合的信贷产品，满足多样化的金融需求。三是加强基层服务网点建设，实现金融扶贫工作重心的下移，提高对贫困地区的金融服务覆盖率。四是保险公司要在传统农业自然灾害保险、人身健康与意外保险、政策性保险的基础上，论证开发贫困户小额信贷违约保险的可行性，为银行对贫困户的小额信贷提供安全阀。

4. 实现金融扶贫模式转换

即由对单个农户以小额信贷为主要方式的项目扶贫转向以村、镇甚至县为对象的产业链式扶贫，以消除单个农户小生产面对大市场的潜在风险。根据具体村、镇或县的自然资源特点，考虑市场需求，规划布局 1 条或多条主导产业链，将辖区贫困户、企业、合作社均纳入其中，通过分析贫困户的能力条件、企业及合作社的产业方向，将其分别布局于主导产业链的各个节点，从而形成生产—加工—销售—服务为一体的产业体系。产业链扶贫模式的优势在于：一是可以消除单个农户生产面对大市场的风险，保护农户收入增加的稳定性；二是可以将贫困户的脱贫与县域经济发展相结合，通过主导产业的培育与发展，加快贫困地区县域经济的整体发展；三是发展以产业链为整体的产业链融资，有效降低金融机构信贷风险，提高金融机构对贫困地区的信贷资金投放；四是便于对农户进行生产技术培训，降低培训成本，同时提高农户生产经营的成功率。

三　完善金融服务体系以强化对经济的支持作用

（一）完善西部地区金融服务的组织体系

完善金融组织体系，应以服务西部地区经济高质量发展为目标，力争形成多行业、多类型、多层次及多种所有制金融机构共同发展、功能互补、规范稳健、覆盖广泛、竞争有序的金融组织体系。

1. 培育多元金融主体，增强金融机构实力

西部地区地域辽阔，各省份在经济发展规模与水平、发展阶段与特征、资源禀赋与经济结构等诸多方面均存在着较为明显的差异，这使得西部地区经济社会发展对金融服务需求呈出多样化的特征。因此，基于优化金融资源配置的原则，西部地区需要培育多元化的金融主体，发挥不同类型金融主体的最大优势，以满足不同特征的金融服务需求。

目前西部地区金融主体结构存在着较为严重的失衡现象，表现为：一是

在金融业内部行业结构上，存在着银行业与非银行业金融主体结构发展的失衡。2018 年末西部地区银行业金融资产总额占地区金融资产总额的 80.34%，而证券、保险、信托等非银行业金融资产仅占地区金融资产总额的 19.66%。二是银行业内部，国有银行与非国有银行发展的结构性失衡虽有明显改善，但国有银行资产占比过高的问题依然存在。三是银行业金融机构的城乡分布与区域经济格局严重不匹配，以"三农"为重点服务对象的小型农村金融机构与新型农村金融机构发展严重不足。四是总部设在西部地区的证券公司、保险公司、信托公司、期货公司、基金公司、财务公司等主体数量少、规模小，在部分省区甚至是空白。这种严重失衡的金融主体结构，难以满足西部地区经济社会发展对金融服务的现实需求。因此，培育多元金融主体，并增强金融机构实力，不仅是完善西部地区金融组织体系的首要环节，而且是提高西部地区金融发展质量与金融资源配置效率的重要举措。

结合西部地区经济社会发展的现实需求，以及现有的金融主体结构现状，西部地区金融主体发展的基本思路是：在进一步提高国有金融机构服务效率的前提下，重点发展非国有、中小型和非银行类金融机构。一是鼓励和引导民间资本参与设立民营银行等持牌民营金融机构。二是支持本地区大型企业在区域内发起设立金融租赁公司、金融财务公司、汽车金融公司等非银行金融机构。三是争取设立本地法人保险公司、合格证券公司、基金公司等各种类型的金融机构。四是支持地区法人银行的发展，完善地方法人银行的公司治理结构，鼓励法人银行通过引进战略投资者、发行次级债券、混合资本，增强资本实力。五是在大力发展金融主体机构的同时，鼓励会计师事务所、法律事务所、审计机构、评级机构等金融中介服务机构的发展。

2. 强化政策性金融体系作用

虽然经过西部大开发战略的实施，西部地区的公路、铁路、机场等基础设施建设取得了令世界瞩目的变化，经济社会发展的基础条件获得显著改善，但过去长期形成的东西部地区之间的经济发展差距依然巨大，加之西部地区特有的地理特征、气候条件以及资源特点，使得西部地区在区域经济竞争中依然处在绝对劣势的地位。因此，单纯依靠市场机制的自发调节很难实现金融资源由具有较高发展水平的东部地区流向经济较为落后的西部地区。而金融资源投入作为经济增长的首要推动力，对于政府财政状况捉襟见肘的西部地区来讲，加大金融资源的持续稳定流入尤为重要。除了要继续发挥中央政府向西部地区的财政转移支付之外，要进一步强化西部地区政策性金融的支持作用。因为政策性金融的作用方式既不同于商业金融，也不同于政府公共财政。它可以根据政府的目标意图，通过准金融的运作方式，有效解决区域经济发展中依靠市场运作难以克服的某些困难，消除瓶颈因素，为要素的市场化流入创造条件。在西部大开发过去的二十年间，政策性银行凭借国家信用的资源优势，利用国内国际资本市场取得的大量低成本资金，通过贷款、投资和担保等方式为符合西部大开发要求的建设项目提供了大量长期优惠的资金支持，有力地推动了西部地区的经济发展。在西部大开发新的发展阶段，除了应继续发挥政策性银行的积极作用外，还应针对西部地区经济发展水平低、风险大的特点，大力发展政策性保险。通过政策性保险为西部地区自身经济发展和商业性金融支持西部地区经济发展提供更好的保障。

3. 深化农村金融改革，形成服务无盲区的农村金融体系

党的十九大报告指出，"三农"问题是关系国计民生的根本性问题，必须始终把解决好"三农"问题作为全党工作的重中之重。但目前，西部地区面向"三农"的金融服务远远无法满足农村经济发展的现实需要。因此，要进一步深化农村金融改革，加快健全农村普惠金融体系，为"三农"提供高质量的现代金融服务。一是加快培育与发展小型农村金融机构和新型农村金融机构，增加面向"三农"服务的机构数量，提高金融服务覆盖率，力争金融服务无盲区。二是完善农村支付体系，支持新型农村金融机构通过代理方式办理支付结算业务，确保金融交易便捷、安全，提高清算效率。三是推进农村信用体系形成，降低信用风险和交易成本，优化农村金融业务的资产质量。四是创新农村融资模式，提供顺应农业发展趋势、适应农村发展特点、满足农民发展需求的金融业务。五是丰富农村金融理财产品，满足不同风险偏好理财需求，帮助农民财富保值增值。

（二）完善西部地区金融市场体系

1. 发展并规范西部地区多层次资本市场

资本市场是直接融资的主要平台，优化融资结构必须以建立发达的资本市场为前提。在我国对公司进入资本市场融资门槛要求全国基本一致的管理体系下，西部地区经济发展水平较低，企业规模较小，优秀企业数量少，使得西部地区的上市公司数量及融资额占全国的比例均较低，对西部地区融资结构的优化形成严重制约。截至 2018 年末，西部地区在 A 股上市公司数量仅为 474 家，占全国上市公司总数的 13.23%；2006～2018 年西部地区上市公司在 A 股、H 股市场上累计筹资额仅占全国累计筹资额的 11.89%；这与

西部地区经济总量占全国的比例极不相称。① 虽然为了配合脱贫攻坚战略目标的实现，证监会于 2016 年出台了《关于发挥资本市场作用服务国家脱贫攻坚战略的意见》（证监会公告〔2016〕19 号），对注册地在贫困地区的公司上市给予了绿色通道，但 2016 ~ 2018 年西部地区新增加的上市公司数仅为70 家，占同期全国新增加上市公司数 757 家的 9.25%。因此，在现有资本市场管理制度下，要依靠全国性资本市场来优化西部地区融资结构，无疑具有很大的困难和不现实性。基于此，发展并规范西部地区多层次资本市场就成为可行的现实选择。

由于西部地区内部省域间在经济发展水平、经济结构、企业所有制结构、金融业发展程度等方面均存在较大差异，西部地区各省域实体经济主体在融资需求、融资能力、融资结构、融资成本承受力等方面均存在差异。因此，西部地区多层次资本市场发展必须体现出"多层次"特点。多层次资本市场发展的核心价值就在于给予不同发展阶段的企业予以不同的资本市场平台支持，让各类企业都能够享受直接融资的便利。为此，一是要积极推动与支持一批优秀企业上市，规范已上市企业经营行为，打造资本市场标杆，为后续企业利用资本市场创造良好环境。二是要大力培育发展区域性股权交易市场，使之成为企业并购重组、股权流通、创投资本退出的交易平台和拟上市企业培育基地。三是要促进私募基金行业规范发展，鼓励上市引导基金、产业并购基金、私募股权投资基金、创业投资基金在西部地区开展业务。四是要重视地方中介服务机构的培育，提高利用资本市场的能力。五是要依托西部地区各省（区、市）现有产业优势，整合现有各类交易场所资源，构建具有产业特色、门类齐全、布局合理的要素市场体系。

2. 积极推进西部区域金融中心建设

区域性金融中心是金融机构聚集、金融信息灵敏、金融设施先进、金融交易发达、金融服务高效的融资枢纽，它能够以其集中起来的大量金融资本为纽带，聚集其他生产要素，从而对该区域及周边区域的经济社会发展产生巨大的推动作用。正因为如此，西部地区的重庆、成都、西安都提出建设区域金融中心的愿景，如重庆提出建设"长江上游区域金融中心"、成都提出建设"具有国际影响力的国家西部金融中心"、西安提出建设"丝路国际金融中心"。经过近些年的发展，重庆、成都与西安在向自己的金融中心目标迈进中均取得了显著成效（见表 10 - 1）。

---

① 2018 年西部地区 GDP 总量为 18.41 万亿元，占全国 GDP 总量 90.0 万亿元的 20.46%。

表 10 - 1　2018 年重庆、成都、西安主要金融指标

金融指标		重庆	成都	西安
金融机构数量及人员数量	商业银行支行数量（家）	2396	1937	1782
	保险、证券、基金、期货公司总部数量（个）	11	7	6
	金融从业人员（万人）	18.21	12.47	11.24
金融业务规模	存款余额（亿元）	35651.57	36656.15	20948.18
	贷款余额（亿元）	31425.87	31422.96	19729.82
	保费收入（亿元）	806.24	927.14	478.56
	证券交易额（亿元）	37312.05	84000.01	32892.35
金融业增加值及占比	增加值（亿元）	1942.33	1750.15	874.91
	占 GDP 比例（%）	9.54	11.41	10.48
2018 年与2010 年相比	存款余额年均增长率（%）	12.79	11.56	11.24
	贷款余额年均增长率（%）	14.02	12.62	14.93
	金融业增加值年均增长率（%）	19.05	18.93	17.77
	保费收入年均增长率（%）	12.20	15.17	14.86

资料来源：根据重庆、成都、西安三个城市统计年鉴。

由表 10 - 1 可见，在主要金融指标的规模上，重庆、成都无疑具有较强的优势，而西安相对较弱；但从主要金融指标的增长来看，西安在某些方面又相对发展较快。因此，西部地区金融中心的"金三角"似乎正在加速形成。

根据中国（深圳）综合开发研究院对全国 31 个城市金融中心综合实力及专项实力进行研究后发布的"中国金融中心指数"（2019 年第 11 期），2018 年重庆、成都及西安在金融实力中排名位次见表 10 - 2。

表 10 - 2　2018 年重庆、成都、西安金融实力排名

比较项目		位　次		
		重庆	成都	西安
综合评价	综合竞争力	8	5	11
	金融产业绩效	9	4	11
	金融机构实力	5	8	11
	金融市场规模	21	12	19
	金融生态环境	11	5	10

续表

比较项目		位　次		
		重庆	成都	西安
专项十强	法人机构发展十强	10	8	—
	地方法人机构发展十强	2	9	
	资本市场利用水平十强	—	8	
	基金业发展水平十强		7	
	金融人才集聚十强	4	6	9
	金融开放发展水平十强	—	7	
	金融风险管理水平十强	10	—	
	金融政策综合支持十强	—	4	6

资料来源：中国（深圳）综合开发研究院主编《中国金融中心指数（CDI CFCI）报告》（第 11 期），中国经济出版社，2019。

可见，若将重庆、成都、西安放在全国范围来看，其金融发展的综合实力与业已形成较强规模的其他城市相比仍显得较弱，三个城市在某些项目上的实力还没有进入到全国前十位；即使是综合实力排名在全国第五位的成都，其综合指数仅为 63.6 分，与排在第三、第四位的深圳、广州相比分别相差 74.6 分和 9.9 分。因此，西部地区区域金融中心的建设还需要加大推进力度。

从世界范围内金融中心形成与发展的规律来看，要形成具有较强竞争力的区域金融中心首先需要明确定位与发展目标，不可求大求全。经过长时期的论证，目前重庆、成都与西安都明确提出了其金融中心发展的目标定位，如重庆定位于"以金融结算为特征的长江上游区域金融中心"，成都定位于"立足四川、服务西部、具有国际影响力的国家西部金融中心"，西安定位于"立足西安、带动西北、辐射中亚的丝绸之路经济带金融中心"。除此之外，重庆、成都及西安还需要在以下几个方面重点加强：一是增加区域经济总量并提升经济活力，为区域金融中心建设奠定坚实基础；二是基于比较优势和互惠发展的原则，构建区域金融中心之间的分工协作与共享机制，提高西部地区整体的金融竞争力；三是根据不同的目标定位，梳理金融产业链，并采取积极有效的支持政策，加快相关产业发展，弥补产业短板，形成完善的金融产业链与产业集群，提高金融中心的吸引力及对周边区域的辐射力；四是加强各区域金融中心之间及其对外的信息交流，构建应对区域性金融风险的金融安全网，提高防御、化解与管理区域金融风险的能力；五是加强金融人才队伍建设，为金融中心的快速推进与发展提供人才保障。

3. 积极融入国内外资本市场，分享市场开放与扩张带来的巨大收益

当前国内外资本市场和之前相比都发生了很多实质性的变化，最主要的表现就是市场发展日益规范和各市场间更加互联互通。使得资本市场对于资源的配置效率显著提高，不仅为企业投融资提供了更多便利，也为企业成长提供了更多的机遇和可能。因此，西部地区应加强优质上市后备企业培育与辅导，推动更多符合条件的企业在境内外交易所上市挂牌；积极推动上市企业通过并购重组、定向增发等方式，加强资源整合；鼓励上市公司建立市值管理制度，并通过增发、配股、发行公司债等方式开展再融资；鼓励各类市场主体利用债券市场融资，探索发行新型债务融资工具，让更多企业通过资本市场的支持而做优做强。

（三）构建西部金融健康发展的金融监管体系

由于东西部金融处于不同的发展阶段，若采取完全相同的金融监管政策，既不利于东部地区金融业的深化创新，也不利于西部地区金融业的追赶发展。因此，应对西部地区采取差异化的监管政策，推动我国各区域金融业协调、健康发展。

1. 准备金率的差异化

准备金率是中央银行管理商业银行流动性的工具，尤其是差异化准备金率的实施，使货币政策调控更加精准，而且加大了金融对于中小微企业等的支持力度。可以比照准备金率的机构差异化，探索准备金率的区域差异化。通过对西部地区实施差异化的准备金率合理分配货币总量供给，调整国内资金分布，平衡东西部地区流动性，增加对西部地区的信贷支持。但存款准备金率的变动在影响金融机构可用资金的同时，还会影响公众预期和货币乘数，因此，对西部地区实施差别化准备金率时不能"一刀切"，应尽量缩小差异化范围，并结合结构差异化稳步实施。

2. 机构设立门槛的差异化

东西部地区经济金融实力存在巨大差距，金融机构发起设立股东对相同资本金等的承受能力大不相同，金融机构的外部环境也存在较大差异，导致目前西部地区法人类金融机构和金融机构网点绝对量都远低于东部地区。因此，可结合各地区经济发展水平考虑降低西部欠发达地区金融机构的设立门槛，如适当降低法人机构设立的资本金要求，制定优惠政策吸引金融机构到西部欠发达地区设立分支机构。

3. 监管标准的差异化

一方面，西部地区金融业务较为单一，金融业多元化、创新性与东部地区有较大差异；另一方面，部分金融机构在西部欠发达地区的投入具有一定的政策性。因此，可以考虑对西部欠发达地区和承担政策性业务的金融机构实行差别化的考核和监管，创新能够反映区域差异和业务性质差异的监管工具，为西部地区金融业发展提供良好的监管环境。

4. 金融机构税收政策的差异化

与货币政策相比，财政政策在结构性调节方面更具优势。因此，在支持西部地区金融发展过程中，也应该充分发挥财政政策的作用，尤其是税收的调节作用。对于西部欠发达地区金融机构实行优惠税率，引导金融资源加大对欠发达地区的投入；给予在西部地区新设立的金融机构一定时间的税收优惠，吸引金融机构在西部地区的入驻与聚集。

四　深化金融供给侧改革以优化金融结构

习近平总书记在中央政治局第十三次集体学习时强调，未来一段时间要深化金融供给侧结构性改革，平衡好稳增长和防风险的关系，增强金融服务实体经济的能力，推动我国金融业健康发展。金融供给侧结构性改革就是要以金融体系结构调整优化为重点，优化融资结构和金融机构体系、市场体系、产品体系，为实体经济发展提供更高质量、更有效率的金融服务。西部地区作为金融发展的落后地区，金融发展不平衡、不充分的问题更为突出，要更加积极地推进金融供给侧结构性改革，将优化融资结构、金融机构结构、金融行业结构、金融产品结构落到实处。

（一）优化融资结构

西部地区融资结构不均衡问题较为突出，主要表现在两个方面：一是直接融资与间接融资不平衡，直接融资发展显著滞后于经济发展需要，成为制约金融服务实体经济的短板。二是金融资源过多集中于国有企业和大型企业，非国有企业和中小微企业融资比例偏低，不利于激发经济活力。因此，西部地区在深化金融供给侧改革、优化融资结构过程中，也需要从两方面入手：一方面繁荣发展多层次资本市场，发展股权融资、权益融资、风险投资等直接融资方式，降低债务融资占比；另一方面，引导金融资源更多地流向民营企业、中小微企业以及"三农"领域。

（二）优化金融机构结构

当前西部地区以大银行为主体，中小银行业务规模过小，与实体经济融资需求不匹配。因此，要积极推动金融机构差异化定位。一方面鼓励大型银行积极开展普惠金融业务，下沉机构网点；另一方面鼓励中小型金融机构的设立与发展，增加中小金融机构的数量与业务比重，发展定位于专注小微金融服务的中小金融机构，同时支持地方金融机构的发展，促进城商行、农商行、农信社、村镇银行等地方金融机构回归本源，加大对地方经济发展的支持力度。另外，也可吸引外资金融机构到西部地区发展，不断提升西部地区金融机构活力。通过构建多层次、广覆盖、有差异的银行体系和信贷市场体系，消除金融服务盲区，更好地满足多样化的金融服务需求。

（三）优化金融行业结构

西部地区的金融行业结构较为单一，银行业在西部地区金融业中占据主导地位，证券、保险、信托等非银行金融业所占比例低、规模较小，相应的金融功能也未得到有效发挥。西部地区推进金融行业结构优化，要从加快非银行金融业发展入手，在支持本地证券公司、保险公司、信托公司及融资担保公司做大做强之外，积极吸引国内外知名的证券、保险、信托、基金、期货等各类型金融机构到西部地区发展，逐步增加非银行业金融机构的数量占比。通过发展壮大证券行业为西部地区经济建设提供更好的资本市场中介服务；发展壮大期货行业，为西部地区涉农企业和资源型企业利用期货市场套期保值和风险管理提供条件；发展壮大基金行业，激活西部地区投资市场，为企业投融资及城乡居民增加财产性收入提供便利；发展壮大保险行业，为西部地区经济发展提供风险保障。

（四）优化金融产品结构

西部地区金融产品市场发展深度相对不足，金融产品种类不够丰富，具有充分价格发现和风险分散功能的金融产品稀缺。金融服务方面，不仅服务专业化程度欠缺，而且同质化现象比较严重，居民多元化、个性化的资产配置需求难以得到满足，导致居民储蓄率过高，房产在居民财富中的占比过高等。因此，对于西部地区而言，深化金融供给侧改革的重要一步就是要推进金融产品供给，优化金融产品供给结构，丰富居民和企业的投资渠道。增加不同风险、不同期限、不同类型的金融产品供给，满足不同层次、不同人群对于金融产品的不同需求。同时，提高城乡居民的金融风险辨识能力，增加居民对金融产品的了解，有效降低各种非法金融活动发生的概率及危害。

五　从服务实体经济出发推动西部金融业效能的全面提升

（一）树立本源意识，加大金融业对实体经济的支持力度

1. 从满足实体经济的融资需求出发，逐步加大向实体经济的资金投入力度

首先，从实体经济的需求出发，完善金融供给，使金融结构与实体经济结构相吻合；其次，根据实体经济产业部门对资金的需求特点、生产周期等，创新金融产品，加大对实体经济的信贷支持力度；再次，提高地区贷存比，确保更多的当地资金用于支持当地经济发展；最后，完善储蓄向投资的转化机制，引导储蓄资源流入投资效率较高的行业及企业，提高地区储蓄投资转化率。

2. 加快金融基础设施建设，提高金融服务需求满足率

积极推动西部地区各类支付机构发展电子支付业务，培育与发展地方性第三方支付机构，并推广以电子商业票据为主的其他票据的普及应用；改善西部地区农村支付环境，支持新型农村金融机构通过代理方式办理支付结算业务；加快推进多层次融资担保体系建设，探索组建各种形式的担保共同体；建立健全担保机构风险补偿机制，鼓励担保行业积极开展业务创新，支持实体经济发展；加强西部地区绿色金融基础设施、文化金融基础设施、普惠金融基础设施、科技金融基础设施等特色金融基础设施的建设，不断提高西部地区金融服务需求满足率。

3. 加快保险业创新，为实现社会经济发展提供风险保障

保险业具有经济"助推器"和社会"稳定器"的功能，在西部地区经济新旧动能转换和产业转型升级的关键时期，西部地区应加快保险业的创新发展，以小额贷款保证保险、科技保险和出口信用保险为载体，支持实体经济发展；聚焦民生社会事业，大力发展符合人民群众需求的商业健康保险；加快发展社会保障、医疗、公共安全等领域的责任保险，推动农业保险使用全覆盖；大力发展保障型和长期储蓄型保险产品，为经济社会发展提供多层次、多元化的风险保障。

（二）优化信贷资金投向结构与资金管理，提高金融资源利用的产出效率

由于信贷投向对经济发展具有导向作用，西部地区在信贷投放过程中要关注重要领域的调控导向，区别对待，有保有压，有扶有控，将有限的信贷资源投入到重点领域和薄弱环节，提高金融资源利用的产出效率。

1. 优化信贷投向的行业结构，推动西部地区产业结构转型升级

西部地区金融机构在信贷投放过程中要对不同行业信贷投放区别对待。严格限制对"高耗能、高污染、产能过剩"行业的信贷投放，谨慎对房地产行业和政府融资平台等的信贷投放；加大对于与西部地区产业转型升级相关的战略性新兴产业的信贷投放力度；重点关注特色产业、小微企业的信贷投放；注重保障民生领域信贷投放。通过发挥信贷投放的导向作用积极推动西部地区产业结构转型升级。

2. 优化信贷投向的主体结构，有效缓解非国有企业及中小微企业的融资困难

西部地区金融机构在信贷投放过程中要对不同所有制主体信贷投放区别对待。在考虑国有企业合理信贷需求的同时，加强对非国有企业及中小微企业融资困境的关注。严格落实中共中央办公厅、国务院办公厅印发的《关于加强金融服务民营企业的若干意见》，消除对民营企业融资的隐形壁垒，按照市场化、法制化的原则，扩大对民营企业及中小微企业的有效金融供给，建立健全长效机制，持续提升金融服务民营企业的质效，充分激发民营企业在西部地区经济发展中的活力和创造力。

3. 优化信贷投向的城乡结构，加大对"三农"的资金支持

虽然近年来西部地区农村金融改革发展取得一定成效，但农村金融仍然是金融发展的薄弱环节。农村信贷结构不平衡，供求矛盾问题也更为突出，金融资源不足严重制约乡村振兴战略的有效实施。因此，西部地区金融机构应加大对"三农"的信贷投放。一是加强与政府的合作，通过专向金融产品满足农业基础设施建设资金需求；二是以农业产业化龙头企业、新型农业经营主体为重点，满足农业产业化上下游生产资金需求；三是关注农村文化健康产业发展，满足休闲农业、乡村旅游发展过程中合理的资金需求。

4. 加强资金运用的管理，有效提高资金利用率

在优化信贷投向结构的同时，西部地区还应引导金融机构加强对信贷资

金的管理，严格按照信贷全流程管理的各项要求进行信贷资金投放。贷前要尽职调查，把好准入关；贷中要严格审查，保证信贷发放的合法性、合规性、安全性、效益性，以及与国家经济政策、产业政策的一致性；贷后要经常检查，确保信贷资金安全性和可回收性。通过对资金运用的科学管理，确保信贷资金使用高效、安全。

（三）加快科技金融发展，强化经济增长动力

随着经济步入高质量发展阶段，经济增长方式正在发生转变，科技创新对经济增长的拉动作用日益凸显。西部地区聚集了一大批有创新实力和能力的科研院所，科技成果丰硕，但科技成果在西部地区的转化率并不高。有众多科技成果在西部地区孕育，却最终落在东部地区。这其中一个重要原因就是西部地区金融体系支持科技成果落地的能力不强。党的十九大报告也提出"着力加快建设实体经济、科技创新、现代金融、人力资源协同发展的产业体系"。西部地区各省区市应引导金融业加大对科技创新的支持力度，大力推进科技金融发展，将科技创新与现代金融两大要素协同起来，通过现代金融服务科技创新，进而推动实体经济发展。

六　优化金融生态环境为金融业较快发展创造条件

（一）夯实金融发展的经济基础

"经济兴、金融活"，经济发展与金融发展相辅相成，要实现金融的高质量发展，就必须夯实其发展的经济基础。为此，一是以深化供给侧结构性改革为主线，大力推动经济结构调整和发展方式转变，加快推进产业优化升级，加快培育新的增长动能，打造具有西部特色的创新驱动发展体系；二是改善供给结构，拓展消费领域，不断增强消费对于经济增长的驱动作用；三是在培育壮大国有经济的同时，加快发展非公经济，增强中小微企业发展活力，为经济金融持续健康发展提供有力支撑。

（二）加快社会信用体系建设

西部地区由于地域广阔，省域及城乡间经济发展水平差异较大，市场意识与文化水平差异明显，信用意识与信用体系较之经济发达地区有很大差距，已经成为西部地区经济金融发展的重要制约因素。因此，加强社会信用体系及信用文化建设对于提升西部地区金融发展质量来讲刻不容缓。具体来

讲：一是加强经济落后地区城乡居民金融知识的普及教育，树立信用意识，使居民明晰银行信贷资金与财政救助资金的性质区别，提高信贷资金使用效率；二是应努力扩大企业和个人记入人民银行征信系统或其他征信系统信用信息的范围，并积极扩大信用信息在金融领域的使用范围，提高利用率；三是积极推动西部地区小贷公司、担保公司、典当行等机构信息记入人民银行征信系统，提高信用透明度，有效降低其金融活动风险，确保区域金融安全；四是积极研究和探索西部地区社会基础信息中介体系和信用担保体系建设，鼓励发展独立的资信评估机构和征信机构；五是建立对逃废金融债务的严格惩戒制度，以充分发挥信用体系在维护社会经济秩序、促进社会经济和谐发展中的职能作用。

（三）健全金融法律制度

为了满足多元化的投融资需求，以弥补与消除正规金融体系存在的服务盲区，金融主管部门出台了多项金融改革及鼓励金融创新的办法，如发展新型农村金融机构、小型农村金融机构、消费贷款公司、小额贷款公司、P2P网贷平台等。但从实践来看，这些金融创新在有效满足多元化投融资需求的同时，也产生了诸多金融风险，威胁着区域金融稳定与安全。因此，西部地区各省（区、市）应该在国家金融监管政策框架下，以维护区域金融稳定与安全为出发点，逐步修订完善地方金融政策法规，确保各类金融机构特别是新兴金融市场主体在设立运营上都受到有力的法制规范约束；极力营造公平、公正的金融法治环境，加强司法机关和金融、公安、工商、税务等部门的配合，提高司法机关处置金融案件的能力和水平，坚决打击各类金融犯罪活动，保护金融企业和从业人员的合法权益；加大金融法律、法规、政策的宣传和教育力度，增强公众法治观念，提高金融风险防范意识，营造促进金融业发展的良好法治氛围。

（四）严控地方政府债务率

近几年快速飙升并居高不下的地方政府债务已成为威胁整个金融系统及区域金融运行稳定的重要因素，这在经济不发达的西部地区尤为严重。根据任泽平的研究，2018 年末以政府债务余额占 GDP 比例衡量的负债率，全国31 个省（区、市）前 10 位中，西部地区占了 8 席，分别是青海（第 1 位）、贵州（第 2 位）、云南（第 4 位）、内蒙古（第 5 位）、宁夏（第 6 位）、新疆（第 8 位）、甘肃（第 9 位）和广西（第 10 位），其中青海以 61.5% 的负债率超过了 60% 的国际警戒线；以政府债务余额占地方政府综合财力①比例衡量的债务率，全国前 10 位省（区、市）中西部地区占了 5 席，分别是贵州（第 1 位）、内蒙古（第 3 位）、云南（第 4 位）、青海（第 7 位）和宁夏（第 9 位），其中贵州（149.1%）、内蒙古（130.3%）、云南（109.9%）突破了 100% 的国际警戒线，青海（99.9%）接近国际警戒线。② 政府债务率过高，举债的可持续性将会显著降低，偿还压力加大，若出现债务集中到期，则容易引发逾期风险传导至金融领域将对区域金融稳定带来巨大冲击。由于我国地方政府债务的形成有着极其复杂的背景，既有经济发展和城镇化推进带来的必然，也有中央与地方之间财权与事权划分不匹配、预算软约束与政绩考核机制不健全，还有经济下行叠加减税降费政策导致地方财政压力进一步加大。因此，地方政府债务率的控制与下降是一个长期过程，需要严格遵循 2018 年中央经济工作会议提出的"稳妥处理地方政府债务风险，做到坚定、可控、有序、适度"的原则，在相对长的时间内以时间换空间，从严整治举债乱象，有效遏制隐性债务增量；在此基础上，通过经济发展，逐步降低政府债务率，为金融业运行提供稳定的外部环境。

七　加强区域内外金融合作以提高金融资源配置效率

西部地区各省（区、市）经济金融发展存在很大差异，各具优势又各有不足，这就需要区域内各省（区、市）依据比较优势原则，充分发挥各自优势，取长补短，加快推进区域金融一体化建设，实现金融资源在区域内的自由流动和优化配置，从而更好地贯彻落实国家统筹区域协调发展的战略部署，促进区域内各方经济社会发展。借鉴长三角地区区域金融合作，以及粤港澳大湾区金融合作框架的成功经验，基于目前西部地区金融发展尚处于初级阶段的现实水平，西部地区加强区域内省际的金融合作可以从四方面起步：一是建立多层次的信息沟通渠道；二是加强区域内资本市场建设；三是支持区域内金融机构相互合作；四是加强以产业链为纽带的跨区域金融合作；五是加大金融对外开放，开拓西部地区金融业的活动空间。

八　强化金融监管以保障金融业的稳健运行

防范金融风险是构建强大金融系统、保障金融发展质量的前提。西部地

---

①　政府综合财力 = 公共财政收入 + 中央转移支付和税收返还 + 政府性基金收入。
②　任泽平：《中国财政报告 2019：政府债务风险与化解》，《泽平宏观》2020 年 1 月 21 日。

区应将防范化解金融风险，特别是防止系统性金融风险的发生作为提升金融发展质量的一项核心工作，既要落实国家层面的宏观审慎监管，也要推进地区层面的微观审慎监管，加强监管协调与风险监测，强化监管约束，牢牢守住不发生系统性金融风险的底线，实现西部地区金融业稳健运行。

（一）牢固树立审慎监管理念，坚决防范系统性金融风险的发生

金融风险的应对不仅需要金融领域的风险防范，更需要从宏观经济整体的视角，全局性、系统性地考虑金融风险问题。西部地区在推动金融发展过程中，应牢固树立审慎监管理念。坚持深化改革和统筹协调，强化金融去杠杆，客观评价金融机构的风险状况，审慎保障流动性相对稳定；深化房地产市场的风险管控，密切关注企业和地方政府债务风险。谨防各领域风险传导至金融领域，坚决守住不发生系统性金融风险的底线。

（二）完善监管内容，实现金融监管无盲区

近几年暴露出的一些"金融乱象"背后似乎总能看到监管盲区的存在。在金融向混业经营方向不断迈进的过程中，资金在不同监管机构下的主体之间往来，极易"逃过"监管的跟踪，进入监管盲区。为此，西部地区地方金融监管部门应加强与"一行两会"的沟通与合作，加强监管协调与沟通，完善监管内容，将银行、保险、证券、信托等传统金融机构和P2P、互联网金融、小额贷款公司、商业保理公司等新兴金融业态全部纳入监管范围，构建全范围、全流程、全过程的金融监管框架，为区域金融的稳健运行提供保障。

（三）完善金融机构的内部管理，增强金融业稳健运行的微观基础

严格有效的内部管理是金融机构安全高效经营的基础，与东部地区相比，西部地区金融机构的内部管理能力较弱，尤其是农村法人金融机构，公司治理机制不健全、风险管理能力欠缺、风险管理制度执行不规范等问题普遍存在。西部地区应加强对各类金融机构监管，尤其是完善地方法人金融机构内部管理的体制机制建设，健全地方法人金融机构公司治理架构，提高各类金融机构的风险管理能力，强调合规文化，严控内部操作风险，使各类型金融机构能够稳健经营，为区域金融稳定奠定良好的微观基础。

（四）构建完善的监管约束机制，提高监管效率

近年来，西部地区金融业发展较快，金融机构内控不强的问题在上文中也有提及。虽然政府监管有效地防范了系统性金融风险的产生，但也存在一定的局限性。由于相对信息优势的存在，可能出现违规者行为隐蔽、监管和查处成本较高、监管主体对违规行为查处的激励动力不足等问题。为此，西部地区应完善和加强社会约束机制在金融监管中的作用，一方面对于金融机构违规行为明确责任追究制度，大幅度提高违规者的违规成本；另一方面提高信息透明度，培育会计师事务所、律师事务所等中介机构和中介市场，强化社会对金融业的监督。既提高金融外部监管的有效性，又促进金融业平稳、健康、高质量发展。

第十一章
西部地区金融资源配置效率提升
路径 II：加强区域金融合作

区域金融资源配置效率的提升，除了要加快金融发展、提高发展质量之外，还需要区域内部省域之间基于比较优势原则进行金融合作。本章将在区域金融合作理论分析的基础上，重点对西部地区省域间金融合作的原则、实现路径与合作机制进行分析。

一　区域金融合作的理论基础

（一）比较优势理论

比较优势理论是大卫·李嘉图在继承和吸收斯密绝对优势理论基础上提出的新理论。该理论指出，自由贸易中产业分工的形成并不取决于国家间的绝对优势，而是由比较优势决定的。国家间比较优势越大，劳动生产率就越高，交换的产品数量就越多，就越能从自由贸易中获得巨大的"比较利益"。该理论认为，任何产品的劳动生产率都不是相等的。因此，对于任何一个国家而言，都应该集中生产并出口具有比较优势的产品，而进口具有比较劣势的产品，即所谓的"两优相权取其重，两劣相衡取其轻"思想。

比较优势不仅体现在不同产品的生产交换中，也在同类产品的生产交换中存在。它是产业分工与贸易的基础，每个国家都可按照比较优势原则进行产业合理分工，以获得更大的经济利益。与绝对优势理论相比，比较优势理论对国际产业分工与专业化发展都具有更强的现实指导作用。

金融业作为一个特殊产业，其提供的虽然不是实物产品，但提供着对实物生产来说非常重要的金融服务。由于金融资源的禀赋不同、交易技术与交易制度不同，不同金融机构、不同金融市场提供金融服务的效率与价格有着明显的差异，从而形成不同金融市场的优势与劣势，可以体现在金融产品种类、金融服务效率、金融产品价格、金融市场参与者利益保护等多个方面。因此，依据比较优势原则构建金融产业体系，培育金融市场，是区域金融发展功能定位的首要原则，也是区域间金融合作的理论基础。

（二）产业内分工理论

产业内分工是由产业间分工理论演化而来的。产业内分工分为产业内水平分工和产业内垂直分工两种基本形式。

所谓产业内水平分工是指同产业内不同企业生产相同或相似的产品，但在等级、规格、品牌、价格和售后等方面又有明显差异化的情形。产业内水平分工不仅可以促进国内国外产品交换，更能满足不同消费者多样化的消费需求。这种水平分工广泛地存在一国国内和不同国家之间，尤其是经济发展程度相似或相近的国家更是如此。产业内水平分工是建立在消费需求差异化、产品规模收益和劳动生产异质性的基础上，它是产业间分工的延伸与深化。

所谓产业内垂直分工是指某种产品的生产由多国在不同阶段提供价值增值的情形。产业内垂直分工将原材料采购、中间产品制造及售后等整个产品价值增值过程放在最优的国家和地区进行专业化生产，从而实现资源最优配置。因此，产业内垂直分工主要发生在经济发展程度差异较大的一国地区之间或国与国之间。产业内垂直分工的特点在于：首先，它是一种不同国家或地区在同一种产业内和不同产业部门中进行的跨国、跨地区、跨部门的分工形式；其次，它是一种集产业内各企业内外分工为一体的分工形式，可通过跨国并购、直接投资和融资等方式进行，也可以通过协商与合作进行；最后，它以技术差距为基础，可以实现产品价值链上各工序之间的分离，使最终产品成为真正的世界产品。

依据产业内分工理论，金融业作为一种特殊产业，其内部各行业、各部门及不同产品之间也存在着密切的分工协作关系。从金融活动的业务流程来看，可以划分为前台业务与后台业务。其中金融前台业务就是金融机构直接服务于客户的经营业务，如银行为客户提供的存取款业务；金融后台业务就是与金融前台业务相对分离，为其提供服务的业务，如票据支付和清算、金融资产管理、数据分析和处理、灾难备份和安全、人力资源培训和管理、客户服务、定损理赔、产品研发等服务环节或流程业务。金融前后台业务的分离是在金融自由化环境下，金融机构出于战略规划、成本控制、增强核心竞争力等多种因素考虑，以信息技术发展为基础的金融创新。通过将金融后台业务外包给第三方，不仅可以强化金融机构对其分支机构的直接管理，提高风险管控能力；而且可以有效节约经营成本，提高金融机构的运营效率。随着我国大型金融机构"大总行、小分行，大后台、大集中"的管理模式日趋清晰，金融后台业务外包催生了很多新兴业态，如数据中心、清算中心、银行卡中心、金融计算机系统服务及研发中心、灾备中心、人才培训中心、技术开发中心、客户服务中心等。由于某些金融后台中心设置的特殊地域要求，基于金融业务流程需求的金融产业内部分工就成为必然。

（三）资本要素流动效应理论

区域金融合作的基本特征之一就是金融资源在合作区域内的自由流动，实现金融资源配置的高效率。在此，我们可以借用麦克杜格尔的国际资本流动模型予以说明。

麦克杜格尔模型的基本内容如下：假设世界由资本丰裕的 A 国和资本短缺的 B 国组成。在封闭的经济条件下，两国内部金融市场存在着充分的竞争，资本的价格由资本的边际生产力决定。由于资本边际生产力存在递减的现象，资本在丰裕的 A 国的边际生产力要低于其在资本短缺的 B 国的边际生产力（见图 11 – 1）。

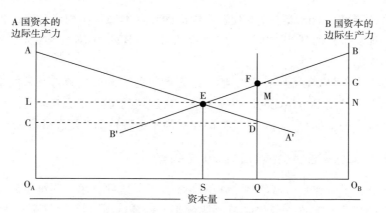

图 11 – 1　麦克杜格尔模型

在图 11 – 1 中，横轴代表资本量，纵轴代表资本边际生产力。O_AQ 为 A 国拥有的资本量，AA′为 A 国的资本边际生产力曲线；O_BQ 为 B 国拥有的资本量，BB′为 B 国的资本边际生产力曲线；O_AO_B 是世界资本总量。

假如不允许资本跨国流动，A 国使用 O_AQ 量的资本，产出总量为

O_AADQ，资本的价格（即资本的边际生产力）为 O_AC；此时 B 国使用 O_BQ 量的资本，产出总量为 O_BBFQ，资本的价格为 O_BG。很明显，资本在 A 国的价格低于在 B 国的价格。

假如现在允许资本可以跨国界流动，资本将会由价格较低的 A 国流向价格较高的 B 国，直到两国的资本边际生产力相等，即 $O_AL = O_BN$ 时才会停止。在这一过程中，有 SQ 量的资本从 A 国流入 B 国，此时两国的资本边际生产力都等于 ES。

资本流动的结果，A 国的产出总量变为 O_AAES，B 国的产出总量为 O_BBES。与资本流动前的总产出 $O_AADQ + O_BBFQ$ 相比，世界总产出增加了三角 DEF 部分。这表明，资本国际流动有利于增进全世界的产量和福利水平，它是生产资源在世界范围内得到优化配置的结果。

对于向外输出资本的 A 国来说，其国内产出因对外投资而减少了 ESQD，但其国民收入并没有下降，而是增加了。因为在国内产出减少的同时，该国又获得了 ESQM 的对外投资总收益（对外投资量×资本的边际生产力）。只要对外投资收益大于因国内生产缩减而损失的收入，资本输出国的国民收入就会增加。图 11-1 中，A 国的收入净增加了三角形 EMD 部分。

而对于输入资本的 B 国来说，由于使用了 QS 部分的外资，其总产出增加了 ESQF 部分。其中 ESQM 作为外资的收益支付给 A 国，EMF 部分是 B 国国民收入的净增加。

由此可见，国际资本流动使资本输出国和资本输入国同时分享了世界总产量增加所带来的利益。当然，资本流动对 A、B 两国不同要素所有者的影响是不同的。

在麦克杜格尔模型中，当我们把跨国界的资本流动看做跨区域的金融资源流动时，其结果是相同的。也就是说，跨区域的金融资源流动对于两个区域国民收入的增加都是有效的，同时也提高了金融资源的配置效率。

二 西部地区金融合作的现实基础

区域金融合作是区域经济合作的高级形式，其目的在于通过金融资源的合理流动与高效配置，深化区域产业分工，提高区域经济社会综合竞争力，实现区域经济社会的高质量发展。因此，区域金融合作不仅需要诸多参与者有合作意愿，还需要有合作的现实基础。

(一) 西部各省 (区、市) 具有共同的发展愿景

西部大开发战略的提出是我国区域发展战略的重大调整，即由"先让一

部分地区先富起来"的区域倾斜发展转向区域协调发展。在此背景下，国家
给予了西部地区一系列重要的区域发展政策。如 2007 年 6 月成渝同时被确定
为国家级统筹城乡综合配套改革试验区，旨在通过各个领域体制改革的全面
推进，基本形成强化经济发展动力、缩小城乡区域差距、实现社会公平正
义、确保资源环境永续利用及社会和谐发展的综合模式；2008 年 1 月，国家
批准实施《广西北部湾经济区发展规划》，提出把广西北部湾经济区建设成
为重要国际区域经济合作区，这是全国第一个国际区域经济合作区；2009 年
6 月国务院又批复通过了《关中—天水经济区发展规划》，将其职能定位于
全国内陆型经济开发开放战略高地、统筹科技资源改革示范基地、全国先进
制造业重要基地、全国现代农业高技术产业基地、彰显华夏文明的历史文化
基地；2010 年 6 月国家批复广西东兴、云南瑞丽、内蒙古满洲里为国家重点
开发开放试验区，积极探索"贸易自由化、投资自由化、金融自由化、运输
自由化"为重要特征的自由贸易区建设，将其建设成为沿边开发开放的排头
兵、沿边地区重要的经济增长极、边疆民族地区和谐进步的示范区；2012 年
8 月，国务院批复兰州新区为国家级新区，目标是建成西北地区重要的经济
增长极、国家重要的产业基地、向西开放的重要战略平台、承接产业转移示
范区；2014 年 1 月国务院正式批复了陕西西咸新区，不仅是我国第七个国家
级新区，更是首个以创新城市发展方式为主题的国家级新区。这一系列西部
地区重点区域发展规划的提出，其共同的目的在于通过体制机制创新与对外
开放，激发西部地区的经济活力，通过发挥其经济增长极作用，实现西部地
区经济社会及环境的快速、协调发展。这也是西部地区各省（区、市）的共
同愿景。

（二）西部各省（区、市）具有互补的产业与资源优势

从产业布局来看，西安是西北最大的中心城市，以能源、机械、电子、
纺织、航空航天、食品、烟草、医药和化工等为产业支柱。西安具有排名全
国第三的科教资源和较强的科技研发能力，在航空航天、电子信息等领域科
研实力居全国前列，但受产业基础限制，科技成果转化能力较弱。成都以航
空、机电、冶金、化学、轻纺为支柱产业，此外在电子信息、石油化工、酒
业、中药业等领域也具有优势。重庆是全国重要的重工业基地和西南最大的
商业中心，以汽车、摩托车、化工医药和冶金等为支柱产业。此外作为西南
地区的制造业基地，重庆不仅在装备制造、机械加工业等方面具有较大产
能，而且在电子信息、金融和商贸等产业也具有雄厚的发展基础；在一定程

度上能够承接成都、西安的研发成果。加之，作为直辖市，重庆也具有诸多政策优势。广西北部湾经济区则以电子信息、石油化工、临港新材料等为核心产业，与重庆、成都具有一定的互补性。另外，从西部地区的资源特点来看，西北地区具有丰富的基础材料、矿产资源与农牧资源，是国家重要的能源化工基地及畜牧产品基地；而西南地区具有丰富的水资源、天然气资源以及旅游资源；特别是北部湾经济区具有较长的海岸线和丰富的土地、淡水、海洋、农林、旅游等资源，环境容量较大。这一切都为西部地区各省（区、市）基于产业分工原则下的协同发展奠定了基础。

（三）西部各省（区、市）具有互补的区位优势

从区位来看，西部重点经济区依托的城市都处于本区域的核心位置。其中成都位于四川中部平原，是四川经济的核心；重庆位于长江的中上游，可承接本区域与长江经济圈的联系；西安位于陕西关中平原中部，与西北地区经济联系紧密。北部湾经济区地处华南经济圈、西南经济圈和东盟经济圈的接合部，是我国与东盟国家既有海上通道、又有陆地接壤的区域。可见，西部地区主要城市间的合作，有利于将西部区域内城市连接成为城市群，从而实现区域经济的整合和提升。如"西三角经济圈"承东启西，连南接北，经重庆沿长江可促进川陕与长三角、太平洋地区互动；经成渝可促进陕西共同与珠三角经济区、印度洋地区共振；经西安向东北延伸可实现川渝共同与西亚地区、环渤海地区呼应；北部湾经济区是我国西部大开发地区中唯一的沿海区域，是我国与东盟国家重要的海上通道。

（四）西部省域间金融势能具有明显的阶梯性

金融的本源在于服务于实体经济，这种服务能力取决于金融业的综合实力。依据区域经济合作的系统动力理论，当区域内成员的金融实力旗鼓相当时，成员往往为争取区域控制权而竞争意愿较强，合作意愿较弱；当区域内成员金融实力存在一定梯度差异时，其合作意愿大于竞争意愿。就西部地区而言，各省（区、市）间金融实力存在着较为明显的差异性。

由图11-2～图11-6可以看出，西部各省（区、市）间金融实力存在着明显的阶梯性，无论是从银行业，还是非银行业发展来看，四川、重庆、陕西处于西部前三的位置，而其中四川又遥遥领先；且西南地区金融实力总体上强于西北地区。这种省域间金融实力的梯度差异为其金融的有效合作提供了内在可能性。另外，由于西部地区地域广阔，地理环境复杂，省域间经

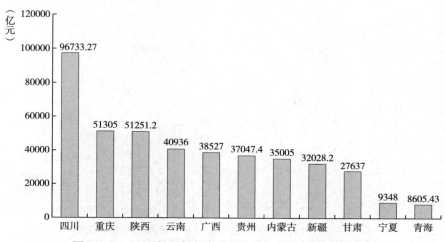

图 11－2　2018 年西部各省（区、市）银行业金融资产额

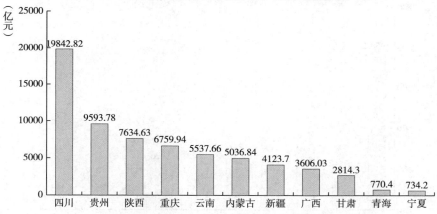

图 11－3　2018 年西部各省（区、市）非银行业金融资产额

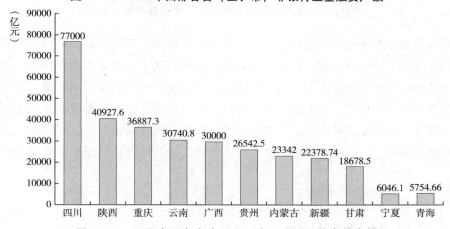

图 11－4　2018 年西部各省（区、市）金融机构存款余额

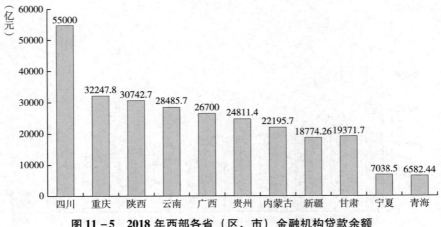

图 11-5　2018 年西部各省（区、市）金融机构贷款余额

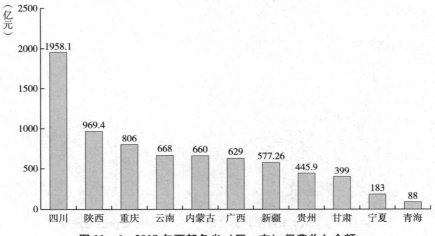

图 11-6　2018 年西部各省（区、市）保费收入余额

济发展水平差异明显，即使是金融实力雄厚的四川、重庆，其辐射力也不可能覆盖西部的所有区域。据张苏林对西三角主要城市金融辐射力的研究，得出成都的金融辐射力最大，其区域金融中心的溢出半径涵盖了西三角经济圈中四川的全部地区、重庆近一半地区和陕西的小部分区域；重庆的金融辐射力涵盖了重庆地区和四川的小部分区域；而西安的金融辐射力仅限于西三角的陕西区域。[①] 因此，西部各省（区、市）只有在比较优势原则下开展积极

———————————

① 张苏林：《西三角经济圈城市金融辐射力研究》，《重庆理工大学学报》（社会科学版）2012 年第 2 期，第 5～10 页。

的金融合作，才能够充分发挥金融作为现代经济增长的枢纽作用，产生 1 + 1 > 2 的协同效应，提高金融资源的配置效率。

三　西部地区金融合作的原则与重点领域

（一）西部地区金融合作的原则

区域金融合作就是要打破现有行政规划限制，允许金融资源跨省域流动，提高金融资源的配置效率，实现区域经济的高质量发展。但金融合作的过程是各方利益诉求碰撞与博弈的过程，因此，要使金融合作能顺利推进，并达到预期的效果，就必须遵循一定的原则。

1. 互利共赢原则

区域金融合作是建立在多方利益关系之上的，整个西部地区包括十二个省（区、市），幅员辽阔但经济发展不均衡。各地方政府、企业、金融机构既是潜在的合作者，又是经济利益的博弈方。因此在金融资源整合的过程中，应充分寻求各方利益契合点，各施所长、各尽其能，发挥各方优势和潜能。公平、合理的利益分配更是多方合作的重要基础。因此在合作过程中应充分考虑各方需求，在追求最大利益的同时兼顾各方的利益分配。只有参与合作的地方政府、企业、金融机构的利益诉求通过金融资源的内部整合得到实现，才能激发各方的主动性，确保合作的长期稳定。

2. 效率优先原则

内部成本是检验金融资源整合有效性的重要依据，过高的内部成本将导致参与方的合作意愿降低，不利于合作的长期稳定，因此降本增效是多方合作所面临的重要问题。对于大范围的金融资源内部整合而言，核心要点是遵循市场规律，充分发挥市场在资源配置中的决定性作用。此外，金融机构作为区域金融合作与资源整合的主要载体，要充分树立 1 + 1 > 2 的协同效应理念，依靠大数据分析，控制合作成本，提升抗风险能力；企业作为资源整合的服务对象，要加强企业与各相关经济单位之间的产业信息沟通合作，降低信息成本；政府作为金融合作与金融资源整合的推动者，在做好顶层设计的同时设计符合市场原则的监管体系，保证金融合作与资源整合的有效推进；此外当市场失灵时，政府应承担起组织调控的职责，弥补市场的不足。

3. 统筹规划原则

区域金融合作与资源内部整合必然伴随着一系列政策的推动和制度安排，而这些政策和制度必须在更高视野的统筹下展开。一方面，区域金融资源内部整合与国家金融发展战略要相辅相成，不可因此影响国家经济金融的安全稳定；另一方面，金融合作中制定的金融政策要与各地方的产业发展相互配合，充分发挥不同的地方优势，推动产融结合，提高整个西部地区金融资源配置效率，促进区域经济高质量发展。

4. 优势互补原则

我国西部地区不同省域之间受自然地理等因素的影响，产业结构、经济发展水平有明显差异，使各地区在金融发展方面具有各自的优势和特点。就金融机构而言，经济发展水平相对较高的区域（如四川、重庆）具有较为完整的金融体系，金融机构市场同业竞争力强，所提供服务的种类多、质量高，但竞争激烈，业务量趋于饱和，区域利润率较低；经济相对落后区域（如西北地区）金融机构数量少，金融功能不全，但对金融服务需求更为渴望。这就要求金融合作各方在明晰本省域金融资源供给与需求特点、产业特色、未来发展愿景的基础上，基于优势互补原则，确定金融合作与金融资源流动方案，并保留各省域金融政策执行中的微调权与自由度，推动金融合作向着共赢的目标发展。

5. 循序渐进原则

区域金融合作涉及各合作方的利益，合作过程也是各方利益诉求碰撞与博弈的过程。因此，金融合作应该遵循循序渐进原则，即先从容易操作的领域合作再逐步向难度较大与更深层次的金融领域推进，从单项合作向全方位合作推进，最大限度地确保区域内各金融机构和经济主体的根本利益，从而保护区域内各方参与金融合作的积极性。各省域结合自身的金融发展需求与金融资源优势，利用省域间金融发展的差异性创造金融合作的结合点，挖掘需求潜力，使区域金融合作不断向深层次、全方位、综合化方向推进。

（二）西部地区金融合作的重点领域

依据上述合作原则，结合西部地区经济金融发展现实，西部地区金融合作可以集中于以下五个重点领域。

1. 战略规划协调与合作

金融合作的初衷与目的在于促进区域经济社会的高质量发展，区域金融合作的深度与广度取决于区域经济社会高质量发展的要求。而严谨科学的规划又是经济社会稳健发展的先导。因此，区域金融合作首先需要政府规划方面的相互合作。对于西部地区来说，这种规划层面的合作主要有以下三个方面。

　　首先，区域产业发展规划的协调与合作。产业是经济增长的支柱，基于分工原则进行产业间的协同发展是实现区域经济快速发展的重要条件。为此，西部地区各省域在编制产业发展规划时，不仅要遵循产业规划编制的一般原则，即考虑国家产业政策导向、自身资源禀赋、现有发展基础、技术条件、市场需求与发展潜力等，更要以开放的视野，淡化现有行政区域概念，基于比较优势原则，考虑拟发展的目标产业在西部地区及全国的竞争地位，尽可能规避重点产业在西部地区的雷同现象，形成省域间产业优势互补，凸显西部地区整体的产业协同效应，提高西部地区产业综合竞争力。

　　其次，城市群发展规划的协调与合作。城市群规划并非区内各单一城市规划的简单汇总，而是基于协同发展原则，对区域内不同城市进行功能定位、产业布局、人口规模、城市间交通体系、生态环境建设以及防灾减灾应急管理等方面的统筹规划，其目的在于通过城市群的集聚与带动效应，带动周边区域经济社会快速发展。西部大开发战略实施以来，西部地区机场、铁路、高速公路等基础设施建设获得了前所未有的发展，使西部主要城市之间的空间距离大大缩短，交运成本大大降低。目前，西安、成都、重庆三城市已经形成空中一小时经济圈；西部地区五座重要城市成都、昆明、贵阳、重庆和西安之间已经实现高铁互通；从西安到成都、兰州、银川高铁均在 3～4 小时内可到达；兰新高铁从兰州经西宁到乌鲁木齐 11 小时可到达；渝昆高铁的建成将使昆明至重庆 2.5 小时左右可到达。这一切大大缩短了西部地区主要城市之间的空间距离，为西部主要城市间的协同发展提供了重要条件。因此，西部地区各省（区、市）在确定城市功能定位时，既要考虑城市本身的现有基础和发展潜力，又要考虑其在经济圈内的地位和作用，要立足全局，明确定位，各有侧重，通过区域规划和发展政策，构建城市与城市之间、区域与区域之间的战略合作关系，促进区域经济社会的快速发展。

　　最后，西部区域性金融中心建设规划的协调与合作。西部地区三大骨干城市——成都、重庆、西安都在"十一五"，甚至更早时期提出建设区域性金融中心的战略目标，且经过 10 多年的建设，均取得了显著成效，其中成都、重庆区域金融中心的综合实力已进入全国十强。但与国内排名靠前的其他城市相比差距依然十分明显。这一方面与地区经济发展规模相对较小及自然地理特征有关，另外也与各城市金融中心建设过程中的相对分割有关。因此，要提高各区域金融中心的综合实力，就必须基于现实发展基础，发挥各自优势，在区域金融中心的功能定位、发展目标与发展重点等方面适度错位。目前成都提出的金融中心定位是"立足四川、服务西部、具有国际影响力的国家西部金融中心"，并率先在"科技金融""农村金融""消费金融"
"供应链金融""绿色金融""文化金融"六大领域实现突破；重庆提出的金
融中心定位是"打造以结算为主的长江上游金融中心"，并提出"三六三"
建设路径，即银行、证券、保险三类金融机构均衡发展，集聚六类金融机
构，发展三大金融市场体系（全国电子票据交易中心、全国场外交易市场体
系和畜产品远期交易市场）；西安提出的金融中心定位是"丝绸之路经济带
区域性金融中心"，并重点发展能源金融、科技金融与文化金融等。可见，
成都、重庆及西安在金融中心的目标定位上有一定的差异性，提出的产业发
展方向也各有侧重，体现了错位发展的基本思想。目前需要做的工作就是如
何在操作层面加强三地之间的沟通与交流，推动金融合作向更加广泛、更为
深入的方向发展。

2. 信息资源共享合作

信息共享是任何区域经济合作的重要条件，金融业作为具有特殊发展规
律及运行特征的产业，其合作中的信息共享尤为重要。合作各方只有快速了
解区域内金融运行与发展的完备信息，才可以对金融资源做出合理配置，特
别是针对金融市场波动可能产生的风险做出快速反应并采取应对策略，以保
障区域经济金融的稳定与安全。根据区域金融稳健发展对信息的要求，西部
地区金融合作中的信息共享应该包括如下几个方面。

首先，政策信息共享。政策信息共享是信息共享中不可或缺的重要部
分，只有在政策信息上彼此透明并形成互动关系，才能使金融合作具有牢固
的基础。为此，西部地区各省（区、市）政府要在充分协商的基础上形成一
系列相互支持的政策，避开政策中对合作各方不利的内容；各省（区、市）
之间经济政策和相关措施要尽可能公开，提高经济政策及其相关措施变化的
透明度；省（区、市）政府之间要建立经济政策及其变化的交互联动，通过
网络、传媒和各种信息渠道，定期、详尽地将本区域的经济政策信息发布出
来，接受公众的监督、查询、了解、分析和评价。①

其次，经济金融运行信息共享。经济金融运行的即时信息是经济决策的
基础与前提。政府根据其对经济金融运行状态的实时监测及所获得的动态信
息，可以及时对经济金融政策进行调整，以规避可能出现的效率损失与风
险。由于区域内各省（区、市）之间具有紧密的市场联系，任何一个省

---

① 卢敏、何伟：《"西三角"经济圈构建中的利益博弈与共赢机制研究》，《公共论坛》2012
年第2期，第86~88页。

（区、市）经济金融运行的异常都会对其他省（区、市）产生正向或负向的影响。因此，省际共享经济金融运行的实时信息，对于实现区域经济金融稳定发展具有重要作用。

再次，信用信息共享。信用是金融稳健发展的基础条件，掌握完备的信用信息是开展一切金融活动的前提。因此，西部地区金融合作要有实质性推进，就必须完善区域内经济主体（包括地方政府、企业及个人）信用信息的共享，特别是地方政府与中小微企业的信用信息共享，这样才可以有效防范金融风险、降低商务成本、提高市场效率。

最后，金融监管信息共享。金融机构的稳健运营是区域金融稳定的微观基础。基于利润动机的金融机构在日常经营中经常采取"机会主义"行为，从而产生潜在的金融风险，严重时可导致金融机构破产。为杜绝金融机构的"机会主义"行为，对其进行日常监管就成为金融监管的重要内容。因金融机构破产会产生负外部性，对区域金融稳定产生冲击。因此，各省（区、市）金融监管部门及时分享监管信息对于维护区域金融稳定具有重要作用。

3. 金融基础设施建设合作

金融基础设施是指金融运行的硬件设施和制度安排，包括支付结算体系、法律环境、公司治理、会计准则、信用环境、金融安全网等，它是金融体系有效动员金融资源并进行有效配置的基础性保障。因此，区域金融合作的推进有赖于区域金融基础设施的一体化发展。对于西部地区来讲，区域金融基础设施建设的合作重点应该在于支付结算体系、信用环境以及区域金融安全网建设三个方面。其中，支付结算体系建设方面重点在于推进面对广大农村地区的支付结算网络建设，提高结算服务覆盖率和结算效率，有效缓解农村地区及跨区域结算支付难问题；信用环境建设方面的重点在于推进企业和个人诚信信息的共建共享，探索建立跨区域的企业资信统一评级标准以及跨地区的相互信用担保认定体系，建立跨区域失信惩戒机制等；区域金融安全网建设的重点在于加强各省域金融监管机构之间的数据交换与信息分享，在此基础上推进区域共同应对风险合作机制的建立。

4. 金融机构业务合作

加强区域内金融机构之间的业务合作是区域金融合作的重要内容。随着金融活动的不断扩展及活动流程的再造，金融机构之间业务合作的内容非常广泛，不同类型的金融机构都有着与其他金融机构进行业务合作的现实需求。如不同区域的不同银行组团向某个特大型客户提供银团贷款，以满足特大型客户的巨额融资需求，同时有效降低单个银行的信贷风险；银行金融机构基于比较优势，联合进行技术开发，推出创新金融产品；投资银行机构联合保荐公司上市，共同助推资本市场发展；信托投资公司联合推出信托产品，共同承担项目风险；信用担保公司联合对区域内企业进行融资担保等。金融机构之间的业务合作，形式可以多样，时间长短可以灵活，既可以是一次性合作，也可以是长期合作。

5. 金融监管与风险控制方面的合作

风险是金融业的内在特性，这是由金融业的行业特性所决定的。金融风险的发生具有突发性，而且一旦发生还具有区域传染性。因此，区域间在金融监管及风险控制方面加强合作是维护区域金融稳定的重要措施。为此，一是要建立区域间金融运行信息的共享机制，为快速应对突发性金融风险提供条件；二是制定基本一致的监管标准，有效防止投机资金的跨区域套利活动；三是建立区域金融风险预警机制，构建区域金融安全网；四是构建区域金融风险应对机制，协调相关政策，有效降低金融风险对区域经济稳定带来的冲击与破坏。

四　西部地区金融合作的路径

西部地区省域间经济金融实力差异较大，金融服务供给与需求不均衡的程度也不同，使省域间金融合作可以在多个层面、以多种形式进行。但根据合作及服务对象，可以将其归结为两种主要路径：一是以金融市场和金融中心建设为核心的合作；二是以产业培育和产业链形成为核心的合作。

（一）以"三极"多层级式金融中心体系建设为纽带推进金融合作

金融中心既是金融资源聚集的结果，也是吸引金融资源聚集的空间载体。发达的金融中心，一方面通过其具有的庞大金融资源对周边区域进行支持，推动区域经济快速发展；另一方面，金融中心的形成会催生许多新的产业，有助于区域产业链的形成与完善。因此，地方政府对于金融中心的建设具有极为高涨的热情与愿望。

1. 西部地区金融中心形成的路径

金融中心的形成需要一定的客观条件，如较高的发展水平及较大的经济规模、宽松的资本流动环境、优越的地理位置、良好的通信条件、丰裕且具有实战经验的金融人才等。从金融中心形成的动力机制来讲，金融中心的形成有三种路径：一是市场自然演进型，即金融中心的形成是市场自然演进的结果。随着各类市场主体数量的不断增多及经济的不断发展，市场对金融服务的需求也在快速增长，由此催生了各类金融机构的不断出现与快速增加。在市场需求引导及对规模效应的追求作用下，金融机构自发地向市场主体数量较多、经济发展水平较高的区域集中，从而形成金融中心。显然，以这种路径形成的金融中心，需要具备三大条件：即独特的地理区位优势、金融业的自由化、较强的经济实力。二是政府推动型，即政府基于一定的目标考虑，通过特定的经济政策，甚至动用行政力量，使金融机构向某个特定区域集中流动，形成金融资源的聚集中心。在这类金融中心的形成过程中，政府规划、政策支持以及一定的监督检查是其形成各阶段的主要特征。由于在这类金融中心的形成过程中加入了政府的目标函数，所形成的金融中心往往与市场需求存在一定偏差，运营效率不足。三是混合型，即金融中心的形成是在市场需求引导与政府政策推动的共同作用下形成的。其中市场需求引导是主因，政府政策只是外部推力。当特定区域的城市经济规模、产业体系以及金融发展水平达到一定程度并与周边区域相比具有一定优势时，政府基于区域长期发展的考虑，往往会提出建设区域金融中心的愿景，并不断给予政策支持，推动金融体系快速发展，最终形成金融中心。

显然，西部地区三个主要城市——成都、重庆以及西安提出建设的区域金融中心，无不沿着第三种路径推进。目前，成都、重庆及西安对其金融中心的定位已基本明确，规划建设思路也较为明晰，取得的成效也非常显著，对区域经济社会发展起到了重要的推动作用。除此之外，西部其他省会城市也是按照第三种路径成为事实上的省级金融中心。

2. 西部地区金融中心的趋势目标："三极"多层级模式

西部地区幅员辽阔，省域间经济发展水平差异较大，但因所处地理位置自然划分成了西南地区和西北地区两个地理单元。其中，西南地区位于长江上游，东连长江中下游平原，南接东南亚地区，有着丰富的自然资源和良好的工业基础，有望成为我国未来经济增长新的引领板块；西北地区位于欧亚大陆桥中心地带，是我国西部大开发和"一带一路"建设的重点地区，能源矿产资源丰富，但生态环境脆弱。这种地理结构特点使得西部地区建设"双极"多层级区域金融中心似乎合理；但从现实发展来看，西部地区以成都、重庆、西安三座城市为核心的"三极"多层级式金融中心正在形成。

（1）西部地区金融中心第一极：成都国家西部金融中心

成都是国务院规划确定的西南地区科技、商贸、金融中心和交通、通信枢纽，全国统筹城乡综合配套改革试验区，国家级综合保税区。成都提出建设"立足四川、服务西部、具有国际影响力的国家西部金融中心"，并为此目标全面推进。截至 2018 年 12 月，成都聚集各类金融及配套机构超过 2050 家，外资银行 16 家，外资保险机构 25 家，外资股权投资基金 6 家，外资小贷公司 7 家。本外币存款余额全国排名第六，贷款余额全国排名第七，保费收入在全国副省级城市中排名第三；金融业增加值 1750.2 亿元，占 GDP 的比重为 11.41%；成都是内陆地区高等院校、科研院所最集中的城市之一，尤其是以西南财大为代表的金融人才培养基地和以电子科大为代表的 IT 人才培养基地，为成都金融业发展提供充足的金融、电子商务、软件研发等必需人才。近年来，成都围绕科技金融、消费金融、农村金融、供应链金融、文化金融和绿色金融六大领域做了大量工作，且都取得了显著成效。英国智库 Z/Yen 集团 2018 年 9 月发布的第 24 期"全球金融中心指数"（GFCI）显示，成都金融中心竞争力全球排名第 79；根据中国（深圳）综合开发研究院对全国 31 个城市金融中心综合实力及专项实力进行研究后发布的"中国金融中心指数"（2019 年第 11 期），2018 年成都金融综合实力排名列全国第五、西部第一。因此，成都是西部地区居于首位的金融中心。

（2）西部地区金融中心第二极：重庆长江上游金融中心

重庆是中国中西部地区唯一直辖市，是长江上游重要的物流和工业基地，与成都同属成渝经济圈，具有明显的区位优势。近年来，重庆围绕国家重要中心城市、长江上游地区经济中心、国家重要现代制造业基地、西南地区综合交通枢纽和内陆开放高地等国家赋予的定位，发挥区位优势、生态优势、产业优势、体制优势，谋划和推动经济社会发展。通过加快经济结构转型升级，使老工业基地焕发了生机活力，已形成全球最大电子信息产业集群和国内最大汽车产业集群。重庆从国际分工的角度，结合区位优势、实体产业发展基础与前景，在"十二五"时期就提出打造"以结算为主的长江上游金融中心"，并提出了"三六三"的建设路径，即银行、证券、保险三类金融机构均衡发展，集聚六类金融机构，发展三大金融市场体系（全国电子票据交易中心、全国场外交易市场体系和畜产品远期交易市场）。截至 2018 年，重庆有银行类法人金融机构 55 家，营业网点 4403 个，其中外资银行 24 家，股份制商业银行 293 家，保险、证券、基金、期货公司总部数量 11 家，证券营业部 291 家，保险公司 52 家；有 287 家世界 500 强企业落户；百度、阿里巴巴、腾讯三大互联网巨头先后落户重庆自贸试验区。2018 年重庆金融业增加值 1942.33 亿元，占 GDP 总量的 9.54%，比成都低 1.87 个百分点。

根据中国（深圳）综合开发研究院对全国 31 个城市金融中心综合实力及专项实力进行研究后发布的"中国金融中心指数"（2019 年第 11 期），2018 年重庆金融综合实力位列全国第八，西部地区第二。虽然在全国的排名比成都落后 3 位，但在地方法人机构十强排名与金融人才聚集十强排名中，分别超前于成都 2 位和 7 位。因此，重庆以其独特的直辖市优势、地理位置优势以及较强的经济金融综合实力，成为西部地区当之无愧的金融中心"第二极"。

（3）西部地区金融中心"第三极"：西安丝路金融中心

2010 年中共中央国务院发布的《关于深入实施西部大开发战略的若干意见》中明确提出支持西安建设区域性金融中心。但学术界对西安能否建成西部地区金融中心却存在异议，由此形成西部地区金融中心建设中的成都、重庆、西安三城之争。

从经济金融综合实力来讲，西安与成都、重庆相比确实存在较大的差距，如 2018 年西安的 GDP 为 8349.86 亿元，分别为成都、重庆的 54.4% 和 41.0%；金融业增加值为 874.91 亿元，分别为成都、重庆的 49.99% 和 45.04%；银行存款余额为 20948.18 亿元，分别为成都、重庆的 57.15% 和 58.76%；贷款余额为 19729.82 亿元，分别为成都、重庆的 62.79% 和 62.78%；保费收入为 478.56 亿元，分别为成都、重庆的 51.62% 和 45.04%。在主要经济金融指标上，西安确实与成都、重庆不在一个重量级上。

但西安同样具有发展区域金融中心的诸多优势。突出体现在：一是地理位置与环境优势。西安居于中国版图的中心位置，是连通欧亚、承东启西、连接南北的重要战略枢纽；秦岭特殊的地理结构及关中平原的气候环境，使西安历史上没有发生过具有重大破坏性的自然灾害。二是国家政策支持优势。西安是国家层面确定的以建设国际化大都市为目标的城市，也是中国（陕西）自由贸易试验区的核心片区、全面创新改革试验区和国家自主创新示范区；拥有 4 个综合保税区等海关特殊监管区；具备海、铁、陆、空的国际多式联运功能。三是产业优势。西安是重要的航空航天产业、电子信息和先进装备制造业基地，具有发展军民融合产业的综合优势；服务业发展水平居西部地区之首，2018 年第三产业增加值占 GDP 比例达到 61.9%，分别高出成都、重庆 7.8 个百分点和 9.6 个百分点。四是科技人才优势。西安拥有普通高校 63 所，学科门类齐全，特别是直接服务于金融业的专业人才如计算机、信息管理、会计、法律等储备丰富；拥有各类科研机构 3000 多个，具有较强的科技创新实力。五是基础设施优势。随着以西安为中心的"米"字形高速公路网、"米"字形高铁网的建成，"米"字形光缆和卫星通信系统的全覆盖，西安已成为西北地区的经济文化中心和交通枢纽，是西部地区除成都、重庆之外的另一个资金、人才、技术、信息等要素的重要聚集地。

2017年9月陕西省委、省政府在《加强金融工作的意见》中，综合了陕西省区位、资源、产业优势基础，提出西安打造丝绸之路金融中心的新目标，并已取得显著成效。截至2018年6月底，西安金融业已涵盖银行、证券、保险、信托等多个门类，拥有法人银行138家，信托公司、财务公司、汽车金融公司、消费金融公司等9家；法人证券公司、期货公司、保险公司8家，融资性担保公司170家，小额贷款公司289家；高新科技金融示范区汇聚了银行、证券、保险等全国或区域性总部62家，各类金融机构及要素平台网点1434家；曲江文化金融试验区已拥有文化类企业11000家，与银行、证券、保险、基金等金融业态深度融合，逐步形成了文化产业投融资机制建设的"西安路径"；西安金融商务区初步形成"金融总部＋后台＋要素市场＋金融配套"的产业布局，中国银行全球客服中心、中国银行软件中心（西安）、建设银行西安营运中心、金盾押运等项目已建成并投入使用；灞柳基金特色金融小镇已吸引200余家基金企业入驻。因此，从动态发展来看，西安无疑会发展成为西部地区金融中心的"第三极"。

（4）西部地区金融中心的多级推进：建立省域金融聚集区

金融中心的重要职能在于通过金融资源的区域配置，实现其对周边区域经济增长的辐射带动作用。由于金融需求的主体是数量众多、区域分布广泛的企业与家庭，而企业与家庭对金融服务的需求种类繁多，形式多样，数量各异，加之风险偏好不同，金融中心对周边区域辐射带动作用的发挥不仅需要金融机构类型、规模、性质及金融产品多样化，以实现金融服务供给与多样化金融服务需求的吻合。同时，也需要建立一定的金融聚集区，承担金融供给从金融中心到需求者手中的空间传递功能。虽然基于现代网络信息技术的网上银行、电子支付等飞速发展，使金融服务从供给端到需求端变得非常快捷，但对于地域广阔的西部地区来讲，网络基础设施建设及电子银行的普及使用还存在诸多现实问题，在区域金融中心之外建立一定的金融聚集区是十分必要的。现有的各省会城市或中心城市就是金融集聚的最佳场所。对于地域广阔的部分省区，还可以在省域金融聚集区下，建设以地市为依托的地市级金融聚集区。

金融聚集区的主要功能在于：一是发挥省域范围内金融中心的作用，聚集与合理配置金融资源，为省域范围内各类经济主体提供金融服务；二是承担西部地区三大金融中心（成都、重庆、西安）资金、信息等向外向下流动的承接传递作用；三是承担省域范围内经济金融信息的收集、整理与分析，并上传至三大金融中心；四是协调省域内金融主体之间的利益，维护省域内金融秩序，并监管金融风险；五是承担省域金融基础设施建设，保障其高效运行；六是承担三大金融中心的部分后台业务，如客户服务、技术故障处理、金融消费纠纷处理等。

通过省域及地市金融聚集区的建设，形成西部区域金融中心—省域金融集聚区—地市金融集聚区全域覆盖的金融服务网络，区域金融中心与各级金融聚集区之间通过支付结算、资金流动、技术支持、信息服务、人才流动等形成密切合作，既实现区域金融服务的全覆盖，消灭服务盲区，又实现对区域金融风险的全监控，消除监管盲区，从而使西部地区金融中心的职能得到充分发挥。

3. 以省域金融聚集区为核心打造特色金融服务聚集区

对于西部地区某些资源特点明显，并已形成完整产业链的省区，可以依托省域金融聚集区打造若干个特色金融服务聚集区。如，陕西省的陕北地区是国家重要的能源化工基地，煤炭、石油、天然气资源非常丰富，目前已经形成了从能源开采—能源炼制—能源化工—产品制造的完整产业链，就可以结合能源化工产业特点，打造为能源化工产业定制服务的能源金融聚集区，以助推能源化工产业做强做大；陕南地区又是以绿色食品、中药材种植与加工等为主的循环经济，且已形成了相对完整的绿色食品产业链、现代中医药产业链，可依据这些产业的发展规律与要求，打造绿色金融集聚区，为该产业链上的企业、农户提供全面的金融服务。另外，如新疆以石油化工为重心的克拉玛依，以特色农业、装备制造业为重心的吐鲁番，以能源装备为重心的哈密，以先进装备制造、新能源、新材料、生物科技为重心的昌吉，以生物技术、农产品为重心的塔城地区，以石油化工、新材料为重心的伊犁，以农产品、纺织业为主的阿克苏，以棉纺织为主的库尔勒等，都可以结合其产业特点，打造符合产业发展规律及金融服务需求的特色金融聚集区，推动这些产业的快速发展。

（二）以跨区域产业链构建与发展为纽带推进金融合作

经济增长的支柱是产业，打造产业链是带动经济增长的重要引擎。因此地方政府在制定经济规划时对产业链打造都给予高度关注。但在现有的行政区划及 GDP 锦标赛下，基于税源考虑，各个省（区、市）在构建产业链时往往都布局于本省范围之内；在具体的产业选择上又往往以国家发布的产业政策目录为依据，其结果是省域间产业高度雷同。

由于西部地区地域辽阔，省域之间资源禀赋、发展水平、产业基础等方面存在较大差异，这既为西部地区合作打造跨越省域界限的产业链提供了可行性，也增加了难度。其可行性在于省域资源特点、产业基础上的差异，使不同省域可以在产业链上找到适合于自身发展的节点位置，不同的企业可以根据自身资源及技术条件，采取不同的方式成为产业链的参与者；而困难在于因产业链的下端增值空间最大而上端最小，各省（区、市）基于自身利益最大化的博弈行为，热衷于产业链下端而不是上端，使较为完整的产业链难以形成。因此，跨省域产业链的打造必须选择对各省域有较为均等产出与带动作用的入手，然后依据国家对西部地区整体发展战略要求逐步推进。目前可以围绕以下几个产业链展开金融合作。

一是基础设施建设相关产业。加大基础设施建设，改善经济社会发展条件，是未来相当长时期内西部各省（区、市）共同的建设任务。虽然在西部大开发建设实施的 20 年里，西部地区的公路、铁路、机场等基础设施条件获得了极大改善，但与西部地区全面开发开放对基础设施条件的需求来讲，依然存在较大差距。因此，基础设施建设仍将是西部地区未来建设的重点领域之一。基础设施投资因其对社会总需求和国民收入具有较大的"乘数效应"而成为政府对冲经济增速下滑的重要措施。这种"乘数效应"来源于其巨大的产业关联效应。基础设施投资的扩大不仅能带动钢铁、水泥、建材等传统产业的发展，而且能带动能源、环境、照明设备、自动化控制、信息网络、现代通信等产业领域的发展。由于基础设施建设需要的投资巨大，对金融业具有很高的依赖性，这为西部地区金融业围绕基础设施建设这条主线开展合作提供了可能。如组团提供项目贷款、联合设计金融产品、共同承担项目债券发行与承销、项目资金运营与管理、根据项目建设过程发展产业链金融等。

二是旅游业。旅游业是多个产业的综合集成，其发展涉及园区建设、交通运输、酒店宾馆、餐饮服务、文化娱乐、康体保健、商场购物等产业领域，是一个绿色环保且具有巨大发展前景的朝阳产业。西部地区地貌复杂、多种民族文化交织，旅游资源丰富，各省（区、市）旅游资源特点明显，省域之间具有极强的互补性，具有打造西部全域旅游产业链的一切条件。因此，西部地区金融业可以围绕旅游产业链展开全方位的合作，通过对旅游产业链上的相关产业、行业、企业提供"一揽子"综合金融服务方案，如融资授信、结算服务、网上自购票系统、酒店预订、代理旅游保险等，推动西部地区全域旅游的发展。

三是航空产业。航空产业是关系国家安全和经济命脉的战略性产业，具有产业链长、辐射面宽、带动效应强的特点，是衡量一个国家综合实力和工业水平的重要标志。基于国防战略考虑，20 世纪国家在西安和成都布局了许多航空骨干企业，多年的发展使航空产业已经成为西安与成都两市重要的特色骨干产业，同时也是西部地区在全国具有较强竞争力的产业之一。

目前，西安拥有中国唯一的国家级航空产业基地，全国最大的飞机制造企业——西安飞机工业（集团）有限责任公司；全国唯一的大中型飞机设计研究院——中航工业第一飞机设计研究院；全国唯一的飞行试验研究鉴定中心——中国飞行试验研究院。西安以航空产业基地为依托聚集了航空单位 307 家，国有科研院所 16 家，航空相关院校 19 家，民营航空企业 251 家；涉及航空计算机、航空发动机、飞机起落架、飞行数据采集记录系统、机载设备、飞机强度试验等领域，已初步形成了集飞机设计、生产制造、试飞鉴定、教育培训、旅游体验、交流会展等为一体的航空产业集群。2018 年西安航空产业产值达到 550 亿元左右。而地处西南的成都，航空产业发展也具有相当规模，目前拥有成都飞机设计研究所、成都航天通信设备有限责任公司、成都飞机工业集团、中航工业成都发动机（集团）有限公司、中航一集团成都航空仪表公司等一批航空龙头骨干企业，初步建成了较为完善的整机生产、关键零部件研制、直升机制造维修、发动机制造、机载设备研制生产等航空工业体系。2018 年成都航空产业产值突破了 530 亿元。从发展实力看，西安与成都不相上下；从航空产业内部来讲，彼此交叉，产业内分工联系紧密。因此，西安、成都作为西部地区共同承担国家航空产业发展任务的两个骨干城市，可以本着"军民结合、寓军于民"及"共创优势、差异发展"的原则，协调发展军用航空和民用航空，在航空材料及航空产品研发生产、维修服务、航空人员培训等方面加强合作，共同打造西部地区完整的航空产业链。两地金融业则可以围绕航空产业链的构建与发展，彼此合作，共同为产业链的每个单元提供全方位的金融服务。

四是环境保护产业。环境保护与治理具有一定的外溢效应，投资成本与收益分享的非对称性使得地方政府、企业对环境治理投资的主动性不强，投资更多体现为在现有政绩考核中环保一票否决制度下的一种被动行为。但环境保护与治理是实现经济高质量发展的重要方面，也是经济社会可持续发展的关键。西部地区，特别是西北地区是我国生态环境非常脆弱的地区，环境保护与治理任务艰巨，资金缺口极大。这就需要除政府财政加大对环境保护的支持之外，还需要西部地区金融机构联合起来面对区域性的环境保护问题，积极开发绿色金融产品、发行绿色债券、设立绿色发展基金等，以解决环境治理投资的资金短缺问题。

五是新能源产业、畜牧业等。这些产业都是西部地区的特色产业，在全国具有明显的优势。打造与完善这些产业链，对于西部地区经济发展以及脱贫减贫都具有重要意义。金融业可以根据其产业特点，发展供应链金融，助力这些产业发展。

五　西部地区金融合作机制的构建

区域金融合作的有效推进，必须以一定的机制作保障。依据前文提出的西部地区金融合作的重点领域及路径，西部地区金融合作的推进需要构建以下五方面机制，即信息共享机制、产业共建机制、金融资源自由流动机制、金融机构间业务合作机制、金融风险联防共御机制。

（一）信息共享机制

信息共享是区域经济金融合作的前提条件。合作各方只有及时并充分了解区域内经济金融运行的完备信息，才能对金融运行态势做出准确判断，从而优化资源配置，特别是对可能产生的风险做出快速反应并采取应对策略，以保障区域经济金融的稳定与安全。

根据区域金融稳健发展对信息的要求，西部地区金融合作中应该共享的信息包括政策信息、经济金融运行信息、信用信息、金融监管信息等。为此，必须建立有效的信息共享机制。一是省（区、市）政府之间要建立信息交互联动制度，定期就重大经济政策变动与经济运行情况进行通报，并通过网络、传媒等渠道，定期地将本区域的经济政策信息予以发布，接受公众的监督、查询、了解、分析、评价。二是政府金融主管部门之间建立定期信息沟通制度，对区域金融运行状态的实时监测信息及时通报，以规避可能出现的区域金融风险。三是完善经济主体（包括地方政府、企业及个人）信用信息查询制度，特别是对跨区域中小微企业的征信信息查询，形成经济主体信用信息的全透明，有效防范金融风险、降低商务成本、提高市场效率。四是金融监管机构之间及时就日常监管中发现的重大问题进行通报，定期就有关信息进行分享交流，有效防止本地重大金融事件对区域金融稳定的冲击，维护区域金融运行稳定。

（二）产业共建机制

以产业链为纽带进行金融合作是区域金融合作的重要路径，而产业链的构建与完善需要省域间建立产业共建机制，包括产业协同发展机制和产业利益共享机制。其中，区域间产业协同发展机制就是要依据区域资源特点与空间布局，根据产业发展规律进行区域间的资源整合，科学规划，共同打造完整的特色优势产业链，提升区域产业竞争力；区域间产业利益共享机制就是各省域要共享产业发展所带来的利益，包括经济利益与生态利益。为此，西部地区产业共享机制的构建，一是需要西部各省（区、市）在制定产业发展规划时，不仅要考虑本省（区、市）的资源特点与产业发展基础，还需要从开放与市场的角度，从提升整个西部区域产业竞争力的宏观大局出发，构建与完善整个西部地区的特色优势产业链，合理定位其在整个产业链上的功能与位置，做到优势互补，避免恶性竞争；做大做强特色优势产业，并实现区域间产业的协同发展。二是各省（区、市）要根据其在产业链中的功能作用，建立公平的利益分享制度。因为产业链从上游到下游，价值依次递增，即处在产业链下游的区域或企业可以获得比上游的区域或企业更多的价值增值。因此，应该建立区域间产业利益共享机制，使处在产业链不同节点的地区、企业都能获得同等的利益。特别是西部地区生态环境较为脆弱，出于生态环境保护的需要，西部地区特色产业链构建中可能需要部分地区、部分企业为此做出牺牲，这就需要建立科学合理的生态补偿制度，对产业链构建中的受损地区与企业进行一定的经济补偿，以调动其参与建设的积极性，加快产业链的形成与发展。

（三）金融资源自由流动机制

金融资源跨区域流动是区域金融合作的重要形式，也是区域金融合作的具体体现。西部地区金融合作必须推动金融资源自由流动机制的建立。为此，一是要推动区域内金融机构开展银团贷款和联合授信，形成覆盖区域的项目贷款和银团贷款服务网络；二是引导西部地区金融机构树立"西部地区一体化"发展的理念，逐步消除对异地授信放款的限制，提升金融机构自主放款的功能与权限；三是推动建立统一的客户管理信息系统，实现对跨省（区、市）集团客户的信息共享，以客户为中心，实现协同管理；四是按照同城化的目标与模式，完善个人金融服务体系，实现个人金融业务服务标准的无差异化。

（四）金融机构间业务合作机制

在控制风险的前提下获得最大化的利润是金融机构运营的直接目标。在经济全球化大背景下，作为金融机构主要服务对象的企业，其生产经营过程已经不再局限于某个地域。根据金融机构扩张的"跟随客户学说"，此时金融机构为了维护自己的客户不流失并保证收益目标，就必须跟随客户足迹进行向外扩张，金融机构与其他金融机构的竞争与合作不可避免。西部地区作为经济不发达地区，区内金融机构具有相同的经济环境与面临着相同的外部竞争环境，在金融业务上更应该加强合作，谋求共同发展。从西部地区的现实来看，目前金融机构间的业务合作重点应围绕四个方面展开：一是金融机构传统业务的合作。包括资产业务的合作、负债业务的合作以及中间业务的合作。二是加强金融科技合作。在当今互联网信息技术快速发展的背景下，网络科技已经成为金融机构生存与安全运行的生命保障，而西部地区的金融机构，特别是地方金融机构，技术研发实力普遍较弱，结算网络系统不稳定问题比较突出。因此，可以委托研发实力较强的金融机构，也可以几家地方金融机构联合，共同开发网络新技术，既提升优化金融机构网络性能，又可以分摊研发成本，增加金融机构利润。三是联合设立以区域开发或产业开发为目标的投资基金，有效缓解西部地区投资不足的问题。四是开展区域间融资担保业务合作，鼓励担保机构联合或跨区域从事融资担保业务，有效缓解企业融资难融资贵的问题。

（五）金融风险联防共御机制

金融风险具有内生性，金融风险聚集到一定程度后导致的金融危机还具有区域间的传染性，因此构建金融风险的联防共御机制是区域金融合作的重要内容。从西部地区来讲，由于经济发展水平较低、企业经济效益差、政府财力比较紧张、生态环境较为脆弱、信用体系不够健全等，加之面对经济下行压力较大的现实环境，西部地区隐含的金融风险要比其他地区大，构建区域金融风险的联防共御机制就显得尤为重要。

金融风险的防控有一套完整的运作体系，包括事前预警、事中控制与事后保险三个重要环节，其中事前预警是最重要的一环。因此，西部地区金融风险联防共御机制的构建需要做好四个方面：一是建立区域金融运行数据的共享平台，通过数据报送、情况交流等形式，共同分享各省（区、市）金融运行的基本数据，彼此了解金融运行情况；二是建立区域金融运行状态分析与诊断制度，定期就区域金融运行态势进行分析，对运行中的一些重大问题进行讨论，形成指导区域金融运行的政策共识；三是建立区域金融监管信息的交流平台，就金融监管中的动态信息进行及时沟通与交流，对金融监管中发生的重大问题及时通报，以提高各省域防范金融风险的能力；四是建立区域金融风险发生后的应急应对机制，以使金融风险能够得到及时有效控制。如某个金融机构出现严重流动性危机时，或某个地区发生金融市场巨大动荡时，西部各省区市金融主管部门应及时启动应急机制，通过政策协商、融资担保、资金援助等形式，帮助出问题的金融机构或地方政府尽快控制金融风险，将其对区域经济金融稳定的负面影响降到最小。

第十二章
西部地区金融资源配置效率提升路径Ⅲ：
稳步推进金融对外开放与合作

适度的金融开放与合作不仅能够提高金融竞争力，促进金融资源的优化配置，而且可以获得更多的发展机遇，扩展金融发展空间，从而助力于经济金融的快速发展。本章主要以经济金融全球化和丝绸之路经济带建设为背景，对西部地区金融对外开放与合作的理论基础、原则、重点领域、合作路径与合作机制进行分析。

一 区域金融对外开放与合作的理论分析

（一）区域金融对外开放与合作的内涵

金融对外开放具有狭义与广义两种含义。广义上来讲是指国家对金融相关活动管制的放松甚至取消。从狭义上来讲，金融对外开放是指资本账户开放、金融市场开放和金融服务开放。其中，资本账户开放就是指资本账户下货币的自由兑换。金融市场开放就是允许境外投资者自由参与国内证券市场，允许境外企业在国内市场发行债券等。金融服务开放包括四个方面：一是银行业开放，即允许国外银行在国内设立分支机构，以及不设外资持股比例限制的金融服务公司；二是证券业开放，即允许设立外资证券公司、基金公司和期货公司等，允许其从事证券期货等相关业务；三是保险业开放，即允许外资保险公司设立机构，并开展相关保险业务；四是其他金融服务开放，如允许外资在国内开设银行卡清算机构、第三方支付机构、外资信用评级机构等。

对外金融合作是指两个或两个以上的国家或地区之间在平等互利的原则下，在金融领域内开展的相互协助活动。金融开放是金融合作的前提基础，金融合作则是金融开放的具体体现形式。

（二）区域金融对外开放与合作的收益—成本

金融对外开放与合作是一把双刃剑，既有来自开放与合作的收益，同时也要承担一定的成本。

1. 区域金融对外开放与合作的收益

第一，金融业的对外开放可以提升金融与经济的适配性。金融的本源在于服务实体经济，而金融与实体经济的适应性存在着相适应与相背离两种状态。由于金融发展带有自身的运动规律，它可以脱离实体经济的束缚而自我发展，金融与实体经济的背离成为一种常态现象，这种背离既可以存在于发展中国家，也可以存在于发达国家。当金融发展滞后于经济发展时，因金融体系动员社会资金的能力弱，由此产生低储蓄率—低投资率—低经济增长率—低收入—低储蓄的恶性循环；而当金融发展超前于经济发展时，往往体现为以金融市场资产价格非理性上涨为特征的经济虚假繁荣，如果这种繁荣进一步发展，最后就会演化为金融危机，从而对经济产生巨大破坏。因此，无论是以金融发展滞后表现出来的金融抑制，还是以金融发展超前表现出来的经济虚假繁荣，其本质特征就是金融供给与金融服务需求的不对等。而在金融开放条件下，资本可以自由流动，金融市场价格反应灵敏，资本要素价格取决于其边际生产率的市场定价原则能够得到有效体现，从而会引导资源的合理流动，提升资源配置效率，实现金融与实体经济由非均衡走向均衡，达到协调发展。

第二，金融对外开放有利于提升金融体系竞争力。金融体系的竞争力主要体现为其对金融资源配置的有效性及合理定价的能力。而金融体系竞争力的提高主要取决于两个因素：一是金融机构的实力及行为能力增强。金融对外开放的特征之一是引入外资金融机构，而外资金融机构的进入将通过"竞争效应"与"溢出效应"推动本国金融机构实力的增强与竞争力的提升。所谓"竞争效应"就是指外资金融机构比东道国国内金融机构具有更高的效率，它们以其更低的利差和成本优势给东道国金融机构带来强大的竞争压力，迫使东道国金融机构改善管理、提高金融服务质量。所谓"溢出效应"是指外资金融机构比起东道国国内金融机构有着更强的技术、服务、产品和管理经验，国内金融机构会通过模仿更快地改进其服务理念、技术与产品，以更好地满足国内市场的需求；特别是当外资金融机构进入采取合资或是战略联盟的形式时，他们会将其先进的管理知识和经验更好的"溢出"给国内金融机构。① "竞争效应" 与 "溢出效应" 都将有助于提升本国金融机构的实力及行为能力。二是金融市场运行环境的改善。金融对外开放，意味着金融市场运行规则、交易模式及监管制度将会更大程度地与国际接轨，从而推动金融资源配置方式及资源定价模式的国际化趋同，有效改善金融市场运行环境。

第三，区域金融对外开放会加速经济增长。一是金融业对外开放会提高投资率。根据凯恩斯理论，经济增长的原动力在于投资的增加和投资效率的提升。基于前述分析，金融对外开放会提升本国金融体系的竞争力，增强对金融资源的动员能力，提升储蓄—投资转化率，推动经济增长。二是金融对外开放的 "学习效应" 与 "溢出效应"，使本国金融机构能在短时间内快速提升本国金融交易技术，丰富金融产品，完善金融体系，推动金融发展，促进经济增长。三是金融对外开放会增强国内外金融市场的联系，使投资者可以在国际范围内构建多种资产组合来分散与降低投资风险，增强流动性，并降低企业的融资成本，从而刺激投资规模的增加与经济增长。四是金融对外开放有助于政府制度的科学化与规范性。制度变迁与技术进步一样，也是经济增长的重要动力。金融对外开放的过程本身就是一个制度不断建设与完善的过程，正确的金融开放政策与制度会加快经济增长，错误的金融开放政策与制度会抑制经济增长。因此，经济增长状态是检验金融开放政策与制度科学合理的唯一标准。

第四，区域金融对外开放与合作可以降低区域经济金融交易成本。胡国②的研究认为，金融合作可以有效克服信息不对称问题，推动产生技术扩散效应，节约金融交易成本。金融合作前，区域内国家或地区之间的合作需要订立多个双边契约；合作后，区域内需要一个公立的多边契约。通过合作组织中的一些专业小组的经济专家对合作方信息的收集、加工、综合，能够为其所有合作成员提供非成员难以获得的内部共享信息，降低了区域成员的交易费用。如果是金融合作的最高形式——建立通货区的话，则可以降低金融一体化成员间的汇兑成本，提高区域内合作成员之间的贸易便利度，增强区域产品在国际市场上的竞争力。

第五，区域金融对外开放与合作可以实现区域金融发展水平提升与金融

---

① 徐璋勇、梁洁：《外资银行进入对中国银行业绩效影响的实证研究》，《贵州财经大学学报》2011 年第 5 期，第 26 ~ 30 页。

② 胡国：《金融合作的正外部性、形成机理及其创新实践研究》，《浙江金融》2013 年第 7 期，第 29 ~ 32 页。

风险共担。推动区域间金融往来的自由化和扩大资本市场的合作，可以提高区域整体金融竞争力，增强区域金融合作效果。由于区域内各成员金融发展水平、金融环境、金融政策和金融制度等均存在差异性，区域金融合作能在一定程度上解决区域金融资源的联动和协作难以实现的问题，快速有效地将各个金融机构所具备的优势集合起来，实现优势互补，加快金融机构创新速度，推动金融深化合作的进程，从而提升整个区域的金融发展水平。此外，区域金融合作使区域内合作成员自主掌握本地的流动性，有利于金融稳定。当区域内某个成员遭受危机时，能及时获得融资，维护市场稳定。

2. 区域金融对外开放与合作的成本

第一，区域金融对外开放会增大发生金融危机的概率。金融危机是金融风险聚集发展到一定程度后集中爆发的结果，它可能来自金融机构的经营失败，也可能来自市场对货币信心的丧失，还可能来自巨额外部资本流动所带来的市场剧烈动荡。在现代金融高度一体化的国际背景下，金融开放条件下的资本自由流动，无疑使金融市场受到外部冲击而发生动荡的概率大大增强。但金融对外开放并不是金融危机的根源，缺乏风控配套的开放往往会增大金融风险爆发的可能性和后果的严重性。[①] 因此，在享受金融对外开放所带来收益的同时，要有效规避金融危机，就需要建立金融风险防控体系与预警系统，构建科学有效的金融风险"防火墙"。

第二，区域内合作成员间经济差距可能会拉大。区域内部不同地区间的经济发展水平存在一定的差异，收入水平和产业结构也各不相同。经济基础较好的地区在经济上率先发展，拉开了与其他地区的差距，要素报酬进一步提升，吸引了来自欠发达地区的劳动力、资本、技术等要素的流入，加快了发达地区的发展；欠发达地区由于缺乏生产发展要素使经济增长受阻，区域内地区间的经济发展差距就会拉大。

第三，合作成员宏观经济调控政策的操作空间会受到约束。根据"三元冲突"理论，一个国家只能同时实现汇率稳定、货币政策独立和资本自由流动这三个目标其中的两个，另一个则必须放弃。而区域金融对外开放与合作意味着合作成员之间必须保持汇率稳定以及资本自由流动，因此，货币政策的独立性必然要丧失。也就是说，在宏观经济出现不稳定时，政府不能够自主地采用货币政策进行调节，此时宏观经济调控的任务就必须由财政政策来

---

① 周强龙、朱燕建：《实现金融业高水平对外开放，促进金融供给体系质量优化》，《金融经济》2019 年第 23 期，第 13～15 页。

承担，从而对政府的财政政策产生巨大压力。由于区域内合作各方的经济发展水平、财政政策偏好、对高通货膨胀率的忍受程度等方面存在差异，区域内合作各方在宏观经济政策上难免出现矛盾与冲突，削弱合作的基础与稳定性。这就需要合作各方在宏观经济政策上进行充分的沟通与协调，求同存异，谋求共同的发展。

二　西部地区金融对外开放和合作的背景与现实基础

（一）西部地区金融对外开放合作的背景

1. 金融改革的进一步深化为西部地区金融业对外开放与合作提供了政策背景

近年来，我国金融领域各项改革持续深入推进，深化金融供给侧结构性改革已成为我国金融业的核心任务。2018 年 11 月央行公布了 11 项金融开放的具体措施，目前绝大部分措施已顺利落地。2019 年在中共中央政治局第十三次集体学习中，习近平总书记强调，金融是现代经济的核心，是实体经济发展的血脉，应深化金融供给侧结构性改革，增强金融服务实体经济的能力。其中，有序推进金融改革开放是推进金融供给侧改革的一项重要内容。中国人民银行行长易纲也指出，金融业开放是我国对外开放格局的重要组成部分，扩大金融业对外开放是我国的自主选择，这既是金融业自身发展的需要，也是深化金融供给侧结构性改革、实现经济高质量发展的内在要求。目前，国家层面对金融对外开放提出了更高的要求，诸多开放政策也接连出台并陆续落地。这一切为西部地区补齐金融对外开放的短板指明了方向，同时也创造了难得的开放机遇。

2. "一带一路"倡议的提出与实施对西部地区金融对外开放与合作提出了客观要求

随着"一带一路"倡议的提出及相关国家重大战略的实施，西部地区正逐步从此前对外开放的腹地走向对外开放的前沿。包括商务部在内的多部委多次表示将加大西部地区开放力度，进一步提升西部地区对外开放水平，继续支持西部地区参与共建"一带一路"，支持西部地区将自贸试验区打造成为改革开放的新高地，鼓励并引导外资更多地投向西部地区，在全国推动形成陆海内外联动、东西双向互济的高水平全方位对外开放新格局。随着对外开放的有序推进，西部地区经济外向型程度显著提高。据统计，2000～2018年，西部地区对外贸易总额占全国比重从 3.6% 提高至 7.99%，对外贸易依存度由 8.2% 上升至 13.2% 。2017 年西部地区与共建"一带一路"国家进出口总额为 1434.2 亿元，较 2016 年增长 15.6% 。经济外向型程度的提高，对金融服务尤其是外向型金融服务的需求与日俱增；加之"一带一路"倡议在贸易畅通、资金融通等重点领域的持续推进，迫切需要西部地区加快金融对外开放合作的脚步，支持"一带一路"建设和西部地区打造经济对外开放新高地。

3. 全球金融格局重构及金融科技变革提速为西部地区金融对外开放与合作创造了良好契机

经济全球化使得世界各国相互依存度加深，发达国家推动全球化的意愿下降，世界经济重心从北大西洋转向太平洋。2017 年东盟＋中日韩（10＋3）经济总量达 21.9 万亿美元，占全球的 27%，分别超过了美国和欧盟，在世界经济中举足轻重。"一带一路"倡议使欧亚大陆国家经济联系更加紧密，欧亚大陆桥经济带在世界经济版图地位进一步跃升，共建"一带一路"国家和地区的金融合作也将更加丰富，这给处于欧亚经济板块核心区域的西部地区在更大范围和更高层次上参与国际金融合作提供了机遇。与此同时，全球新一轮科技革命与产业竞争的加速演进，对金融服务提出了更高的要求，也为金融服务升级提供了可能。交通和通信领域的变革在压缩了时空距离的同时有效拓展了金融服务的范围。生物基因工程、大数据、云计算、人工智能、区块链等技术与金融的融合将加速改造甚至颠覆传统金融业的服务模式。金融科技将成为推动金融创新与发展的新动能，有效抓住科技的力量决定了登上金融发展的制高点。目前，金融科技的竞争还处于起步阶段，西部地区若能抓住金融科技变革的机遇，则有可能实现金融发展的后发赶超。

4. 西部地区金融对外开放与合作是推进西部大开发战略与提高西部地区金融发展质量的现实需要

2017 年国务院审议通过的《西部大开发"十三五"规划》（以下简称《规划》）对西部地区金融业发展提出了具体要求。《规划》提到西部地区要深化金融体制改革，构建多层次、宽领域、有差异的银行机构体系，引导金融机构更好地服务实体经济；积极发展多层次资本市场，提高企业直接融资比例；着力发展普惠金融，加强对小微企业、农村特别是贫困地区金融服务，降低企业融资成本；继续降低市场准入门槛，引导社会资本向西部地区优势产业聚集；鼓励具备条件的地区根据当地经济发展实际情况稳步推进金融改革创新；积极推进云南、广西沿边金融综合改革试验区建设；建立有利

335

于西部大开发的多元化、可持续投融资体制。因此，加快西部地区金融对外开放与合作，不仅是国家西部大开发战略的具体落实，也是推动西部地区金融高质量发展的重要举措。

5. 西部地区金融业对外开放与合作是提升西部地区金融竞争力的客观要求

金融业本身是竞争性行业，需要通过充分的竞争来不断提升金融业的效率和活力。历经西部大开发二十年的发展，西部地区金融基础已基本牢固，现代金融体系也已基本形成，但仍然存在着金融规模较小、金融结构有待优化、金融效率有待提高等诸多需要解决的问题。若仅仅依靠西部地区现有金融体系去解决这些问题显然难度较大。而通过扩大对外开放引入新的竞争者和竞争机制，使西部地区金融市场竞争更加充分，并通过竞争者所带来的技术、理念和模式提升西部地区现有金融机构的能力和水平，会更有利于西部地区金融创新的发展、金融资源的有效配置和金融风险管理水平的提高。因此，以开放合作促进西部地区金融业改革和发展，是新时代西部地区金融业追求高质量发展的内在要求和必然选择。

（二）西部地区金融对外开放与合作的现实基础

1. 西部地区具有金融对外开放与合作的地理区位优势

西部地区土地面积 681 万平方公里，占全国总面积的 71%。以高速铁路、高速公路为骨架的综合交通运输网络初步构建，"陇海—兰新线""京包—包兰—太中银线"两条横跨中国的铁路干线，京昆、京新、京藏、包茂等高速公路，已建成和正在规划中的高铁网络，将西部地区与中东部地区紧密相连。同时，西部地区与蒙古、俄罗斯、塔吉克斯坦、哈萨克斯坦、吉尔吉斯斯坦、巴基斯坦、阿富汗、不丹、尼泊尔、印度、缅甸、老挝、越南等12 个国家接壤，陆地边境线长达 1.8 万余公里，约占全国陆地边境线的91%，具有发展边境贸易的良好条件；西南地区与东南亚许多国家隔海相望，有大陆海岸线 1595 公里；西部地区也是"陆上丝绸之路"的核心区，是欧亚大陆版图上中国向西陆路贸易的重要部分，是中国向西开放的门户。已开通的中欧班列途经西部地区多省（区），从新疆霍尔果斯港一路向西，可以直达欧洲。广袤的面积、日益完善的交通网络、绵长的边境线，使中国通过西部地区与东南亚、东亚以及欧洲大陆紧密相连，赋予西部地区金融对外开放天然的地理区位优势。

2. 西部地区已具备金融对外开放与合作的经济基础

西部大开发二十年来，西部地区的经济增速长期高于全国整体增速，特别是 2012 年以来，西部地区的 GDP 年均增速达到 8.9%，高出全国 1.8 个百分点。1999 年西部地区 12 个省（区、市）的 GDP 总和仅为 15822.43 亿元，2018 年西部地区 12 个省（区、市）的 GDP 总额已达到 184301.6 亿元，增长了 10.6 倍。西部地区的经济发展活力不断展现。2018 年，四川 GDP 增长 8%，跻身"4 万亿俱乐部"，贵州 GDP 增长 9.1%，陕西 GDP 增长 8.3%，西安市 GPD 增速居全国副省级城市第一。西部地区特色优势产业转型力度加大，经济结构调整取得积极进展，内生发展动力和抗风险能力得到加强。西部地区已初步形成了门类齐全的现代产业体系，高新技术、先进制造、现代服务和文化旅游等特色产业快速崛起。百业兴则金融强，经济是金融存在和发展的基础，经过 20 年的开发建设，西部地区已具备较强的经济实力。人力资源不断积累，市场空间不断拓展，发展能力不断增强，发展活力竞相迸发，发展动力加快转换。这些都为金融业对外开放合作奠定了较好的经济基础。

3. 西部地区对外开放与合作的金融基础已初步形成

西部地区金融业发展取得了长足进步。一是金融组织体系日趋健全，西部地区已经初步建立了包含银行、证券、保险、信托、基金等机构，门类齐全、类型丰富、功能互补的现代金融体系；二是金融规模持续提升，2006 ~ 2018 年，西部地区金融机构总资产规模年均增速高达 21.4%，金融业法人单位数量增加 2 万余家；三是金融结构不断优化，2018 年西部地区的直接融资占比较 2006 年提高了近 12 个百分点；四是金融生态环境逐步改善，社会信用体系日趋完善；五是金融业对经济增长的贡献度不断提高，2006 ~ 2018 年金融业增加值增长近 8 倍，金融业增加值占 GDP 的比例提高近 1 倍；六是西部区域金融中心实力不断增强。2018 年成都金融中心的综合实力已居全国 31 个城市中的第 5 位，重庆金融中心综合实力居全国第 8 位，西安金融中心综合实力居全国第 11 位；南宁、昆明、乌鲁木齐等次金融中心的金融综合实力也都在持续提升，在区域经济发展中的凝聚力和对周边区域的辐射力都在不断增强。总体上看，西部地区已经具备了金融对外开放与合作的良好基础。

4. 西部地区已经搭建起金融对外开放与合作的良好平台

为了进一步深化改革开放，探索新时代背景下对外开放合作的新机制，国务院从 2013 年 8 月开始在全国设立自由贸易试验区。截至 2019 年底，全国共设立自由贸易试验区 18 个，其中西部地区 5 个，其功能定位涉及金融方面的内容见表 12 - 1。

表 12 - 1　西部地区自由贸易试验区功能定位（涉及金融方面）

名　称	设立时间	功能定位（金融方面）
中国（重庆）自由贸易试验区	2017 年	（1）扩大投资领域开放。具体包括：提升利用外资水平；构筑对外投资服务促进体系。 （2）深化金融领域开放创新。具体包括：优化跨境金融结算服务；推动跨境人民币业务创新发展；探索跨境投融资便利化改革创新；增强跨境金融服务功能；完善金融风险防控体系
中国（四川）自由贸易试验区	2017 年	（1）统筹双向投资合作。具体包括：提升利用外资水平；构筑对外投资服务促进体系；创新国际产能合作。 （2）深化金融领域改革创新。具体包括：促进跨境投融资便利化；增强金融服务功能；发展新兴金融业态；探索创新金融监管机制
中国（陕西）自由贸易试验区	2017 年	（1）深化投资领域改革。具体包括：提升利用外资水平；构建对外投资促进体系。 （2）深化金融领域开放创新。具体包括：推动金融制度创新，增强金融服务功能；建立健全金融风险防范体系
中国（广西）自由贸易试验区	2019 年	（1）深化投资领域改革。具体包括：深入推进投资自由化便利化；完善投资促进和保护机制；提高境外投资合作水平。 （2）深化金融领域开放创新。具体包括：打造面向东盟的金融开放门户；促进跨境投融资便利化
中国（云南）自由贸易试验区	2019 年	（1）深化投资领域改革。具体包括：深入推进投资自由化便利化；完善投资促进和保护机制。 （2）深化金融领域开放创新。具体包括：扩大金融领域对外开放；推动跨境人民币业务创新发展；促进跨境投融资便利化

可见，设立在西部地区的五个自由贸易试验区对金融领域的对外开放与合作均给出了具体的规划要求，包括引进外资金融机构、优化跨境金融结算、推动跨境人民币业务、推动跨境投融资便利化、增强跨境金融服务、完善金融风险防控体系等。另外，在部分省级层面也出台了诸多推进金融对外开放与合作的政策措施，如内蒙古自治区人民政府在 2017 年 8 月颁布的《内蒙古自治区人民政府关于进一步加强金融支持全方位对外开放的指导意见》中明确提出，扩大人民币跨境使用，推动区域金融市场对外开放，鼓励外资银行、全国性股份制商业银行和中外资保险法人机构设立分支机构，支持保险公司创新跨境保险业务，研究设立面向俄蒙的人民币海外投贷基金，鼓励银行业深化同业合作，健全跨境金融合作交流机制，加强金融基础设施建设的跨境合作，扩大境内外金融机构同业间的交流合作等。这些平台的构建及相关支持政

策的出台，无疑为西部地区金融对外开放与合作提供了很好的保障。

5. 西部地区金融对外开放与合作在诸多方面已做出了积极尝试

1997年东南亚货币危机的发生使得东盟国家普遍意识到区域金融合作的必要性。2000年5月东盟"10＋3"达成的《清迈协议》，推动了东亚"10＋3"之间以货币兑换、建立共同外汇储备基金为核心内容的金融合作。随后，跨境人民币贸易结算也由2009年的试点逐步推开。2013年"一带一路"倡议的提出将在国家层面的区域金融对外开放与合作推向了一个新的阶段。在此背景下，地区层面的金融对外开放与合作也在积极尝试并稳步推进。如农行广西分行在2014年通过成立中国农业银行中国（广西东兴试验区）东盟货币业务中心，形成了主导广西边境地区人民币与越南盾的独立汇率形成机制，并已经拓展到老挝、柬埔寨等东盟国家的货币兑换业务；通过构建"边贸＋金融服务"新模式及农行边贸互市通结算平台，实现了海关、结算中心、银行三方数据的实时共享交互；截至2018年底办理边贸结算超过2000亿元人民币。2019年7月中国银行通过与广西壮族自治区政府签订《共建面向东盟的金融开放门户备忘录》，构建跨境金融服务和合作平台，在广西和东盟区域开展"融资＋融智"的互联互通新模式；柳州银行按照"面向东盟、服务边民、普惠金融"的服务定位，截至2019年8月累计为边民互市及跨境企业提供信贷支持4.5亿元，与东盟多家金融机构建立了代理合作关系，积极探索在东盟国家设立分支机构，做大做实边境金融，为企业走出去提供金融支持。这一切都为西部地区在跨境人民币结算、自由贸易账户体系、合格境内投资者境外投资、外汇管理等方面继续推进对外金融合作积累了经验。

三　西部地区金融对外开放合作的原则与重点领域

（一）西部地区金融对外开放合作的原则

1. 循序渐进、自愿平等

所谓循序渐进是指区域金融合作方案既要有超前发展的战略又要根据现实及时做出调整，不可盲目推进、好高骛远。因为最初区域的要素流动性、经济开放程度、经济结构、金融市场、经济政策等方面不可避免的存在差异，这决定了区域金融对外开放与合作过程注定是合作各方不断磨合的过程，以及金融开放合作的渐进性。可以从金融的某个领域展开，也可以从某一金融产品、某一项金融业务开始。总之，在哪个领域、哪种产品、哪种业务上双方或多方容易达成共识，就先从哪里开始。也可以在协商的基础上，划出某一特定区域作为金融合作先行试验区，边试验边推进，逐步推广扩大。所谓自愿平等是指区域内合作各方自由决定是否参与金融合作、何时参与合作以及参与哪种合作，任何一方都不能利用经济优势和技术优势建立不平等的经济金融关系。这意味着，区域内合作成员在金融合作过程中不分国家大小、地域、种族和宗教文化一律平等；要尊重各国依据自身国情做出的选择，真正调动起各国的积极性，提高金融合作的效率。

2. 求同存异、协商一致

区域内各成员在政治、经济、文化、社会等方面存在着较大的差异，甚至社会制度规定截然不同。只有坚持平等互利，求同存异，通过协商达到一致的方式，才可能最大限度地反映各成员的意愿，最终达成共识。早期的区域经济合作主要集中在货物贸易、投资、旅游等方面，在全方位多领域的合作要求下，需要协商消除各成员之间的认识差距和经济合作壁垒，积极推动区域内各成员和相关组织开展交流合作，加强信息交流和共享，保持合作的开放和实效。① 只有经过大量的谈判和协商，其结果才更符合各成员的利益诉求，制定的政策才更具有实际约束效力。

3. 互惠互利、合作共赢

区域金融合作的目的是促进区域经济快速发展，提高地区的国际经济地位，但是也必须承担一定的成本。因此，各成员在合作前都会对合作后的收益与成本进行衡量，并在确认合作的收益大于成本时才会选择合作。为此，区域金融合作必须坚持合作共赢的原则，既要考虑自身利益，也要兼顾其他各参与方利益，尊重各国的自愿选择，照顾各参与方的舒适度，让各参与方都能从合作中获益，共同发展，实现互利共赢。只有这样，建立起来的合作关系才会持久稳定。

4. 风险防范、共同应对

金融发展必须以风险防范与控制为前提，而随着区域金融对外开放与合作的深入推进，市场参与主体日趋多元化，金融风险的防范必然会面临更大的压力和更加复杂的挑战。为此，合作各方都要对即将面对的金融风险有足够的认知，并建立风险共同应对机制。在此总原则下，作为合作参与方还要夯实风险防范的基础，建立健全金融风险监测机制，特别是要做好与国家金融监管机制的对接；引入外部金融机构时，要遵守国家相关法律和监管政

---

① 范祚军：《基于国家干预视角的泛北部湾区域金融合作推进策略》，《广西大学学报》（哲学社会科学版）2011 年第 2 期，第 1 ~ 7 页。

策，与内资金融机构接受同样的审慎监管，不能出现监管盲区。

（二）西部地区金融对外开放与合作的重点领域

西部地区金融业的对外合作必须立足国家金融改革前沿，顺应全球金融发展的大趋势，前瞻性地确定对外金融开放与合作的重点领域。根据国家金融改革总体规划，考虑西部地区经济社会发展需求，结合西部地区金融发展现有基础，西部地区金融对外开放可聚焦于以下重点领域。

1. 促进跨境投融资便利化

以西部地区重庆、四川、陕西、广西及云南设立的自贸试验区为平台，逐步建立与自贸试验区相适应的本外币账户管理体系，促进跨境贸易、投融资结算的便利化。具体可包括：①允许自贸试验区内法人金融机构和企业按照有关规定在境外发行人民币和外币债券，所筹资金可根据需要调回自贸试验区内使用；②支持符合条件的企业参与跨国公司总部外汇资金集中运营管理和跨境双向人民币资金池业务；③支持跨国公司成立全球或区域结算中心；④支持自贸试验区内银行业金融机构在依法合规、风险可控的前提下，向境外销售人民币理财产品、开展人民币项下跨境担保等业务；⑤允许自贸试验区内符合条件的金融机构和企业按照规定开展境外证券投资业务。

2. 鼓励外资金融机构在自贸试验区设立机构并开展业务

具体可包括：①支持外资银行和中外合资银行在自贸试验区内设立营业性机构，发挥外资银行跨境业务的网络平台优势，为跨境企业提供综合金融服务；②支持银行业金融机构与已获相应业务许可资质的非银行支付机构合作开展企业和个人跨境货物贸易、服务贸易人民币结算服务；支持自贸试验区内保险机构大力开展跨境人民币再保险、外资健康保险、国际多式联运物流专业保险；③支持在自贸试验区内设立货币兑换、征信等专业化机构；④支持符合条件的自贸试验区内机构按照规定投资境内外证券市场；⑤支持股权托管交易机构在自贸试验区内建立综合金融服务平台。

3. 推进与共建"一带一路"国家的金融合作

具体可包括：①支持符合条件的共建"一带一路"国家的金融机构在自贸试验区以人民币进行新设、增资或参股自贸试验区金融机构等直接投资活动；②进一步简化经常项目外汇收支手续，在真实、合法交易基础上，自贸试验区内货物贸易外汇管理分类等级为 A 类企业的外汇收入无须开立待核查账户；③银行按照"了解客户、了解业务、尽职审查"的展业三原则办理经常项目收结汇、购付汇手续。

4. 积极发展新兴金融业态

具体可包括：①研究探索自贸试验区内金融机构在依法合规、风险可控的前提下，依托各类跨境投融资工具，研发跨市场投资理财产品；②支持符合条件的内地和港澳台机构在自贸试验区设立金融租赁公司、融资租赁公司，支持其在符合相关规定前提下，设立项目公司开展境内外融资租赁业务；③支持租赁业境外融资，鼓励各类租赁公司扩大跨境人民币资金使用范围；④允许外资股权投资管理机构、外资创业投资管理机构在自贸试验区内发起管理人民币股权投资和创业投资基金。

5. 构建区域金融监管体系

探索建立与自贸试验区相适应的新型风险监管体系。落实风险为本的原则，探索建立跨境资金流动风险监管机制，强化开展反洗钱、反恐怖融资、反逃税工作，防止非法资金跨境、跨区流动；围绕区域金融稳定，在区域金融稳定、金融保障体系、区域金融风险预警与救助构建等方面推进合作，维护地区金融稳定，促进区域经济增长。

四　西部地区金融对外开放与合作的路径、实现方式及模式

（一）西部地区金融对外开放与合作的路径

西部地区金融对外开放与合作的路径选择要在国家金融业对外开放划定的时间表和路线图内，并充分考虑西部地区的实际情况，稳步推进。

1. 从功能性金融合作逐步推进到制度性金融合作

功能性金融合作的对象主要是自身金融体系对实体经济的支撑力不足、金融体系不发达的经济体，在保持自主性金融政策的前提下，为解决某些具体问题而进行的金融合作。制度性金融合作是指区域内各成员为了抵制国际货币体系的缺陷带来的冲击和损害，在汇率制度选择和货币本位选择上达成的紧密的制度性安排。相较而言，制度性金融合作成本更高，只有功能性金融合作达到一定程度、层次，制度性金融合作才可能达成。李玉潭和庞德良指出在功能性金融合作广泛、深入而持久开展的基础上，在区内政治互信明显增强的前提下，再逐步上升到包括汇率协调与合作机制、货币一体化等内容在内的多边性的制度性金融合作。[①] 比如先从简单的人员培训、知识交流、系统统一、市场整合、风险共担等入手，形成多方位的功能性合作，慢慢上

---

① 李玉潭、庞德良：《经济全球化与东北亚区域经济合作》，吉林人民出版社，2009。

升到制度层面，制定统一规范，设定适度规则，完善组织结构，实现区域内的制度融合。

2. 从基础性微观金融合作逐步推进到高层次宏观金融合作

各个国家经济发展水平、经济发展结构、经济制度背景均存在很大差异，如果强行直接进行区域金融合作，难度很大，甚至会出现不利局面。为此，一开始就进行高层次、深度的金融合作是不现实的，但可以考虑"曲线救国"策略，即先从微观层面或基础性宏观合作角度入手，随着合作条件的成熟，再向宏观深层次金融合作领域推进。比如，西部地区与周边国家边境贸易发展迅速，双方可以从促进双边贸易发展出发，开展金融机构贸易清算、外币结算等活动，将金融合作的重点先放在此类微观层面的业务合作上，顺带开展打击跨国洗钱、经济犯罪等基础类宏观金融合作业务。还可以通过微观层面人员培训、知识交流、贸易结算等多种方式实现金融开放与合作，为区域宏观层面及高层次金融合作奠定基础。随着微观领域金融合作的不断深入，区域内各成员之间金融开放程度不断加深，金融合作领域不断扩展，继而使银行不良资产合作处置、个性化金融产品合作设计和营销、银行营业点相互支持、支付清算系统联合开发等深层次微观合作成为可能。在此过程中，成员间的金融机构可以相互进入对方金融市场，金融机构间将开展广泛的产权合作、资本合作、制度合作等更高层次的微观金融合作。通过企业和金融机构间广泛的微观金融合作，可以极大地增进区域内成员之间彼此的信任感和依赖感，从而为区域金融合作奠定坚实的基础，并逐步将金融合作由微观层面推向宏观层面，由部分领域推向全部领域，最终迈向高层次的制度性金融合作。

3. 以经济合作带动金融合作

成员之间的经济合作与金融合作密切相关、相辅相成。最初，成员之间的合作主要体现在经济领域，如贸易往来、引进外资及技术交流等。经济领域的合作促进金融发展水平提升；货币、汇率、政策等方面的制度发生变化，金融领域开放合作加深，反过来又会促进区域内各成员经济领域更深层次的融合。受区域内成员间经济发展的非平衡性、制度背景的差异性等诸多条件限制，直接进行区域高层次的金融开放合作面临着很大障碍，可行性较低。如果能够积极寻求经济合作上的突破，大力推动区域产业、贸易、投资、技术等实体经济领域的合作，就能有效发挥经济领域合作的反馈效应，刺激金融开放与合作，为区域金融合作注入强大的生命力。同时，随着各国金融开放程度的提升，金融发展水平的提高，区域内成员间金融合作加深，可以推动贸易投资、技术开放等领域合作顺利实现，增强区域整体经济的融合度，为更高层次的金融合作打下坚实的基础。[①]

（二）西部地区金融对外开放与合作的实现方式

借鉴国内外金融业对外开放与合作的经验，西部地区金融业对外开放与合作可以通过以下三种方式来实现。

1. 引进外资机构进入西部地区

引进外资金融机构是西部地区金融对外开放的重要内容，也是提升西部地区金融发展质量与资源配置效率的重要举措。外资金融机构的引入，一方面会通过"竞争效应"推动西部地区金融机构改善管理、提高金融服务质量；另一方面会通过"溢出效应"带动西部地区金融机构树立现代金融服务理念、积极开发具有竞争力的技术与金融产品，提升其市场竞争力；同时，外资金融机构的引入，也会促使西部地区金融市场运行规则、交易模式等与国际接轨，推动西部地区金融资源配置方式及资源定价模式趋向于国际化，从而有效改善西部地区金融市场运行环境。但由于金融业的特殊性，外资金融机构的引入必须符合国家的金融监管政策，其业务开展必须符合国家的相关政策要求，以保障区域金融稳定和国家的金融主权。目前，西部地区外资金融机构的引入应该以建设中的五大自贸试验区为平台和载体，充分利用国家赋予自贸试验区在金融改革与创新方面的特殊政策，优化营商环境，统筹协商，积极推进。

2. 鼓励西部地区金融机构"走出去"

充分利用东盟"10＋3"合作框架与"一带一路"倡议带来的历史机遇，鼓励西部地区金融机构积极"走出去"，主动参与国际竞争。这不仅是西部地区金融机构竞争实力的体现，也是西部地区金融机构扩展发展空间，谋求国际化发展的重要举措；更是提高西部地区金融资源配置效率的重要途径。西部地区金融机构"走出去"的模式可以是与目的地国家金融机构设立合资机构，参股目的地国家金融机构，或者在目的地国家设立独资机构。具体模式的选择还要具体考虑目的地国家的相关金融监管政策、本地机构"走出去"的具体目的以及目的地国家机构的优势等因素。目前，国内几家大型商业银行已在此方面起到了积极的带头作用。如中国工商银行已在东盟9个国

[①] 马兴超：《新时期东北亚区域金融合作的发展路径及中国的战略选择》，浙江师范大学硕士学位论文，2012。

家设立了 67 家分支机构，成为该区域经营网络覆盖面最广的中资银行之一。地方金融机构"走出去"也迈出了实质性步伐，如成都金融控股集团伦敦代表处于 2018 年 6 月 21 日在伦敦金融城揭牌成立；广西本土银行——柳州银行也与东盟多家金融机构建立代理合作关系，积极探索在东盟国家设立分支机构，强化企业"走出去"服务支撑。

3. 实现西部地区金融市场与外部金融市场的互联互通

除了机构的引进来和走出去外，还可以通过实现金融市场与外部金融市场的互联互通，推进西部地区金融市场的国际化。目前，西部地区金融机构与外部金融机构的互联互通从试点开始加速。如 2015 年 11 月 7 日重庆市与新加坡政府《关于建设中新重庆战略性互联互通示范项目的实施协议》签署，中新（重庆）战略性互联互通示范项目跨境人民币创新业务试点于 2016 年 3 月 25 日正式启动，截至 2019 年 9 月，跨境融资项目累计落地 107 个，金额约 109 亿美元；重庆地方法人银行机构，包括重庆农商行、重庆银行、三峡银行，与新加坡银行机构，包括星展银行、华侨银行、大华银行一起，双边授信总额达 400 亿元。重庆在开展金融对外互联互通方面的做法为西部其他地区开展金融与外部的互联互通提供了宝贵经验。

（三）西部地区金融对外开放与合作的模式

金融对外开放与合作的模式，从不同角度可以划分为不同的类别。根据金融开放合作的驱动因素，张彬等将我国金融对外开放与合作的模式归为 5 种：一是危机驱动型模式，如中国与东盟 10 国的金融合作；二是政府主导型模式，如中国与东北亚国家的金融合作；三是优势互补型模式，如中国与拉美国家、与阿拉伯国家的金融合作；四是资源互补模式，如中国与中亚国家的金融合作；五是市场驱动模式，如中国与非洲国家的金融合作。[①] 不同的合作模式基于不同的背景动因，在合作框架与具体措施上也有些差异。但从合作内容来讲，建立自贸区、签订货币互换协议、本外币结算协议、互设银行分支机构、建立合作基金等是各合作模式中共同的内容。另外，任何一种合作模式的形成及深化发展都离不开政府与市场两个层面力量的推动。

西部地区是我国经济版图中的不发达地区，但又是我国内陆地区对外开放的前沿；加之，西部地区内部经济发展水平差异明显，西北地区与西南地

---

① 张彬、胡晓珊：《改革开放以来中国对外区域金融合作的回顾与展望》，《亚太经济》2018 年第 5 期，第 115～122 页。

区因地理区位而使金融对外开放和合作在功能定位与重点领域方面有所不同。因此，我们提出西部地区金融对外开放和合作应该采取"以政府为主导，以资源互补为基础的市场驱动模式"。

"以政府为主导"是西部地区金融对外开放的基本前提。一方面，西部大开发战略实施以来，西部地区经济社会发展取得了显著成效，金融综合实力也快速提升，但总体来讲，西部地区经济发展水平依然较低，金融发展规模依然较小，金融结构不合理的问题依然明显，金融机构的竞争实力与东部地区的金融机构及外资金融机构仍然存在较大差距。为保证西部地区金融机构在对外开放与合作中能做到对等公平，就需要政府发挥组织协调功能，对区域金融资源进行有效整合，以提高西部地区金融机构在对外开放与合作中的谈判议价能力。另一方面，金融业作为现代经济的核心枢纽，其对外开放与合作必须以维护国家金融主权与金融安全为基本前提。这就要求西部地区金融对外开放与合作必须坚持政府主导，由中央政府制定金融对外开放与合作的总体框架，并与相关国家签订合作协议，地方政府负责对外开放合作具体方案的制定与实施，从而使西部地区金融对外开放与合作在国家金融开放发展的总蓝图中有序推进。

"以资源互补为基础"是指西部地区金融对外开放与合作的基础在于西部地区与其他国家或地区在资源禀赋上的互补性。根据区域经济合作的基本原理，区域经济合作的目标是实现区域内各成员经济的共同增长，其合作的前提基础是各合作方在资源禀赋上具有互补性，由此使其经济增长的短板得以弥补，获得 $1+1>2$ 的聚化效应。这种资源互补可以体现为多个方面，如自然资源互补、生产要素（资本、劳动力、技术等）互补、市场互补、产业互补等。对西部地区来说，其与东盟国家或与共建"一带一路"国家资源上的互补性十分明显。从与东盟国家的互补性来说，在资源禀赋方面，东盟国家的农业（如大米、橡胶、棕榈油等）、林业（木材）、矿产（锡、钨等稀有金属）、油气资源及海洋资源等是我国的主要进口品；我国的煤、茶叶、棉花、肉类等是东盟国家的主要进口品。在技术和产业结构方面，我国具有东盟国家所不具备的完整工业体系，既有宇航、原子能、生物遗传工程等高端技术，也有诸如机械制造、冶金、建筑、化工等中等技术，对于东盟国家具有很好的适应性。在资金供给方面，中国与东盟的一些国家都缺乏建设资金，而新加坡、马来西亚等又存在一定的资金盈余。其次，从共建丝绸之路国家来说，中亚各国希望中国在交通、邮电、纺织、食品、制药、化工、农产品加工、消费品生产、机械制造等行业对其进行投资，并在农业、沙漠治理、太阳能、环境保护等方面进行合作。正是这种资源互补性，不仅为中国与东盟国家和共建"一带一路"国家之间的经济合作奠定了基础，同时也为促成和加速西部地区与东盟国家及共建"一带一路"国家间金融合作提供了现实需要。

"以市场为驱动"是指西部地区金融对外开放与合作必须遵循市场规律，充分发挥各经济主体（包括地方政府、金融机构、企业等）的积极性与主动性，在自愿平等的基础上开展对外金融合作，不能由政府包揽一切。为此，必须合理界定中央政府与地方政府、地方政府与金融机构及企业之间的行为边界。要在国家金融对外开放与合作的总体战略框架下，地方政府根据现实发展基础与需要制定金融对外开放与合作的行动方案和目标要求，由金融机构、企业基于市场原则实施，包括对外合作对象、合作领域、合作方式、合作时机等的选择与确定。在这一过程中，政府金融监管部门仅对合作事项是否符合国家金融监管政策履行审核职能，对合作过程中的金融风险进行监测评估，坚决守住不诱发区域性、系统性金融风险的底线。

五 西部地区金融对外开放与合作的机制设计

区域金融对外开放与合作要得到有效执行，必须建立健全运行机制作为保障。具体包括：沟通协调机制、信息共享机制、利益共享机制和风险应对机制。

(一) 沟通协调机制

区域金融合作必须有一个完善且高效的沟通协调机制。因为合作各方的经济发展水平、经济结构、金融实力、经济金融政策、文化意识形态等方面必然存在差异，所以良好的沟通是金融合作的开端，有效的协调是合作有序进行的重要条件。由于区域金融合作的形式多种多样，层次不一，这就需要建立与合作形式、合作层次相对应的沟通协调机制。如果是国家层面的综合性金融合作，因其涉及合作领域宽广，就需要成立一个类似金融合作理事会的组织机构，专司负责区域金融合作框架的起草、合作过程中相关协议的审定、出现问题后的协调等。金融合作理事会的主席可以采用轮值主席制度，通过互访、对话等多种方式，增加合作方的了解和互信。如果是省级层面或金融中心层面的金融合作，可以建立一个金融合作联席会或办公室类的机构，定期召开会议或论坛，提供对话平台，就合作中遇到的各种问题进行沟通、交流与协调，保障金融合作的有序推进。如果是金融机构之间在某项金融业务或项目上的合作，通过确定双方的联系人，随时就合作中的事项进行沟通协调即可。无论哪个层次、哪种形式的沟通协调机制，都要秉承平等互利、求同存异与尊重主权的合作原则，协调解决好金融合作过程中可能遇到的所有问题，推进金融合作有序前行。

（二）信息共享机制

信息共享既是区域金融合作的重要内容，也是保障区域金融合作有序推进的重要条件。为此，一是加强区域金融合作的信息基础建设，特别是区域金融安全网络建设，为实现合作各方在金融合作过程中的信息共享提供基础条件。二是加强合作各方之间的信息交流。可以通过合作开展相关课题研究、出版研究报告、定期举办高层论坛、圆桌会议等，尽最大可能实现重大政策信息在各合作方之间的公开透明。三是实现重要经济金融数据的共享。通过互相交换经济金融年鉴、重要分析报告等形式，实现合作各方对其他各方经济金融基本数据的了解，以便于对未来金融合作的领域、事项等做出科学决策。

（三）利益共享机制

区域金融合作的实质是合作各方的利益博弈，因此利益共享是区域金融合作能否进行的关键。要达到利益共享，首先是实现西部地区金融对外开放领域的公开与透明，做到信息获取公平；其次是有效区分不同领域对外合作各方的利益诉求，明确其期望所在；再次是有效衡量不同领域对外合作各方的收益与成本，做到公平合理；最后，根据不同合作领域收益与成本的差异建立不同的利益共享机制。

1. 商业可持续金融合作项目的收益分享机制

对于对合作双方均有收益的商业可持续合作项目，本着"谁投资，谁受益"的原则，根据市场化的规则来进行收益与成本的分摊。在此过程中，要不断完善金融法治建设和提升金融执法水平，以保证投资各方的合法权益。

2. 承担社会责任的金融合作项目的收益分享机制

对于因承担社会责任，或取得了社会效益，而使经营收益小于成本的项目，则政府应提供一个稳定的制度环境和开放的条件，并对一些高风险项目提供保障，承担一定的绿色成本。如绿色金融合作项目，除经济效益之外，绿色金融合作项目能在不破坏生态环境的同时促进东道国经济发展，具有很强的示范效应。开展绿色金融合作项目投资时，往往面临着投资成本高、风险高、回收期长的问题，并且由于环境效益没有完全以货币形式反映在投资收益里，使得绿色金融合作项目的投资收益率达不到市场预期，投资者缺乏投资动力。因此应建立一套机制以量化和评估绿色金融合作项目的社会效益，并把上游产业和下游产业视作一个整体的利益共同体，将成本和效益在它们之间分摊和分享，实现收益的内部化。

（四）风险应对机制

金融是一个内含风险的行业，在金融高度一体化的时代背景下，区域金融对外开放与合作的推进必然使金融危机出现的概率大大增加；由于金融危机具有极强的传染性，某个国家或地区的金融危机往往导致别国也发生金融危机，一旦金融危机在某个国家或地区发生，就会产生连锁反应，威胁整个区域金融的稳定。金融危机一旦出现，就需要区域各方共同应对，建立区域金融风险应对机制，就成为区域金融对外开放与合作中的重要内容。一是建立各参与方共同认可的金融监管标准，为预防金融风险及规避金融危机发生提供基础。二是加强合作各方之间金融监管的信息沟通与交流，为应对较大金融事件或金融危机处置方案的制定提供依据。三是由合作各方出资组建区域金融风险应对基金，对发生巨大金融风险与金融危机的国家或地区进行紧急救助，杜绝金融危机的进一步蔓延，维护整个区域经济社会发展的稳定。四是必要时组建应对区域金融危机协调指挥部，统一协调各合作方应对金融危机的行动方案与具体措施，以提高区域应对紧急突发金融风险与危机的效率。

参考文献

一 中文文献

白钦先、谭庆华：《金融功能演进与金融发展》，《金融研究》2006 年第 7 期。

蔡则祥、武学强：《金融资源与实体经济优化配置研究》，《经济问题》2016 年第 5 期。

蔡海亚、徐盈之：《贸易开放是否影响了中国产业结构升级?》，《数量经济技术经济研究》2017 年第 10 期。

常帅：《中国地区金融资源配置效率评价及其影响因素的实证分析》，暨南大学硕士学位论文，2010。

常建新、姚慧琴：《陕西省农户金融抑制与福利损失——基于 2007 - 2012 年 6000 户农户调研数据的实证分析》，《西北大学学报》（哲学社会科学版）2015 年第 3 期。

崔剑剑、王亚萍：《中国各省市金融效率度量方法及比较研究》，《上海经济》2018 年第 6 期。

崔建军：《中国区域金融资源配置效率分析——金融视角下的"一个中国，四个世界"》，《当代经济科学》2012 年第 2 期。

陈诗一：《中国的绿色工业革命：基于环境全要素生产率视角的解释（1980—2008）》，《经济研究》2010 年第 11 期。

戴伟、张雪芳：《基于新视角的金融资源配置效率测度研究》，《华东经济管理》2016 年第 5 期。

丁志国、张洋、覃朝晖：《中国农村金融发展的路径选择与政策效果》，《农业经济问题》2016 年第 1 期。

丁志国、徐德财、赵晶：《农村金融有效促进了我国农村经济发展吗?》，《农业经济问题》2012 年第 9 期。

范祚军：《基于国家干预视角的泛北部湾区域金融合作推进策略》，《广西大学学报》（哲学社会科学版）2011 年第 2 期。

郭炜、许可、李双玲：《我国区域资本配置效率的实证研究》，《武汉理工大学学报》（社会科学版）2014 年第 4 期。

何凤隽：《中国转型经济中的金融资源配置研究》，西北大学硕士学位论文，2005。

黄志刚：《市场建设对金融发展的作用研究——以江西为例》，南昌大学硕士学位论文，2010。

韩立岩、王哲兵：《我国实体经济资本配置效率与行业差异》，《经济研究》2005 年第 1 期。

贺祥民、赖永剑：《金融发展恶化了中国城市的环境质量吗？——基于 275 个城市的空间动态面板数据模型》，《河北地质大学学报》2017 年第 2 期。

胡国：《金融合作的正外部性、形成机理及其创新实践研究》，《浙江金融》2013 年第 7 期。

江春、杜颖奎：《金融发展与收入分配：一个文献综述》，《金融理论与实践》2008 年第 8 期。

焦瑾璞：《我国普惠金融现状及未来发展》，《金融电子化》2014 年第 11 期。

矫强力：《丝绸之路经济带国内九省市区金融资源配置效率对比评价》，《金融发展评论》2016 年第 11 期。

康蕾：《试论宏观金融效率与经济增长》，《山西财经大学学报》2000 年第 6 期。

陆家骝：《金融资源积累与金融可持续发展》，《华南金融研究》2000 年第 4 期。

陆远权、张德刚：《我国区域金融效率测度及效率差异研究》，《经济地理》2012 年第 1 期。

卢敏、何伟：《"西三角"经济圈构建中的利益博弈与共赢机制研究》，《公共论坛》2012 年第 2 期。

李青原、李江冰、江春、Kevin X. D. Huang：《金融发展与地区实体经济资本配置效率——来自省级工业行业数据的证据》，《经济学》（季刊）2013 年第 2 期。

李新鹏：《我国区域金融资源配置效率评价及比较研究》，《湖南财政经济学院学报》2015 年第 6 期。

李红梅：《基于 DEA 方法下的我国金融资源配置效率研究》，《辽宁大学学报》（自然科学版）2012 年第 4 期。

李福祥、刘琪琦：《我国地区金融发展水平综合评价研究——基于面板数据的因子分析和 topsis 实证研究》，《工业技术经济》2016 年第 3 期。

李实：《对基尼系数估算与分解的进一步说明——对陈宗胜教授评论的再答复》，《经济研究》2002 年第 5 期。

李玉潭、庞德良：《经济全球化与东北亚区域经济合作》，吉林人民出版社，2009。

刘飞：《基于 DEA 的区域金融效率评价研究》，《城市发展研究》2007 年第 1 期。

刘纯、桑铁柱：《农村金融发展与农村收入分配：理论与证据》，《上海经济研究》2010 年第 12 期。

吕勇斌、张琳、王正：《中国农村金融发展的区域差异性分析》，《统计与决策》2012 年第 19 期。

黎翠梅、曹建珍：《中国农村金融效率区域差异的动态分析与综合评价》，《农业技术经济》2012 年第 3 期。

孟兆娟、张乐柱：《金融发展影响收入分配"门槛效应"的实证检验》，《统计与决策》2014 年第 7 期。

马兴超：《新时期东北亚区域金融合作的发展路径及中国的战略选择》，浙江师范大学硕士学位论文，2012。

〔美〕诺思：《经济学的一场革命》，引自科斯等著《制度、契约与组织：从新制度经济学角度的透视》，刘刚等译，经济科学出版社，2003。

任力、朱东波：《中国金融发展是绿色的吗——兼论中国环境库兹涅茨曲线假说》，《经济学动态》2017 年第 11 期。

任泽平：《中国财政报告 2019：政府债务风险与化解》，《泽平宏观》2020 年 1 月 21 日。

孙伟祖：《功能观视角下的金融发展理论及其延伸》，《广东金融学院学报》2005 年第 5 期。

沈军：《金融效率的实证方法研究》，《统计与决策》2006 年第 22 期。

苏建军：《金融发展、分工与经济增长——理论分析及中国的实证研究》，西北大学硕士学位论文，2014。

孙伍琴：《论不同金融结构对技术创新的影响》，《经济地理》2004 年第

2 期。

孙工声：《经济发展方式与金融资源配置效率研究——以江苏省为例》，《金融纵横》2008 年第 2 期。

孙玉奎、周诺亚、李丕东：《农村金融发展对农村居民收入的影响研究》，《统计研究》2014 年第 11 期。

师荣蓉、徐璋勇、赵彦嘉：《金融减贫的门槛效应及其实证检验——基于中国西部省际面板数据的研究》，《中国软科学》2013 年第 3 期。

田艳芬、邵志高：《金融资源的内涵与配置效率》，《长春大学学报》2013 年第 7 期。

王玉、陈柳钦：《现代金融发展理论的发展及计量检证》，《兰州学刊》2006 年第 2 期。

王广谦：《经济发展中金融的贡献与效率》，中国人民大学出版社，1997。

王振山：《金融效率论》，经济管理出版社，2000。

王梦：《金融发展对产业转型升级的影响及机理分析》，西北大学硕士学位论文，2019。

王晓莉、韩立岩：《基于 DEA 的中国各地区金融资源分布有效性评价》，《北京航空航天大学学报》（社会科学版）2008 年第 4 期。

王小鲁、樊纲、胡李鹏：《中国分省份市场化指数报告（2018）》，社会科学文献出版社，2019。

王小华、温涛、王定祥：《县域农村金融抑制与农民收入内部不平等》，《经济科学》2014 年第 2 期。

王鑫：《我国区域金融资源配置效率比较与评价》，《统计与决策》2014 年第 23 期。

王文启、郭文伟、曹思佳：《城市房价、金融集聚对产业结构升级的空间溢出效应》，《金融发展研究》2018 年第 12 期。

王曙光：《普惠金融——中国农村金融重建中的制度创新与法律框架》，《中国城市金融》2014 年第 4 期。

王婧磊：《中国农村金融发展与农民收入的关系》，《经济研究导刊》2012 年第 35 期。

汪永奇、程希骏：《金融效率与金融管理》，《价值工程》2002 年第 4 期。

吴涛、李宏瑾：《我国各地区金融资源配置效率及其与金融发展的关系》，《南方金融》2011 年第 12 期。

武丽娟、徐璋勇：《支农贷款影响农户收入增长的路径分析——基于
2126 户调研的微观数据》，《西北农林科技大学学报》（社会科学版）2016 年
第 6 期。

徐璋勇、梁洁：《外资银行进入对中国银行业绩效影响的实证研究》，
《贵州财经大学学报》2011 年第 5 期。

徐璋勇：《金融发展质量及其评价指标体系构建研究》，《武汉科技大学
学报》（社会科学版）2018 年第 5 期。

徐璋勇、陈立新：《金融发展对科技创新支持的实证研究——基于我国
2004–2015 年省市面板数据的分析》，《西部金融》2018 年第 5 期。

徐璋勇、杨贺：《农户信贷行为倾向及其影响因素分析——基于西部 11
省（区）1664 户农户的调查》，《中国软科学》2014 年第 3 期。

徐圆圆：《陕西省金融资源配置效率研究》，西北大学硕士学位论
文，2014。

徐盈之、管建伟：《金融发展影响我国环境质量的实证研究：对 EKC 曲
线的补充》，《软科学》2010 年第 9 期。

星焱：《普惠金融一个基本理论框架》，《国际金融研究》2016 年第
9 期。

于庆军、王海东：《金融产业组织结构与管制模式》，《生产力研究》
2005 年第 6 期。

叶望春：《金融工程与金融效率相关问题研究综述》，《经济评论》1999
年第 4 期。

杨德勇：《对金融效率问题的思考》，《甘肃金融》1998 年第 10 期。

〔美〕约瑟夫·熊彼特：《经济发展理论》，孔伟艳、朱攀峰、娄季芳译，
北京出版社，2008。

杨涤：《金融资源配置论》，中国金融出版社，2011。

余新平、熊晶白、熊德平：《中国农村金融发展与农民收入增长》，《中
国农村经济》2010 年第 6 期。

余静文、王春超：《新"拟随机实验"方法的兴起——断点回归及其在
经济学中的应用》，《经济学动态》2011 年第 2 期。

周升业：《金融资金运行分析：机制、效率、信息》，中国金融出版
社，2002。

湛泳、李珊：《金融发展、科技创新与智慧城市建设——基于信息化发

展视角的分析》,《财经研究》2016 年第 2 期。

张志元、李东霖、张梁:《经济发展中最优金融规模研究》,《山东大学学报》(哲学社会科学版) 2016 年第 1 期。

周国富、胡慧敏:《金融效率评价指标体系研究》,《金融理论与实践》2007 年第 8 期。

周强龙、朱燕建:《实现金融业高水平对外开放,促进金融供给体系质量优化》,《金融经济》2019 年第 23 期。

郑中华、特日文:《中国三元金融结构与普惠金融体系建设》,《宏观经济研究》2014 年第 7 期。

张敬石、郭沛:《中国农村金融发展对农村内部收入差距的影响——基于 VAR 模型的分析》,《农业技术经济》2011 年第 1 期。

张苏林:《西三角经济圈城市金融辐射力研究》,《重庆理工大学学报》(社会科学版) 2012 年第 2 期。

张彬、胡晓珊:《改革开放以来中国对外区域金融合作的回顾与展望》,《亚太经济》2018 年第 5 期。

二 外文文献

Abate, G. T. , Rashid, S. , Borzaga, C. and Getnet, K. , Rural Finance and Agricultural Technology Adoption in Ethiopia: Does the Institutional Design of Lending Organizations Matter?, *World Development*, 2016, 84, 235 – 253.

Aghion, Philippe and Patrick Bolton, ATrickle – Down Theory of Growth and Development with Debt Overhang, *Review of Economic Studies*, 1997, 64, 151 – 172.

Banerjee, Abhijit and Newman, Andrew, Occupational Choice and the Process of Development, *Journal of Political Economy*, 1993. 101, 274 – 98.

Chung, Y. H. , Fare, R. , Grosskopf S. Productivity and Undesirable Outputs: A Directional Distance Function Approach. *Journal of Environmental Management*, 1997, 51 (3) .

Cole, M. A. , Elliott, R. J. R. , K. Shimamoto. Industrial Characteristics, Environmental Regulations and Air Pollution: An Analysis of the UK Manufacturing Sector. *Journal of Environmental Economics & Management*, 2005, 50 (1) .

Craven, P. and G. Wahba , Smoothing Noisy Data With Spline Functions, *Numerische Mathematik*, 1979, 31 (4) .

Demirguc – Kunt, A. , Levine, R. , Finance and Economic Opportuni-

ty. World Bank Policy Research, 2008, Working Paper 4468.

Dollar, Davind and Kraay, Growth Is Good for the Poor, *World Bank Policy Research Working Paper*, 2001, 2587.

Dupas, P. and J. Robinson, Savings Constraints and Microenterprise Development: Evidence from a Field Experiment in Kenya, *American Economic Journal Applied Economics*, 2013, 5 (1), 163 – 192.

Feng Helen Liang. Does Foreign Direct Investment Harm the Host Country's Environment? Evidence From China. *Academy of Management*, 2005

Fry, M. J., Financial Repression and Economic Growth, *Journal of Development Economics*, 1993, 39 (1), 5 – 30.

Fukuyama, H., Weber, W. L. A Directional Slacks – Based Measure of Technical Inefficiency. *Socio – Economic Planning Sciences*, 2009, 43 (4), 274 – 287.

Giuliano, P. and M. Ruiz – Arranz, Remittances, Financial Development, and Growth, *Journal of Development Economics*, 2009, 90 (1), 144 – 152.

Greenwood, J., Sanchez, J. M., Wang, C. Financing Development: The Role of Information Costs. *American Economic Review*, 2007, 100 (4), 1875 – 1891.

Golar, Oded and Joseph Zeira, Income Distribution and Macroeconomics, *Review of Economic Studies*, 1993, Vol. 60 No. 1, 35 – 52.

Hahn, J., P. Todd and V. D. K. Wilbert, Identification and Estimation of Treatment Effects with a Regression – Discontinuity Design, *Econometrica*, 2001, 69 (1), 201 – 209.

Hansen B. E. Threshold Effects in Non – dynamic Panels: Estimation, Testing, and Inference. *Journal of Econometrics*, 1999, (93), 345 – 368

Hannig, A., Jansen, S., *Financial Inclusion and Financial Stability: Current Policy Issues*, Social Science Electronic Publishing, 2015.

Imbens, G. and K. Kalyanaraman, Optimal Bandwidth Choice for the Regression Discontinuity Estimator, *Review of Economic Studies*, 2009, 79 (14726), 933 – 959.

Jeremy Greenwood and Boyan Jovanovic, Financial Development, Growth and the Distribution of Income, *Journal of Political Economy*, 1990, Vol. 98, No. 5, 1076 – 1107.

Kablana, A. S. K. and K. S. Chhikara, A Theoretical and Quantitative Analysis of Financial Inclusion and Economic Growth, *Management & Labour Studies*, 2013, 38 (1-2), 103-133.

Keller W. and Levinson A. Pollutio Abatement Costs and Foreign Direct Investment Inflow to U. S. States. *Review of Economics and Statistics*, 2002, 84, 691-703.

Kempson, E. , C. Whyley and J. R. Foundation , "Kept Out or Opted Out? Understanding and Combating Financial Exclusion", *Understanding and*, 1999, 69 (1), 201-209.

Kiminori Matsuyama, Endogenous In - equality , *The Review of Economic Studies*, 2000, Vol. 67, No. 4, 743 - 759.

Klaauw, W. V. D. , Breaking the link between poverty and low student achievement, *Journal of Econometrics*, 2008, 142 (2), 731-756.

Lee, D. S. , Randomized experiments from non - random selection in U. S. House elections, *Journal of Econometrics*, 2008, 142 (2), 675-697.

Ma, C. , Stern, D. I. China' s Changing Energy Intensity Trend: A Decomposition Analysis. *Energy Economics*, 2008, 30 (3), 1037-1053.

Markusen J. R. Foreign Direct Investment Asa Catalyst for Industrial Development. *European Economic Review*, 1999, 42, 335-356.

Ma Jianqin, Guo Jinjin and Liu Xiaojie. Water Quality Evaluation Model Based on Principal Component Analysis and Information Entropy: Application in Jinshui River. *Journal of Resources and Ecology*, 2010, 1 (03), 248-251.

Mccrary, J. , Manipulation of the Running Variable in the Regression Discontinuity Design: A Density Test, *Journal of Econometrics*, 2007, 142 (2), 698-714.

Sadorsky, P. The Impact of Financial Development on Energy Consumption in Emerging Economies. *Energy Policy*, 2010, 38 (5), 2528-2535.

Shahbaz, M. , Solarin, S. A. , Mahmood, H. , Arouri M. Does Financial Development Reduce CO_2 Emissions in Malaysian Economy? A Time Series Analysis. *Economic Modeling*, 2013, 35 (1), 145-152.

Smarzynska and ShangJin Wei. Pollution Havens and Foreign Direct Investment: Dirty Secret or Popular Myth? . *World Bank Policy Research Working Paper*, 2001.

Tirole, J. , The Theory of Corporate Finance, *Jean Tirole*, 2006, 76 (4), 1461-1467.

后　记

资源配置是经济学的永恒主题。面对资源约束的日益强化，如何提升资源配置效率就成为实现经济社会持续发展需要研究的重大课题。在当今经济金融化的时代，金融不仅作为资源配置的重要手段成为经济社会运行的枢纽，而且作为一种特殊资源，其配置效率除了影响经济社会的增长性之外，更是关系经济社会发展的稳定性。因此，对金融资源配置效率问题的研究具有重大的理论与现实意义。

对金融资源配置效率的评价，以往侧重于从经济增长视角进行，即将金融发展是否促进了经济的高增长作为评价金融资源配置效率高低的标准。但随着经济增长模式由数量扩张型向质量提高型的转换，以往对金融资源配置效率评价视角的局限性就日益凸显。适时转换评价视角，并构建新的评价指标体系就十分必要。

西部地区作为我国经济不发达地区，自西部大开发战略实施以来金融业获得了快速发展，突出体现为金融资产规模的快速扩张、金融机构种类及数量的大幅增加。但在金融业快速发展的同时，西部地区金融资源的配置效率却不尽如人意，特别是从高质量金融发展视角来看，西部地区金融资源配置效率还存在着巨大的提升空间。另外，丝绸之路经济带建设的提出又为提升西部地区金融资源配置效率提供了新的机遇。基于此，我申报了2016年度教育部人文社会科学重点研究基础重大项目"丝绸之路经济带建设背景下西部地区金融资源配置效率提升研究"，并获得立项（项目编号16JJD790048）。该项目完成于2019年12月，项目研究报告31万字。因出版字数限制，本书选取了该项目研究报告的主体部分。

本书中的研究成果是课题组集体合作完成的。由我提出研究思路、研究方案以及报告提纲，经多次讨论最后确定。在研究过程中，博士研究生王小腾承担了大量的组织与协调工作。本书各章初稿撰写者如下：第一、二章由徐璋勇撰写；第三章由王小腾撰写；第四章由刘潭撰写；第五章由王梦撰写；第六章由张春鹏撰写；第七章由朱睿撰写；第八章由刘珅撰写；第九章由王小腾、陈瑶撰写；第十章由徐璋勇、刘蕾蕾撰写；第十一章由苏建军、朱睿撰写；第十二章由张春鹏、刘蕾蕾撰写。全部初稿由我进行修改、校正，部分章节在内容上进行了较大幅度的补充。研究生武宵旭、郭明菊、姚瑾、刘泽强、李晨阳、雷宇辉、杨勤等在数据收集过程中做了大量工作。

在书稿完成出版之际，感谢教育部人文社科重点研究基地——西北大学中国西部经济发展研究院院长任保平教授在本项目研究过程中给予的学术指导，经济管理学院院长吴振磊教授、西北大学中国西部经济发展研究院李文斌副院长及各位领导的大力支持！也非常感谢西安财经大学原校长胡健教授、西安交通大学冯宗宪教授、陕西省社会科学院原院长任宗哲教授、原西北政法大学罗新远教授等在项目开题论证时给出的建设性意见！感谢社会科学文献出版社丁凡在本书出版过程中付出的辛勤工作！

项目研究与报告撰写过程中参考了许多前人的研究成果，在参考文献中进行了罗列，但难免会有所遗漏。在此，对所有本书采用的研究成果作者表示衷心感谢！

徐璋勇

2020 年 3 月于西北大学长安校区

图书在版编目（CIP）数据

丝绸之路经济带建设背景下西部地区金融资源配置效
率提升研究／徐璋勇等著. --北京：社会科学文献出
版社，2020.6
（丝绸之路经济带与西部大开发新格局·中国西部经
济发展研究文库）
ISBN 978 - 7 - 5201 - 6779 - 6

Ⅰ.①丝… Ⅱ.①徐… Ⅲ.①金融 - 资源配置 - 研究
- 西北地区②金融 - 资源配置 - 研究 - 西南地区 Ⅳ.
①F832.7

中国版本图书馆 CIP 数据核字（2020）第 100576 号

·丝绸之路经济带与西部大开发新格局·
丝绸之路经济带建设背景下西部地区金融资源配置效率提升研究

著　者／徐璋勇 等

出 版 人／谢寿光
责任编辑／丁　凡
文稿编辑／王　娇　赵智艳

出　　版／社会科学文献出版社·城市和绿色发展分社（010）59367143
　　　　　地址：北京市北三环中路甲 29 号院华龙大厦　邮编：100029
　　　　　网址：www. ssap. com. cn
发　　行／市场营销中心（010）59367081　59367083
印　　装／三河市东方印刷有限公司

规　　格／开　本：787mm × 1092mm　1/16
　　　　　本册印张：23.25　本册字数：410 千字
版　　次／2020 年 6 月第 1 版　2020 年 6 月第 1 次印刷
书　　号／ISBN 978 - 7 - 5201 - 6779 - 6
定　　价／298.00 元